KB245479

초등사회과교육

창의·인성교육을 위한
전략 연구

초등사회과교육

창의·인성교육을 위한 전략 연구

곽재희, 김광태, 김현진, 윤영식 공저

한국학술정보㈜

머리말

　2011년 대한민국은 창의·인성교육으로 떠들썩하다. 그동안 모두가 느꼈던 입시교육 위주의 문제점을 인식하여 교육과학기술부에서는 교육과정의 수시개정 원칙으로 2009 개정교육 과정을 발표하였다. 2009 개정교육 과정의 골자는 창의·인성교육이다. 대부분의 교육 전문가들은 미래인재들의 핵심역량으로 '창의성'과 '인성' 혹은 이들이 '융합된 역량'을 꼽고 있다. 글로벌 지식사회에서는 창의성뿐 아니라 더불어 살 줄 아는 능력이 요구되는 '창의성'과 '인성'을 함께 갖춘 인재상을 요구하기 때문이다. 창의성을 '새롭고 가치 있는 것을 만들어 낼 수 있는 역량'이라고 정의한다면 인성은 '창의성을 사회 속에서 의미 있게 발현시킬 수 있는 역량'이라 할 수 있다.

　그러면 그동안 우리가 해온 창의성과 인성 교육과는 다른 것인가? 다르다면 어떻게 다르다는 말인가? 교육현장에서는 그동안 창의성과 인성, 각각의 교육에 대해 중요성을 알고 오랫동안 실천해 왔다. 하지만 특정 학생이나 일부교과에 한정되는 경우가 많았으며 창의성과 인성교육을 각각 진행하는 경우가 많았다. 창의·인성교육은 영재 등 특정 학생을 위한 한정된 교육이 아니라 모든 학생을 대상으로 일상적으로 이루어지는 포괄적인 교육이며 교과활동, 창의적 체험활동, 가정교육 등 모두를 통해 종합적으로 함양해야 하는 자질 교육이다. 인성 개발이 곧 창의성 개발로 이어지는 상호 동반 효과가 있으므로 창의·인성교육은 창의성과 인성을 동시에 함양해야 하는 교육인 셈이다. 창의·인성교육은 어디선가 갑자기 나타나서 새롭게 시행되는 것이 아니고 기존의 교수-학습을 바탕으로 학생들이 지금 더 창의적이며 그 과정상에서 바른 생각을 가지며 학습하도록 하기 위한 것으로 볼 수 있다.

초등사회과 교육에서 창의·인성교육은 어떻게 지도해야 할까? 초등사회과 교육에서는 기초적인 지식의 습득도 중요하지만 이와 더불어 사회를 바로 바라보는 눈을 길러줄 수 있는 사고력과 판단력을 기르는 것이 더욱 중요하다. 사회과는 바로 개인이나 사회에 당면한 문제를 바르게 인식하고, 지혜롭게 해결해 나가는 능력을 길러 주는 교과인 것이다. 습득해야 할 교과지식을 근간으로 토론·탐구 등 노선과 창의적 사고를 끌어내는 사회과 교수·학습 과정을 경험하게 하고 당면한 문제를 지혜롭게 해결해 나가는 과정 속에 학생들은 재미를 느끼고 활발한 사고가 촉진되어 창의력이 길러지며 이러한 과정 속에 배려 등의 인성적 요소가 함께 함양된다. 따라서 초등사회과교육은 창의·인성교육을 실현하기에 적합한 교과군인 셈이다.

초등학교 선생님들은 지금도 다양한 교재 연구들을 통해 더 나은 사회과 수업을 하기 위해 노력하고 있다. 초등학교 교실 속에서 이루어지고 있는 다양한 교수학습전략(방법)과 결과를 바탕으로 시사점을 도출하여 피드백이 이뤄져야 할 것이다.

본 교재는 교과부 창의·인성교육 사회과 수업 모델 연구진 및 사회과에 관심과 실력을 가진 교사들이 집필진으로 참여하여 제1부에서는 2009 개정교육 과정과 창의·인성교육의 이해를 소개하였고, 제2부에서는 교실 속에서 이루어지는 초등사회과 교육에 대한 다양한 창의·인성 교육적 전략(방법)에 대한 연구들을 소개하고 있다.

끝으로 공동 집필진의 노력으로 인한 결실을 맺을 수 있도록 기꺼이 출판을 허락해주신 출판사 관계자 여러분께 감사의 인사를 드린다.

2011년 8월 저자 대표
곽재희

Contents

CHAPTER 1

창의·인성교육에 대한 이해

01
2009 개정 교육과정과 창의·인성교육

　교육의 근본 목적은 미래 사회를 살아갈 수 있는 힘을 키우는 것이다. 21세기는 창의력이 국가경쟁력이 되는 시대이므로 가정이나 학교 교육에서는 창의성을 길러줄 수 있도록 끊임없이 노력해야 한다. 국가경쟁력은 창의적 인재의 경쟁력으로 그 사회에 속한 구성원들이 바른 인성을 가지고 얼마나 창의적인 활동을 하며 창의적인 산출물을 내느냐에 달려 있다.

　이러한 시대·사회적 요구에 부응하기 위하여 미래의 주인공이 될 학생들이 합리적인 사고를 바탕으로 창의적으로 문제를 해결하고, 상호 존중하고 협력하는 인성을 지닐 수 있도록 인간성 함양 교육을 실현하려는 노력이 전개되어 왔다.

　그럼에도 불구하고 교육적 환경과 여건의 취약, 창의·인성교육을 위한 체계적이고 효율적인 프로그램의 부재와 교육과정 속에서 창의적인 문제 해결과정을 경험할 수 있는 새로운 학습모형 등의 부족으로 창의·인성교육의 중요성은 인식하고 있으나 구체적으로 그 실천 방법을 제시하지 못하고 있는 실정이다.

　2009년 개정교육 과정 총론에서는 '개성의 발달과 진로를 개척하는 사람', '창의성을 발휘하는 사람', '품격 있는 삶을 영위하는 사람', '배려와 나눔의 정신으로 공동체 발전에 참여하는 사람'의 4가지를 교육과정이 추구하는 인간상으로 설정하고 있다. 이러한 인간상에서는 '개성', '창의성', '개척' 등 창의성과 관련된 의미와 '품격', '배려', '나눔', '공동체' 등 인성이 강조되고 있다. 즉, 창의성과 인성을 겸비한 인간을 추구하고 있는 것이다.

창의성과 인성이 관련된 의미는 사회과의 성격과 목표에서도 분명하게 그 필요성이 제시되고 있다. 사회과의 성격에서 사회과는 민주 시민으로서의 자질을 갖추도록 하는 데 주도적인 역할을 하는 교과라는 것을 분명히 하였으며, 사회과의 목표 또한 바람직한 민주 시민의 자질을 기르는 데 있는데, 이러한 인간상은 민주적 가치와 태도를 함양하고, 개인적·사회적 문제를 합리적으로 해결하는 능력을 길러 개인의 발전은 물론, 사회·국가·인류의 발전에 기여할 수 있는 자질을 갖춘 사람을 뜻한다.

최근에 많은 전문가들은 창의성 신장이나 인성 교육이 교과의 맥락 없이 진행되기 때문에 그 성과가 적다는 점을 지적하고 있다. 이에 사회과에서는 사회과만의 고유한 사회과 창의적 사고력을 정립하고 개발할 수 있는 노력이 요구된다.

따라서 사회과에서 학생들에게 어려서부터 창의적 사고의 틀을 만들어 주고 올바른 사고력을 길러 주기 위해서 사고력 자체에 대한 직접적인 경험을 하게 해야 한다. 창의성에 천부적인 면이 전혀 없지는 않으나 적절히 고안된 창의·인성 전략(창의적 사고 기법, 토의·토론, 협동학습, 웹 활용 학습, 프로젝트 학습 등)을 활용하는 것이다. 이러한 창의적 전략들은 창의성이 여러 가지 장애물들을 극복하고 우리의 감정과 두뇌, 무의식을 전면적으로 이용할 수 있도록 도와준다. 이에 사회 교과에 창의·인성 전략을 적용하여 성취동기를 높이고 지식과 경험을 재창조하며 능동적인 사고과정을 경험할 수 있도록 하고자 한다. 또한 협동하여 문제를 해결해 나가는 가운데 책임의식과 배려 그리고 타인의 의사 존중 등 공동체 의식을 키워주고자 한다.

1. 창의·인성교육의 배경

1) 추진 배경

교육의 근본 목적은 미래를 살아갈 수 있는 힘을 키우는 것이다. 미래 사회에는 다양한 학문과 기술들이 융합되어 새로운 지식과 가치를 창출할 것으로 전망

되며, 현재 교육받는 학생들에게 미래에 마주치게 될 다양한 기회와 도전에 대해 준비시키는 것이 국가의 의무인 셈이다. 미래사회는 지식기반사회, 정보화사회, 세계화사회, 다원화사회 등의 사회가 될 것이며 이러한 미래 교육은 '집어넣는 교육'이 아니라 '끄집어내는 교육'이 중심이 되어야 하며, 학생들의 잠재력과 바람직한 가치관을 '찾고 키워 주는' 교육의 핵심에 '창의성'과 '인성'이 존재하는 것이다. 바람직한 미래의 인재상으로 개인의 흥미, 재능, 역량, 가치관 및 비전 등을 살려서 가족, 지역사회, 국가와 세계에 가치 있는 일을 할 수 있는 사람을 말하는데 한국의 과거 성장은 '모방형 인적 자본'이 주도하였으나, 미래의 성장동력은 새로운 것을 생각하고 만들어 내는 '창조적 인적 자본'에 있음을 알아야 할 것이다.

즉, 국가의 경쟁력은 결국은 창의적 인재의 경쟁력이며, 이러한 창의성과 함께 국민들의 인성함양 또한 선진국 진입 및 국가경쟁력 강화를 위해 반드시 필요한 사회적 자본인 것이다. 창의성과 인성 함양은 바람직한 교육의 차원을 넘어서 미래 사회에서 개인과 국가의 생존과 직결되는 문제이다.

2) 2009 개정교육 과정

2009 개정교육 과정은 '하고 싶은 공부, 즐거운 학교'가 될 수 있도록 하자는 것으로 학생의 지나친 학습 부담을 감축하고 학생들의 흥미를 유발하며, 단편적인 지식, 이해 교육이 아닌 학습하는 능력을 기르고, 배려와 나눔의 실천을 추구하는 교육과정으로 아래와 같은 특징을 가지고 있다.

① 교과군 및 주제중심 학습으로 학기당 이수과목 축소를 통한 학습 효율성 신장 및 자기주도 학습을 가능하게 한다.

② 창의적 체험활동 도입을 통한 창의 인재 육성을 위해 초등학교는 주당 3시간을 운영한다.

③ 학교별로 창의성과 인성을 함양할 수 있는 다양한 교육과정 운영이 가능하도록 하며 이러한 2009 개정교육 과정으로 창의 · 인성교육을 위한 여건이 마련되었다.

> ■ 창의성과 인성교육(창의·인성교육) 강화를 위해 교과활동 시간과 창의적 체험활동 시간을 망라한 다양하고 실질적인 프로그램들을 본격 운영하여 타인을 배려하고 더불어 살면서, 미래를 개척하고 함께 발전할 수 있는 능력 함양 필요.

2. 창의·인성교육의 개념

교과부는 창의·인성의 개념을 '새로운 가치를 창출하고 동시에 더불어 살 줄 아는 인재'를 양성하는 미래 교육의 본질이자 궁극적인 목표로 제시하면서 아래와 같은 네 가지 가치를 제시하였다.

(1) 포괄성
- 창의·인성교육은 영재 등 특정 학생을 위한 한정된 교육이 아니라 모든 학생을 대상으로 일상적으로 이루어지는 포괄적인 교육이다.
- 교육 내용도 자신의 이해부터 타인에 대한 관심과 배려, 환경 등 전 지구적 문제의 창의적인 해결 노력까지 포괄하고 있다.

(2) 종합성
- 창의·인성교육은 일부 교과나 활동에서만 담당하는 것이 아니라, 교과활동, 창의적 체험활동, 가정교육 등 모두를 통해 유아 단계에서부터 종합적으로 함양해야 하는 자질 교육이다.
- 창의·인성교육은 학교 안팎의 다양한 물적·인적 자원과 방법을 활용하여 적극적인 개발과 노력이 요구되는 교육이다.

(3) 미래지향성
- 창의·인성교육은 부정적 이미지의 관행적인 교육이 아니라 '즐거움, 스스로, 중요한' 등 긍정적 이미지의 미래형 교육을 말한다.
- 더욱이 '점수 올리는 방법'을 가르치는 현 사교육의 존재 기반을 근원적으로

제거하며, 공교육을 정상화하고 경쟁력을 높이는 교육이다.

(4) 동시성

- 창의·인성교육은 창의성과 인성을 동시에 함양하는 교육이다.
- 창의성과 인성은 개방성 등과 같이 그 구성요소 자체가 같거나, 협동능력 향상 등과 같이 인성 개발이 곧 창의성 개발로 이어지는 상호 동반 효과가 큰 쌍둥이 자질을 가지고 있다.

3. 창의·인성교육 추진의 방향

창의·인성교육은 교과교육과 창의적 체험활동의 두 가지로 이루어진다.

1) 교과활동에서의 창의·인성교육

초등학교의 모든 교과활동을 미래 인재로서 필요한 전문지식 습득과 더불어 창의성과 인성 함양의 기회와 시간으로 이용.

(1) 국어 등 일반교과

각종 교과목별로 교과특성에 맞게 교육내용, 교육방법 등에 창의성과 인성 함양을 위한 요소들을 적극 포함하여 학력 신장과 창의·인성 교육을 동시에 추구하고 있다.

* 교과특성에 따라 글쓰기, 그리기, 만들기, 토론·발표, 관찰·실험, 연구과제 등 창의·인성 함양을 위한 수행평가 비중을 강화한다.

(2) 도덕 등 특정교과

각 교과목을 통해 자연스럽게 교육된 창의·인성 내용들을 종합적으로 실현할수 있도록 교육내용 및 평가에 체험활동 요소 대폭 강화한다.

(3) 녹색교육 등 범교과

해당 교과목이 담당하는 주제에 대한 교육과 더불어, 공존·배려 등의 창의·인성 요소를 녹색 등 특정 주제를 중심으로 현장감 있게 학습하는 기회로 활용한다.

* 예시: 녹색교육을 통해 전 지구적인 환경 문제를 경제·사회문제와 통합적으로 이해하여 책임 있는 세계시민의식을 함양하고, 기후변화 대응 및 녹색성장을 위한 다양한 문제접근 및 해결방법을 창의적으로 제시한다.

국어 등 일반 교과	언어	수리	사회	과학	예체능
	의사소통능력 문화다양성	문제해결력 분석력	시민의식 개방성	상상력 탐구력	독창성 감수성
	글쓰기 독서토론 등	교구 이용 기하수업 등	지역사회참여 자원봉사 등	팀단위 실험· 탐구활동 등	단체경기, 무용, 그룹창작 등

+

도덕 등 특정 교과	교과 프로젝트, 사례 연구, 융합형 교육과정 등

〈그림 1-1〉

(4) 구체화·체계화

교과별 교육과정에 준하는 수준의 '창의·인성 교육방법(과정)'을 마련하여 교과별로 담당할 창의·인성교육 내용을 구체화한다.

- 국어 등 교과별 교육과정이 습득해야 할 지식의 종류를 제시(무엇을 학습)하는 반면, 창의·인성 교육방법은 지식 습득에 있어 창의성과 인성을 같이 함양하는 방법론 중심(어떻게 학습)으로 구성한다.
  * 예: 문제·사례·시나리오·프로젝트 중심 학습, 리서치·토론 학습, 협력 학습 등
- '09 개정교육 과정 2단계 개정 등 각 교과별 교육과정 개정 시 해당 교과의 고유 교육내용과 창의·인성교육 내용을 동시에 반영한다.

(5) 교과서·교수법 개선

습득해야 할 지식을 근간으로 토론·탐구 등이 반영되어 도전과 창의적 사고를 끌어내는 교과서와 교수법으로 개선한다.

- 교과서 편찬 및 검·인정 기준, 교과서 개발팀 또는 교과서 검·인정 위원 등에 창의·인성교육 관련 내용 및 전문가를 참여시킨다.
- 장기적으로는 학생들에게 충분한 탐구와 해결 시간을 부여할 수 있도록 교육 범위도 미래사회가 요구하는 핵심 능력 중심으로 조정한다.
- 학교 다양화, 교과교실 등도 창의·인성 교육 측면에서 적극 활용한다.
- * 예: 집중이수제, 블록타임제 등을 활용하여 학생들이 창의적으로 사고하고, 스스로 만들어낼 수 있는 여유(시간) 확보 등

2) 창의적 체험활동

창의적 체험활동은 교과 이외의 활동으로서 교과와 상호보완적 관계에 있으며, 앎을 적극적으로 실천하고 나눔과 배려를 할 줄 아는 창의성과 인성을 겸비한 미래지향적 인재 양성을 목적으로 한다. 창의적 체험활동은 기본적으로 자율성에 바탕을 둔 집단 활동의 성격을 지니고 있으며, 집단에 소속된 개인의 개성과 창의성도 아울러 고양하려는 교육적 노력을 포함한다.

창의적 체험활동 교육과정은 자율활동, 동아리활동, 봉사활동, 진로활동의 4개 영역으로 구성된다. 각 영역별 구체적인 활동 내용은 학생, 학급, 학년, 학교 및 지역사회의 특성에 맞게 학교에서 선택하여 융통성 있게 운영할 수 있다. 여기에 제시되는 영역과 활동 내용은 권고적인 성격을 띠고 있으며, 학교에서는 이보다 더 창의적이고 풍성한 교육과정을 선택과 집중하여 운영할 수 있다.

초등학교의 창의적 체험활동에서는 학생의 기초생활습관의 형성, 공동체 의식의 함양, 개성과 소질의 발현에 중점을 둔다. 창의적 체험활동에서는 학생의 자주적인 실천 활동을 중시하여 학생과 교사가 공동으로 협의하거나 학생들의 힘으로 활동 계획을 수립하고 역할을 분담하여 실천하게 한다. 아울러, 시역과 학교의 독

특한 문화 풍토를 고려하여 특색 있고, 인적·물적 자원과 시간을 폭넓게 활용하여 융통성 있게 운영하는 것이 중요하다.

학생들은 창의적 체험활동에 자발적으로 참여하여 개개인의 소질과 잠재력을 계발·신장하고, 자율적인 생활 자세를 기르며, 타인에 대한 이해를 바탕으로 나눔과 배려를 실천함으로써 공동체 의식과 세계 시민으로서 갖추어야 할 다양하고 수준 높은 자질 함양을 지향한다.

① 각종 행사, 창의적 특색 활동에 자발적으로 참여하여, 변화하는 환경에 적극적으로 대처하는 능력을 기르고, 공동체 구성원으로서의 역할을 수행한다.

② 동아리활동에 자율적이고 지속적으로 참여하여 각자의 취미와 특기를 창의적으로 계발하고, 협동적 학습능력과 창의적 태도를 기른다.

③ 이웃과 지역사회를 위한 나눔과 배려의 활동을 실천하고, 자연환경을 보존하는 생활습관을 형성하여 더불어 사는 삶의 가치를 깨닫는다.

④ 흥미와 소질, 적성을 파악하여 자기 정체성을 확립하고, 학업과 직업에 대한 다양한 정보를 탐색하여 자신의 진로를 설계하고 준비한다.

〈표 1-1〉 창의적 체험활동 세부 활동 영역

영 역	성 격	활 동
자율활동	학교는 학생 중심의 자율적 활동을 추진하고, 학생은 다양한 교육 활동에 능동적으로 참여한다.	-적응 활동 -자치 활동 -행사 활동 -창의적 특색 활동 등
동아리활동	학생은 자발적으로 집단 활동에 참여하여 협동하는 태도를 기르고 각자의 취미와 특기를 신장한다.	-학술 활동 -문화 예술 활동 -스포츠 활동 -실습 노작 활동 -청소년 단체 활동 등
봉사활동	학생은 이웃과 지역사회를 위한 나눔과 배려의 활동을 실천하고, 자연환경을 보존한다.	-교내 봉사활동 -지역사회 봉사활동 -자연환경 보호 활동 -캠페인 활동 등
진로활동	학생은 자신의 흥미, 특기, 적성에 적합한 자기 계발 활동을 통하여 진로를 탐색하고 설계한다.	-자기 이해 활동 -진로 정보 탐색 활동 -진로 계획 활동 -진로 체험 활동 등

4. 창의 · 인성교육 요소

1) 창의성을 촉진하는 인성

① 창의성을 촉진하는 덕목들은 각 덕목의 사전적이고 철학적인 의미를 추구하기보다는 창의성에 실제로 기여할 수 있는 능력의 개념으로서 재구조화, 재개념화시킨다.

② 기존 인성교육의 착한 도덕군자 양성, 이타성 강소를 목표로 하는 것이 아닌 창의성을 촉진하고 창의성을 발현하는 데 도움이 되는 '능력으로서의 인성'을 의미한다.

③ 모든 학교 급별에 적용 가능한 덕목을 선정한다.

가. 정직: 객관적인 기준에 따라 있는 그대로의 결과를 받아들일 수 있음

나. 약속(신뢰): 자신에게 주어진 역할을 정확하게 이행

다. 책임: 주인의식으로서 적극적으로 과제를 수행

라. 배려(존중): 다문화, 다학문 등의 다양성을 받아들이고, 상충되는 의견과 합의에 이르는 능력

마. 소유(절제): 타인의 지적 · 물적 능력, 성과 등을 인정하고 자신의 역량에 맞는 결과를 받아들임

바. 공정: 사적 · 주관적 · 개인적 입장에서 벗어나 객관적이고 보다 도덕적인 가치를 선택하는 행동

2) 창의성의 심리적 특성

창의적 성취와 관련된 개인의 특성은 학자들마다 다양하게 제시되고 있다. 그러나 대부분의 학자들에게서 공통적으로 인정받는 특성은 아래의 내용으로 정리될 수 있다.

(1) 독립성

① 용기: 모험심이나 개척자 정신이 강하고 위험을 무릅쓰더라도 원하는 것을 성취하려는 성향으로, 도전정신이 강하고 어떻게 해야 하는지 잘 모르는 상황에서도 두렵지 않음을 말한다.

② 자율성: 타인의 말에 부화뇌동하지 않고 자기 나름대로의 선택과 행동을 하는 성향으로, 남들이 뭐라고 해도 별로 신경을 쓰지 않고 스스로 해답을 찾는 것을 좋아함을 말한다.

③ 독창성: 아이디어와 사고에 있어 유연하고 재치 있으며 비관습적이고 상투적인 것에 싫증을 내는 성향으로, 독특함이나 사고와 행동에서 독특함·차별성을 말한다.

(2) 개방성

① 다양성: 새로운 아이디어나 다른 견해를 잘 수용하고(애타주의 포함) 새로운 경험과 성장에 개방적이며 편견이 없고 진보적인 성향을 말한다.

② 복합적 성격: 서로 모순되는 정반대(양극)의 성격을 동시에 가지고 있으면서도 아무런 갈등도 느끼지 않고 똑같은 강도로 두 가지를 모두 경험하게 되는 성향을 말한다.

③ 애매모호함에 대한 참을성: 해결 중인 문제의 부분들이 서로 맞지 않을 때 종종 불확실한 기간이 있게 되고, 일반 사람들은 그 기간에 느낄 수 있는 긴장과 이완을 이용하기보다는 압박감을 느껴서 빨리 결정을 내리고 싶어 한다. 하지만 창의적인 사람들은 이러한 모호함을 잘 견뎌냄으로써 문제의 어려운 측면이 해결될 수 있는 시간을 충분히 가질 수 있다.

④ 감수성: 미세한 것과 미묘한 뉘앙스를 느끼고 감지하는 것을 의미한다.

(3) 몰입

몰입(flow)은 어떤 활동에 깊게 빠져들어 시간의 흐름이나 공간, 나아가 자신에 대한 생각까지도 잊어버리게 되는 심리적 상태를 말한다. 오랜 시간 동안의 탐구

과정과 필수적인 지식획득이 기반이 되어야 하는 창의성은 하고 있는 일에 남다른 열정과 끈기를 갖고, 창조과정 자체를 즐기는 몰입의 과정에서 발현된다.

- 하위요소: 열정, 즐거움, 성실, 끈기

(4) 호기심/흥미

창의적인 사람은 주변 현상과 문제들을 매사 경이롭게 생각하고 끊임없는 질문과 깊은 흥미를 보인다. 이와 같은 높은 호기심과 흥미는 내적동기와 몰입을 직접적으로 유발하고 촉진하여 창의성 발현을 이끄는 필수적인 성향의 특성이다.

(5) 창의인지기능

심리학자들은 창의성을 발휘하기 위해서는 초인지능력과 같은 일반적인 인지기능(사고의 수렴)과 확산적 사고와 같은 창의성관련 인지기능(사고의 확장)이 필요하다고 주장하였다.

① 사고의 확장: 다양한 각도에서 새로운 가능성이나 아이디어를 다양하게 생성해 내는 사고능력을 말한다.

가. 상상력/시각화 능력(imagination/visualization): 시각화는 이미지나 생각(아이디어)을 정신적으로(마음속으로) 조작할 수 있고, 마음의 눈으로 사물을 보고 상상할 수 있는 능력을 말한다.

나. 유추/은유적 사고(analogical/metaphorical thinking): 둘 혹은 그 이상의 현상들 사이에 유사하거나 일치하는 내적 관련성을 발견하는 사고기술로, 대부분의 창의적 사고와 산물들은 유추·은유적 사고에서 나온다.

② 사고의 수렴: 가장 유용하고 적절한 것을 찾아내는 능력

가. 비판적 사고(critical thinking): 편견, 불일치, 견해 등을 인식할 수 있는 능력으로 분석적 사고, 반성적 사고, 문제해결 등을 의미한다.

나. 논리/분석적 사고(logical/analytical thinking): 부적절한 것에서 적절한 것을 분리해 내고 합리적인 결론을 끌어내는 능력으로, 남들은 당연히 여기는 것도 왜 그런지 생각해 보는 것을 말한다.

다. 문제발견/문제해결력(problem finding/problem solving): 문제해결이란 인지전략이나 창의적 사고력, 비판적 사고력 같은 고차원적인 인지적 능력들을 활용하여, 주어진 문제와 연관되어 있는 장애요소를 극복함으로써 바람직한 목표 상태에 도달하기 위한 일련의 사고활동을 말한다. 즉, 문제발견은 문제를 찾아내거나 형성하고 창조하기 위한 행동, 태도, 사고과정을 일컬으며, 문제표현, 문제구성, 문제제기, 문제형성, 문제확인, 창의적 문제발견, 문제정의 등의 용어로 표현뇌는 다양한 행동과 기술, 경향성의 복합체라고 할 수 있다.

02

창의·인성 수업 기법 20

창의인성 수업전략 1	창의연극 Creative Dramatics
목적	창의 연극(Creative dramatics)은 그룹의 일원으로 참가함으로써 개인의 정신적인 성장을 촉진하고, 그룹활동 중에 활기 있는 자기표현을 가능하게 하여 협동 정신을 기르도록 하는 데 효과가 있다.
인성 요인과의 관계	창의 연극은 학생들을 위한 예술이다. 학생들은 그룹 활동 중에 자기표현을 하도록 지도받는다. 다른 사람과 함께 협력하여 즉흥극을 연기함으로써 창조의 기쁨을 맛본다. 창의성을 기르기 위해 다음과 같은 배려가 필요하다. ① 마음의 유연성 기르기 ② 경이로움에 대한 마음을 지속적으로 유지하기 ③ 자주성 키우기 ④ 모험성을 가지게 하기 ⑤ 자신감 가지기 ⑥ 장소의 분위기를 정리하기 ⑦ 경험을 풍부하게 하기 ⑧ 창조적 활동의 기회를 제공하기 ⑨ 교사 자신이 창조적이 되기
단계적 수업활용 방법	**① 동기 형성** 교사가 처음에 할 작업은 학생들이 느끼고 있는 각각의 다양하고 서로 다른 분위기를 정리하여, 하나의 강한 분위기로 만드는 것이다. 이를 위해서는 학생들을 자극하여 사고하게 하고, 무엇인가를 보고하고 싶어 하는 충동을 일으키도록 해야 한다. 교사의 자기소개, 그룹 구성원들의 자기소개, 창의 연극을 경험한 학생들이 아직 경험하지 못한 친구들에게 그 경험을 이야기하는 것이 일반적이다. **② 아이디어 산출** 학생들의 주의와 흥미를 끄는 것이 성공하면, 다음으로는 학생들의 생각이나 느낌을 불러일으키는 단계로 들어간다. 학생들의 주의를 끌고 아이디어를 이끌어내는 단순하고 효과적인 방법으로는 다음과 같은 것이 있다. • 감각적 자극: 보고, 듣고, 맛보고, 만져보고, 냄새 맡는 것과 같이 오감의 감각기관으로부터 아이디어는 촉발한다. 아름다운 색, 음악, 과자, 동물의 감촉, 바다 냄새 등으로부터 학생들의 아이디어를 촉발해나가는 것이다. • 주위사람: 극을 견학하고 있는 어른들이나 부모, 외국인들의 만남도 아이디어의 원천이 된다. • 체험: 레크리에이션과 공장 견학, 서커스 관람, 음악회, 계절 풍경과의 만남은 아이디어 촉발의 커다란 요인이다. 따라서 창의 연극을 실시하기 전에 미리 소풍이나 견학을 하는 것이 효과적이다. **③ 활동계획을 세우기** 학생들 각각의 사고를 촉진하여 그룹을 일정한 방향으로 이끎으로써 정리된 하나의 표현을 하려는 의욕이 그룹 가운데서 생겨난다. 어린 아동의 경우, 그 표현 방법으로 리듬 운동과 팬터마임, 노래, 손가락 놀이, 단순한 짧은 이야

	기 소개 등이 있다. 다음 단계에서는 이것에 동작게임과 수수께끼, 조금 긴 이야기가 추가되고, 9~11세 아동의 경우, 극의 요소가 강조되어 본격적인 즉흥극이 도입된다.
단계적 수업활용 방법	지도자는 그룹 학생들의 연령, 성격, 창의 연극의 체험도 등을 고려하여, 학생들이 '무엇을 하고 싶어하는지'에 주목하면서, 표현 의욕을 잘 이끌어낼 수 있도록 학생 위주의 계획을 세울 필요가 있다. ④ **놀면서 활동하기** 학생들로부터 나온 아이디어를 신체표현으로 옮기는 단계이다. 음악을 듣고 바다에서 헤엄치고 있는 상황이나 동물의 흉내를 내는 등, 자신의 몸이 자유롭게 움직이는 것을 어린이들이 실감할 수 있도록 하는 것이다. 그리고 팬터마임이나 동작 게임을 통해 역할이나 성격을 표현하는 것, 인물이나 사물을 나타내는 것이 가능하다는 것을 배우게 한다. 이 단계에서 지도자는 '이야기'를 학생들에게 소개하고, 학생 자신의 즉흥적 연기와 대사를 통해 연극을 진행시킨다. 단순한 갈등 속에서 강력한 인상을 주는 동화나 역사 이야기를 선택하는 것이 일반적이다.
교과별 수업활용 방법	⑤ **평가하기** 학생들의 연극이 끝나면, 교사는 그 감상과 참가한 학생들에게 칭찬을 한다. 이것은 다음 활동의 의욕 고취를 위해 중요하다. 학생들은 그룹의 다른 학생들의 연기에 대한 감상을 이야기 한다. 또한 자신의 연기에 대한 다른 친구들의 평가와 감상을 들을 수 있고, 표현·관찰 발표란 무엇인지를 체험을 통해 배우게 된다. 창의 연극은 여러 가지 수업상황에 다양하게 적용될 수 있다. ① **교과와 관련한 경우** - 국어교과서에 등장하는 이야기나 동화의 내용을 파악하기 - 등장인물의 성격이 잘 드러나게 대화체로 꾸미기 - 꾸며 쓴 대화 글을 연극으로 표현하기 이와 같은 활동을 통해 학생들은 글의 내용을 분명하게 이해하게 될 뿐만 아니라 등장인물을 행동과 말을 직접 표현해 봄으로써 사고와 이해의 폭을 확장할 수 있다. 더 나아가 학생들에게 등장인물의 성격상 있을 수 있는 일(교과서에 등장하지 않은 사건)을 상상하여 표현해보는 심화활동도 가능할 것이다. ② **교과 외 활동** 학생들에게 '거울놀이' 활동을 제안하여 각자 학급의 다른 학생을 모방하게 하는 놀이를 한다면 평소 잘 몰랐던 친구의 행동과 습관을 더 관찰하게 되고 그 친구에 대해 친밀감을 형성할 수도 있을 것이다. 이 외에도 교실에 있는 사물이 되어 그 사물이 하는 행동을 그대로 따라하거나 작은 생물이 되어 행동하고 느낌을 표현하는 등 다양한 활동이 가능하다.

창의인성 수업전략 2	역할 놀이 Role Play
목적	동작과 행위와 연습을 내용으로 하는 아이디어 개발이 목적이다. 문제에 대해 이야기 하는 것이 아니라 직접 무엇인가를 동작하고 행위로 나타냄으로써 개인과 집단 내에서의 문제 해결 능력을 신장시킨다.
의미 및 특징	· 역할 놀이는 모레노가 창안한 사이코 드라마를 발전시킨 것으로서 '상상의 장면 속으로 현실을 끌어 들이는 것, 인간의 상호작용을 일으키는 방법'이라고 정의된다. · 역할 놀이의 접근방법 ① 계획적 구성적 역할 놀이: 그룹에게 특정한 문제를 제공하고 대본과 연출을 정한 다음 이 기법을 실시 ② 자발적 역할 놀이: 그룹 자체에서 나온 문제 자체를 선택하여 그 장소에서 즉흥적으로 실시하는 것 · 역할놀이 실시 단계 ① 역할놀이 준비: 역할놀이의 구성원들이 자유롭게 생각하고 느끼고 행동할 수 있는 장소와 분위기를 만든다. ② 역할놀이 참가자 선정: 준비가 끝나면 역할을 수행해 볼 학생들을 선정한다. 이때 어떤 역할

을 할 것인지는 학생들의 의견과 자발적 참여에 맡기는 것이 바람직하다. 또한 역할을 적절히 수행할 수 있는 학생에게 맡기는 것도 좋은 방법이다.
③ 무대 설치: 역할놀이 참가자를 선정한 다음에 무대 설치를 도모한다. 칠판에 그림을 붙이거나 간단한 소도구를 이용하여 어느 정도 분위기를 조성한다.
④ 참여적 관찰자로서 청중의 준비: 청중의 자세를 잘 준비시키는 일도 매우 중요하며 특히 참여적 관찰자가 되도록 하는 일이 긴요하다. 집중해서 들으며 놀이 과정을 정확히 이해하고 그 속에서 제기된 주장과 의견, 행동 등에 대해 주의 깊게 느끼고 생각하고 판단하고 평가할 수 있는 청중이 되도록 한다.
⑤ 역할놀이 시연: 연기자들은 주어진 상황에서 자기가 맡은 역할을 시연하면서 다른 역할자가 하는 말과 행위에 대해 반응한다.
⑥ 토론 및 평가: 역할놀이를 했으면 그 과정과 결과에서 일어난 것들을 중심으로 토론하고 의미 있는 역할놀이였는지 평가해본다. 이렇게 서로의 견해를 주고 받으며 자신의 생각을 명료하게 인식하고 심화시키고 정착시킬 수 있다.
⑦ 재연: 일련의 역할놀이를 한 후 교사와 학생들은 다른 각도에서 역할놀이를 다시 해볼 수 있는데 이를 재연이라고 한다.
⑧ 경험의 공유와 일반화: 역할놀이의 마지막 단계로 구성원들이 서로 논의하면서 경험을 나누어 갖고 일반화를 도출하는 것이다. 이 단계에서는 수업목표와의 관련 속에서 그동안의 역할놀이 과정에서 의미있게 제기한 논점들에 대해 전반적인 논의를 시도하면서 경험과 의미를 공유하고 일반화한다.

창의인성 수업전략 3	창의 계단 따라 글쓰기		
목적	글쓰기는 창의적 사고의 결과가 겉으로 드러난 것이라고 이해한다. '창의 계단 따라 글쓰기'는 글감에 대한 생생한 관찰과 관심을 바탕으로 한 구체성과 거침없는 상상력, 나만의 생각을 글로 쓰도록 정교하게 구조화된 틀을 활용하여 창의적인 글을 쓰게 하는 것이다.		
의미 및 특징	·생각을 글로 쓰게 하는 초중등 전 교과 활동에 적용 가능하다. 특히 사고를 글로 옮기는 활동에서 적절하다. ·이 과정은 체계적으로 사고하고 정서와 인지를 결합하여 글쓰기 하는데 효과적이므로 초중학생을 대상으로 하는 통합적 글쓰기에도 적합한 모형이다.		
수업활용 방법	계단	의미	차별의 소재
	탐구 계단	자신의 글과 관련된 또 다른 글 찾아 읽고 발전 시켜 보기 예) 관련된 책 찾아 읽고 색다른 생각 덧붙이기	-
	종합 생성 계단	생각을 하나의 일관된 틀로 체계화시키기 예) 활동 결과를 종합하여 새로운 글 써보기	종합 생성의 차별성
	견줌 계단	거대한 틀을 토대로 종합화하고, 재해석하기 예) 공동프로젝트진행하기, 협동학습하기	비교의 차별성
	나만 계단	이런 저런 말과 생각들을 정리하고 재해석하기 예) 글을 쓰기, 자신의 생각을 말하기, 토론하기, 아이디어 해킹하기	내용과 개인의 차별성
	상상 은유 계단	대상에 대해 엉뚱한 추상 낱말을 붙여 상상해 보기 예) 공상하기, 상상하기	내용과 사고의 차별성
	생생 은유계단	대상에 대해 구체적인 엉뚱한 낱말 붙여 묘사해 보기 예) 관찰하기, 책 읽기, 신문 읽기, 체험하기, 다른 사람의 말과 생각을 접하기, 기술하기, 보고하기	내용과 사고의 차별성

창의인성 수업전략 4	CAF Consider All Factors
목적	주어진 문제 상황에서 모든 요인들을 고려하여 생각하도록 돕는 사고기법이다. 학생들의 사고과정에서 놓치고 있는 것들을 다시 한 번 고려하도록 함으로써 사고를 정교하게 하고 생각의 범위를 넓힐 수 있다.
의미 및 특징	우리가 어떤 것을 선택하거나 결정을 내려야하는 사고과정에서 고려해야 할 요인들이 매우 많은데, 문제를 해결하는 과정에서 만약에 한 가지 요인이라도 빠뜨린다면 우리가 고생스럽게 해낸 사고의 결과는 결과적으로 잘못될 가능성이 크다. 그래서 CAF 활동을 할 때는 먼저 문제와 관련된 모든 요인들을 정리하는 활동부터 한다. 그런 다음 문제에 알맞는 창의적 사고 기법을 활용한다.
수업활용 방법	**수업의 전개부분에서 사용한 예** 예) 여러분들이 직업을 선택할 때 고려해야 할 요인에는 어떤 것들이 있을까요? 라는 교사의 질문 제시 학생의 응답 - 경제적으로 많은 돈을 벌 수 있는지. - 내 적성과 흥미에 맞는지. - 장기적으로 오랫동안 할 수 있는 일인지. - 일을 통해 보람을 느낄 수 있는지. - 다른 사람에게 도움을 줄 수 있는지 등의 답변 제시. 교사는 학생들이 직업을 선택할 때 고려해야 할 요인을 모두 살펴보았는지 다시 한 번 확인하는 질문 혹은 토론 등의 활동을 통해 학생들의 사고를 점검한다.

창의인성 수업전략 5	형태분석법
목적	형태분석법은 '체크리스트법'과 '속성열거법'을 입체적으로 조합한 발상법으로, 어떤 문제에 대한 요인을 찾아내고 각 요인의 속성을 가로축과 세로축으로 도표를 만들어 새로운 아이디어를 각 칸에 기록해 보도록 하는 방법이다. 이 기법은 다양한 측면에서 체계적으로 아이디어를 생성해 낼 수 있는 기법으로 간과되기 쉬운 아이디어나 해결 불가능할 것 같은 아이디어 생성에 유리하여, 사회나 음악, 미술과 등의 교과에서 미래의 고장 모습을 다양한 측면에서 예측해 보기나 노랫말 바꾸기 및 미술 작품 구상하기 등의 활동에 활용될 수 있다. 형태분석법을 활용함으로써 체계적으로 새로운 아이디어를 다듬는 정교성과 사물의 속성과 요소를 분해하여 이해하는 분석력을 기를 수 있으며, 기존 사고의 틀에서 벗어나 새로운 가능성을 탐색하는 개방적인 태도를 기를 수 있다.
의미 및 특징	일상적으로 문제 해결을 하는 방법에서 요인을 분석하여 도표를 작성하는 훈련을 통해 객관적이고 분석적으로 문제를 파악하는 능력을 키울 수 있다. 또한 새로운 시각에서 문제를 보게 되는 사고의 경험도 할 수 있을 것이다.
수업활용 방법	도입에서 활용 - 5학년 2학기 미술과, 9. 아름다운 포장(4/6) ☆ 도형 나라의 우유 ·'도형 나라의 우유' 이야기를 들려주기(도형 나라에서는 자신의 모양과 똑같은 용기에 들어 있는 우유만 마시도록 하는 법이 정해졌다. 사각형 종이 용기에 든 우유만 마시던 친구들을 도와주는 방법은?) ·도형 나라 친구들이 우유를 마실 수 있도록 도와주자. ·'우유병 만들기' 학습지에 다양한 재료와 모양의 우유병을 생각하여 적어보기 ·도형나라 친구들이 자신과 같은 모양의 우유병에 든 우유를 찾고 있어요. 한 가지 재료로 똑같이 만든 우유병은 싫대요. 여러분의 도움이 필요해요. 표 참조

모양＼재료	원통형	사각형	삼각형
플라스틱	원통형 플라스틱	사각형 플라스틱	삼각형 플라스틱
비닐	원통형 비닐	사각형 비닐	삼각형 비닐
유리	원통형 유리	사각형 유리	삼각형 유리
종이	원통형 종이	사각형 종이	삼각형 종이

전개에서 활용 - 2학년 1학기 즐거운 생활과, 6. 여름이 오면(6-7/12)

☆ 여름 날씨와 관련된 소리를 악기로 표현하기

· 모둠별로 다양한 악기를 준비하도록 하고, 형태분석법 학습지를 준비한다.

· 여름 날씨와 악기의 종류 생각하기

날씨＼악기	비오는 날씨	맑고 더운 날씨	바람 부는 날씨
북			
팽과리			
트라이앵글			
탬버린			

· 모둠별로 악기를 연주해보고 날씨와 어울리는 느낌의 악기와 연주법을 생각하여 학습지를 작성한다.

· 작성한 학습지를 보고 모둠별로 연습한다.

· 모둠별로 발표하고 잘 연주한 모둠을 선정한다.

창의인성 수업전략 6	속성열거법
목적	속성열거법은 주어진 문제를 속성 수준에서 분석하여 새로운 아이디어를 산출하는 기법이다. 속성은 다양한 방식으로 추출 가능한데 이것을 이용하여 기존의 아이디어와는 다른 개념이나 원리를 색다르게 결합하거나 수정하여 새로운 아이디어를 산출할 수 있게 된다. 이 기법은 과학, 기술가정, 음악, 미술교과에서 다양한 재료로 물건이나 장난감 만들기 및 악기 만들기 등 사물의 문제점이나 속성을 생각하여 개선된 물건을 만드는 활동에 적용할 수 있다.
의미 및 특징	· 속성열거법은 문제를 정확하게 파악하고 발상하기 위한 분석적 테크닉이다. · '문제를 작게 하면 할수록 아이디어가 나오기 쉽다', '여러 가지 사물에는 각각 속성이 있다'의 두 가지 사고 방법을 조합하여 생각해낸 기법이다. · 이 기법의 특징은 다른 속성에 주목하는 것이다. 예를 들어, 명사적 속성(전체, 부분, 재료, 제조방법), 형용사적 속성(성질), 동사적 속성(기능)의 세 종류로 설명될 수 있다.
수업활용 방법	도입에서 활용 - 3학년 1학기 과학과, 1. 우리 생활과 물질/ 2. 다양하게 쓰이는 물질(6/12) ☆ 신데렐라의 유리 구두 이야기로 동기 유발하기 · '신데렐라의 유리 구두' 이야기를 들려주기(무도회장에서 빠져나가는 신데렐라의 유리 구두가 그만 깨버린다. 유리 대신 무엇으로 구두를 만들면 좋을까?) · 유리 구두의 속성 이야기하기 - 쉽게 깨집니다. / - 딱딱해서 발이 아픕니다. · 각 속성을 새롭게 결합하거나 수정하기 - 쉽게 깨진다: 유리처럼 반짝거리면서도 잘 깨지지 않으려면? - 딱딱해서 발이 아프다: 폭신한 구두는 없을까? 뾰족하지 않은 모양으로 만들면? · 아이디어의 실행 가능성을 검토한다. - 반짝반짝하고 잘 깨지지 않는 비닐로 구두를 만듭니다. - 잘 늘어나서 깨질 염려가 없는 고무로 구두를 만듭니다. - 발이 편하도록 운동화 모양으로 구두를 만듭니다. 전개에서 활용 - 2학년 1학기 슬기로운 생활과, 6. 우리 집이 좋아요(5/6) ☆ 내가 살고 싶은 집 구상하기 · 집의 속성 찾기 - 움직이지 않습니다. / - 지붕과 벽이 있습니다. / - 방이 여러 개 있습니다. · 집의 속성을 새롭게 결합하거나 수정하기 - 움직이지 않는다: 바퀴를 달면? 날개를 달면? - 지붕과 벽이 있다: 지붕이 열린다면? 벽이 투명하다면? - 방이 여러 개 있다: 벽이 없이 모든 방이 열려 있다면? 방이 한 개라면? · 내가 살고 싶은 집 구상하기 - 벽이 투명한데 색깔을 넣어 집안에서는 밖이 보이는데 밖에서는 집안이 보이지 않는 집을 만듭니다.

- 벽 안에 침대, 화장실, 부엌 등이 들어가 있어 필요할 때는 열어 쓰고 평소에는 닫아 놓을 수 있는 집을 만듭니다.

창의인성 수업전략 7	체크리스트
목적	체크리스트 기법은 어떤 일을 생각할 때 누락되는 것이 없도록 하나씩 체크해가기 위한 알림표를 가리킨다. 예를 들어, 우리는 해외여행을 떠날 때 가지고 갈 물건의 목록을 미리 만들어두고 출발 전에 점검한다.
의미 및 특징	우리는 종종 문제를 해결하는데 도움이 되는 체크리스트를 발견하게 된다. 예를 들면, 전화번호부는 그러한 체크리스트의 역할은 한다. 즉 전화번호부를 사용해서 전자 제품 수리점을 찾을 수 있고, 이발소나 공공 기관의 전화번호를 알 수 있다. 고등학교 상담 교사는 진로 상담에 대한 아이디어를 전화번호부에서 얻을 수 있을 것이다. 선물 가게에서 만든 상품 목록집도 아이디어 체크리스트로 사용할 수 있다. 아이디어 체크리스트는 창의적 문제해결을 위해서 고안된 것이다. 이들 중에서 가장 널리 알려져 있는 것은 Osborn(1963)의 '아이디어를 생성할 수 있는 73가지 질문'이다. 체크리스트 기법은 종종 **SCAMPER** 방법이라고 하는데, 이는 대치, 조합, 채택, 변형, 확대, 축소, 용도변경, 삭제, 역전, 재조직을 의미한다 발상을 위한 체크리스트는 최종적으로 자신에게 가장 적합한 것을 만들어내지 않으면 안된다. 그러기 위해서는 자기 자신이 발상할 때 사용하는 생각, 방법을 모두 들추어내고 다른 사람의 생각이나 방법도 많이 참고할 필요가 있다. **1. 오즈번 발상 체크리스트의 9가지 포인트** 1) 다른 것으로의 전용: 즉 , 다른 사용 방법은 없을까? 하는 것이다. 지금 그 상태에서 새롭게 사용할 수 있는 방법은? 개조해서 다른 사용방법은? 과 같이 발상해간다. 2) 다른 응용은: 그 밖에 이와 비슷한 것은 없을까? 과거에 비슷한 것은 없었을까? 무언가 모방할 것이 없을까? 누군가를 보고 배울 수는 없을까? 3) 변경하면: 새로운 변화는? 의미, 색, 움직임, 소리, 냄새, 양식, 형태 등을 바꿀 수 없을까? 그 외의 변화는? 4) 확대하면: 뭔가 추가할 수 없을까? 좀 더 시간이 필요한가? 빈도는? 보다 강하게? 보다 높게? 보다 길게? 보다 두껍게? 부가적 가치는? 재료를 추가할 수 없을까? 복제는? 배가는? 과장은? 5) 축소하면: 무언가 감소시킬 수 없을까? 보다 작게? 농축? 미니어쳐화? 보다 낮게? 보다 짧게? 보다 가볍게? 생략은? 유선형으로는? 분할할 수 없을까? 비밀스럽게 할 수 없을까? **2. 성냥의 아이디어 예** 성냥의 아이디어를 예로 들어 (　)안에 표시하면서 구체적으로 설명해보자. ① 전용: 말 그대로 새로운 용도는, 개조하여 다른 사용방법은?(점화용→성냥갑) ② 응용: 뭔가 닮은 것은 없을까? 뭔가의 모방은?(가로형 → 원통형 성냥) ③ 변경: 의미, 색, 움직임, 소리, 냄새, 양식, 모양의 변화(사각 → 원·삼각형 성냥) ④ 확대: 추가, 시간 연장, 빈도, 강도, 높이, 길이, 가치, 재료, 복제, 과장(큰 성냥) ⑤ 축소: 줄이고, 작게, 농축, 낮게, 짧게, 가볍게, 생략, 분할(미니성냥) ⑥ 대용: 인간을, 사물을, 재료를, 소재를, 제조 방법을, 동력을, 장소를(나무→종이성냥) ⑦ 재배열: 요소를, 모양을, 레이아웃을, 순서를, 인과를, 베이스를(성냥개비 넣는 장소 변화) ⑧ 역전: 반전, 전후 역전, 상하 역전, 좌우 역전, 역할 전환, 신발의 좌우를　바꾼다(초호화 성냥) ⑨ 결합: 통합, 합금, 유닛을, 목적을, 주장을, 아이디어를 변화(점치는 성냥) **3. ABW협회 아이디어 개발 리스트** ① 관습과 전통, 상태의 역전을 생각한다. ② 특징을 신조어, 고어, 유행어로 표현한다. ③ 특징이 정적이면 동적 표현으로 바꾼다. ④ ③의 반대로 한다. ⑤ 특징과 상품의 일반적인 배열을 바꾼다.

수업활용 방법	⑥ 특징을 다음으로 연결시킨다. 움직임, 육체, 힘, 무거움, 에너지, 맛, 색, 냄새, 온도, 기타 ⑦ 특징을 다음에 연결시킨다. 추천, 추리, 게임, 퍼즐, 수수께끼, 선물, 질문표, 기타 ⑧ 특징을 다음에 일어나는 상태로 생각한다. 놀람, 도전, 유래, 당혹, 유혹, 충격 ⑨ 특징을 다음에 관련시킨다. 행복, 마법, 운명, 명성, 원인과 결과, 불, 물, 신비, 땅, 우주, 생명 ⑩ 특징을 다음에 관련시킨다. 여행, 스포츠, 여가, 성(性), 상상, 관능, 일, 안전 ⑪ 다음과 같은 점에서 생각한다. 성공, 달성, 행운, 명예, 감사, 부조화, 왜곡, 과장, 의외 ⑫ 특징을 의인화한다, 인간, 동물, 정물, 초인적인 것, 기계, 기타체크리스트 작성 시, 어떤 목적으로 리스트를 사용하고 싶은가에 따라서 리스트 작성방법이 다소 달라진다.

창의인성 수업전략 8	축사고
목적	인간의 사고과정은 개인이 갖고 있는 사고경험이나 사고 습관에 따라 아이디어를 확장시키지 못하거나 자신이 갖고 있는 경험의 틀을 벗어나지 못할 때가 종종 있다. 축사고는 사고과정을 범주화하여 새로운 사고를 가능하게 하고 다양한 사고의 형식을 제공하는 수업 기법이다.
의미 및 특징	축사고는 사고의 확장을 위해 '축'이라는 개념을 도입한다. 이러한 축의 예로 시간축, 공간축, 주제축, 인물축 등이 존재하며 각각의 특징은 다음과 같다. · 시간축: 문제해결의 관점을 과거, 현재, 미래로 시간을 옮기는 과정에서 학생들의 융통성 및 상상력 향상 · 공간축: 문제해결의 관점을 장소를 달리하여 사고함으로써 사고의 융통성 및 정교성 향상 · 주제축: 문제해결의 관점을 주제를 달리하여 생각해봄으로써 사고의 융통성 및 정교성 향상 · 인물축: 문제속의 주요인물이 되어봄으로써 사고의 융통성과 상상력 향상 이 수업모듈은 초, 중등 전 교과에 적용이 가능하며, 특히 국어, 사회, 과학과에 활용 가능성이 높다.
수업활용 방법	교사는 수업 전에 다음의 과정에 유의하며 수업을 진행하도록 한다. 첫째, ·문제에 대한 정확한 인식을 하도록 한다. 둘째, ·해결해야할 문제에서 주제를 달리하여 생각해본다. 셋째, ·해결해야 할 문제에서 시간과 공간을 달리하여 생각해본다. 넷째, 해결해야 할 문제에서 인물의 관점을 달리하여 생각해본다. 다섯째, 학생들의 사고과정을 자유롭게 할 수 있도록 허용적인 학습 분위기를 유지한다. 예시) 초등 과학: 자연을 지키는 활동의 중요성(6-2-실험관찰-3.쾌적한 환경) [도입] - 환경오염 사진 보고 이야기하기 　　　　- 어떤 장면이고, 왜 이런 일이 있어났는지에 대해 이야기한다. 　　　　· 자연을 지키는 활동이 중요한 까닭에 대해 알아보기. [본 활동] 오염된 자연이 미치는 영향 알아보기 　　　　　- '축사고기법'으로 심하게 오염된 곳으로 상상의 여행을 떠난다. 　　　　　- 오염된 곳에서 겪을 일에 대해 상상한 내용을 글로 쓴다. 　　　　　- 오염된 곳에서 겪은 일을 말해본다. 　　　　자연을 지키는 활동이 중요한 까닭 알아보기 　　　　　- 자연을 지키는 활동의 중요성을 이야기한다. 　　　　　- '자연을 지키자!'는 광고문을 만든다. [정리] 자연을 지키는 일의 중요성에 대해 논의하고 결과물을 발표한다.

창의인성 수업전략 9	시각화, 심상
목적	창의적 사고는 보이지 않는 것을 일정한 형태가 있는 것으로 생각해 보고 이미지화 하는 활동을 통해 가능하다. 시각화와 심상활동을 통한 긍정적 태도 훈련은 자신이 할 수 있다는 자신감을 갖게 하는 데도 효과적이다.
의미 및 특징	**Davis**와 **Rimm(2004)**은 시각화와 심상은 창의성의 핵심이며 학생들에게 시각화와 심상훈련을 통해 상상력을 길러줄 수 있다고 주장하였다. 활동은 학생들에게 긴장을 풀고 눈을 감고 멋진 이야기를 시각화하도록 요청한다. 그 다음 "지금 눈앞에 있는 손잡이를 잡아당겨라. 이 손잡이를 잡아당기는 순간 우리는 우주 여행을 출발하게 된다."와 같은 설명을 한다.
수업활용방 법	시각화와 심상 방법은 표현활동과 연관이 많은 예체능 교과뿐만 아니라 책이나 사진 속에 등장하는 사물이나 개념을 폭넓게 이해하기 위한 여러 교과 활동에 모두 적용 가능하다. **도입에서 적용한 예** - 학생들에게 우리 모두 조선시대 서민의 가정에 가 있다고 상상하게 한다. - 학생들의 눈앞에 보이는 것(상상되는 것) 발표하기 (부엌, 초가집, 마루, 평상, 섬돌) - 내가 그 집에 사는 어린 아이(10살)가 되어 그 집에 들어가서 활동하는 모습 상상하기 - 손을 뻗어 문고리를 잡아당기고 문을 열어 방안의 모습 묘사하기 ※ 이 활동을 통해 학생들은 조선시대 생활상에 대해 많은 관심을 갖고 생활도구의 쓰임, 가족관계 등에 대해 폭넓은 이해를 하게 될 것이다.

창의인성 수업전략 10	육색사고모자
개요	육색사고모자 기법은 학습자들이 서로 다른 사고의 유형을 의미하는 여섯 가지의 각기 다른 색으로 만들어진 모자를 쓰고 자신이 쓰고 있는 모자의 색깔이 표상하는 유형의 사고를 하는 것으로 **Edward de Bono**가 개발한 사고 기법이다.
특징	육색사고모자 기법에서는 한 모자에 한 가지 사고를 하도록 규정되어 있기 때문에 사고의 주된 어려움인 혼란을 피할 수 있으며 그 색깔에 관계된 한정된 역할 제시함으로써 자아의 손상 없이 자유롭게 사고하고 말할 수 있게 된다. 또한 여섯 가지 모자를 골고루 사용함으로써 단순한 반응 수준의 사고가 아니라 여러 가지 다른 측면에 주의를 기울이게 할 수 있다. 사용면에서도 각 모자의 색깔에 따라 자신과 다른 사람들에게 어떤 특정한 양식의 사고를 하도록 요구할 수 있는 형식과 편리성을 갖는다. 아이디어의 산출, 평가, 선택의 기능을 고루 갖추고 있어 발산적, 수렴적 상황 모두에서 사용될 수 있다.

	색 깔	상 징	사 고 유 형	내 용
활용방법	하얀 모자	순수함 ·중립적, 객관적	·사실적 사고	·사실 ·수치 ·정보
	빨간 모자	피, 정열, 분노, 사랑 ·감정적, 직관적	·감정적 사고 ·직관적 사고	·감정 ·느낌 ·직관 ·육감
	노란 모자	햇빛, 밝음 ·낙관적, 긍정적	·논리적 긍정 ·좋은 점	·긍정적 판단 ·실행 가능한 이유
	검정 모자	어두움, 암울, 진지 ·비관적, 비판적	·논리적 부정 ·나쁜 점	·부정적인 판단 ·실행 불가능한 이유
	초록 모자	풀, 채소, 풍요로움 ·생산적, 창조적	·창조적 사고	·새로운 생각 ·재미있는 생각
	파란 모자	차가움, 냉정함 ·이성적	·사고에 대한 사고 ·생각하는 순서를 조직	·다른 모자들의 사용 통제 · 조절 ·종합적인 생각

육색사고모자의 활용 효과
1) 학생에게 다양한 사고활동을 경험하게 할 수 있다
2) 육색사고모자 기법에서 다루어진 서로 다른 사고 유형을 좀 더 세분화시키면 특정한 학생이
특정한 유형의 사고를 자주 활용하거나 또는 하지 않는지를 알 수 있다.
3) 토론이나 자기평가 등에 활용하면 더 효과를 얻을 수 있다.
4) 학생의 비판력이 길러지며, 단위 수업시간에 활발한 교수학습활동이 일어난다.
유의점
1) 실제 수업 상황에서 육색 모자를 모두 사용해야 하는 것은 아니다. 상황에 따라 선택적으로 사
용할 수 있다.
2) 교실 수업 상황에서는 직접 모자를 쓰기가 번거로운 경우가 많은데 이런 때는 육색 목걸이, 육
색 연필, 육색 깃발 등의 간편한 대체물을 활용할 수 있다.

창의인성 수업전략 11	WIN-WIN
개요 및 특징	개인이 어떤 행동을 할 때, 그들의 행동은 타인의 행동과 세 가지 방식으로 관련되어 있다. 첫째는 타인의 성공을 증진시켜주는 관계이고, 둘째는 타인의 성공을 방해하는 관계이며, 셋째는 타인의 실패나 성공에 전혀 영향을 주지 않는 관계이다. 인간은 누구나 성공을 위해서 이 세 가지 형태의 행동, 즉 협동, 경쟁, 개별적 노력을 하게 되며 항상 이러한 상호의존적 관계가 존재하게 되는 것이다. 지금까지 우리교육은 주로 경쟁을 통한 동기유발에 매달려왔으며, 그 부정적 영향 또한 적지 않았다. 한 학생이 발표하게 되면 나머지는 그 기회를 잃게 된다. 더욱이 그 학생이 틀려야 다른 학생이 주목과 칭찬 받을 기회를 얻게 된다. 따라서 이 구조로 수업을 할 때 한 사람이 질문에 답을 제대로 하지 못하게 되면 다른 학생들을 신이 나서 저마다 손을 번쩍 치켜든다. 학생들은 친구의 실수가 자신이 인정받게 되는 기회라고 여길 수 있다.
활용 방법	단점에 대한 대안으로 협동적인 교수학습 방법에 관하여 새롭게 관심이 집중되고 있다. 협동학습은 전통적인 소집단 학습의 단점을 해결하고 학습자간에 협력적인 상호작용을 촉진하여 학습의 극대화를 도모하고자 하는 수업방법이다. 경쟁학습과 달리 동료 간에 서로 돕고 상호작용 하도록 하는 협동학습은 잘못된 이기심이나 경쟁적 심리가 문제시되고 있는 현재의 교육현장에서 공동체적인 삶을 위한 사회성 발달을 도모하는 데 필수적이라고 할 수 있다. **협동학습의 Win-Win전략특징** 1)동시다발적 상호작용 2)긍정적 상호의존성 3)개인적 책무성 4)동등한 참여 전통적인 소집단학습에서 문제가 되었던 '부익부 빈익빈 현상', '무임승객효과', '성취도가 낮은 학생 의 자존감 문제', '집단 간의 편파성'을 해결하고, 나아가 학업성취도의 향상, '네'가 성공해야 '내'가 성공할 수 있는 '더불어 살아가는 삶'을 구현할 수 있는, 학습활동에 크게 기여할 것으로 기대된다.

창의인성 수업전략 12	조급한 판단 유보
개요 및 특징	대부분의 아동들과 성인들은 자신이 내놓은 초기의 아이디어를 고수하려는 마음을 가지고 있다. 그러나 많은 아이디어를 고려하고 판단을 유보하는 것은 창의적 문제해결의 가장 기초적인 원리 이며 학생들이 완전히 이해해야 하는 원리이다. 브레인스토밍 기법의 경우에는 판단 유보를 강조 하고 있는데 브레인스토밍 기법을 활용한 활동 시 학생들에게 조급한 판단을 유보하는 활동을 통 해 자연스럽게 타인의 의견을 경청하는 능력 또한 길러질 것이며 문제를 섣불리 판단하지 않고 진 지하게 사고하는 태도를 기를 수 있다

창의인성 수업전략 13	PMI
개요 및 특징	대상의 긍정적인 면과 부정적인 면을 찾은 후 문제 해결자 나름대로의 판단에 의해 이익이 되는 점을 찾는 De Bono(1973)가 고안한 기법이다. PMI기법은 제안된 아이디어의 장점(Plus), 단점(Minus), 그리고 흥미로운 점(Interesting)을 따져 본 후 그 아이디어를 평가하는 아주 간단하면서도 매우 효과적인 기법이다. 여기에서 주의할 점은 아이디어를 산출할 때, P, M, I를 철저히 분리해서 생각을 해야 한다는 것이다. 이 기법은 동시에 여러 가지 요인들이 혼합되어 작용하는 사고의 상황에서 P→M→I의 순서로 차근차근 단계를 거쳐 보다 객관적인 판단아래 사고를 전개시킬 수 있는 이점을 가지고 있다. ■ P(plus) - 아이디어에 대한 좋은 점(왜 그것을 좋아하는가?) ■ M(minus) - 아이디어에 대한 나쁜 점(왜 그것을 좋아하지 않는가?) ■ I(interesting) - 아이디어에 관해 발견된 흥미(어떤 점이 흥미로운가?)
활용 절차	문제 확인 ⇨ 긍정적인 면 ⇨ 부정적인 면 ⇨ 흥미로운 면 ⇨

창의인성 수업전략 14	시네틱스
목적	시네틱스는 처음 보는 것을 친숙한 것으로, 친숙하지 않은 것을 친숙한 것으로 전환해 보는 유추 활동이다. 이는 더욱 구체적인 문제로 접근하여 새로운 이해를 키우고 해당되는 아이디어를 찾아내는 창의적 사고 기법이다. 시네틱스는 다양한 유추 활동을 통하여 사물에 대해 새로운 관점으로 이해하고 다양한 아이디어를 찾아내고자 하는데 목적이 있다.
의미 및 특징	일상적인 생활에서 친숙한 것과 낯선 것을 그대로 수용하지 않고 사고의 전진을 시도하는 것으로, 이 기법에서는 이러한 유형의 사고를 일부러 하도록 유도하므로 새로운 사고의 경험을 하게 된다. 이러한 경험을 통해 사고의 다양성과 독창성을 신장시킬 수 있다. 고든은 이 기법을 산업체 또는 경영학 분야에서의 문제 해결의 방법으로 활용했으나, 이 기법의 특성상 학교 교육의 상황에서 창의적인 문제 해결의 기법으로 활용하는 데 유용하다. 예를 들어 칠판을 주제로 하는 글 쓸 때 상상을 통하여 자신이 직접 칠판이 되어보고 칠판의 입장에서 생각하고 느끼는 의인 유추 사고를 한 다음 글을 쓰면 보다 생생한 느낌이 드러나는 글을 쓸 수 있다.
활용 절차	**도덕과 - 환경관련** ① 강물이 심하게 오염되어서 생물이 죽어 있는 모습의 사진을 보여주고 어떤 상황인지 이야기하게 한다. - 오염물의 상황을 이야기한다. ② 학습자들이 직접 오염된 강물이 직접 되는 상상을 할 수 있도록 발문으로 유도한다. - 눈을 감고 오염된 강물이 되는 상상을 한다. - 오염된 강물이 겪고 있는 어려움이나 바라는 점이 무엇인지 느껴본다. ③ 직접 강물이 되어서 경험하고 생각했던 점을 이야기해 보게 함으로써 자연 환경보호의 필요성을 스스로 깨닫게 하여 공부할 문제에 접근한다.

창의인성 수업전략 15	강제결합법
목적	겉으로 보기에는 전혀 관계가 없어 보이는 두 가지 이상의 아이디어나 사물을 강제로 관련시켜보는 방법으로 어떤 사물이나 아이디어를 색다르게 생각해 보는 기법이다.
활용 방법	-카달로그 기법: 다양한 아이디어나 사물이 적혀있는 상품 카달로그와 같은 책자의 페이지를 무작위로 펼쳐서 그 페이지에 나와 있는 것을 임으로 뽑아 연결시키는 것 -임의 강제 결합법: 무작위로 선택된 단어나 사물, 혹은 아이디어 중에서 무작위로 두 개를 억지로 뽑아 연결시켜 생각해 보는 것이다

번호	1	2	3	관련 작품
예1	가방	버스	샐러드	가방을 들고 내가 타야할 버스를 기다리는 데 식탁에 두고 온 샐러드 생각이 간절했다.
예2	고구마 (식물)	페트병	내방	엄마와 시장에서 고구마와 사이다를 사가지고 왔는데 내방 창가에 사이다 페트병을 이용하여 고구마를 키우고 싶었다.

창의인성 수업전략 16	스캠퍼(SCAMPER)
목적	브레인스토밍을 보다 구체적으로 해보도록 하는 기법이다. 원래는 특정 사물의 용도를 개발하거나 그 사물의 기능을 개선하는 아이디어를 낼 때 사용하는 사고 기법으로 개발되었으나, 교사가 학생들에게 주어진 대상, 또는 배운 내용 및 읽은 내용이 가진 기본적인 특성이나 내용을 넘어서서, 보다 창의적이고 상상력을 발휘하여 생각하도록 할 때 응용하여 사용한다. 방법은 교사가 스캠퍼의 약자 하나 하나에 해당하는 구체적인 질문을 던지거나 문제를 제시하는 것이다.

활용 방법	– 미술과 감상에서의 적용	
	약자 및 의미	미술 감상에서 생각하는 방법
	대치하기(Substitute)	생각이나 느낌을 강조한 작품을 사실적으로 바꾸어 보아요.
	결합하기(Combine)	새로운 인물과 합쳐 보세요.
	동화시키기(Adapt)	그대로 받아들여 보아요. 감상의 원작품과 같은 장르, 같은 재료, 같은 표현양식, 그대로 모사해 보아요.
	수정하기(Modify)	바꾸어 볼 부분은 없나요? 배경을 바꾸어 보아요. 또는 재료와 색을 달리하여 표현해 보아요.
	확대하기(Magnify)	특정 부분을 늘이거나 줄여 보세요.
	제거하기(Eliminate)	없앨 부분은 없나요?
	용도 변경하기(Put to other uses)	순서를 바꾸어 볼 부분은 없나요?

창의인성 수업전략 17	패러디하기
목적 및 활용	'패러디'(parody)의 사전적 정의는 '저명 작가의 시의 문체나 운율을 모방하여 그것을 풍자적 또는 조롱삼아 꾸민 익살스런 시문'이다. 그러나 이 시대의 패러디는 이미 문학을 넘어 코미디·광고·영화·드라마·뮤직비디오·인터넷 등 거의 모든 대중문화 전반에서 장르의 구분 없이 새로운 어법으로 각광 받고 있다. 패러디의 힘과 재미는 이렇듯 '반전과 전복을 통한 새로운 의미의 창출'에 있다. 따라서 패러디가 유발하는 웃음은 아마도 '허를 찌르는' 짜릿하고도 통쾌한 웃음일 것이다. 기존에 익히 알고 있던 정보나 사물을 역발상을 통해 표현되므로 때로는 유희가 될 때도 풍자가 될 때도 있다. '스키마'를 가지고 새로운 것으로 조립하는 재창조 활동을 통해 즐거움을 주는 패러디의 장점이 있는 반면 그 놀이나 장난이 지나치면 다른 사람에게 피해가 될 때가 있으므로 지나친 각색은 삼가도록 한다.

창의인성 수업전략 18	연꽃기법
목적 및 활용	연꽃기법(Lotus)은 구조화된 아이디어를 생성하도록 하는 기법으로 생각그물처럼 아이디어를 자연스럽게 이끌어낼 뿐만 아니라 아이디어가 체계적이고 구조화되어 있다, 구조화된 아이디어는 주제나 중심문제를 해결하는데 효율적으로 활용되고, 활용된 아이디어를 바탕으로 적합한 해결책을 선정할 수 있다. 아이디어의 생성에서 한 걸음 너 나아가 아이디어를 구조화하여 체계회한다는 점에서 강점을 가지고 있다.

창의인성 수업전략 19	상징유추(Symbolic analogy)
목적 및 활용	상징 유추는 고든이 제시한 다양한 유추방법의 하나로 창의적 사고과정은 논리적 사고에만 의존하기 보다는 비논리적인 사고를 사고의 과정에 사용할 수 있다는 전제에 기초하고 있다. 논리적 사고에서는 상호 유사하고 논리적 설명이 뒷받침 될 수 있는 것을 용인하지만 상징유추에서는 논리적 사고에서 벗어나 서로 모순이 있는 것처럼 보이는 두 단어에서 사고를 시작한다.

창의인성 수업전략 20	하이라이팅
목적 및 활용	발산적 사고에 의해 생성된 많은 대안들 중에서 가장 그럴듯한 대안을 히트한 후 하이라이팅 기법을 활용하여 몇 개의 대안으로 압축시키는 방법으로 아이디어를 평가하고 선택하는 간단하면서도 효과적인 방법이다. 이 기법은 여러 가지 요인들이 혼합되어 작용하는 사고의 상황에서 한 가지씩 냉철한 판단 아래 주제나 이슈끼리 영역을 만들어 학습에 적용하면 효과적이다. 또한 창의성 요소 중 <논리 비판적 사고>의 비판, 평가, 분석 종합하는 능력 향상에 매우 유용한 방법이다.

⊙ 참고사이트: 창의인성 교육넷(http://www.crezone.net)

CHAPTER 2

초등사회과 - 창의·인성교육
전략에 대한 연구

01
초등사회과에서 구조 중심 협동학습의 효과

Ⅰ. 서론

1. 연구의 필요성과 목적

요즈음의 우리 사회는 정보화와 더불어 고도의 과학기술 경제 구조로 급속도로 변화·발전하고 있다. 그리고 이러한 변화는 새로운 적응을 요구하고 있다. 폭증하는 정보를 선택, 처리, 적용하는 기능과 복잡하고 다양한 가치관이 존재하는 현대사회에서 발생하는 여러 가지 문제를 타인과의 협동을 통해서 합리적으로 해결할 수 있는 문제해결력 및 의사결정 능력을 요구하고 있다.

또한 21세기의 문턱에서 우리의 삶을 규정하는 가장 강력한 흐름이 세계화이며 세계 각국은 경제생활을 최우선으로 하고 있다. 따라서 우리나라도 국가경쟁력 강화가 시급히 요청되는 현시점에서, 우리의 합리적인 사고 기능과 의사결정 능력, 문제해결력의 형성은 개인의 삶의 질 향상과 더불어 국가 발전을 위해 너무도 중요한 일이다.

이러한 시대·사회적 요구에 부응하여 미래의 주인공이 될 학생들에게 합리적인 사고를 바탕으로 창의적으로 문제를 해결하고, 상호 존중하고 협력하는 풍부한 인산성을 시닌 인성을 함양시키는 교육을 보다 밀도 있게 실현하려는 노력이 전개되어 왔다. 이러한 노력은 실제 학생활동의 가장 중심이 되는 교실 수업에서 상호 협동하는 가운데 창의적인 문제해결 과정을 경험함으로써 보다 바람직하게 형성될 수 있기에 많은 학급에서 소집단 학습을 실시해왔고 그에 따른 새로운 학습모형을 개발하여 활용하는 등 다각적인 노력을 기울여 왔다.

그럼에도 불구하고 우리의 교육 현실은 아직 우리나라 교육 여건에 가장 적합한 것이 무엇이며, 어떤 학습 모형이 어떠한 영역의 교육목표 달성에 보다 더 효율적인가에 대한 부단한 연구가 필요한 실정이다. 더불어 여전히 과중한 학습량, 학습 환경이 제대로 구비되지 못한 상태에서의 새 학습모형 적용, 일부 교사가 주도하는 설명식의 전통적인 주입식 학습 등으로 말미암아 현 사회에서 필요로 하는 높은 수준의 사고력 제고와 글로벌 시대의 성숙된 세계 시민의식 및 올바른 민주시민 정신 함양을 위한 합리적 의사결정자로서의 자질을 키워 주기에는 미흡한 현실이다.

그러기에 오늘의 교육은 개정교육 과정의 구성 방침에서 지향하고 있는 변화의 흐름을 주도할 수 있도록 주체적이면서도 다른 사람을 이해하는 상호 협력적인 학습이 이루어져야 하고 논리적인 사고과정의 학습이 동반되어야 한다. 이러한 제반 요구를 충족시킬 수 있는 가장 적절한 대안이 바로 협동학습이다.

협동학습은 지난 1970년대 이후로 미국을 비롯한 세계 여러 나라에서 많은 주목을 끌어 왔고 우리나라에서도 이에 대한 관심이 고조되면서 많은 연구들이 진행되어 왔다. 여러 가지 협동학습 방법 중에서도 최근 널리 확산되어 좋은 반응을 일으키고 있는 Kagan 교수팀의 구조 중심 협동학습은 기존의 협동학습 모형이 가지고 있는 문제점을 극복하기 위해 고안되어 새로운 학습 방향을 제시하고 있으며 아동들이 학습에 흥미를 느끼게 하여 활발하고 적극적인 참여를 가져올 수 있는 바람직한 협동학습 모형이다. 또한 다른 모형에 비하여 여러 가지 하위 구조를 가지고 있어 실제 학습 단원에 선택적 적용이 용이하고 시행 절차가 단순하여 아동들이 비교적 짧은 시간에 모형을 익힐 수 있는 장점을 가지고 있다. 이러한 구조 중심 협동학습은 그 효과에 따라 여러 범주로 나눌 수 있으며 그 구조들은 각기 다른 기능을 가지고 있어 학습 목표에 맞게 적용되고 있다. 특히 현대와 미래

사회에 절실히 요구되는 사고력은 사고력 신장구조 활용의 필요성과 효과성을 증대시키고 있다.

따라서 본 연구에서는 여러 가지 협동학습 방법 중 현장 적용이 보다 쉽고 다양한 활용이 가능한 **Kagan** 교수팀의 구조 중심 협동학습을 사회과 교수-학습에 적용하여 보고자 한다. 특히 다양한 하위 구조 중에서도 사고력을 신장시킬 수 있는 사고력 신장구조를 교수-학습에 중점 적용하여 사회과에서 추구하는 사고력을 신장시킬 수 있는 가능성을 실험 연구해 봄으로써 그 가능성을 검증하여 새로운 교육 방향을 모색해 보고자 한다.

이는 교육현장에서 사회과 교수-학습 구조를 개선할 수 있음과 동시에 높은 수준의 사고력 향상을 통해 사회 발전에 기여할 수 있는 민주시민의 자질을 함양시킬 수 있어 오늘의 교육 현실에서 매우 중요한 일이다.

2. 연구의 내용

위에 제시한 바와 같이 본 연구는 여러 가지 협동학습 모형 중 **Kagan**의 구조 중심 협동학습에서 사고력 신장구조를 사회과 수업에 적용하여 전통적 학습을 적용하였을 때와 사회과에서 추구하는 사고력 신장에 미치는 효과가 어떻게 다른지 밝히고자 하는 것이다. 이와 더불어 **Kagan**의 사고력 신장구조 중심 협동학습이 초등학교 사회과 학습능력 수준과 성별에 따른 사회과 사고력 신장에 미치는 효과도 밝혀 보고자 한다.

이러한 연구 목적을 이루기 위해 초등학교 5학년 사회과 연구 관련 단원을 분석하여 재구성하고 교수-학습 프로그램을 제작하여 적용하였다.

본 연구의 기본 목적을 바탕으로 설정한 구체적인 연구문제는 다음과 같다.

① 초등학교 사회과에서 사고력 신장구조 적용 협동학습이 전통적인 학습과 비교하여 사고력 성취 점수에 미치는 효과는 어떠한가?

② 초등학교 사회과 사고력 신장에서 수업방법(사고력 신장구조 적용 협동학습, 전통적 학습)과 사회과 학업능력 수준의 상호작용 효과가 있는가?

③ 초등학교 사회과 사고력 신장에서 수업방법과 성(gender)의 상호작용 효과
   가 있는가?

3. 용어의 정의

가. 사회과에서 추구하는 사고력

사회과 교육의 궁극적인 목표를 바람직한 시민의 양성이라고 볼 때 이러한 목
적에 도달하기 위해서는 사회 현상을 바르게 인식하고 사회생활을 원활하게 영위
해 가며 삶에서 직면하는 다양한 문제들을 합리적으로 해결하는 능력을 길러 주
어야 한다. 이를 위해서 필수적으로 요구되는 능력이 바로 사고력의 함양이며 이
는 곧 사회과에서 추구하는 사고력이다. 따라서 본 연구에서는 이러한 사고 능력,
즉 블룸(B. Bloom)이 제시한 여러 영역 가운데 적용 이상의 고차적 정신능력으로
비판적 사고력, 문제해결력, 의사결정력, 창의적 사고력, 논리적 사고력, 탐구력
등과 같은 고차원의 사고력을 길러 주는 것이 사회과에서 추구하는 사고력이라고
본다.

나. 사고력 신장구조

사고력 신장구조는 Kagan의 구조 중심 협동학습의 여러 가지 하위 구조 중 사
고력(thinking skills) 신장에 적합한 학습구조를 말함이다. 그러나 여러 구조들이
오직 한 가지의 범주에만 속하여 한 가지의 기능만을 담당하는 것이 아니라 융통
성 있게 유기적으로 연결되어 다른 기능도 담당하고 있다. 그러므로 본 연구에서
는 주 기능인 사고력을 신장시킬 수 있는 구조뿐만 아니라 다른 범주에 속하여
다른 기능도 발휘하고 있다 하더라도 사고력을 신장시킬 수 있는 기능 또한 담당
하고 있는 구조라면 모두 사고력 신장구조로 범주화하여 적용한다.

4. 연구의 제한

본 연구는 연구 범위 및 연구 방법에 있어서 다음과 같은 제한을 갖는다.

① 본 연구는 인천광역시 부평구에 위치한 C초등학교 5학년 2개 학급을 대상으로 한 연구이기 때문에 본 연구를 다른 지역의 초등학교 학생들에게 일반화시키기에는 지역적 한계가 있다.

② 본 연구는 초등학교 사회과 5학년 일부 특정 단원에 국한하여 실천·적용하였으므로 이 결과를 다른 학년, 다른 교과로 일반화하는 데 제한이 따른다.

③ 본 연구에 사용된 검사 도구는 본 연구의 관련 단원, 내용에 국한되어 제작되었기에 타 단원이나 타 교과의 사고력 측정에 활용하기에는 제한이 따른다.

Ⅱ. 이론적 배경과 선행연구

1. 협동학습의 인지적 효과

협동학습의 인지적 효과를 주장하는 이론적 근거는 크게 동기론, 사회적 응집이론, 인지론, 연습이론 등이 있으나 여기서는 본 연구 주제와 직접적인 관련을 갖는 인지론에 관해서만 그 이론적 검토를 해보고자 한다.

가. 인지론

인지론은 학생들이 협동학습에서 모둠 활동으로 상호작용하는 그 자체가 인지적 효과를 얻게 된다는 주장으로 크게 인지발달론(cognitive development theory)과 인지정교화론(cognitive elaboration theory)으로 나누어 볼 수 있다(정문성, 2002).

인지발달 이론의 근본 가정은 적절한 학습과제를 둘러싸고 이루어지는 학습자 간의 상호작용이 중요한 개념의 이해 수준을 향상시켜 준다는 것으로 협동학습과 관련된 발달론적 관점을 대표하는 주요 이론으로 Piaget의 인지발달론과 Vygotsky의 인지이론을 살펴볼 필요가 있다.

1) Piaget의 인지발달론

인지발달의 이론이라고 하면 가장 먼저 떠오르는 인지발달의 대표적인 이론이 Piaget 이론으로 인지발달 영역에서 단일 이론으로는 가장 영향력이 큰 중요한 이론이다. Piaget는 인간의 지적 능력(intelligence)을 개인이 주어진 환경에 효율적으로 적응할 수 있는 능력이라고 정의하고 이에 따라 인지발달이란 이러한 인간의 지적 능력이 환경과의 상호작용을 통하여 변화되어 환경에 더 잘 적응하도록 되는 과정과 변화의 양상으로 보았다(성현란, 2001). 인지발달은 적응, 구조화, 평형화라는 인지기능에 의하여 인지구조가 질적으로 다른 단계를 거쳐 가면서 일어난다고 하였으며, 학습은 개인이 비평형 상태에 있을 때 또는 인지적 갈등상태에 있을 때 일어난다고 하였다. 학습은 새로운 지식의 획득뿐만이 아니라 이미 알고 있는 지식의 계속적인 재구성 과정이며, 개인은 단순히 기존 지식에 새로운 정보를 추가하는 것이 아니라 현존 지식 구조가 불충분할 때 그 구조에 기초해서 새로운 정신 구조를 형성한다고 한다. 즉, 인지 수준이 비슷한 또래 사이의 상호작용은 사회적·인지적 갈등을 일으키고 이것이 아동의 내적·인지적 재구성을 일으킴으로써 발달이 촉진된다고 하였다(Piaget, 1970).

또한 언어, 가치, 규칙, 도덕성, 상징체제 등의 사회-임의적 지식들은 타인과의 상호작용 속에서 학습된다고 주장하였다(Piaget, 1926). 또래 간의 상호작용이 아동의 자기중심적 개념화 과정에 불균형을 가져다주고, 그가 갖는 논리적 구성의 타당성에 대해 피드백을 제공함으로써 사고의 발달에 중요한 영향을 미치는 것으로 보았다. 사실 피아제 학파의 많은 연구자들은 학교에서 보다 많은 협동활동을 하도록 주창해 왔다. 그들은 학습과제와 관련된 아동들 간의 상호작용이 그 자체로서 학업성취도 향상을 가져다준다고 주장한다. 학습내용에 대한 토론을 통해 인지적 갈등이 야기되고, 부적절한 추론이 표출될 것이며, 고도의 질 높은 이해가 드러날 것이기 때문에 아동들은 서로에게서 많은 것을 배울 수 있다는 것이다(김원겸, 1998).

2) Vygotsky 이론

인지발달을 연구하는 서구의 학자들이 발달은 자율적인 한 개인이 펼치는 외로운 개인적인 활동의 결과라고 보고 환경은 개인의 발달에 긍정적 혹은 부정적 영향을 미치는 요소일 뿐이라고 생각하는 데 반해 구소련의 심리학자 Vygotsky는 인간은 사회적 맥락 속에 존재하기 때문에 인간의 행동도 맥락을 떠나서는 이해할 수 없다고 주장하였다. 따라서 아동들의 주요한 인지적 기술은 자신이 혼자서 환경과의 상호작용을 통해서 습득한 것이 아니라 부모나 선생님 혹은 자신보다 조금 앞선 또래와의 사회적 상호작용을 통해서 전달되는 것이라고 주장하였다.

Vygotsky는 아동의 인지발달도 **Hegel**의 변증법 이론과 맥락을 같이한다고 가정하였다. 즉, 아동들은 현재 자신들이 활동하는 방식이 있는데(正), 이것이 들어맞지 않는 새로운 상황에 직면하게 되면(反), 이 갈등을 해결하기 위해 새로운 문제해결 방법(合)을 찾는다는 것으로 이 과정이 끊임없이 되풀이되는 것이 바로 인지발달이라고 보았다. 또한 발달은 문화적인 맥락 속에서 일어나는 역사적인 과정이라고 보고 아동들의 발달을 이해하려면 그 아동이 처한 문화의 역사적 배경을 이해해야 한다고 주장하였다.

가) Vygotsky의 근접발달 영역(ZPD; Zone of Proximal Development)

Vygotsky는 학습과 발달과의 관계를 명확히 하기 위해 '근접발달영역(ZPD)'이라는 개념을 고안했다(Vygotsky, 1978).

Vygotsky는 근접발달 영역(Zone of Proximal Development)을 아동이 혼자 독립적으로 해결하는 문제 수준으로 정한 실제 발달 수준과 성인이나 더 앞선 또래가 도와주고 지도해주면 해결할 수 있는 문제 수준으로 정한 잠재적 발달수준 간의 차이라고 정의하였다. **Vygotsky**는 근접발달 영역의 기능들은 성숙되는 과정 중에 있는 기능들이기에 실제의 발달수준이라는 것은 측정하는 순간 이미 과거의 발달수준이며 근접발달 영역은 미래의 발달수준이라는 것이다. 그러므로 근접발달 영역은 세심한 지도가 이루어져야 할 목표 영역이 되며 새로운 인지적인 발달이 일어날 것으로 기대할 수 있는 영역이다.

근접발달 영역 안에서의 과제들은 아동들이 혼자 할 수 없지만 동료들이나 성인들의 도움을 받으면 할 수 있는 과제들이다. 인지적으로 더 발달한 사람은 근접발달 영역에서 아동을 현재 있는 곳에서 앞으로 갈 곳으로 나아가게 도와줄 수 있으며 학습이 여러 가지 내재적인 발달과정들을 일깨우는데 이러한 발달과정들은 아동들이 자신의 환경 속에서 성인이나 더 앞선 또래와 상호작용을 할 때 이를 통해서 작동된다고 한다.

따라서 Vygotsky(1978)는 수업을 포함해서 사회적 상호작용이 인간 능력 성장에 있어서 중요한 역할을 한다고 주장하였다. 특별히, 사고는 내면화되어지는 사회적 활동 안에 그 기초를 두고 그 후 사회적 상호작용으로 안내되어 사회적 조절과 의사소통을 위한 도구로의 역할을 하다가 점차적으로 자기 조절과 정보에 대한 정신적 표상을 위한 인지적 기능화로의 역할을 담당하게 된다고 하였다.

나) 근접발달과 비계설정

Vygotsky는 근접발달 영역 내에서 효과적인 교수-학습을 묘사하기 위해서 비계(scaffold)라는 개념을 사용하였다. 비계는 사전적으로 건축 현장에서 1층과 2층을 연결하는 발판을 의미하는데 Vygotsky는 어린이를 능동적으로 그 자신을 구성해가는 하나의 건물로 보고 사회적 환경은 아동으로 하여금 계속 새로운 능력들을 구축하게 하는 데 필수적인 비계 혹은 지원체계라고 보았다. 비계설정에서 나타나는 인지적인 측면은 상호작용을 하는 구성원들이 서로 새로운 정보를 제공하기 때문에 그들이 다루어 나갈 수 있는 방식으로 문제를 정의하면서 최상의 해결을 위한 토론을 도출해 나간다(한은숙, 1996).

3) Piaget와 Vygotsky, Slavin 관점의 협동학습

Vygotsky는 Piaget와 마찬가지로 수동적이기보다는 능동적인 학습을 강조하고 학습자가 이미 알고 있는 것이 무엇인지 측정하는 것을 중요하게 생각한다.

그러나 Vygotsky는 학습의 결과로 인지발달이 이루어진다고 주장하며 이러한 주장을 할 수 있는 것은 아동이 독자적으로 처리할 수 있는 인지적 능력과 성인 또는 보다 더 유능한 또래와 함께 협조하여 처리할 수 있는 인지적 능력 간의 차이, 즉 근접발달 영역에서 교수의 효과는 최대화가 되며, 이러한 근접발달 영역은 바로 학습에 의해 만들어지는 것으로 보았기 때문이다. 따라서 Vygotsky 이론에서의 교사의 역할은 아동의 실질적인 인지적 능력이 넘는 과제를 부여하고 협동적인 학습상황을 설정하여 아동들이 서로를 도와주는 것을 격려하고 아동에게 조언이나 도움을 줌으로써 아동의 인지적 발달을 도모하는 것이다.

Vygotsky의 근접발달 영역 이론에서 현재의 발달수준은 다른 사람의 도움 없이 혼자 힘으로 문제를 푸는 정도이고, 잠재적 발달수준은 개인이 혼자 문제를 해결할 수 없을 때 성인 혹은 유능한 또래의 도움을 받아서 문제를 해결할 수 있는 정도라고 말할 수 있기에 그의 근접발달 영역 이론에서는 이미 협동학습을 가정하고 있다고 볼 수 있다.

한편, Slavin(1994)은 Vygotsky의 교육에 대한 이론을 뒷받침하기 위해 고려해야 할 두 가지 사항을 주장하였다. 첫째, 아동 각자는 근접발달 영역 내에서 어려운 과제일 경우 상호작용을 하며 효과적인 문제해결 전략을 표현해 볼 수 있도록 아동들 간에 협동적 환경을 조성해 주어야 한다는 것이다. 둘째, 아동들이 자기 자신의 학습에 대해 더욱 책임감을 가지도록 아동에게 초기 단계에는 많은 도움을 제공하고 그 다음에는 도움을 줄였다가 어느 정도 수준에 도달하면 책임감을 많이 갖게 하는 것이다.

협동학습을 바라보는 Piaget와 Vygotsky의 견해를 비교해 보면 우선 Piaget는 더 나이 든 아동이나 성인과의 상호작용보다는 같은 나이 또래의 상호작용이 더 유익하다고 보고, 구체적 조작기(대략 7~11세)에 이르러 자기중심성을 극복하게 될 때라야 또래들과 진정한 의미의 협동적 상호작용이 이루어진다고 보았다. 반면 Vygotsky는 또래들이나 성인 혹은 혼합연령 아동과의 협동을 통한 상호작용을 강조했다. 또래들과의 갈등은 상호작용하는 협력자들끼리 논쟁을 해결하고 공동의 의견을 모을 때 이해를 증진시킨다고 하였다. 또한 또래 간의 협동이 가능해지는 시기를 정해 놓지 않았다. 따라서 새로운 인지 능력은 모든 연령에서 가능하다고 볼 수 있다.

Slavin(1987b) 또한 협동학습 과정에서 동료들과의 상호작용이 학업성취효과의 중요한 원인이 된다고 주장하였다. 원인은 첫째, 학생들은 교사의 언어를 자신들의 언어로 번역하여 의사소통함으로써 더욱 쉽게 학습내용을 이해할 수 있고, 둘째, 학생들이 서로에게 설명하는 과정을 통하여 역으로 학습하는 효과를 얻을 수 있으며, 셋째로 서로에게 개인적인 관심과 도움을 줄 수 있다는 점을 강조하였다 (정문성, 1993 재인용). Slavin(1987, 1990)은 학생들의 활발한 상호작용이 일어나는 협동학습은 학습내용에 대한 토론, 인지적 갈등의 생성, 부적합한 합리화에 대한 거부, 높은 수준의 개념 이해 등을 가능하게 함으로써 지적 발달 효과가 나타난다고 주장하였다.

나. 인지정교화론

인지정교화 관점은 발달적 관점과는 달리 한 정보가 인간의 기억 속에 파지되고 또한 기존 정보와 관련을 맺기 위해서는 학습자가 자료 내용에 대해 인지적 재구성 및 정교화 과정을 거쳐야 한다고 밝히고 있다(Wittrock, 1978; 김원겸, 1998 재인용). 즉, 새로운 정보를 암기하거나 이미 가지고 있는 정보와 관련시켜서 그 정보 자료를 인지적으로 재조직하거나 정교화할 때 학습효과가 가장 크다고 주장한다. 예를 들어 강의 내용을 단순히 기록하는 것보다는 자신이 이해한 바대로 요약해 보는 것이 훨씬 더 효과적이다. 또는 어떤 주어진 정보나 개념을 그냥 인지하기보다는 그것을 다른 사람에게 설명해 주는 경험을 할 때 더 그 내용을 잘 이해하고 오래 기억하게 된다는 것이다. 이러한 실험 결과들을 토대로 인지정교화론자들은 협동학습에 발생하는 동료 간의 교수활동이 협동학습의 인지적 효과를 높여 주는 데 핵심적 역할을 한다고 주장한다(Wittrock, 1978; Webb, 1985; 정문성, 2002 재인용). 더불어 협동적 활동에서 가장 많은 학업성취도상의 이익을 얻는 쪽은 다른 사람에게 정교화된 설명을 제공하는 쪽이라고 주장한다(Webb, 1985). 이러한 연구들은 정교화된 설명을 받는 아동들이 설명을 하는 학생들보다는 못하지만, 경쟁 속에서 혼자서 학습하는 아동들보다는 더 많은 학업성취를 이룰 수 있다는 점을 시사하고 있다.

이상의 인지발달론과 인지정교화론을 종합해 볼 때, 결국 인지론에서는 상호작용 그 자체를 강조하므로 아동들은 다른 사람의 견해를 듣고 자신의 의견을 제시하는 과정, 근접발달영역에서 높은 수준의 사고를 보고 배우는 과정을 통해 학업 성취가 향상된다는 것이다. 사회과는 사회적 지식을 사회적으로 다루는 교과이다. 즉, 사회관계 속에서 나온 개념과 원리를 사회적 관계를 체험함으로써 살아 있는 사회적 지식을 추구하는 교과이다. 따라서 아동들 사이의 사회적 상호작용의 경험을 강조한다. 이것이 협동학습이 사회과교육의 교수-학습 방법과 밀접한 관계를 맺는 이유이다.

2. 사회과 교육과 사고력

오늘날 대부분의 학교에서 교과 교육의 목표는 단순한 정보나 지식의 전달보다는 비판적 사고력, 문제해결력, 의사결정력, 창의적 사고력, 논리적 사고력, 탐구력 등과 같은 고차원의 사고력을 길러 주는 것을 핵심적 목표로 하고 있다(정문성, 2002).

사고한다는 것은 인간 고유의 본질이며, 인간을 인간답게 하는 것이다. 사회과는 사회현상을 학습의 대상으로 하고 있으며, 사회과 교육에서는 학습자들이 사회현상을 바르게 인식하고 사회생활을 원활하게 영위해 가는 데 필수 불가결한 요소인 사회적 사고력의 신장을 강조하지만, 사고력은 자연적으로 쉽게 성장하는 것이 아니라, 체계적인 학습과 지도를 통해서 효과적으로 신장될 수 있다(한면희, 2001).

현대사회는 폭증하는 지식과 더불어 다양화, 세분화되어 가는 가운데 날로 복잡해지는 사회 상황은 시민들로 하여금 끊임없는 선택과 판단을 요구하게 된다. 이러한 사회적 현실은 곧 사회과 교육에서 사고력 교육의 중요성을 강조하는 것이다.

사회과 교육의 목표는 '바람직한 시민'을 양성함에 있으며 그 한 수단으로서 합리적 사고력의 신장을 중요한 요소로 하고 있다. 현행 사회과 교육과정 교과복

표에 사회문제의 합리적 결정 능력을 강조한 것은 곧 사회과에서 사고력의 신장을 중요시한 것이다.

오늘날 사회과 교육에서 사고력 교육의 중요성은 다음과 같은 점에서 요청되고 있다(한면희, 1996).

첫째, 사고력은 의도적이며 적절한 방법을 통하여 길러질 수 있다.

둘째, 선량하고 사려 깊은 민주시민 자질의 함양은 인간 고유의 본질인 사고력의 신상을 기본으로 하여야 한다.

셋째, 학생들이 능률적으로 학습할 수 있고, 사회생활을 할 수 있는 능력을 길러줄 수 있다.

넷째, 사회 변화와 오늘의 사회적 환경이 더 질 높은 사회과 사고력 교육을 요청하고 있다(Clark, J. H., 1990; 한면희, 1996 재인용).

이처럼 사회과에서 사고력의 중요성이 강조되고 있으며 사고력 향상을 위한 사회과 교수-학습 방법이 모색되고 있다. 이러한 사회과의 목표에 가장 유용한 접근법이 협동학습이다. 협동학습이 왜 사회과 사고력 신장에 유익한지 알아보기로 하자.

3. 사회과 사고력 교육과 협동학습

사회과 교육에서의 사고력 교육은 Dewey(1910)가 '아는 것이 힘이 아니라 아는 방법이 힘'이라는 사고력을 강조하면서 관심을 가지게 되었고, 사고의 기능을 가르치는 문제에 대한 새로운 접근을 시도해야만 하는 현시점에서 사고력의 개발은 교과내용의 의도된 지도와 맞물려 하나로 통합되어 배우고 가르쳐야 한다. 어떤 교과목의 어떠한 내용도 '사고를 통하여', '사고하는 행위(행동)'를 함으로써 이때 비로소 유의미하고 사려 깊은 지식의 습득이 가능해지며 내용 습득과 사고력 개발의 통합이 이루어진다(김영채, 1998).

사회과에서 의도한 사고력을 신장시키기 위해서는, 교사에 의하여 성취 가능한 범위나 정도로 사고력 목표가 설정·진술되어야 하며, 이를 달성하기 위한 내용으로 재구성하여 적절한 교수-학습 모형이 투입되어야 하고, 이의 성취도를 측정·평가할 수 있는 타당한 평가도구가 제작되어 평가를 실시하고, 결과를 해석하는 일련의 과정이 효과적으로 전개되어야 한다.

즉, 사고력은 교과 내용만을 충실히 학습하면 자동적으로 개발되는 것이 아니라 외현적·의도적으로 가르쳐야 효과적이다. 따라서 이러한 사고하는 능력을 개발시키는 데 가장 적합한 학습 구조가 바로 협동학습이고 이를 통해서 사고력을 신장시킬 수 있다.

전통적으로 교육에서는 개인 간의 경쟁을 강조하여 왔고, 사고는 각 개인이 하는 개인적인 정신적 과정이다. 따라서 사고학습과 협동학습은 상호 무관한 것으로 여겨질 수 있으나 그럼에도 불구하고 사고력 개발과 협동학습은 매우 자연스럽게 공생관계를 가지며 양자 모두가 상호 보완적으로 작용되어 왔다. 근래에는 상호 협력적인 학습환경 속에서 고차적 사고 기능의 개발을 목표로 하는 새로운 패러다임의 협동학습 교육이 강조되고 있다. 협동학습이 경쟁학습 구조나 개별학습 구조에 비해 고급사고력에 효과가 더욱 크다고 주장되는 것은 고급사고력을 사용할 수 있는 기회가 더욱 많기 때문이다. 자유로운 토론 분위기, 모험적 사고와 발표 기회, 확산적 사고, 즉각적인 피드백 등이 이러한 고급 사고력을 향상시키는 이유이다. Johnson 등(1984)이 광범한 연구를 통하여 제시한 협동학습 구조가 학업성취 효과가 큰 다음의 이유를 분석해 보면 협동학습이 사고에 어떤 영향을 주는지 유추해볼 수 있다(정문성, 2002).

첫째, 학습과제의 유형에 관계없이 개념 획득, 문제 해결, 기억 등 대부분의 과제에 있어서 협동학습 구조가 효과적이다.

둘째, 협동학습에서 토론과정은 경쟁이나 개별학습 구조보다 고급 사고력을 증진시킨다.

셋째, 협동학습에 참여하는 구성원은 다른 학습구조보다 정보, 의견, 아이디어 등에서 더 많은 논쟁을 일으키고 이것이 갈등을 일으키고 그런 논쟁이 성취동기, 기억, 이해의 폭을 넓고 깊게 한다.

넷째, 협동학습에 참여하는 구성원들 간의 토론은 다른 학습구조보다 많은 정보의 반복, 새로운 정보의 진술, 설명, 종합, 합리화 등이 진술된다. 그러한 언어적 시연은 더 기억되기 쉽고 오래 유지된다.

다섯째, 협동학습 모둠 내에는 다른 학습 구조에는 볼 수 없는 동료들 간의 학습에 관한 조정, 피드백, 지지, 격려 등이 있다.

여섯째, 협동학습 모둠은 학업 수준, 성별 등 이질적으로 구성되므로 다양한 관점들을 통하여 많은 자양분을 공급받는다.

일곱째, 협력하여 학습할 때 동료에 대한 책임감이 학습하고자 하는 동기와 서로의 성취를 격려하는 동기를 증가시킨다.

이처럼 협동학습은 사회과 사고력 신장에 직접적으로 도움을 주는 교수-학습 방법이다. 그런데 협동학습에는 여러 가지 교수-학습 방법이 있으며 특히 사고력 신장에 초점을 둔 협동학습 방법을 살펴볼 필요가 있다.

4. Kagan의 구조 중심 협동학습

Kagan은 협동학습을 하나의 구조를 적용하는 수업이라고 보는 생각에서, 수업 자체가 바로 여러 개의 구조로 조직된 것이라는 사실을 인식하기 시작하면서 단일 구조의 협동학습 모형들을 보완하기 위해 다양한 하위 구조의 조합으로 이루어진 복합 구조 협동학습 모형들을 개발하였다. 더불어 구조들의 조합으로 이루어진 복합 구조적 수업이 단일 구조의 수업보다 학습목표 달성에 효과적이라고 밝히고 있다(Kagan, 1988).

이 관점에서 말하고 있는 구조는 LT 모형, 직소 모형 등의 협동학습 모형과는 구별되는 구조 중심 접근이다. 구조 중심 방식의 협동학습은 교실 내에서 각 학생들의 상호작용을 위해 독특하게 구성된 여러 가지 구조들을 정의하고 잘 활용하는 데서 출발한다. 따라서 구조는 교실 안에서 아동들 사이의 사회적 상호작용을 조직화하는 방법으로, 학습자 개개인의 상호작용에 맞추어 구성되며 협동학습에 대한 관점에서 가장 핵심적인 부분이다. 수업이 진행되는 과정 중에는 적어도 하나의 구조가 사용되고 있으며 이는 학습 내용과 조합하여 학습 활동을 이룬다. 좋은 수업은 적절한 구조와 내용을 학습 목표에 맞게 잘 선택하는 기술에 따라 좌우된다.

구조는 마치 블록과 같아서 이 블록들이 모여서 복합구조 수업을 형성한다. 이 구조 속에는 협동학습의 기본 원리들이 자연스럽게 포함되어 있다. 전통적인 일제 문답과 구조 중심 접근법의 번호순으로 구조를 비교하면서 구조의 특징을 살펴보자. 먼저 일제문답의 경우는 교사의 질문 → 학생의 거수 → 교사의 아동 지명 → 학생 발표의 선조적인 구조로 한 학생이 답을 발표하면 틀리기를 기대하게 되고 교사의 관심과 칭찬을 서로 받으려 함으로써 부정적 상호작용이 생기는 경쟁적 구조이다. 반면, 번호순으로는 간단하면서도 협동학습의 이념을 지니고 있는 구조로 이 구조는 학급을 여러 소집단으로 나눈 상태에서 구성원들의 번호 배정 → 교사의 질문 → 문제를 해결하기 위한 구성원들의 토의 → 교사의 번호 호명 → 해당 번호 학생의 발표의 방식으로 진행된다. 이 구조에서 만약 구성원 중 한 명이 답을 알고 있다면, 그 집단에 속한 모든 학생들이 그 답을 공유하게 되어 긍정적인 상호의존성이 형성된다. 또한 교사가 하나의 번호를 호명하면 다른 구성원들의 도움을 받지 못하고 자기 혼자 책임을 져야 하며, 자기에게 배정된 번호가 불릴 가능성이 있기 때문에 문제를 해결하기 위해 모두가 노력하게 되므로 개별적 책무성도 형성된다. 그리고 일제문답과는 달리 한 집단의 구성원들끼리 동시적으로 상호작용하게 되므로 발화할 수 있는 기회를 많이 갖게 되는 것이다.

각각의 구조들은 다시 여러 요소들로 구성되어 있으며 이 요소들에 다른 요소들을 첨가하거나 요소의 일부를 변형하면 새로운 구조가 만들어진다. 구조 중심적 접근이 다양한 구조들을 개발하고 제안한 것도 이러한 변형가능성 때문이라고 할 수 있다. 120여 가지에 이르는 하위 구조들은 그 효과에 따라서 크게 여섯 범주로 묶여지는데 '모둠 세우기', '학급 세우기', '암기 숙달', '사고력 신장', '정보교환', '의사소통 기술' 등이 그것이다. 즉, 무엇을 학습할 것인가에 따라 하위 구조들을 선택할 수 있다(신헌재·이주섭, 1999).

따라서 Kagan의 이 구조 중심 접근법은 다음과 같은 장점을 지닌다.

첫째, 학생들의 수업 집중을 도모하고, 흥미를 유발하며 학습효과를 높여 준다.

둘째, 적용하기 어렵게만 느끼던 협동학습을 한 차시 전체가 협동학습 구조가 될 필요가 없이 단 5분 동안에도 실시할 수 있는 형식화된 '구조'로 만들어 내용에 관계없이 폭넓게 사용할 수 있다(정문성, 2002).

셋째, 이 구조는 아주 간단하고 쉽기 때문에 교사 스스로 교육 과정 속에서 여러 구조를 다양하게 복합적으로 활용하는 방법을 창안하여 적용함으로써 여러 종류의 다양한 수업을 창출할 수 있다.

넷째, 아동들로 하여금 긍정적인 상호 의존이나 개인적인 책임을 자연스럽게 유도할 수 있다.

본 연구에서는 Kagan의 구조 중심 접근법에서 특히 '사고력 신장구조'의 교수-학습 방법을 사용하기로 한다. 물론 다른 구조들도 사회과 사고력 신장에 효과적이겠지만 '사고력 신장구조'는 특히 아동의 사고력 신장에 초점을 두고 개발된 것이기 때문이다.

5. 선행연구 고찰

지난 1970년대 이후로 협동학습에 대한 연구는 매우 활발히 이루어져 미국을 비롯한 세계 여러 나라에서 그 교육적 효과를 경험적으로 입증하려는 연구가 광범위하게 진행되고 있다. 국내외 선행연구들은 주로 협동학습이 학생들의 학업성취도나 정의적 특성에 어떠한 영향을 끼치는지 밝히고자 노력하였다.

Qin(1992)이 협동학습과 고급사고력에 관한 63개의 연구를 메타 분석한 결과에 의하면 협동학습이 경쟁학습보다 더 효과적인 것으로 나타났다.

사고력이 학업성취에 결정적 영향을 미치기는 하지만 사고력에 대한 관심은 단순히 학교의 학업에 국한된 것이 아니라 다른 여러 가지 과제해결이나 문제해결 등 사고력을 필요로 하는 상황에서 어떤 학습구조가 효과적인가 하는 점에 대해 많은 관심이 있었다(정문성, 2002). 그러나 국내에서는 사고력과 협동학습 관련 연구는 거의 이루어지지 않았다.

본 연구는 여러 유형의 협동학습 중에서도 구조 중심 협동학습의 사고력과 관계성을 검증하는 연구이므로 본 연구 내용과 관련성이 있는 몇몇 선행연구에서 시사를 얻고자 하였다.

우선 구조 중심 협동학습에 관한 연구를 살펴보면 다음과 같다.

전은영(2002)은 초등학교 4학년을 대상으로 「초등학교 사회과 구조 중심 협동학습이 학업성취도 및 학습태도에 미치는 효과」라는 연구 논문에서 구조 중심 협동학습이 전통학습에 비해 초등학교 사회과 학업성취도에 긍정적인 효과가 있음을 밝히고 학습태도 역시 긍정적인 효과가 있음을 밝히고 있다. 또한 학업성취도 사전검사에서 표준편차(SD)가 18.02로 학습능력이 우수한 학습자와 낮은 학습자의 차이가 컸으나, 사후검사 결과는 표준편차(SD)가 12.80으로 나와 협동학습이 학업성취도의 개인차를 줄이는 데도 효과적이었음을 밝혀 주었다. 따라서 기존의 협동학습 모형이 갖는 경직성을 보완하기 위해 나온 구조 중심 협동학습은 협동적 구조의 유연성과 협동기술을 강조하여 복잡한 변인들로 구성되어 있는 교수-학습 상황에서 인지적·정의적으로 활용성이 높음을 시사하였다.

윤병희(2002)는 초등학교 4학년을 대상으로 구조 중심 협동학습을 적용하여 「협동학습을 통한 초등수학 수업의 효율화 방안」이라는 연구에서 보다 효과적인 학습의 성과를 얻기 위해서는 교사 스스로 새로운 학습 모형에 관심을 갖고 도전하고 실행하는 진취적인 사고가 요구되며, 아동의 학습일지를 활용하여 학습 결과와 미성취 부분을 파악하여 도입 부분에서 선수학습 상기에 피드백으로 활용함이 바람직하며 이는 문장력과 수학적 사고력 신장에도 매우 효과적이라고 주장하였다.

원순자(2002)는 역시 초등학교 4학년을 대상으로 「협동학습 구조의 다중 결합을 통한 사회과 수업 방안 연구」에서 구조 중심 협동학습이 갖는 특성으로 인해 같이 공부하며 서로의 학습 방법을 본받는 가운데 자신의 지적 사고력의 향상을 촉진시킨다고 하였으며, 구조 중심 협동학습의 모둠 구성은 아동의 사고력 수준에 따라 여러 가지 형태로 나타나므로 아동들의 지적·정의적 발달 상태와 의도하고자 하는 학습목표에 따라 교사는 학급 내에서 모둠 구성을 다양화할 필요가 있음을 주장하였다. 또한 구조 중심 협동학습 방법을 시작하기 전에는 장시간에 걸쳐 다양한 구조들을 활용하는 법에 대한 충분한 연습이 필요함을 지적하였다.

본 연구에서 제기한 연구문제 중 한 가지가 사고력 신장구조 적용 협동학습의 학습능력 수준에 따른 사고력 신장에 미치는 효과를 알아보기 위함이므로 이와 관련된 연구로서, 정문성(1994)은 고등학교 2학년 사회과에 STAD모형을 적용한 결과 협동학습에서 중위수준의 학습자보다 상위수준의 학습자와 하위수준의 학습자가 학업성취의 효과를 많이 받는 것으로 밝혔으며 이것이 바로 협동학습의 성취효과를 크게 하는 요인임을 밝혔다. 이러한 결과는 협동학습의 내적 과정의 중요성을 시사하였다.

또한 장상진(1998)은 고등학생을 대상으로 협동학습의 집단 조사 모형을 적용한 결과 전통적인 일제학습보다는 문제해결 기능, 정보해석 기능 등 사회과 지적 기능의 신장에 효과적이며, 특히 학업성적이 동질적인 집단과 이질적인 집단 간 협동학습 효과의 검증에서 동질적인 집단보다 이질적인 집단에서 그 효과가 크다고 주장하였다. 배창식(2001) 또한 집단 보상과 구성 방법이 수학과 아동의 학업성취도에 미치는 효과에 관한 연구에서 협동학습 집단 구성이 이질적인 집단이 동질적인 집단보다 사후검사의 평균 점수가 더 높게 나타남으로써 이질 집단의 효과성을 주장하였다. 이러한 결과는 모둠을 구성하는 데 있어 학업능력 수준뿐 아니라 성별, 학습 참여도 등 최대한 이질성을 강조하여 적용하는 데 도움이 되었다.

이상에서 살펴본 바와 같이 협동학습에 있어 구조 중심 협동학습에 관한 연구는 미약하나마 이루어지고 있지만 깊이를 더하여 구조 중에서도 사고력 신장구조의 효과성에 관한 연구는 아직 시도된 바가 없기에 사고력을 신장시켜 주어야만 하는 작금의 교육 현실에 있어 본 연구는 의의가 있을 것으로 믿는다.

Ⅲ. 연구의 가설

여러 가지 협동학습 방법 중 Kagan의 구조 중심 협동학습은 교사에게는 현장 적용이 비교적 쉽고 교사 나름대로의 다양한 활용이 가능하며 아동에게 있어서는 학습에 흥미를 유발시켜 학습 효과를 얻을 수 있는 매우 바람직한 학습 방법이다.

구조 중심 협동학습은 그 효과에 따라 여러 범주로 나눌 수 있으며 그 구조들은 각기 다른 기능을 가지고 추구하고자 하는 목표에 맞게 적용되고 있다. 여러 구조 중 교육의 핵심인 유의미한 지식의 습득과 더불어 사고하는 능력을 신장시킬 수 있는 사고력 신장구조의 활용은 급변하는 사회에 적응하고 사려 깊고 합리적인 판단과 창의적인 문제해결을 통해 삶의 질을 높일 수 있을 뿐 아니라 국가경쟁에서도 앞서갈 수 있다.

그러나 이러한 중요성에도 불구하고 선행연구에서도 살펴본 바와 같이 구조중심 협동학습에 있어 그 한 범주인 사고력 신장구조에 관한 연구는 아직 이루어지지 않은 실정이다.

따라서 본 연구에서는 Kagan의 구조 중심 협동학습에서 사고력을 신장시킬 수 있는 사고력 신장구조를 초등학교 사회과에 적용하여 그 효과성을 검증해 보기 위해 다음과 같은 가설을 설정하였다.

〈가설 1〉 사고력 신장구조 적용 협동학습 집단이 전통적 학습 집단보다 사회과 사고력 성취 점수가 높을 것이다.

가설 설정 이유-사고력 신장구조의 적용은 협동학습 집단의 토의 과정을 통해 새로운 발견을 촉진시키고, 고차적인 인지 학습 전략을 발달시킨다. 아이디어를 교환함으로써 사고를 풍부하고 다양하게 할 뿐 아니라 정보의 반복 및 새로운 정보의 진술 등으로 정보에 대한 인지적 전략도 향상시킨다. 또한 사고력 신장구조를 적용함으로써 발생하는 개별적 책무성으로 인한 소외됨 없는 공동 활동은 동기를 부여해 주고 활발한 참여를 가능하게 해주어 정보, 의견, 아이디어 등에서 생성된 논쟁은 사고의 폭을 넓고 깊게 한다. 뿐만 아니라 의견을 진술하는 가운데 분석, 인과관계, 설명, 종합, 합리화 등이 진술되어 자연스럽게 사고력의 신장을 가져올 수 있다.

사고력 신장구조는 이처럼 사고력을 신장시킬 수 있는 기능을 충분히 가지고 있으나 이의 효과가 연구된 바 없기에 전통적 학습 집단과 비교하여 이를 규명해 보고자 <가설 1>을 설정하였다.

<가설 2> 사회과 사고력 신장에 수업방법(사고력 신장구조 적용 협동학습, 전통적 학습)과 사회과 학업능력 수준의 상호작용 효과가 있을 것이다.

■ 가설 설정 이유: 협동학습은 학업능력이 상위, 중위, 하위수준의 학습자가 하나의 모둠을 구성하는 이질적인 집단으로 구성되어 있다. 사고력 신장구조를 적용함에 있어서 토론과 더불어 학습자 간의 상호작용으로 교수활동이 이루어지게 되는데, 가르치는 상위수준의 학습자와 가르침을 받는 하위수준의 학습자가 이에 크게 참여하지 않는 중위수준의 학습자보다 더 많은 사고력 신장을 가져올 가능성이 많다.

협동학습과 학습자의 학업능력과의 상호작용 효과에 있어서 상위수준의 학습자가 하위수준의 학습자에게 설명해 주는 과정을 통해 학업성취 효과가 있으며, 하위수준의 학습자도 설명을 듣는 혜택을 입고 있음을 Webb이 일찍이 발견한 바 있고, 정문성(1994)의 연구에 있어서도 사회과 학업성취의 고급사고 점수에서 학습 구조와 학업능력 수준의 상호작용 효과가 있을 것이라는 가설을 협동학습에서 혜택을 많이 받는 학습자는 학업능력 수준이 상위수준인 학습자와 하위수준인 학습자임을 검증한 바 있다.

이러한 선행연구에 기초하여 사고력 신장구조 적용 협동학습이 전통적 학습과 비교하여 사회과 사고력 신장에 있어서 사회과 학업능력 수준의 상호작용 효과가 있을 것이라는 <가설 2>를 세우고 이를 검증해 보고자 한다.

<가설 3> 사회과 사고력 신장에 수업방법과 성(gender)의 상호작용 효과가 있을 것이다.

■ 가설 설정 이유: 사고력 신장구조 적용 협동학습은 학업능력 수준뿐만 아니라 성에 있어서도 남, 여 고루 분포된 이질적인 모둠 구성을 그 특징으로 하고 있

다. 사고력 신장구조는 동등한 입장에서의 토론과 서로 가르침을 주고받는 동료 간의 교수 학습으로 이루어지는데, 여기에서 남자와 여자는 기본적으로 속성이 같지 않기 때문에 사고력 신장 효과에 있어서 서로 다른 결과를 가져올 것이다. 일반적인 기질로 외향적이고 적극적인 성격이 강한 남자 학습자와 상대적으로 내성적이고 소극적이며 부끄러움을 많이 타는 성격을 지닌 여자 학습자는 사고력 신장구조 적용 협동학습에 있어서 토론에의 참여도와 적극도, 그리고 학습내용의 교수 및 수용 정도에 있어서 다르게 작용하여 사회과 사고력 신장에 있어서도 적극성이 강한 남자 학습자가 더 많은 사고력 신장을 가져올 것이라 예상되어 위의 <가설 3>을 설정하고 이를 실험으로 밝혀 보고자 한다.

Ⅳ. 연구 방법 및 절차

본 연구의 목적은 Kagan의 구조 중심 협동학습에서 사고력 신장구조를 사회과 교수-학습에 적용하여 사회과에서 추구하는 사고력을 신장시킬 수 있는가의 효과성을 검증하기 위함이다. 본 장에서는 이러한 연구 목적을 달성하기 위해 연구 방법적인 면을 중심으로 하여 연구대상, 연구기간, 실험설계 및 측정도구 등에 대하여 논의하고자 한다.

1. 연구대상

본 연구의 대상은 인천광역시에 위치한 C초등학교 5학년 2개 학급 73명이다. C초등학교는 대도시이기는 하나 도심에서 벗어나 위치해 있으며 다수의 학부모가 경제적 곤란으로 맞벌이를 하고 있어 자녀 교육에 관심과 열의가 부족하다. 학급의 교육적 환경에 있어서는 43인치 TV, CD플레이어, 실물화상기 등이 비치되어 활용되고 있으며, PC는 각 교실에 1내씩 비치되어 있으나 기종이 현서히 떨어지고, 학생이 학습활동 시간에 모둠별 학습자료로 활용할 수 있는 PC는 설치되어 있지 않다. 학생의 사회과 과제학습 해결의 방법은 아직도 다수의 학생이 교과서나 참고서에 의존하고 있어 가정에서 컴퓨터를 학습자료로 활용할 수 있는 컴퓨터의 보유 및 인터넷 전용선의 설치가 시급한 실정으로 교육적 환경과 여건은 좋은 편이 아니다. 사회과 교과 학습에 관한 흥미도 또한 매우 낮은 편이어서 흥미 있는 교과로 만들기 위한 교사의 노력이 절대적으로 필요하며, 사회과 학습방법에 있어서 가상 어렵게 생각하는 학습법이 토론 학습이고, 다음으로 빌표 학습이다. 이에 학생들이 활발한 상호작용을 꺼려하고 자신의 의사표현을 지양하며, 사고의 기회를 갖지 않으려는 경향을 완화하기 위해 긍정적 상호작용을 우선시하는 사고력 신장구조 적용 협동학습이 필요함을 느낄 수 있다.

두 집단의 동질성을 확보하기 위하여 교사의 교육 경력이 모두 15~20년이고, 교수 학습활동에 있어서도 열의가 비슷하게 많은 교사의 학급, 그리고 아동의 학습태도와 학습수준 등 전반적인 성향이 유사한 학급을 선정하였다. 연구의 대상인 2개 학급 중 1개 학급은 사고력 신장구조 적용 협동학습을 실시하는 실험집단으로, 나머지 1개 학급은 교사 주도적인 전통학습을 실시하는 비교집단으로 선정하였다.

이를 표로 제시하면 <표 1-1>과 같다.

〈표 1 - 1〉 각 집단별 학생 수

(단위: 명)

구 분	협동학습집단	전통학습집단	계
상위집단	10	10	20
중위집단	16	17	33
하위집단	10	10	20
계	36	37	73

처음 집단의 수는 각각 39명이었으나 사전·사후검사를 포함한 본 실험에 처음부터 끝까지 참여하지 못한 전출 아동과 전입 아동이 실험대상에서 제외되어 협동학습 집단 36명, 전통학습 집단 37명의 아동만 본 실험 연구에 참여하였다.

실험집단과 비교집단의 동질성 여부를 확인하기 위하여 사전검사를 실시하였다. 사전검사는 사고력을 측정하는 것으로 실험을 시작하기 전에 학습한 사회과 1, 2단원을 범위로 하였다. 이 사전검사의 총점수를 기준으로 학습자의 학업능력 수준을 통계학적인 집단 구분 개념에 따라 보편적으로 사용하는 방식인 상위집단(27%), 중위집단(46%), 하위집단(27%)으로 구분하였다.

학습집단별 사전검사 결과는 다음의 <표 1-2>와 같다. 두 집단 간에 유의미한 차이가 나타나지 않았으므로 동질집단으로 볼 수 있다.

〈표 1-2〉 학습집단별 사고력 사전검사 결과

(N=73)

	N	M	SD	t	p
실험반	36	50.67	12.04	.235	.815
비교반	37	51.35	12.87		

2. 실험설계

본 연구의 가설을 검증하기 위하여 사용한 실험설계는 <그림 1-1>과 같다.

$$O_1 \qquad X_1 \qquad O_2$$
$$O_1 \qquad X_2 \qquad O_2$$

〈그림 1-1〉 실험 설계

O_1: 사전검사

X_1: 사고력 신장구조

X_2: 전통학습

O_2: 사후검사

본 연구에서 독립 변인은 사고력 신장구조 학습이고, 종속 변인은 사고력 신장이다.

3. 실험 도구

사고기능은 교과 내용과 분리될 수 없기 때문에 사고기능을 측정하려면 내용 측정이 수반될 수밖에 없다.

따라서 본 연구에 있어서 실험 도구로서의 사전검사 도구는 실험 수업 실시 전 학습한 사회과 단원의 내용을, 사후검사 도구는 실험 수업한 단원을 평가 범위로 하여 사고 능력을 측정하는 문항을 본 연구자가 직접 제작하여 사용하였다.

4. 실험 처치

본 연구의 실험 처치로서 선정된 두 집단에 각각 사고력 신장구조 학습과 전통적 학습을 실시하였다. 초등학교 5학년 2개 학급을 선정하여 실험집단인 사고력 신장구조 적용 반은 본 연구자가, 비교집단인 전통적 학습 적용 반은 연구자가 선정한 학급의 담임교사가 실험 수업을 실시하였다.

사고 능력에 대한 사전검사 및 사후검사 도구는 실험 단원의 내용과 측정하고자 하는 사고 기능과 접목시켜본 연구자가 직접 제작하여 실시하였다.

협동학습 효과의 선행연구에 있어 그 효과성이 거의 입증되지 않은 연구의 경우는 사전 준비가 부족했기 때문에 본 연구에서는 충분한 시간을 확보하여 연구교사는 비교 집단 교사와 함께 관련 서적 탐독 및 선행연구 고찰, 자료 탐색 및 협의에 힘쓰고 대상 아동 또한 사고력 신장구조에 익숙해지도록 사전 훈련을 하였다.

5. 자료의 처리

본 연구의 결과, 수집된 자료는 SPSS win10.0 프로그램을 활용하여 실험집단과 비교집단의 사회과 사고력 신장 효과를 t-test와 이원변량 분석(two-way ANOVA)에 의하여 검증 처리하였다.

6. 연구 수행 절차

가. 연구 계획 수립

학교 현장에서 변화하는 사회에 대비하기 위해 무엇보다 필요한 것은 사고력을 키우는 일이다. 사고력은 어려서부터 키워 주어야 하며 사고력의 형성은 곧 사회과 교과의 목표와도 직결된다. 사고력을 키우기 위해 적당한 학습 구조는 전통이나 경쟁학습 구조보다는 협동학습 구조이며 이는 사고력을 사용할 수 있는 기회가 더욱 많기 때문이다.

근래 여러 협동학습 모형의 단점을 보완한 Kagan의 협동학습 구조가 등장하고 교육 현장에서 활발히 활용되고 있다. 이에 Kagan의 협동학습 구조 중에서도 사고력 신장 학습 구조가 실제 사고력 신장에 효과가 있는가에 대한 효과성을 검증해 보고자 하였다. 따라서 지도교수와의 협의를 거쳐 연구 주제를 '초등학교 사회과에서 사고력 신장구조 학습의 효과'라고 정하고 지도 교수의 지도를 받아 연구 계획을 수립하였다.

나. 선행연구 고찰 및 교재 분석

협동학습 관련 서적과 인지이론 관련 서적을 탐독하고 현재까지 진행된 협동학습 관련 선행연구물들 중에서 구조 중심 협동학습의 효과를 중심으로 고찰해 보았다. 그리고 사고력 관련 선행연구물에 있어서는 사고력 측성 도구의 개발에 대해서 살펴보았다. 또한 보다 효과적인 실험 수업이 이루어지도록 5학년 사회과 각 단원내용을 교과서와 교사용 지침서를 중심으로 분석하여 사고력 신장 학습 구조 활용에 가장 적합한 단원을 선정하였다

다. 측정 도구 제작 및 사전검사 실시

사고력 관련 서적 탐독 및 측정 도구 개발의 신행연구 고칠을 바딩으로 본 연구에 적합한 사고력 측정 도구를 제작하였다.

그리고 본 연구학교의 5학년 전 학급을 대상으로 실험집단과 가장 동질성이 크다고 판단한 비교집단 한 학급을 선정하고 이의 실제 동질성 여부를 판단하기 위하여 사고력 측정 사전검사를 실시하였다.

라. 사고력 신장구조 학습의 실행

사고력 신장 학습 구조의 실제 효과성을 검증하기 위하여 연구자가 5학년 사회과 단원 지도에 구조를 삽입한 교수-학습 지도안을 작성한 후 이에 따른 실험 수업을 실시하였다. 수업 실시 전, 수업의 효율성을 꾀하고자 아동들로 하여금 협동 기술을 익히게 하고 구조 활용 훈련을 시켰다. 비교 집단은 연구자와 실험 참여 교사가 협의하여 교수-학습 지도안을 작성한 후 실험 참여 교사의 주도로 수업을 진행하였다.

마. 사후검사 실시 및 연구 결과 분석

사고력 신장구조 학습을 실시 후 사고력 신장 효과를 검증하기 위하여 사후검사를 실시하였다. 검사 자료를 바탕으로 결과를 해석하고 결론 및 논의점을 찾았다.

7. 연구의 실제

가. 초등학교 사회과 교육과정 고찰

개정 초등학교 사회과 교육 과정에 명시된 사회과의 개념 및 최종 목표 그리고 사회과에서 강조하는 점을 살펴보면 다음과 같다.

1) 초등학교 사회과의 개념 및 최종 목표

개정 사회과 교육 과정에서는 사회과의 개념을 '사회 현상을 올바르게 인식하고, 사회 지식의 습득과 사회생활에 필요한 기능을 익히며, 민주 사회 구성원에게 요청되는 가치와 태도를 지님으로써 민주시민으로서의 자질을 육성하는 교과'라고 정의하였다. 이 개념의 정의에서는 사회과가 민주 시민의 자질을 길러 주는 데 주도적 역할을 하는 교과라는 점과 바른 '사회 인식'을 바탕으로 지식·이해, 기능, 가치·태도를 고르게 습득해야 하는 교과임을 분명히 하였다.

사회과의 궁극적 목표는 민주 시민으로서 올바른 자질을 길러 주는 데 있으며 바람직한 시민이란 '사회생활을 하는 데 필요한 지식을 가지며, 인권 존중, 관용과 타협의 정신, 사회 정의의 실현, 공동체 의식, 참여와 책임 의식 등의 민주적 가치와 태도를 함양하고, 나아가 개인적 및 사회적 문제를 합리적으로 해결하는 능력을 기름으로써 개인의 발전은 물론 국가, 사회, 인류의 발전에 기여할 수 있는 자질을 갖춘 사람'을 일컫는다.

2) 사회과의 강조점

사회과의 성격에서는 사고력과 의사결정력 등의 신장을 강조하고, 이를 위해 학습자가 다양한 탐구 방법을 활용하여 스스로 탐구해 가는 학습 전략을 지향한다고 하였다.

사회과는 사회적 사실과 현상에 관한 지식을 발견하고 적용하는 데 필요한 사고력과 판단력을 신장하는 교과이다. 그러므로 논리적 사고를 비롯하여 비판적 사고력, 가치 판단력, 의사결정 능력을 신장시킬 수 있는 교수·학습 방법을 적용하여야 한다고 강조하고 있다.

3) 사회과 평가의 방향

평가의 본질적 기능은 학습자를 등급별로 나누어 서열화하는 것보다는 교수·학습 과정에서 학습자가 해나가는 학업 수행 상황을 진단하고 학업 성취 정도를 판단하는 네에 필요한 자료를 제공하는 것이다. 사회과의 평가는 사회과 교육이 지향하는 고등 정신 기능 ― 비판적 사고, 창의적 문제해결, 합리적 의사 결정 ― 을 촉진시킬 수 있도록 평가해야 한다.

따라서 사회과 평가는 교육 과정이 지향하는 성격-목표-내용-교수·학습방법-평가의 일관성이 유지되도록 하여야 하며, 수준별 교육 과정의 정신에 따라 학습자 개개인의 성취도를 확인하기 위한 목적으로 평가하도록 한다. 또한 학습 과정 중심으로 평가하되 탐구 지향적 사고력 신장 학습을 유인할 수 있도록 하는 데에 중점을 둔다. 평가 방법에 있어서도 사회과에서 강조하는 창의적 사고나 문제 해결력 등은 객관식으로 평가하기 어렵기 때문에 객관식 위주의 지필 평가보다는 다양한 형태의 평가가 이루어져야 한다. 평가 자료에 있어서도 양적인 평가와 더불어 사고력 신장이나 가치·태도의 변화를 대상으로 하는 질적 자료를 수집하여 평가한다.

나. 측정 도구의 제작

대부분의 표준화된 비판적 사고 검사들은 사고과정 자체가 아니라 사고과정에 대한 결론만을 제공하기 때문에 수험자가 생각하고 있는 것에 대한 정보를 제공하지 않는다(Stephen P. Norris, 1985)는 지적이 있듯이, 어떤 수업의 효과성을 검증하기 위하여 사고 능력을 측정할 경우 표준화된 검사지를 그대로 이용하는 것은 무리가 따른다고 볼 수 있다. 표준화된 검사지보다는 특정교과, 특정단원, 특정내용에 적합한 문항을 개발하여 측정함이 보다 실제적이고 정확한 측정이 될 수 있다.

그리고 구체적인 사고기능을 사정해 보기 위한 검사도구가 국내에서는 개발된 것이 없는 듯하다. 미국 등지에서는 사고력을 측정하기 위한 검사들이 적지 않게 개발되어 있기는 하지만 대개가 어떤 특정의 사고 기능들을 검사하기 위한 것이다.

따라서 본 연구에 있어서는 본 실험 연구 단원의 내용과 접목시켜 구체적이고 실제적인 사고 능력을 측정할 수 있도록 사고력 측정 도구를 제작하였다.

1) 사고력 측정 도구 제작 과정 및 방법

우선 양질의 검사문항을 제작하기 위해 '성태제(1998)'의 의견을 참고로 다음과 같은 점에 유의하였다.

첫째, 실험 아동이 무엇을 알아야 하고, 무엇을 잘못 알고 있는지를 파악하여 검사 도구가 가르친 내용과 교육과정상의 주요 내용을 제대로 포함하도록 하였다.

둘째, 그러나 사고 기능을 측정할 때는 교과 내용은 매개 수단일 뿐이며 초점은 사고에 있음을 유의하였다.

셋째, 인지이론에 대한 이해가 깊을 때 피험자의 고등정신능력을 제대로 측정할 수 있으므로 교수-학습 이론과 인지심리학 관련 서적을 탐독하였다.

넷째, 실험 아동의 어휘 수준을 파악하여 질문에 대한 답을 알고 있는데 질문 내용이 어려워 답하지 못하는 일이 가능한 적게 발생하도록 노력하였다.

다섯째, 출제 문항이 좋은 문항인지 나쁜 문항인지 평가하기 위한 문항분석 방법, 즉 검사이론을 숙지하였다.

여섯째, 좋은 문항을 제작하기 위하여 지도교수, 실험 참여교사 및 문항 검토자의 조언을 존중하였다.

본 연구에 활용할 사고력 측정 도구의 타당도와 신뢰도를 높이기 위하여 다음과 같은 과정에 의하여 제작하였다.

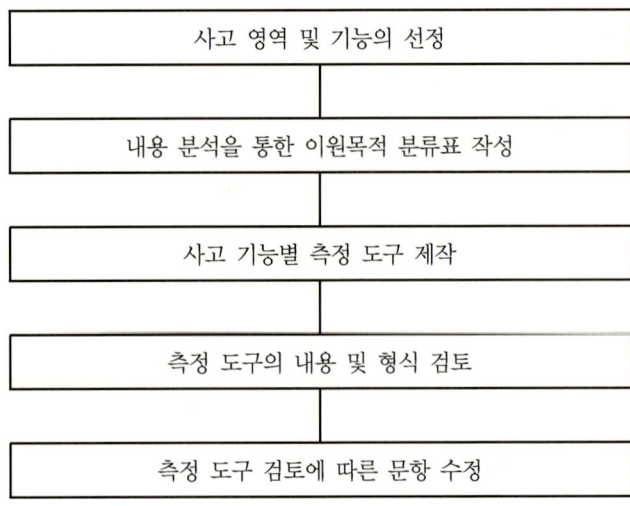

<그림 1 - 2> 사고력 측정 도구 제작 과정

가) 사고 영역 및 기능의 선정

사고의 분류학으로 널리 알려져 있는 **Bloom**의 목표 유목 중 지적 영역인 적용력, 분석력, 종합력, 평가력에 바탕을 두고 각 사고 기능을 좀 더 구체화하여 이에 따른 구체적 사고 기능들을 평가하도록 제작하였다.

사고 영역 및 구체적 사고 기능은 다음 <표 1-3>와 같다.

<표 1 - 3> 사고 영역 및 구체적 사고 기능

사고 영역	구체적 사고 기능
적용력	정의, 설명, 비교/대조, 적용, 분류/조직, 선택/결정, 기술/요약, 축소/단순화, 역할분담/공감, 반영/인지
분석력	분석, 인과관계/결정, 결론유출/결과추론, 일반화, 해석, 유추, 관찰, 경향, 예상/가설
종합력	연결/관련, 발명, 조사, 계획, 문제해결, 종합
평가력	평가, 논의/고심

나) 내용 분석을 통한 이원목적 분류표 작성

〈표 1 - 4〉 사전 사고력 측정을 위한 이원 목적 분류표

문항 번호	평가 내용	사고 기능	문항 번호	평가 내용	사고 기능
1	서울과 강릉의 기온 차이	인과관계	13	한옥의 견학 계획	계획
2	우리나라 기후 특성	분석	14	조상들의 식생활 모습	기술/요약
3	우리 지역의 날씨	설명	15	조상들의 식생활 평가기준	평가
4	이상 기후 현상	결론유출	16	김치로 만든 음식	발명
5	지형과 인구분포	관련	17	전통 가옥의 보존	역할분담
6	인구분포도	논의/고심	18	도시와 촌락의 차이	분류/조직
7	지역별 인구분포의 차이	축소	19	도시 생활의 장단점	평가
8	산지의 생활 적용	적용	20	작은 도시지역의 변화	유추
9	새로운 도시 건설장소	선택	21	촌락에서 도시로의 이주	예상/가설
10	황사현상의 정의	정의	22	교통 문제해결 방안	문제해결
11	조상들의 더위 나기	조사	23	어촌의 변화 요인	관찰
12	지역별 한옥의 모습	연결/관련	24	촌락의 변화 방향	경향

〈표 1 - 5〉 사후 사고력 측정을 위한 이원목적 분류표

문항 번호	평가 내용	사고 기능	문항 번호	평가 내용	사고 기능
1	산성비의 정의	정의	13	도시화에 따른 변화	예상/가설
2	쓰레기 매립장 설치 장소	선택/결정	14	우리나라 경제 발전	설명
3	환경 파괴 후의 상황	결과추론	15	옛날과 오늘날의 직업 선택	분류/조직
4	지구의 변화	경향	16	세계 진출 위한 상품개발	연결/관련
5	폭설의 피해 모습	단순화	17	기업의 경쟁	관찰
6	계절과 자연재해의 관련	관련	18	제2의 경제위기	역할분담
7	자연재해 예방담당자의 역할	기술/요약	19	미래사회의 문제	논의/고심
8	가뭄의 피해와 극복	비교/대조	20	기술 개발의 영향	인과관계
9	나의 환경 생활	평가	21	우리 경제의 성장 평가	평가
10	마을 소음 측정 계획	계획	22	우리나라 수입 특성	분석
11	수질오염 해결 방안	문제해결	23	우리나라 수출 예상	예상/가설
12	국토개발의 장단점	평가	24	대체 에너지 개발의 중요성	해석

다) 사고 기능별 측정 도구 제작

본 연구에서 제작한 사고력 측정 도구는 사전 사후 각각 24개 문항이며 한 문항당 3점 만점으로 총 점수는 72점이다. 모두 서술형 주관식 문항으로 구성되었으며 사고 기능별 측정 도구의 예는 다음과 같다.

〈사고력 사전 측정 도구〉

9. 사람들이 모여 살기에 알맞은 새로운 도시를 세울 장소를 선택하는 활동을 해보고자 한다. 지형의 특징을 고려하여 장소를 고를 때 ①지역과 ⑤지역 사이에서 선택해야 한다면 어느 곳을 선택할 것인가? 그 이유도 써 보세요(선택).

새로운 도시를 건설하고 싶은 곳	( ) 지역
선택한 까닭	

<정답: ①지역. 넓은 평야지역으로 근처에 강이 있어 물을 구하기 쉽고 철도역 및 고속도로도 가까운 곳에 위치해 있어 교통이 편리함(①지역이 가장 바람직하나 나름대로 선택하고 사람들이 모여 살기에 유리한 환경 조건을 말하였으면 정도에 따른 차등 점수 인정).>

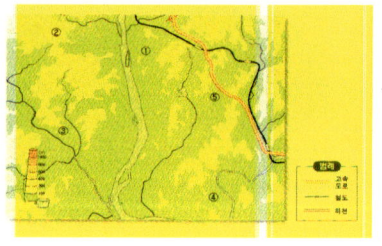

16. 우리나라 사람들이 즐겨 먹는 김치는 빠르게 변화하는 현대의 식생활 모습에 맞추어 새로운 변신을 하고 있다. 세계적으로 과학성과 우수성을 인정받아 세계인의 김치가 되기 위해 김치로 만든 무엇을 개발할 수 있는가?(발명)

( )

<정답: 김치햄버거, 김치피자, 김치초밥, 김치탕수육, 김치초콜릿, 김치스파게티, 김치치즈, 김치치킨, 김치샐러드 등>

17. 오늘날에는 우리의 생활이 서양의 생활 모습을 많이 닮아 가면서 옛날의 집들은 점점 사라져 우리 조상들이 지은 집을 보기가 어려워지고 있다. 만약 여러분이 전통문화 보존가라면 어떻게 할 것인가?(역할분담/공감)

(   )

<정답: ·사라져 가는 전통 가옥의 소중함을 국민들에게 인식시키고 남아 있는 전통 가옥이 훼손되지 않도록 보수한다.

·전통 가옥이 모여 있는 곳에 전통 마을을 재현하여 사람이 살도록 하고 국민이 관심을 가지고 볼 수 있도록 개방한다. 등>

21. 다음 글에서 무엇을 예상할 수 있는가?(예상/가설)

> · 촌락은 공기가 맑고 조용해서 살기가 좋지만, 일자리를 얻기 위해 도시로 나가 살아야겠어.
> · 촌락은 문화생활을 누리기가 힘들고 교육·의료 시설도 많지 않아.

(   )

<정답: ·촌락에서 도시로의 이동이 예상된다.

·촌락은 문화 및 교육·의료 시설을 개발시키려고 노력한다. 등>

〈사고력 사후 측정 도구〉

4. 다음 글에서 지구의 어떤 흐름을 발견할 수 있는가?(경향)

> · 해마다 길어지는 열대야가 시민들의 여름 나기를 점점 더 힘들게 하고 있다.
> · 우리나라의 여름철 평균 기온이 1990년 이후 꾸준히 상승한 것으로 나타났다.
> · 공기 중의 이산화탄소의 양이 많아져 온실 효과를 일으키고 있다.

(   )

<정답: 지구가 점점 더워지고 있다. 즉, 지구온난화 현상이 일어나고 있다.>

※ 다음은 계절에 따른 태풍과 호우의 피해를 나타낸 표와 그래프이다. 이것을 보고 다음 물음에 답하여라(6~7).

〈최근 10년간 발생한 태풍과 호우로 인한 재해(1990~1999년)〉

구분＼계절	봄 (3~5월)	여름 (6~8월)	가을 (9~11월)	겨울 (12~2월)
태풍	0	99	87	0
호우	1	330	75	0
합계	1	429	162	0

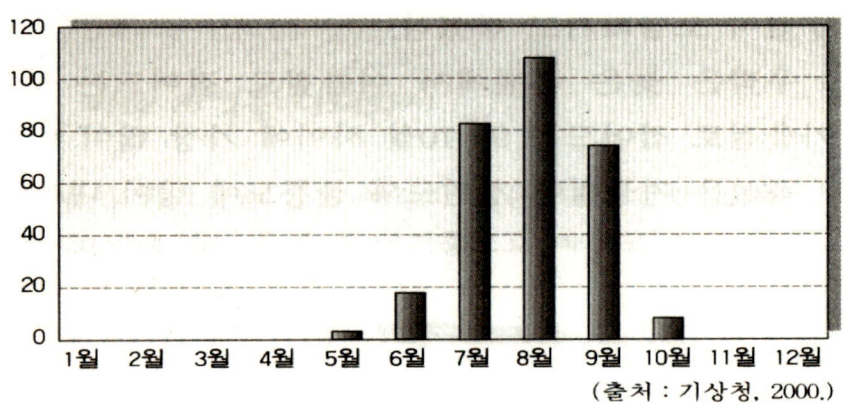

(출처 : 기상청, 2000.)

6. 우리나라의 계절과 태풍 및 호우로 인한 재해 사이에는 어떤 관련이 있는가?(관련)

(   )

<정답: 우리나라의 호우 현상은 계절적으로는 여름, 즉 7~8월에 집중적으로 나타나며 초가을인 9월에도 빈번히 발생한다. 태풍 또한 여름과 가을에 걸쳐 통과하기 때문에 호우와 겹쳐 피해가 더 크게 나타난다. 호우, 태풍 모두 봄과 겨울에는 거의 발생하지 않는다.>

11. 요즘 전 세계적으로 여러 가지 환경오염으로 심각한 문제에 직면하고 있다. 우리나라도 이러한 환경 문제를 해결하기 위하여 갖가지 노력을 기울이고 있다. 우리 주변의 환경문제 중 수질(물) 오염 문제를 해결하기 위한 몇 가지 해결 방안은?(문제해결)

(   )

<정답: ·기름기가 묻은 그릇은 휴지로 닦은 후 물로 씻는다.

·세탁은 한꺼번에 모아서 하고 세제는 알맞게 사용한다.

·적당량의 샴푸와 린스를 사용한다.

·강 유원지나 하천 등에 쓰레기를 함부로 버리지 않는다.

·농사를 지을 때 농약 대신 오리를 풀어놓아 물의 오염을 막는다.

·공장에서는 폐수 정화 시설을 설치하여 사용한다. 등>

24. 우리나라는 석유를 수입하여 물건을 만드는 에너지로 사용하고 있다. 그래서 우리나라에서는 태양열, 천연가스 등 새로운 에너지 자원을 개발하기 위해 많은 노력을 기울이고 있다. 새로운 에너지 자원의 개발은 왜 중요한가?(해석)

(   )

<정답: 우리나라는 석유를 수입하여 물건을 만드는 에너지로 사용하고 있다. 원유 전량을 해외에서 수입하는 우리나라의 경우, 미래에 닥칠 에너지 위기에 대처할 수 있는 근본적인 방법은 바로 대체에너지의 개발이다.>

라) 측정 도구의 내용 및 형식 검토

이원목적 분류표에 의해 제작한 측정 도구가 사고력 측정에 합당한가에 대한 지도교수의 조언을 받고 제작자와 실험 참여 교사가 공동으로 내용과 형식에 대한 검토를 하였다.

측정 도구의 내용 및 형식 검토사항은 다음과 같다.

첫째, 질문의 내용이 사고력 측정에 알맞은가?

둘째, 질문의 내용과 어휘가 실험 내상 아동의 수준에 알맞은가?

셋째, 질문의 내용이 실험 단원에 속하는가?

넷째, 질문의 내용과 정답이 논쟁거리가 되지는 않는가?

다섯째, 질문의 내용이 명확한가?

여섯째, 질문의 내용이 길 경우 질문의 핵심에 밑줄이 그어져 있는가?

일곱째, 질문이 각 사고 기능을 골고루 측정하고 있는가?

바) 측정 도구의 검토에 따른 문항 수정

측정 도구의 내용과 형식에 대한 검토 결과 질문의 내용과 어휘가 수준에 알맞지 않은 문항 2, 질문의 내용이 논쟁거리의 소지가 있을 것 같은 문항 1, 특정 사고 기능의 편중된 측정 6문항 등으로 모두 9문항의 수정이 있었다.

다. 사전 사후 사고력 측정 및 결과 처리

위의 제작 과정에 의해 제작된 측정 도구로 실험 집단과 비교 집단의 사전·사후검사를 실시하였다. 문항 채점은 연구자와 비교 집단의 교사가 채점 기준에 근거하여 각기 채점을 한 후 다르게 채점된 문항은 협의를 거쳐 재채점하였다.

라. 사고력 신장구조 적용 협동학습의 실행

1) 사전 훈련

가) 사회적 기능 고찰 및 선별 훈련

협동학습 전문가들은 협동학습의 성공 조건으로 여러 가지 요소들을 강조하였지만 공통적으로는 사회적 기능의 중요성을 지적하였다. 협동학습에서 사회적 기능을 강조하는 이유는 협동학습의 효과가 모둠 내에서 모두미 사이의 활발한 사회적 상호작용의 경험에서 나오기 때문이다(정문성, 2002).

이처럼 중요성을 지닌 사회적 기능들 중에 기본적으로 갖추어야 할 기능 몇 가지만을 선별하여 집중 반복 훈련시켰다. 의사소통을 위한 언어적 기술의 습득 또한 매우 중요하므로 수업에서 활용하는 연습을 하였다.

그리고 J. Rottier & B. J. Ogan이 강조한 사회적 기능을 참고로 교수-학습 지도안 작성 시 차시별 사고력 신장구조 학습에서 가장 요구되는 사회적 기능이 무엇인가를 파악하였다. 그 후 실험 수업에 임하기 전 여러 차례 반복 훈련함으로써 자연스럽게 익히도록 하였다.

선별하여 훈련한 기본 사회적 기능 및 언어적 기능은 다음과 같다.

〈표 1 - 6〉 기본 사회적 기능 및 언어적 기능

기본 사회적 기능	언어적 기능
· 서로의 의견 듣기	· 구체적이고 쉬운 말로 표현하기
· 자기 자리 지키기	· 자기 생각임을 분명히 할 때—"제 생각에는~"
· 서로 돕기	· 도움을 줄 때—"이해합니까?" "설명해 주겠습니다."
· 발표자 쳐다보기	· 도움을 요청할 때—"저는 ~을 이해하지 못하겠는데…." "어떻게 하는지 설명해 주세요."
· 작은 목소리 사용하기	· 생각이 같을 때—"저도 같은 생각입니다."
· 칭찬, 격려하기	· 칭찬할 때—"참 잘했습니다." "참 좋은 생각입니다."
· 시간 지키기	· 격려할 때—"잘할 수 있습니다." "이렇게 해보는 것이 좋겠습니다."
· 신호에 잘 따르기	· 발표 뒤 피드백 받기—"이해가 되었습니까?"
· 차례 지키기	· 같은 생각이 아니더라도 경청하기
· 과제에 집중하기	· 생각은 비판하더라도 사람은 비판하지 않기
· 자료 공유하기	· 생각이 불충분해도 기회가 오면 서슴없이 발언하기
· 협동하여 문제 해결하기	· 선입견과 편견 버리기
· 자기 역할 다하기	· 설득하기보다 최선의 해답을 얻는 데 힘쓰기

2) 모둠 구성 및 결속 다지기

학생들이 자연스럽게 친밀해져 서로를 돕는 상황을 교실에서 경험할 수 있도록 재구조화시켰다.

가) 모둠 구성

협동학습에서 모둠 구성은 협동학습의 성패를 좌우할 만큼 중요하다. 협동학습의 특징이 이질적인 모둠 구성이므로 본 연구에 있어서도 교사가 주체가 되어 학습능력별, 성별을 중심으로 이질적인 모둠을 구성하였다. 모둠 구성원은 한 모둠에 4명으로 하였다. 물론 4명으로 구성된 모둠이 2:2의 상황이 되면 의사결정의 곤란을 겪는 단점이 있지만 짝 활동을 많이 할 수 있고, 다양한 아이디어가 개진될 수 있으며, 소외되는 모두미가 없기 때문에 협동학습에서 가장 권장하는 규모이기도 하다.

실험 학급이 남자 22명, 여자 14명으로 남자가 8명이 많아 남녀 성비가 맞지 않으므로 두 모둠은 남자만으로 구성하였다. 이는 남자가 다수를 차지하는 모둠에 여자가 한 명 섞이게 되면 남자는 여자를 무시하고 고립화시키는 경향이 있기 때문이다.

나) 모둠 결속 다지기

모둠 구성 후 각 모둠별로 모둠 이름을 선택하고, 모둠 구성원끼리 친밀감을 형성하고 결속을 다지기 위하여 모둠 신문을 만들었다. 모둠 신문에 각 개인의 프로필난을 만들어 구성하면서 자연스럽게 상대방을 알게 되었고 모둠 구호, 모둠 노래 등을 만들어 익히면서 가까워졌다.

다) 모둠 역할 정하기

모두미 모두에게 역할을 부여함으로써 개인적 책임을 다하는 가운데 모둠 학습을 보다 효율적으로 할 수 있고, 모두미 모두가 소속감을 가져 소외됨 없이 즐겁게 모둠 학습에 참여할 수 있기에 모둠 역할을 정하였다. 교사와 학급 전체 아동들과 협의하여 역할 이름 및 내용을 정하고 각 역할 담당은 모두미끼리 협의하여 선택하도록 하였다.

Kagan의 12가지 역할 중 여기서 활용한 4가지의 역할은 기본적으로 부여하고, 이 기본 역할이 몸에 익어 익숙해진 후에 모둠원의 사고력을 신장시키는 역할

(Johnson, D., Johnson, R, Holubec. E., 1994 참고)을 따로 부여하여 사고력 신장 수업 시 담당하도록 하였다. 역할은 다음과 같다.

〈표 1 - 7〉 기본 역할과 사고력 신장 역할

기본 역할		사고력 신장 역할	
역할명	활동 내용	역할명	활동 내용
이끄미	모두미의 학습활동을 지도하고 사회도 보며 모든 모두미가 협동하며 참여할 수 있도록 이끔	탐구미	주장된 의견을 보다 깊이 탐구할 수 있도록 이끔
꼼꼼이	학습 준비물과 과제를 꼼꼼히 점검하며 모두미가 정해진 시간을 지킬 수 있도록 함	확산이	모두미의 의견에 좀 더 많은 정보와 의미를 보태어 주고, 증거를 제시하는 등 정당화도 도움
기록이	모둠 보고서 등 모든 기록을 담당하며 모두미가 자신감을 가지도록 칭찬, 격려도 함	다름이	생각을 비판하기도 하고 모두미의 생각을 다른 생각과 차별하여 비교해줌
도우미	학습자료 등을 가져와 나누어 주고 모으기도 하며 책상 위와 주변을 정리함	뭉침이	여러 대안들을 만들어 내기도 하고 모두미의 여러 의견을 하나의 의견으로 통합함

3) 지도 계획 수립 및 교수 · 학습 계획안 구안 적용

가) 사고력 신장구조 학습 지도 계획

구조적 협동학습을 성공적으로 이끌기 위해서 먼저 수업의 내용을 분석하고 여러 가지의 사고력 신장구조 중 어떤 구조가 수업 내용에 알맞은가를 파악하였다. 각각의 구조들은 다른 것에 비해 적어도 한 가지 이상의 뛰어난 기능을 가지고 있기 때문에 이에 대해 잘 아는 것이 교육 목표를 달성하게 하는 기본 요건이 되기 때문이다.

따라서 본 연구의 실행을 위해 <표 1-8>과 같이 실험 단원을 재구성하여 지도 계획을 수립하고 실시하였다.

<표 1 - 8> 사고력 신장구조 학습 지도 계획

단원 및 제재	주제 및 차시	주요 내용	사고력 신장구조
□환경 보전과 국토 개발~ (1) 자연재해와 환경문제 ◆ 자연재해	자연재해의 종류 및 극복 사례(4~5/17)	·계절 및 지역에 따른 자연재해 알아보기 ·자연재해를 극복하기 위한 노력 조사하기	◦ 3단계 인터뷰 ◦ 돌아가며 말하기 ◦ 돌아가며 쓰기
□환경 보전과 국토개발~ (2) 환경과 더불어 살아가는 길 ◆ 환경 문제의 합리적 해결	환경 문제해결을 위한 민주적 의사 결정(11/17)	·환경 기초 시설의 설치에 따른 문제점 살피기 ·민주적 의사 결정을 통한 환경 문제해결 방법 토의하기	◦ 돌아가며 말하기 ◦ 생각-짝-모둠 ◦ 모둠문장 만들기
□우리나라의 경제 성장~ (1) 우리나라 경제생활의 특징 ◆ 자유와 경쟁	우리나라 경제생활의 특징(2~3/14)	·우리 경제생활의 주요 특징 ·자유와 경쟁의 이점	◦ 3단계 인터뷰 ◦ 번갈아 말하기 ◦ 번호순으로 ◦ 동시다발적으로 돌아가며 쓰기 ◦ 생각-짝-모둠
□우리나라의 경제 성장~ (1) 우리나라 경제생활의 특징 ◆ 우리 경제의 발자취	경제 위기를 극복하기 위해 할 수 있는 일(6/14)	·우리가 겪은 경제적 시련에 대해 알아보기 ·경제적 어려움을 극복하기 위한 국민들의 노력 알아보기	◦ 돌아가며 말하기 ◦ 부채 모양 뽑기 ◦ 이야기 엮기 ◦ 생각-짝-모둠
□우리나라의 경제 성장~ (2) 세계로 뻗어 가는 우리 경제 ◆ 세계 속의 우리 경제	우리나라와 세계 여러 나라의 무역(9/14)	·우리나라의 시대별 무역의 특징 알기 ·수출과 수입의 특징 알아보기	◦ 번갈아 말하기 ◦ 모둠 인터뷰 ◦ 돌아가며 말하기

나) 사고력 신장구조 활용 방법

본 학습에 활용한 주요 사고력 신장구조의 방법 및 사회적 기능은 다음 <표 1-9>과 같다.

〈표 1-9〉 사고력 신장구조의 활용 방법 및 사회적 기능

사고력 신장구조	활용 방법 및 절차	사회적 기능
번갈아 말하기	· 교사는 다양한 해결책이 있을 수 있는 문제를 제시한다. · 아동들은 짝을 지어 번갈아 가면서 해결책을 말한다.	교대로 말하기, 작은 목소리 사용하기
돌아가며 말하기	· 교사는 다양한 답이 있는 질문이나 주제를 제시한다. · 아동들은 정해진 시간 안에 자신의 생각을 돌아가면서 말한다.	참여 격려하기, 듣기, 도와주기, 칭찬하기, 동등한 참여하기
돌아가며 쓰기	준비: 종이 한 장, 연필 한 자루 · 교사는 답 또는 방법이 여러 개인 질문을 하거나 과제를 제시한다. 또는 쓸 주제를 준다. · 아동들은 모둠별로 종이를 돌리면서 답이나 해결책을 쓴다.	동등한 참여하기, 참여를 격려하기
동시다발적으로 돌아가며 쓰기	준비: 네 장의 종이, 네 개의 색연필 · 교사는 주제 또는 질문을 제시한다. · 4명의 모두미가 동시에 가능한 답을 생각해서 쓴다. · 교사는 남은 시간을 알려주고 아동들은 생각을 정리했으면 엄지 손가락을 올린다. · 아동들은 시계방향으로 종이를 돌린다. · 계속해서 돌아가면서 쓰거나 그리면서 이미 다른 사람이 쓴 것에도 보충할 수 있다. · 2단계부터 시작해서 계속 반복한다.	참여를 격려하기, 시간 지키기
번호순으로	준비: 다용도 학습판 · 모두미 각자에게 고유번호를 정하여 주고 과제를 부여한다. · 아동들은 머리를 맞대고 문제에 대해 토론하고 가르쳐 준다. · 모둠학습이 끝나면 교사는 임의의 번호를 지명한다. · 교사가 문제를 내면 지명받은 아동은 다용도 학습판에 정답을 적은 후 하나 둘 셋 하면 일제히 든다. · 정답을 맞혔을 때 그 모둠 전체에게 보상을 한다.	도와주기, 도움을 요청하기
생각-짝-모둠	· 교사가 문제를 제시한다. · 개인적으로 정답을 생각해 본다. · 짝과 의논하여 정답을 확인한다. · 모둠 전체와 토의해서 정답을 확정한다. · 교사는 번호순으로 구조를 사용하여 평가한다.	서로 가르쳐주기, 서로 도와주기
부채모양 뽑기	준비: 모둠별 문제 카드 한 세트 · 1번 아동이 문제 카드를 부채 모양으로 펴 들고서 말한다. "아무거나 한 장 뽑으세요." · 2번 아동은 카드를 뽑고 문제를 큰 소리로 읽은 후 손가락으로 다섯을 센다. · 3번 아동은 그 문제에 답을 한다. · 4번 아동이 답에 대해 점검을 한다. · 옳은 답이면 칭찬해 주고 틀린 답이면 보충 설명해 준다. · 역할을 바꾸어 1, 2, 3, 4단계를 반복한다.	교대로 말하기, 리더십 발휘하기, 칭찬, 격려, 다시 말해 주기, 정리해서 말해 주기, 서로 가르쳐 주기
3단계 인터뷰	· 네 명이 한 모둠이 된다. · 모둠 내에서 두 명씩 짝이 되어 한 사람이 다른 사람을 인터뷰 한 후 역할을 바꾸어 인터뷰한다. · 네 명이 번호순으로 각각 돌아가면서 인터뷰를 통해 알게 된 것을 말한다.	참여를 격려하기, 동등한 참여하기, 개방형 질문하기, 말하는 사람의 의도 파악하기

이야기 엮기	· 네 컷의 신문 만화를 잘라서 네 개의 봉투에 각각 넣은 것을 네 명의 모두미가 하나씩 가진다. · 만화를 꺼낸 다음 다른 모두미에게 보여 주지 않고 그 그림을 말로 설명한다. · 설명이 모두 끝나고 나면 모두미들이 의논하여 각 만화의 순서를 정한다. · 그리고 그 밑에 이야기를 엮는다.	참여를 격려하기, 동등한 참여하기, 말하는 사람의 의도 파악하기, 듣기
모둠 문장 만들기	· 교사가 주제를 주면 모두미는 각자 생각을 한다. · 그리고 짝 토론을 한 후 혼자 문장을 만들어 본다. · 각 모두미는 모둠 내에서 자신이 만든 문장을 읽는다. · 각자의 문장을 놓고 토론을 한 후 가장 좋은 문장을 선정하거나 함께 수정하여 만든다. · 자신들이 만든 문장을 다른 모둠과 교환하여 비교해 본다. · 마지막으로 모둠 토론을 하여 문장을 확정한다.	칭찬하기, 수정하기, 과제에 집중하기, 리더십 발휘하기, 합의하기
역할별 브레인스 토밍	· 브레인스토밍에 적합하게 시간 지킴이, 섬김이, 엉뚱이, 다른 생각이, 기록이, 도우미 등의 역할을 부여한다. · 브레인스토밍을 시작한다.	칭찬하기, 자기 역할 다하기, 타인을 인정하기

다) 교수-학습 계획안

초등학교 6학년 사회과 두 단원에서 구조 활용도가 높은 차시를 선정하여 사고력 신장구조 학습 계획안을 작성한 후 학습지도에 활용하였다. 사고력 신장구조 학습 계획안은 기본 학습안에 사고력 신장구조를 삽입하는 형식으로 수립하였다. 사고력 신장 학습 계획안의 예는 <표 1-10>과 같다. 나머지 계획안은 <부록 5>에 수록하였다.

<표 1-10> 사고력 신장구조 교수-학습 계획안

단원 (제재)	1-① 우리나라 경제 성장 ① 자유와 경쟁	수업 형태	사고력 신장구조 학습
본시주제	자유와 경쟁의 이점 찾아보기		
학습 목표	·경제 활동에서 자유와 경쟁에 대한 사례와 그 이점에 대해 이야기할 수 있다. ·협동학습 구조 적용을 통하여 모둠의 기능 향상을 도모하고 상호 보완 협력하여 수행할 수 있다.		
학습자료 활용	티치 타이머, 모둠선택 돌림판, 다용도 학습판, 실물 화상기, TP자료, 경쟁사례 조사보고서, 신문, 잡지, 역할도구 및 삽화		

학습 단계	협동 학습 구조	교수-학습활동		시량	자료 및 유의점
		도움활동	학습활동		
문제 파악		▶**학습 동기 유발하기** ○백화점이나 시장에 가 본 경험 이야기해 보기 ▶**학습 목표 제시**	▷**경제생활 경험 이야기하기** ○백화점이나 시장에서 다양한 상품들을 사고파는 과정을 보고 느낀 점 발표하기 ▷**학습목표 확인하기**	5'	·읽기 자료: 사회 4쪽
		경제 활동에서 자유와 경쟁에 대한 사례와 그 이점에 대해 이야기할 수 있다.			
문제 탐구		○소연이네 동네에 문방구점이 새로 생긴 까닭 알아보기	○소연이네 동네에 문구점이 새로 생긴 까닭 자료 읽고 이야기하기		
문제 해결	3단계 인터뷰	○우리 동네 상점의 경쟁 사례 이야기하기 ○유통되고 있는 상품1~2개 경쟁 사례 알아보기 · 조사 방법은? · 상품 이름은? · 경쟁 회사 이름은? · 경쟁 회사가 생기면서 달라진 점 및 느낀 점은?	○경쟁 사례 이야기하기(제과점, 문구점, 음식점, PC방 등) ○모둠별로 상품별 경쟁 사례를 조사표에 나타내기(과제 활용) -신문, 잡지, 기타 광고지 -자동차, 가전제품, 과자류 등 -현대, 삼성, 롯데 등 다양함 -상품의 종류가 더 다양해짐 -값이 싸짐 -친절해지고 신속해짐 -경쟁이 심해서 우수한 상품을 만들기 위해 노력이 필요함 등	15'	·경쟁사례 조사 보고 서, 신문, 잡지 * 3단계 인터뷰 후 조사표 작성 ·실물화상기, 모둠 선택 돌림판 * 돌림판에 의해 선택된 두 모둠 발표함.
	3단계 인터뷰	▶직업의 종류와 선택에 대해 3단계 인터뷰하기 질문(예) · 직업의 종류는? · 직업을 어떻게 선택했을까? · 소득을 얻기 위한 노력과 소득의 사용은?	▷직업의 종류와 선택에 대해 모둠별 인터뷰하기(과제 활용) -프로그래머, 연예인, 경찰 등 -원하는 직업을 얻기 위해 노력함 -서로 경쟁을 함 -자기의 소득을 자유롭게 씀	15'	* 인터뷰할 질문들을 확정한 후 실행하고 인터뷰 후 결과를 공유함. ·직업 관련 사진, 그림
		▶**자유로운 경제 활동이 주는 도움 알아보기** ○새 문방구점이 생기면서 달라진 점은?	▷**자유로운 경제 활동에 대해 이야기하기** -물건 값이 싸짐 -물건의 종류가 많아짐 -주인이 친절해짐	5'	

	동시다 발적 돌아가 며 쓰기	▶경제 활동에서의 자유의 이점 을 알아보기 ○'베짱이 나라와 개미나라' 역할 놀이를 해보자. ○역할놀이를 본 후의 느낌을 동 시다발적으로 쓰고 이야기해 보자.	▷경제 활동에서의 자유에 대한 역 할놀이를 보고 이점 알기 ○사전 준비된 2개 모둠 역할놀이 하기 ○역할놀이를 본 후 느낌 쓰고 이 야기하기	10'	•베짱이 나라 역할 도구 및 삽화 * 사전 준비 된 두 모둠 발표함. • 다용도 학습판 • 티치타이머
	생각-짝-나 누기	▶기업 경쟁의 이점을 생각한 후 짝, 모둠 순으로 토의하여 알아보기 •왜 서로 경쟁을 할까? •기업들은 어떻게 경쟁을 할까? •국가경제에의 효과는?	▷기업 경쟁의 이점에 대해 토의한 후 발표하기 -더 많은 이득을 얻기 위해 -기술 개발로 상품을 싸게 만듦 -멋진 디자인 개발 -사고 싶도록 광고함 -국가 경제를 발전시킬 것임	10'	* 머리를 맞대 고 충분히 토의 하여 정답을 확 정함. * 응답한 아동 을 격려해줌. • 타이머, 응답판
	돌아 가며 말하기	○만약 내가 기업의 사장이라면? •가격과 서비스는? •품질과 디자인은? •광고는?	○만약 내가 기업의 사장이라면 어 떤 노력을 할지 이야기하기 -가격면, 품질면, 디자인면, 광고면, 서비스면 등 고려	10'	• 티치타이머 *창의적으로 잘 이야기하였으면 칭찬해 줌.
정착	번호순 으로	▶우리 경제생활의 특징과 국가의 역할을 모둠 학습으로 확인하기 •우리 경제생활의 특징은? •경제생활에서 자유와 경쟁이 주는 이점은? •경쟁이 없다면? •경쟁은 무조건 좋은가? 그렇지 않다면 이유는? ○경제생활에서 국가가 하는 일은?	▷우리 경제생활의 주요 특징 모둠 토론을 통해 정리하기 -자유와 경쟁 -소비자는 우수한 제품을 싼 가격 에 살 수 있고, 해외 수출로 경제 가 발전함 -우수한 제품이 만들어지지 않을 것임 -좋은 서비스가 없을 것임 -예, -아니요, 우수한 제품의 회사가 자 본부족으로 망할 수도 있음 -적당한 경쟁을 하도록 조정함 -국민의 재산을 보호함 -경제능력이 부족한 사람들에게 의 료시설 무료 이용, 생활비 보조, 일 자리 제공 등	5'	• 티치타이머 • 질문지 *모두미 전체가 다 과제를 해결 할 수 있도록 서 로 도움. * 확산이는 모 두미의 의견에 증거를 제시하여 정당화를 돕는 것도 바람직함. * 국가가 하는 일은 전체학습 으로 교사가 정 리해줌. •실물화상기, TP자료
		▶형성평가 ○경제 활동에서 자유와 경쟁이 주는 이점은?	▷형성평가 해결	5'	

마. 비교집단 학습의 실행

1) 실행 절차

비교 집단 학습에서는 도입 단계에서 전시 학습 상기 및 학습목표를 제시하고, 전개 단계에서는 설명식 또는 전체 아동을 대상으로 한 문답식으로 진행하며, 아동들은 교사의 설명을 듣고 질문에 답한다. 정리 단계에서 교사는 학습 요점을 정리하여 설명해주고 형성평가를 실시한다.

2) 비교집단 학습 지도 계획

비교 집단의 실험 처치를 위하여 실험 집단과 동일한 단원 및 차시의 전통 학습지도 계획을 연구자와 실험 참여 교사가 협의하여 수립하고 실천하였다. 지도 계획은 <표 1-11>과 같다.

〈표 1 - 11〉 비교집단 학습 지도 계획

단원 및 제재	주제 및 차시	주요 내용
□ 환경 보전과 국토 개발 (1) 자연재해와 환경문제 ◆ 자연재해	자연재해의 종류(4/17)	· 계절 및 지역에 따른 자연재해 알아보기
	자연재해의 극복 사례(5/17)	· 자연재해 극복을 위한 노력, 피해와 복구 사례 조사하기
□ 환경 보전과 국토개발 (2) 환경과 더불어 살아가는 길 ◆ 환경 문제의 합리적 해결	환경문제해결을 위한 민주적 의사결정(11/17)	· 환경 기초 시설의 설치에 따른 문제점 찾기 · 합리적인 문제해결 방안 탐색하기
□ 우리나라의 경제 성장 (1) 우리나라 경제생활의 특징 ◆ 자유와 경쟁	우리나라 경제생활의 특징(2/14)	· 우리 경제생활의 주요 특징 알아보기
	자유와 경쟁의 이점(3/14)	· 자유와 경쟁의 이점 알기
□ 우리나라의 경제 성장 (1) 우리나라 경제생활의 특징 ◆ 우리 경제의 발자취	우리가 겪은 경제적 시련(6/14)	· IMF 경제 위기로 인해 생긴 어려움 알기 · IMF 경제 위기의 극복을 위한 노력 알아보기
□ 우리나라의 경제 성장 (2) 세계로 뻗어 가는 우리 경제 ◆ 세계 속의 우리 경제	우리나라와 세계 여러 나라의 무역(9/14)	· 우리나라 수출품의 변화 알기 · 우리나라 무역의 특징 및 문제점 파악하기

3) 비교집단 학습 계획안

본 계획안 역시 비교 집단의 실험 처치를 위해 제작한 것으로 <표 1-12>과 같다. 나머지 계획안은 <부록 6>에 수록하였다.

<표 1 - 12> 비교집단 교수-학습 계획안

단원 및 제재	1. 우리나라의 경제 성장 (1) 자유와 경쟁		차시	3/14(40')
학습주제	자유와 경쟁의 이점 찾아보기		쪽수	사; 8~11(사탐; 7~12)
학습목표	자유와 경쟁의 이점에 대해 말할 수 있다.			
학습자료	삽화 자료, 실물화상기, OHP 및 TP자료			

학습단계	교수-학습 활동	자료 및 유의점
도입	○**자유로운 경제 활동의 이점 알아보기** •베짱이 나라와 개미 나라 중 어디가 좋을까? •경제 활동에서 자유가 인정되지 않는다면?	▪사) **8~11**쪽 ▪탐) **11**쪽 삽화
전개	○**경쟁의 이점 알아보기** •사람들은 왜 경쟁을 하나? •기업들은 어떻게 경쟁을 하고 있나? •경쟁을 하게 되면 어떤 점이 좋을까? ○**우리 경제생활의 특징 알기** ○**자유와 경쟁은 어떤 이점을 주는지 알기**	▪교과서 **8-9**쪽의 사례와 경험을 바탕으로 이야기하도록 함
정리	○**사회과 탐구 활용하여 경제생활에 있어서 국가가 하는 일 알아보기** •우리 주위의 경제적 약자에는 어떤 사람들이 있을까? •이러한 사람들은 누가 도울까? •정부는 이러한 사람들을 위해 어떤 일들을 할까? •적절한 수준의 경쟁을 유지하기 위해 국가는 어떤 일을 할까? ○**학습 활동 마무리하기** •자유와 경쟁의 이점을 설명하기 •국민의 경제생활을 위해 정부가 하는 일 정리하기 ○**차시 예고 및 과제 제시하기** •우리나라 경제 발전 모습의 사진, 통계 자료 수집	▪정부의 역할을 통해 우리 경제의 특징을 알도록 함 ▪실물화상기, OHP 및 TP자료 ▪탐) **12**쪽 삽화

V. 연구의 결과 및 해석

1. <가설 1>의 검증

> **〈가설 1〉** 사고력 신장구조 적용 협동학습 집단이 전통적 학습 집단보다 사회과 사고력
> 성취 점수가 높을 것이다.

사고력 신장구조 적용 협동학습 집단이 전통적 학습 집단보다 사회과 사고력
성취 점수가 높을 것이라는 가설을 검증하기 위하여 실험반과 비교반에 따른 차
이 검증을 실시하였다.

아래 <표 Ⅴ-1>과 같이 사전검사에서 실험반의 사고력 평균점수는 50.67이고,
비교반의 사고력 평균점수는 51.35이다. 비교반의 사고력 평균점수가 조금 높기
는 하지만 t값이 -.235로서 p=.815이므로 p<.05 수준에 이 차이는 통계적으로 유의
미하지 않는 것으로 나타났다.

따라서 사고력 신장구조 적용 프로그램을 적용하기 전의 두 집단의 사고력 점
수에 대한 사전검사 결과, 두 집단은 동질적이라고 볼 수 있다.

〈표 1-13〉 사고력 점수의 좌우비교

	반별	평균	표준편차	t값	유의도
사전사고력 점수	실험반	50.67	12.04	-.235	.815
	비교반	51.35	12.87		
사후사고력 점수	실험반	56.53	9.67	2.23	.029*
	비교반	50.73	12.38		

* p<.05, N.S. 유의차 없음

그러나 사후검사 결과를 보면 실험반의 사고력 평균점수는 56.53이고 비교반의
사고력 평균점수는 50.73으로 실험반의 점수가 비교반보다 매우 높게 나타났는
데, 이에 대한 t=2.23으로 p=.029로 나타나 p<.05 수준에 이 차이는 통계적으로 유

의미하다. 이러한 결과는 모둠 토의 과정에서 정보와 아이디어를 교환하는 가운데 다양하고 깊이 있는 사고를 하게 되고, 모둠 과제 해결에 개별 책임을 다하며 흥미를 가지고 자신의 의견을 진술하는 과정을 통해 다양한 사고 기능의 신장을 가져왔다고 볼 수 있다. 다음으로 사고력 신장구조 적용, 협동학습 집단이 전통적 학습 집단보다 사회과 사고력 성취 점수가 높을 것이라는 가설을 검증하기 위하여 검사 시기에 따른 차이검증을 실시하였다.

아래 <표 1-14>에서 본 바와 같이 실험반의 사전사고력 짐수와 사후사고력 점수가 50.67과 56.53으로 사전보다 사고력 신장구조 적용 협동학습을 실시한 경우에 사고력 점수가 높게 나타났다. 이 두 평균점수에 대한 유의성 검증을 실시한 결과 t=-5.696로 1% 수준에서 고도로 유의한 것으로 나타났다.

그리고 비교반은 사전사고력 점수와 사후사고력 점수가 51.35와 50.73으로 오히려 감소한 것으로 나타났고 두 평균점수에 대한 유의성 검증을 실시한 결과 t=739로 유의차가 없었다.

<표 1 - 14> 사고력 점수의 전후비교

구분		평균	표준편차	t값	유의도
실험집단	사전사고력 점수	50.67	12.04	-5.696	.000***
	사후사고력 점수	56.53	9.67		
비교집단	사전사고력 점수	51.35	12.87	.739	.465
	사후사고력 점수	50.73	12.38		

*** p<.001

따라서 사고력 신장구조 협동학습을 실시한 실험반의 경우 사고력 점수가 향상되었고 통계적으로도 유의한 반면, 전통적인 수업을 실시한 비교반의 경우 오히려 점수가 감소하였다.

이상에서 사고력 신장구조 적용 협동학습 집단이 전통적인 학습 집단보다 사회과 사고력 성취 점수가 높음이 전후, 좌우 비교에 의해 검증되었다. 위에서 비교 검증한 결과를 종합적으로 정리하면 다음의 <표 1-15>와 같다.

<표 1 - 15> 사고력 점수의 전후, 좌우 비교 검증

전후 비교 \ 좌우 비교	실험반		비교반
사전 사고력 점수	50.67	N.S ←→	51.35
	*** ↕		↕
사후 사고력 점수	56.53	←→ *	50.73

N.S. 유의차 없음   * p<.05,   *** p<.001

2. <가설 2>의 검증

<가설 2> 사회과 사고력 신장에 수업방법(사고력 신장구조 적용 협동학습, 전통적 학습)과 사회과 학업능력 수준의 상호작용 효과가 있을 것이다.

<가설 2>를 검증하기 위해서 학습방법과 학업능력 수준에 대해 이원변량 분석한 결과는 다음과 같다.

<표 1 - 16> 수업방법, 학업능력 수준에 따른 사고력 신장 효과

변량원	자승합	자유도	평균자승합	F값	유의도
주효과	6727.203	5	1345.441	33.706	.000***
수업방법	970.540	1	970.540	24.314	.000***
학업능력 수준	5630.587	2	2815.293	70.528	.000***
상호작용 효과 수업방법*학업능력수준	574.603	2	287.301	7.197	.001**
오차변량	2674.469	67	39.917		
전체	219042	73			

결과를 보면 수업방법과 학업능력수준의 효과는 F값이 각각 24.31과 70.53으로 사고력 신장에 통계적으로 $p<.001$ 수준에서 고도로 유의미한 것으로 나타났다. 그리고 수업방법과 학업능력수준의 상호작용 효과 역시 F값 7.20으로 $p<.01$ 수준

에서 유의미한 것으로 나타났다. 그러므로 두 번째 가설은 긍정되었고 이것은 수업방법이 학력수준에 따라 차별적으로 영향을 미친다는 것을 의미한다.

사고력 신장구조 적용 협동학습이 적용된 실험집단에서의 능력에 따른 사고력 신장효과는 다음과 같이 나타났다.

〈표 1 - 17〉 실험집단에서 학업능력에 따른 사고력 신장 효과

구분		평균	표준편차	t값	유외도
상위수준 집단	사전사고력점수	60.55	2.34	-13.024	.000***
	사후사고력점수	69.33	2.0		
중위수준 집단	사전사고력점수	51.41	4.63	-3.833	.002*
	사후사고력점수	54.38	5.74		
하위수준 집단	사전사고력점수	34.35	8.62	-13.910	.000***
	사후사고력점수	49.18	7.77		

즉, 평균점수를 중심으로 전후의 점수를 비교해 보았을 때, 중위집단에 비해 상위집단과 하위집단은 매우 많이 향상되었으며 특히 하위집단의 경우는 사전 점수 34.35, 사후 점수 49.18로 급격한 신장을 볼 수 있다.

이러한 결과는 사고력 신장구조 적용 협동학습을 실행할 때 모둠 내에서 상위수준의 학습자와 하위수준의 학습자가 가장 상호작용이 활발하며, 상위수준의 학습자는 가르치는 과정을 통하여 성취 효과를 얻고, 하위수준의 학습자는 가르침을 받음으로써 효과를 얻는다. 특히 하위수준의 학습자는 혼자서 해결하기 어려운 학습 과제를 상위수준이나 중위수준의 학습자로부터 도움을 받을 기회가 많을 뿐 아니라 상위수준 학습자의 학습전략을 관찰, 모방함으로써 사고력 신장 효과를 가장 많이 얻었다고 볼 수 있다.

이상에서 사회과 사고력 신장에 수업방법(사고력 신장구조 적용 협동학습, 전통적 학습)과 사회과 학업능력 수준의 상호작용 효과가 있을 것이라는 가설은 승인되었다.

3. <가설 3>의 검증

<가설 3> 사회과 사고력 신장에 수업방법과 성(gender)의 상호작용 효과가 있을 것이다.

<가설 3>을 검증하기 위해서 학습 방법과 성(gender)에 대해 이원변량 분석한 결과는 다음과 같다.

〈표 1 - 18〉 수업방법, 성(gender)에 따른 사고력 신장 효과

변량원	자승합	자유도	평균자승합	F값	유의도
주효과	976.992	3	325.664	2.667	.054
수업방법	571.244	1	571.244	4.679	.034*
성(gender)	152.788	1	152.788	1.251	.267
상호작용 효과 수업방법*성	196.858	1	196.858	1.612	.208
오차변량	8424.680	69	122.097		
전체	219042	73			

결과를 보면 수업방법의 효과는 F값 4.68로 p<.05수준에서 통계적으로 유의미한 것으로 나타났다. 그러나 성(gender)에 있어서의 효과는 통계적으로 유의미한 것으로 나타나지 않았고 수업방법과 성(gender)의 상호작용효과 역시 통계적으로 유의미한 것으로 나타나지 않았다.

그러므로 토론과 서로 가르침을 주고받는 동료 간의 교수 학습으로 이루어지는 사고력 신장구조 적용 협동학습을 실행함에 있어 남자와 여자는 기본적으로 속성이 같지 않기 때문에 사고력 신장 효과에 있어서 서로 다른 결과를 가져올 것이라 예상되어 설정된 <가설 3>은 기각되었으며 이것은 수업방법이 성(gender)에 따라 차별적으로 영향을 미치지는 않는다는 것을 의미한다.

Ⅵ. 논의 및 제언

1. 논의

Kagan의 구조 중심 협동학습은 단일 구조의 협동학습 모형의 보완을 통해 다양한 하위구조의 조합으로 조직된 복합 구조적 학습으로 매우 단순하여 활용하기 쉬운 강점을 가지고 있다.

Kagan의 구조 중심 협동학습의 여러 하위 기능 중에서 사고력 신장구조는 수많은 정보를 종합·분류하고, 재조직하며, 적용하는 능력인 사고력을 신장시키기 위한 구조이다.

본 연구의 목적은 Kagan의 구조 중심 협동학습에서 사고력 신장구조를 사회과 학습에 적용시켜 그 효과성을 알아보기 위함이었다. 이를 위해서 실험 단원을 재구성하여 사고력 신장구조 교수-학습 지도 계획을 수립하고 실천하였다.

본 연구에서 도출된 결과를 여러 선행연구들과 관련지어 논의하면 다음과 같다.

첫째, 사고력 신장구조 적용 협동학습 집단이 전통적인 학습 집단보다 사회과 사고력 성취 점수가 높은 것으로 나타났다. 이는 구조 중심 협동학습이 갖는 구조적 특성으로 인해 사고력 신장구조의 활용은 틀에 박히고 고정적인 답이 정해지지 않는 질문과 대답을 통하여 창의적이고 독특한 사고를 할 수 있도록 유도함으로써 자연스러운 사고력의 향상을 가져왔다고 본다. 이는 또한 Qin(1992)이 협동학습과 고급사고력에 관한 63개의 연구를 메타 분석한 결과에 의하면 협동학습이 경쟁학습보다 더 효과적인 것으로 나타난 것과, Skon 등(1981)은 초등학교 1학년 학생을 대상으로 고차원의 인지적 사고력에 관한 연구에서 협동학습 구조가 다른 학습구조에 비해 높은 성취 효과를 나타내었다(정문성, 2002)고 보고한 것과 깊은 관련성을 지닌다. 또한 이러한 결과는 전은영(2002)의 사고력과 깊은 관련이 있는 학업 성취의 연구에서와 같이 구조 중심 협동학습이 전통학습에 비해 초등학교 사회과 학업성취도에 긍정적인 효과가 있음을 밝힌 것과 맥을 같이 한다. 또한 장상진(1998)이 고등학생을 대상으로 협동학습의 집단 조사 모형을 적용한 결과 전통적인 일제학습보다는 문제해결 기능, 정보해석 기능 등 사회과 지적기능의 신장에 효과적이라는 주장과도 일치함을 발견할 수 있다.

따라서 구조 중심 협동학습에서 사고력 신장구조의 긍정적 효과는 교과 내용에 적합한 사고력 신장구조를 선택·결합하고, 모둠 학습을 통해 각자의 책임감과 상호 의존성을 가지고 기본 사회적 기능과 언어적 기능을 발휘해 가며 각자의 기본 역할과 사고력 신장 역할을 성실히 수행함으로써 나타난 결과라고 볼 수 있다. 그러므로 구조 중심 협동학습의 사고력 신장구조는 협동적 구조 활용의 편이성과 협동기술로 다양한 변인들로 구성되어 있는 교수-학습의 상황에서 사고력 신장에 인지적으로 활용성이 높음을 시사하였다.

둘째, 사고력 신장구조 적용 협동학습에서 사회과 학업능력 수준에 따라 사고력 신장에 미치는 효과가 차이가 있는 것으로 검증되었다. 즉, 사고력 신장구조 적용의 집단 중 상위, 하위의 학생이 전통적 학습 집단의 학생보다 사고력의 향상 효과가 나타났으며 이는 상위의 학생은 모둠 내에서 다른 학습자에게 설명해 주는 과정을 통하여 얻게 되는 것이다. 그러나 중위수준의 학습자는 그러한 설명 과정에 적극적으로 참여하지 않기 때문에 효과를 얻지 못한 것으로 사려된다. 또한 하위의 학생에게 가장 효과적으로 나타났는데 그 이유는 전통적 학습에서 소외되었던 경우와 달리 평등한 학습 참여의 기회를 가지게 되므로 동료와의 적극적인 상호작용을 통해 성취 의욕이 고조되었기 때문인 것으로 생각된다. 또한 정문성(2002)의 주장에서처럼 하위수준의 학습자는 혼자서 해결하기 힘든 학습 과제를 동료의 도움으로 해결함으로써 높은 학업 성취를 얻을 수 있다. 이는 가르치는 학습자(tutor)나 가르침을 받는 학습자(tutee) 모두 학업 성취 효과를 얻는 것으로 Cohen, Kulik 및 Kulik(1982)이 65편의 연구들을 메타 분석한 것과 같이 가르치는 학습자의 경우 38편의 연구 중에서 33편의 연구에서 높은 학업 성취 효과가 나타났으며, 가르침을 받는 학습자의 경우는 52편의 연구 중 43편의 연구에서 학업 성취의 효과가 나타났다고 밝힌 결과와 일치한다. 또한 정문성(1994)의 연구에서도 협동학습에 있어서 상위수준의 학습자와 하위수준의 학습자가 협동학습의 학업 성취의 혜택을 가장 많이 받는 것으로 나타났다.

셋째, 수업 방법과 성(gender)의 상호작용 효과에 있어서 양 집단 간에 유의미한 차이가 있을 것으로 예상했던 연구 가설이 통계적으로 부정되었다. 모둠 내의 상호작용이 많고 토론과 논쟁, 동료 간의 교수 학습으로 진행되는 사고력 신장구조 적용 협동학습이 일반적으로 외향적이고 적극적인 남자 학습자와 상대적으로 내성적이고 소극적인 여자 학습자 사이에는 그 효과성에 있어 차별이 있으리라 예상되었던 가설은 기각되었다. 이에 따라 이 문제와 관련한 체계적 탐구 및 정교한 연구의 필요성이 제기되었다.

2. 제언

본 연구 결과를 통해 다음과 같은 제언을 하고자 한다.

첫째, 사고력 신장구조 적용 협동학습의 효과를 극대화시키기 위한 다른 방법으로 교재의 분석을 통해 재구성하여 교과, 단원, 학습 내용에 가장 알맞은 사고력 신장구조를 적용시키고 멀티자료를 비롯한 다양한 학습 자료를 접목시켜 학습했을 때의 효과에 대한 연구를 할 필요가 있다.

둘째, 본 연구에서는 학업능력 수준으로 협동학습 모둠을 구성하였는데, 추후 연구에서는 지능 수준이나 사전 지식수준, 이외 다른 준거로 집단을 구성한다면 또 다른 연구 결과를 얻을 수 있을 것으로 사려 된다.

셋째, 모둠별로 협동하여 적극적으로 참여하는 자세와 높은 수준의 사고력을 키워주기 위한 교사의 의지가 선행되어야 하겠고, 보다 흥미 있는 사고력 신장구조의 개발과 적용을 위한 연구가 요구되어진다.

넷째, 사고력 측정을 위한 보다 쉽고 타당한 평가도구 및 평가방법이 연구, 개발되어 평가 및 평가결과 처리의 시간 절감 효과가 요구된다.

마지막으로 사고력 신장구조 적용 협동학습 실행에 있어 성(gender)에 따라 다른 영향을 미치리라고 예상했던 부분에 대해서는 다른 결과를 보였는데 추후 다른 교과 및 단원, 측정도구와 실시방법 및 학습 기간의 변화를 통하여 다시 연구되어야 할 부분이라고 생각한다.

참고문헌

<단행본>

김병성(1991). 『학교의 사회 심리학』. 서울: 양서원.

김영채(1998). 『사고력: 이론, 개발과 수업』. 서울: 교육과학사.

김재은·정명숙(공역, 1982). 『인지발달론』. 서울: 정민사.

류청산(2002). 『SPSS11.0 for windows』. 서울: 도서출판 엘리트.

류청산 외(2001). 『학위논문 쉽고 재미있게 쓰기』. 서울: 도서출판 엘리트.

성일제 외(1989). 『사고 교육의 이론과 실제』. 서울: 배영사.

성현란 외(2001). 『인지발달』. 서울: 학지사.

스펜서 케이건(1998). 『협동학습』. 서울: 도서출판 디모데.

오영태(2000). 『사회과 교육론』. 서울: 형설출판사.

정문성(2002). 『협동학습의 이해와 실천』. 서울: 교육과학사.

정문성·김동일(1998). 『협동학습의 이론과 실제』. 서울: 형설출판사.

한면희(2001). 『새로운 패러다임에 기초한 사회과 교육』. 서울: 교육과학사.

홍순정(1993). 『인지이론-지능·사고력의 발달과 교육』. 서울: 한국방송통신대학교.

<연구논문>

김원겸(1998). 「사회과 협동학습이 중학생의 학업성취 및 학습태도에 미치는 효과」. 박사학위논문, 한국교원대학교.

손병노(1996). 「사회과 협동학습의 의의와 이론적 토대」. 사회과 교육. 한국사회과 교육연구회 29.

송선희(1999). 「근접발달영역을 고려한 교수-학습 방법의 효과성 연구」. 박사학위논문, 고려대학교.

신헌재·이주섭(1999). 「국어교육과 협동학습」. 한국초등국어교육, 제15권 제1호, 한국초등국어교육학회.

윤병희(2001). 「협동학습을 통한 초등 수학 수업의 효율화 방안」. 석사학위논문, 덕성여자대학교.

원순자(2002). 「협동학습 구조의 다중 결합을 통한 사회과 수업 방안 연구」. 석사학위논문. 인천교육대학교.

이영희(2002). 「구조 중심 협동학습 프로그램 개발 및 적용」. 석사학위논문, 건국대학교.

장상진(1998). 「집단 조사 모형을 적용한 협동학습이 사회과 지적 기능 신장에 미치는 효과」. 석사학위논문, 한국교원대학교.

전은영(2002). 「초등학교 사회과 구조 중심 협동학습이 학업성취도 및 학습태도에 미치는 효과」. 석사학위논문, 중앙대학교.

징문싱(1995a). 「사회과에서의 협동학습전략」. 사회과 교육. 한국 사회과 교육학회. 21.

_____(1994). 「사회과 학업성취에 대한 협동학습의 효과 연구」, 박사학위논문, 서울대학교.

최덕진(2002). 「초등사회과 비판적 사고력 측정을 위한 객관식 평가 문항 개발에 관한 연구」. 석사학위논문, 인천교육대학교.

한은숙(1996). 「Vygotsky이론에 의한 성인과 유아의 상호작용과 유아의 문제해결과의 관계」. 박사학위논문, 중앙대학교 대학원.

함의숙(2000). 「사회과에서 협동학습 연구」. 석사학위논문, 인하대학교.

Bloom, B. S. et. al.(1956). *Taxonomy of educational objectives: Handbook1-the domain.* New York: Mc.

Dewey, J.(1910). *How to think.* MA: Heath.

Johnson, D. W., Johnson, R. T., & Holubec, E. J.(1994a). *Cooperative Learning in the Classroom.* VA: ASCD.

_____(1985). *Circle of Learning. Alexandria, A*: The Association for supervision and Development.

_____D. W., Johnson, R. T., Holubec, E. J. & Roy, P.(1984). *Circles of Learning.* Association for Supervision and Curriculum Development.

Kagan(1995). *We can talk*: Cooperative Learning in the Elementary ESL Classroom ERIC Digest, Eric Document Reproduction Service No ED 382035.

_____, S(1994). *Cooperative Learning.* San Clemente: Kagan Cooperative Learning.

Piaget, J.(1970). *Science of education and the psychology of the child.* New York: Viking.

_____(1926). *The language and thought of the child.* New York: Harcourt Race.

Qin, Z.(1992). *A Meta-Analysis of the Effectiveness of Achieving Higher Order Learning Tasks in Cooperative Learning Compared with Competitive Learning.* Unpublished doctorial dissertation, Univ. of Minnesota.

Slavin, R. E.(1994). *Educational psychology (4th ed).* John Hophins University.

_____(1990). *Cooperative Learning*: Theory, Research and Practice. Center for Research on Elementary and Middle schools. the Johns Hopkins University.

_____(1987b). *Cooperative Learning & cooperative School.* Educational Leadership.

Vygotsky, L. S.(1978). *Mind in society*: the development of higher psychological processes. Cambridge, MA: Harvard Univ., Press.

Webb, C.(1985). Student Interaction and Learning in Small Group: A Research Summary. *In Learning Cooperate, Cooperating to Learn,* edited by Robert E. Slavin et. al., New York: Plenum Press.

Webb, N. M.(1982b). *Peer interaction and learning in cooperative small group.* Journal of Educational Psychology.

Wittrock, M. C.(1978). *The Cognitive Movement in Instruction.* Educational Psychology.

• 부록 •

* 다음 지도를 보고 물음에 답하여라(1~2).

<8월의 기온과 강수량>   <1월의 기온과 강수량>

(가)   (나)

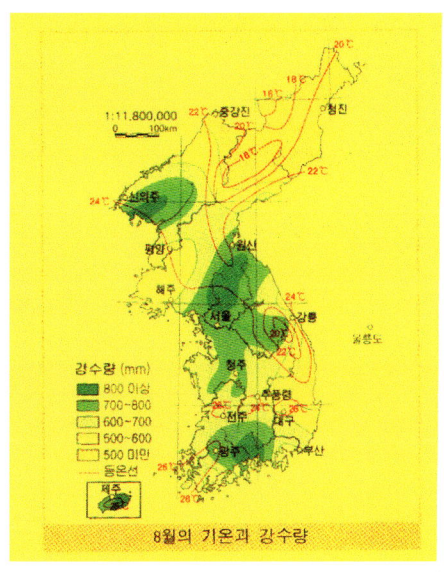 

1. 서울과 강릉은 비슷한 위도 상에 있는 곳인데도 기온이 다른 원인은 무엇인가?

(   )

2. 위의 자료로 미루어 우리나라 기후는 어떤 특성이 있는가?

(   )

3. 여러분이 기상캐스터라면 다음의 일기도를 보고 우리 지역의 날씨에 대해서 어떻게 설명할 것인가?

<서울·인천지역>

(   )

4. 만약 여름철인데도 서늘한 날씨가 계속되는 이상 기후 현상이 이어진다면 어떤 일이 생기겠는가?

(   )

*다음은 우리나라의 지형도와 인구분포도이다. 물음에 답하여라(5~8).

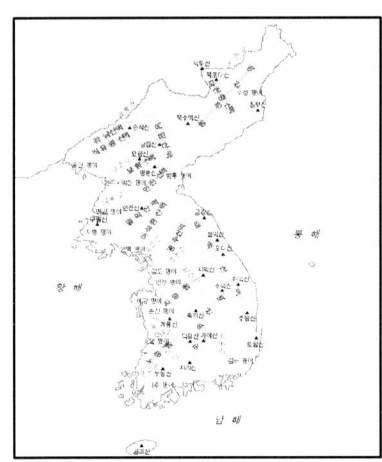
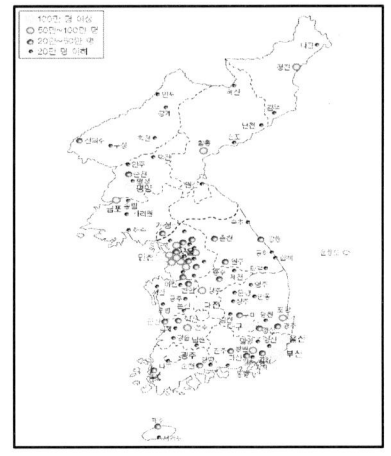

5. 우리나라의 지형(평야, 산간지역 등)과 인구 분포 사이에는 어떤 관련이 있는가?

(   )

6. 위의 인구분포도를 보고 우리는 다음과 같이 이야기할 수 있다.

> ·주로 대도시 지역에 인구가 많다.

이 외 무엇에 대하여 더 이야기할 수 있나?

(   )

7. 지역마다 살고 있는 사람 수가 다른 까닭을 설명해 보아라.

(   )

8. 아래의 사진과 같이 우리나라 동쪽에는 주로 높은 산지가 많이 모여 있는데 이
   곳에 사는 사람들은 이러한 지형을 어떻게 슬기롭게 생활에 이용하고 있는가?

(   )

9. 사람들이 모여 살기에 알맞은 새로운 도시를 세울 장소를 선택하는 활동을
   해보고자 한다. 지형의 특징을 고려하여 장소를 고를 때 ①지역과 ⑤지역 사
   이에서 선택해야 한다면 어느 곳을 선택할 것인가? 그 이유도 써 보세요.

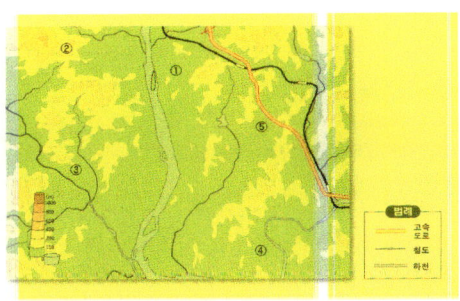

새로운 도시를 건설하고 싶은 곳	( ) 지역
선택한 까닭	

10. '황사 현상'이란 무엇인가?

(   )

11. 우리 조상들은 여름철에 바람이 잘 통하는 삼베와 모시로 옷을 만들어 입
    었다. 더위를 이겨 내기 위한 것들에 대하여 좀 더 찾아낼 수 있는가?

(   )

12. 우리 조상들은 한옥에서 살았는데, 남부 지방에서는 부엌, 마루를 나란히
    하여 'ㅡ' 자 모양으로 지었고, 중부 지방에서는 'ㄱ' 자 모양, 북부 지방에
    서는 사방이 막혀 있는 'ㅁ'자 모양으로 짓고 살았다. 각 지방과 한옥의 모
    양 사이에서 어떤 관계를 찾을 수 있는가?

(   )

13. 자연환경과 주생활과의 관계를 알기 위해 한옥에 대해 자세히 알 수 있는
    곳을 견학하려고 한다. 어떤 준비를 해야 하는가? 구체적인 견학 계획을 세
    워 보아라(준비물, 견학관점, 교통편, 역할분담, 주의점 등).

(   )

14. 만약 여러분이 외국인에게 우리나라의 전통과 문화를 소개하는 직업을 가
    진 사람이라면 우리 조상들의 식생활 모습(즐긴 음식을 중심으로)을 어떻
    게 간략하게 이야기할 수 있는가?

(   )

15. 위에서 소개한 '우리 조상들의 식생활'을 다시 한번 되짚어 보고 조상들의 식생활의 이모저모를 즐긴 음식을 중심으로 '평가자'가 되어 평가해 볼 때 어떤 기준을 가지고 평가할 것인가?

(   )

16. 우리나라 사람들이 즐겨 먹는 김치는 빠르게 변화하는 현대의 식생활 모습에 맞추어 새로운 변신을 하고 있다. 세계적으로 과학성과 우수성을 인정받아 세계인의 김치가 되기 위해 김치로 만든 무엇을 개발할 수 있는가?

(   )

17. 오늘날에는 우리의 생활이 서양의 생활 모습을 많이 닮아 가면서 옛날의 집들은 점점 사라져 우리 조상들이 지은 집을 보기가 어려워지고 있다. 만약 여러분이 전통문화 보존가라면 어떻게 할 것인가?

(   )

18. 도시와 촌락의 모습의 차이점은 무엇인가?(토지의 이용 모습, 인구, 건물의 높이와 밀집 정도 등)

도시의 모습	촌락의 모습

19. 도시 생활의 장점과 단점은 각각 무엇인가?

	장 점	단 점
도시 생활		

20. 다음 글에서 미루어 볼 때 현재의 작은 도시 지역이 어떻게 변화하리라고
    생각되는가?

> 안양은 원래 포도가 생산되던 작은 도시였으나 지금은 큰 도시로 발전하였다. 서울과
> 수원, 안산 사이에 위치하여 교통이 편리하고 공업이 발달하여 섬유, 제지, 통신 기재
> 등의 생산 활동이 활발하였다. 평촌에는 인구 17만 명을 수용하는 신도시가 조성되었
> 다. 부산은 1876년의 개항과 함께 우리나라 무역과 상공업의 중심지로 발전해 왔다.
> 1914년에 2만 명을 조금 넘었던 인구는 1955년에는 100만 명을 넘어섰다. 1960년대 이
> 후 경제가 더욱 발전하고 도시화가 진행되면서 인구가 크게 늘어났고 행정 구역도 계속
> 확장되었다.

(   )

21. 다음 글에서 무엇을 예상할 수 있는가?

> · 촌락은 공기가 맑고 조용해서 살기가 좋지만, 일자리를 얻기 위해 도시로 나가 살아
>   야겠어.
> · 촌락은 문화생활을 누리기가 힘들고 교육·의료 시설도 많지 않아.

(   )

22. 사람들이 도시로 모여들면서 일어나는 여러 가지 문제 중 교통 문제의 몇 가지 해결 방안은 무엇인가?

(   )

23. 다음 글에서 어촌을 변화시키는 것은 무엇인가?

> 미선이네 마을은 어촌이다. 그런데 요즘 바다가 오염되고 여러 가지 국제적인 약속으로 고기잡이가 제한되면서 마을은 많은 어려움을 겪고 있다. 그래서 마을을 떠나는 사람들이 점점 늘어나고 있다.

(   )

24. 다음 글에서 촌락의 어떤 흐름을 발견할 수 있는가?

> ・우리 군청에서는 우리 지역의 자연환경에 알맞은 특화 작물을 선정하여 재배 기술을 연구하고 농민에게 이를 알리고 있단다.
> ・해마다 우리 지역만의 문화와 특산품을 이용한 지역 축제를 개최하고 있단다.
> ・또 우리 군에서는 자연환경을 보전하면서 여러 가지 생활을 편리하게 하는 시설도 세우고 있단다.

(   )

<부록 2> 사회과 사고력 측정 검증을 위한 사전검사
정답 및 이원 목적 분류표

번호	필수 지도 내용	모범 답안	사고 기능
1	서울과 강릉의 기온 차이	육지(시베리아)에서 불어오는 겨울바람은 매우 차고 건조한데 태백산맥이 있어서 바람을 막아 주기 때문에 서울에 비하여 강릉의 겨울 기온이 높은 편이다. 서울은 대륙의 영향을 받고, 강릉은 상대적으로 동해안을 따라 흐르는 동안 해류의 영향을 많이 받기 때문이다.	인과 관계
2	우리나라 기후의 특성	여름과 겨울의 기온 차(연교차)가 심하며 여름에는 덥고 겨울에는 춥다. 여름에는 해안 지방이 내륙 지방보다 시원하고 겨울에는 해안 지방이 내륙 지방보다 따뜻하다. 여름에는 남북의 기온 차가 그다지 크지 않으나 겨울에는 남북의 기온 차가 크다. 여름에는 강수량이 매우 많고 겨울에는 적어 여름과 겨울의 강수량의 차이가 크고 지역에 따라 많은 차이를 보인다. 특히 제주도와 울릉도는 겨울철 강수량이 많다.	분석
3	우리 지역의 날씨	서울, 인천 지역의 날씨를 예보하겠습니다. 서울, 인천 지역은 구름이 많이 껴 흐리고 눈이 내리다가 오후에는 맑게 개겠습니다. 아침 최저 기온은 영하 3도, 낮 최고 기온은 영상 6도를 기록하겠습니다.	설명
4	이상 기후 현상	곡식이 잘 자라지 않는다. 여름 과일을 먹을 수 없다. 여름철에 잘 팔리는 시원한 음식이나 물건 등이 팔리지 않는다. 해수욕장 등에 손님이 없을 것이다.	결론유출
5	지형과 인구 분포	평야 지역은 농사짓기가 쉽고 교통이 편리하며 큰 강을 중심으로 발달하여 물을 구하기 쉽기 때문에 인구가 많고, 산간 지역은 높은 산지가 펼쳐져 있어 상대적으로 이동이 불편하고 먹을 것을 구하기가 쉽지 않으므로 인구가 적다. 또한 해안 지역은 산간 지역보다는 인구가 많지만 평야 지역보다는 적다.	관련
6	인구분포도	점이 많이 찍힌 지역은 인구가 많은 지역이다. 수도권에는 인구가 특히 많다. 평야 지역이 산간 지역보다 인구가 많다. 해안 지역이 산간 지역보다 인구가 많다. 국토의 북동쪽보다 남서쪽의 인구가 많다.	논의/고심
7	지역별 인구 분포의 차이	사람이 모여 살기 위한 조건으로 넓은 땅, 편리한 교통, 풍부한 물, 좋은 공기, 이동의 편리와 먹을 것을 구하기 쉬워야 하는데 이러한 것들이 지역마다 차이가 나기 때문이다.	축소
8	산지의 생활 적용	・버섯, 약초, 산나물이나 고랭지 채소 등을 재배한다. ・계단식 농사를 짓기도 하고 목축업을 하기도 한다. ・나무를 가꾸어 팔기도 하고 땔감으로 쓴다. ・광물을 캐기도 한다. ・스키장, 눈썰매장 등의 관광 및 휴양지를 만들어 활용한다.	적용
9	새로운 도시건설 장소	①지역-넓은 평야지역으로 근처에 강이 있어 물을 구하기 쉽고 철도역 및 고속도로도 가까운 곳에 위치해 있어 교통이 편리함(①지역이 가장 바람직하나 나름대로 선택하고 사람들이 모여 살기에 유리한 환경 조건을 말하였으면 점수 인정)	선택

10	황사 현상의 정의	봄철(주로 4월)에 중국 북부의 고비 사막, 타클라마칸 사막 및 황하 상류 황토 지대의 미세한 흙먼지가 강한 상승 기류에 의해 3천~5천m 상공으로 올라간 뒤 편서풍을 타고 한반도로 날아오는 현상	정의
11	조상들의 더위 나기	·등등거리, 부채, 죽부인 등을 몸 가까이에 두고 이용함 ·화채나 시원한 콩국수 등을 즐기고 보신용으로 삼계탕을 먹음 ·한옥의 처마는 더위를 막아 주고 대청마루에서 더위를 식힘	조사
12	지역별 한옥의 모습	남부 지방은 여름철이 무덥고 습기가 많아 바람이 잘 통하도록 지었고, 중부지방의 집은 안방과 건넌방 사이에 마루가 있고, 남부지방에 비해 마루가 좁고 창문이 적다. 북부지방은 추운 날씨를 견디기 위하여 사방이 막히도록 지었다. 즉, 지방별로 한옥의 모양은 기후에 적응할 수 있도록 지어졌다.	연결/관련
13	한옥의 견학 계획	준비물, 견학관점, 교통편, 역할분담, 주의점 등을 중심으로 나름대로의 계획이 실질적이고 올바르게 세워졌는가 확인	계획
14	조상들의 식생활 모습	우리 조상들은 계절에 따라 여러 가지 음식을 만들어 먹고, 여름과 겨울에는 더위와 추위를 이겨낼 수 있는 음식을 만들어 먹음(여름-오이지, 짠지와 같은 밑반찬으로 소금기를 보충함). 명절이나 특별한 날에는 독특한 음식을 만들어 먹음(추석-햅쌀로 빚은 송편, 설-떡국 등) 음식의 재료는 그 계절에 많이 생산되는 계절 식품을 이용함	기술/요약
15	조상들의 식생활 평가 기준	음식의 맛과 영양, 음식의 모양, 음식 재료의 신선도, 계절 식품의 활용도, 음식에 들인 정성, 음식의 독창성 등	평가
16	김치로 만든 음식	김치햄버거, 김치피자, 김치초밥, 김치탕수육, 김치초콜릿, 김치스파게티, 김치치즈, 김치치킨, 김치샐러드 등	발명
17	전통 가옥의 보존	·사라져 가는 전통 가옥의 소중함을 국민들에게 인식시키고 남아 있는 전통 가옥이 훼손되지 않도록 보수한다. ·전통 가옥이 모여 있는 곳에 전통 마을을 재현하여 사람이 살도록 하고 국민이 관심을 가지고 볼 수 있도록 개방한다 등	역할 분담
18	도시와 촌락의 차이점	·도시-토지는 주택, 공공시설, 도로 등에 이용됨, 건물의 밀도가 높고 고층화됨, 인구가 많고 2, 3차 산업에 종사하며 생활 범위는 넓으나 이웃과 관계가 적음 ·촌락-토지는 주로 농경지(논, 밭, 과수원 등) 등 자연 환경과 밀접한 관련이 있음, 건물의 밀도 및 높이가 낮음, 인구가 많지 않고 주로 1차 산업에 종사함, 생활 범위가 도시에 비해 상대적으로 좁으며, 이웃과 가깝게 지냄 등	분류/조직
19	도시 생활의 장단점	·장점-각종 문화·교육 및 의료 시설이 많다. 생활에 편리한 시설이 많다. 교통 시설이 발달하였다. 공장이나 회사가 많다. ·단점-환경이 오염되어 있다(뿌연 하늘, 오염된 하천, 늘어나는 쓰레기 등). 주택의 매매 및 전세 가격이 비싸고 부족하다. 교통 체증이 심하다. 상·하수도 문제 및 일자리가 부족하다.	평가

20	작은 도시 지역의 변화	·교통이 편리해지고 공업이 발달할 것이다. ·인구가 늘어날 것이다. ·도시화가 진행되고 행정구역도 늘어날 것이다. ·통신기재 등의 생산 활동으로 정보통신의 중심지가 될 것이다. ·상업 및 무역의 중심지가 될 것이다 등.	유추
21	촌락에서 도시로의 이주	촌락에서 도시로의 이동이 예상된다. 촌락은 문화 및 교육·의료 시설을 개발시키려고 노력한다.	예상/가설
22	교통 문제 해결 방안	·지하철과 새로운 도로를 만든다. ·차량 10부제를 시행하며, 대중교통 이용의 날 등을 실시하고 국민은 이를 잘 지킨다. ·지하철, 버스 등 대중교통 수단의 이용을 활성화한다. ·주차장 이용을 규제하기 위해 도심지의 주차요금을 외곽 지역보다 높게 책정한다. ·서로 양보하고 신호를 잘 지킨다 등	문제 해결
23	어촌의 변화 요인	바다가 오염되고 여러 가지 국제적인 약속으로 고기잡이가 제한된 것	관찰
24	촌락의 변화 방향	촌락은 더 나은 지역을 만들기 위해 노력하고 있고 따라서 점차 발전하고 있다.	경향

<부록 3> 사회과 사고력 평가(사후검사)

이름: (   )

1. '산성비'란 무엇인가?

(   )

2. 쓰레기 매립장을 설치하려고 한다. 가, 나, 다, 라 지역 중에서 가장 합리적이고 현실에 맞는 쓰레기 매립장 설치 장소를 선택해야 한다면 어느 곳을 선택할 것인가? 그 이유도 써 보세요.

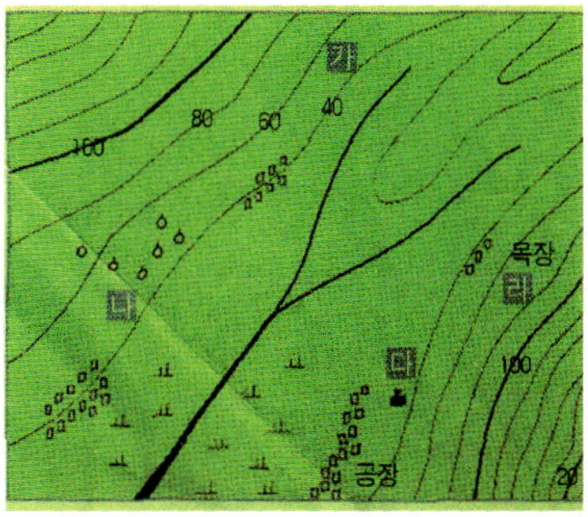

쓰레기 매립장을 설치하고 싶은 곳	( ) 지역
선택한 까닭	

3. 만약 국토개발을 앞세워 환경을 파괴하는 일이 세계 곳곳에서 일어난다면 어떤 일이 생기겠는가?

(   )

4. 다음 글에서 지구가 어떻게 변화하고 있음을 발견할 수 있는가?

> ・해마다 길어지는 열대야가 시민들의 여름나기를 점점 더 힘들게 하고 있다.
> ・우리나라의 여름철 평균 기온이 1990년 이후 꾸준히 상승한 것으로 나타났다.
> ・공기 중의 이산화탄소의 양이 많아져 온실 효과를 일으키고 있다.

(   )

5. 우리나라 자연재해 중 폭설로 인한 피해 모습을 설명해 보세요.

(   )

※ 다음은 계절에 따른 태풍과 호우의 피해를 나타낸 표와 그래프이다. 이것을
   보고 다음 물음에 답하여라(6~7).

〈최근 10년간 발생한 태풍과 호우로 인한 재해(1990~1999년)〉

구분	계절	봄 (3~5월)	여름 (6~8월)	가을 (9~11월)	겨울 (12~2월)
태풍		0	99	87	0
호우		1	330	75	0
합계		1	429	162	0

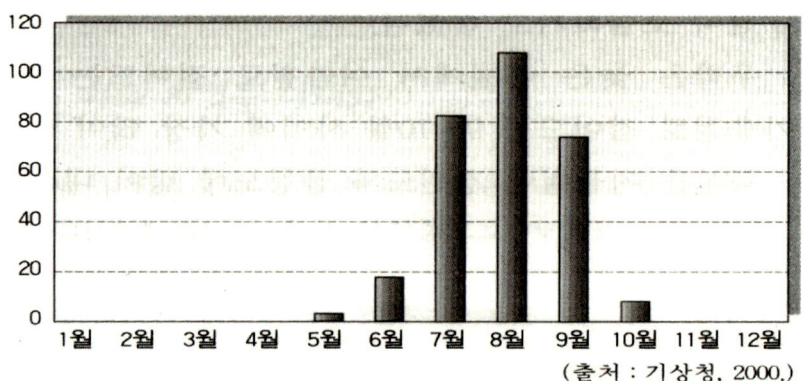

(출처 : 기상청, 2000.)

6. 우리나라의 계절과 태풍 및 호우로 인한 재해 사이에는 어떤 관련이 있는가?

(   )

7. 위와 같이 우리나라는 해마다 큰비나 태풍으로 인해 수많은 인명과 재산의 손실을 입고 있다. 여러분이 자연재해 예방 담당자라면 이러한 피해를 조금이나마 줄이기 위하여 큰비가 오거나 태풍이 불기 전에 해야 할 일을 국민들에게 간략하게 이야기해 보아라.

( )

8. 다음 그림은 공통적으로 어떤 자연재해와 관련된 것인가? ( )

9. 환경 문제와 관련된 나의 생활 습관을 되돌아보았을 때 부정적인 측면, 즉 환경에 나쁜 영향을 미친 행동은 무엇인가?

( )

10. 우리 마을의 환경 상태를 조사하려고 한다. 먼저 마을의 소음을 측정하기 위해서는 어떤 준비를 해야 하는가? 구체적인 측정 계획을 세워 보아라(준비물, 유의점, 측정 장소 등).

( )

11. 요즘 전 세계적으로 여러 가지 환경오염으로 심각한 문제에 직면하고 있다. 우리나라도 이러한 환경문제를 해결하기 위하여 갖가지 노력을 기울이고 있다. 우리 주변의 환경문제 중 수질(물)오염 문제를 해결하기 위한 몇 가지 해결 방안은?

( )

12. 국토 개발의 장점과 단점은 각각 무엇인가?

	장 점	단 점
국토 개발		

13. 작은 촌락이던 수영이네 동네에 새로운 대단위 아파트 단지가 조성된다고
한다. 다음 글로 미루어볼 때 수영이네 동네에 있는 제과점이 어떻게 변화
하리라고 생각되는가?

> 얼마 전 민수네 동네에 새로운 아파트 단지가 들어섰다. 상점이 많이 생겨 하나밖에 없
> 던 문구점이 셋으로 늘어났고 세탁소도 생겼다. 문구점에서는 물건의 종류가 많아지고
> 질도 좋은 물건들이 많이 생겼다. 세탁소 주인도 친절해졌다.

( )

14. 다음 그래프를 보고 알 수 있는 우리나라 경제에 대한 사실을 설명해 보아라.

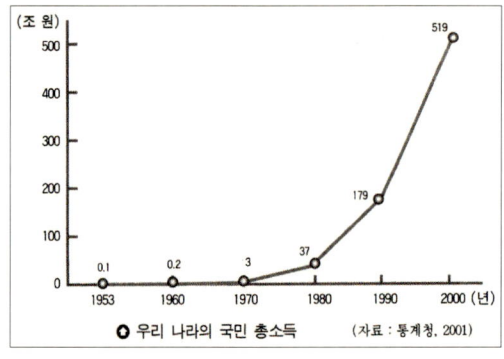

( )

15. 옛날과 오늘날의 직업 선택의 차이점은 무엇인가?

옛 날	오늘날

16. 자원이 부족한 우리나라의 기업이 세계 시장을 더욱 넓혀 가기 위해 개발할 수 있는 상품에는 어떤 것들이 있을까?

( )

17. 다음 글과 같이 기업을 변화시키는 것은 기업 간의 무엇 때문인가?

( )

18. 지난날 우리나라의 경제가 위기를 맞이하였을 때 가정, 기업, 정부 모두 힘을 합하여 위기를 극복할 수 있었다. 만약 제2의 경제 위기가 다가온다면 국민의 한 사람으로서의 우리는 이러한 경제 시련을 극복하기 위하여 어떻게 할 것인가? 우리가 할 수 있는 일에 대하여 구체적으로 써 보아라.

( )

19. 앞으로의 우리 사회의 문제점을 알면 우리나라가 앞으로 발전시킬 수 있는 분야를 알 수 있을 것이다. 미래 사회의 문제는 환경 문제, 식수 문제, 정보 전쟁, 인구와 자원 문제 등 여러 가지가 있으며 이의 해결 방안으로 우주 개발로 우주로의 이주, 어떤 정보라도 볼 수 있는 기술의 개발 등을 들 수 있다. 이 외에 미래 사회의 문제를 극복할 수 있는 방법에 대해서 좀 더 찾아낼 수 있는가?

( )

20. 기업은 더 많은 이익을 얻기 위하여 여러 가지 노력을 하고 있다. 기업의 기술개발이 소비자에게는 어떤 영향을 주는가?

(　　　　　　　　　　　　　　　　　　　　　　　　　)

21. 우리나라의 경제성장 과정을 돌아보고 우리나라가 '한강의 기적'을 이룬 나라라고 세계적으로 평가받을 때 실제로 경제 성장을 이루었음을 '평가자'자 되어 평가해볼 때 어떤 기준을 가지고 평가할 것인가?

(　　　　　　　　　　　　　　　　　　　　　　　　　)

※ 다음은 우리나라 수출과 수입 상품의 변화를 나타낸 모습이다(22~23).

〈우리나라 수입 상품의 변화〉　　　　〈우리나라 수출 상품의 변화〉

22. 우리나라 수입은 어떤 특성이 있는가?

(　　　　　　　　　　　　　　　　　　　　　　　　　)

23. 위 그래프로 미루어 앞으로 우리나라의 수출 상품은 어떻게 변화할 것이라고 예상하는가?

(　　　　　　　　　　　　　　　　　　　　　　　　　)

24. 우리나라는 석유를 수입하여 물건을 만드는 에너지로 사용하고 있다. 그래서 우리나라에서는 태양열, 천연가스 등 새로운 에너지 자원을 개발하기 위해 많은 노력을 기울이고 있다. 새로운 에너지 자원의 개발은 왜 중요한가?

(　　　　　　　　　　　　　　　　　　　　　　　　　)

\<부록 4\> 사회과 사고력 측정 검증을 위한 사후검사
정답 및 이원 목적 분류표

번호	필수 지도 내용	모범 답안	사고 기능
7	자연재해 예방 담당자의 역할	·자주 물에 잠기는 지역에서는 관련 기관과 자주 연락하여 지시에 따르고, 위험한 경우에는 안전한 장소로 대피한다. ·농촌과 산촌에서는 배수로를 깊이 파고, 과일나무와 비닐하우스는 받침을 보강하고 겉을 단단히 묶어 준다. ·어촌과 해안지역에서는 배끼리 부딪쳐 부서지지 않도록 고무타이어를 충분히 달고, 작은 배는 땅으로 끌어올려 놓으며, 어망과 어구는 미리 걷어 둔다 등.	기술/ 요약
8	가뭄의 피해와 극복	가뭄	비교/ 대조
9	나의 환경 생활	·머리를 감을 때 샴푸와 린스를 많이 썼다. ·일회용 물품을 많이 썼다. ·잘 썩지 않는 비닐봉투를 많이 사용했다. ·귀찮아서 분리수거를 하지 않을 때가 많았다. ·공책, 연필 등 학용품을 다 쓰지도 않고 버렸다. ·아무도 없는 방에 불을 오랫동안 켜 놓았다 등	평가
10	마을 소음 측정 계획	예) 준비물-녹음기나 소음측정기, 마을지도, 시계, 필기구 측정 장소-공사장 근처의 주택가, 도로 주변의 주택가, 공장 주변의 주택가 등으로 나누어서 측정한다. 유의점-그 지역의 특수한 상황을 함께 조사한다. 일정한 시간을 기준으로 하여 같은 시간대에 측정한다. 공사장 근처나 도로 주변에서는 특히 안전에 유의한다. 측정 중에는 가능한 시끄러운 소리는 내지 않는다. 다른 사람에게 피해를 주지 않는다.	계획
11	수질오염 해결 방안	·기름기가 묻은 그릇은 휴지로 닦은 후 물로 씻는다. ·세탁은 한꺼번에 모아서 하고 세제는 알맞게 사용한다. ·적당량의 샴푸와 린스를 사용한다. ·강 유원지나 하천 등에 쓰레기를 함부로 버리지 않는다. ·농사를 지을 때 농약 대신 오리를 풀어놓아 물의 오염을 막는다. ·공장에서는 폐수 정화 시설을 설치하여 사용한다 등	문제 해결
12	국토 개발의 장단점	·장점-공장을 많이 세워 일자리를 늘릴 수 있고, 수출량이 늘어 국민 소득을 높일 수 있어 국가 경제가 발전한다. 교통 시설의 확장으로 국민들의 생활이 편리해진다. 주택 공급을 늘리고 여가 생활을 위한 환경을 만들 수 있다. 댐 건설로 홍수의 피해를 줄이고 용수 공급을 늘릴 수 있다. 지역 간의 격차를 줄이고 균형 있게 개발하며 지역의 특성을 살릴 수 있다 등 ·단점-국토 개발로 아름다운 자연 경관이 훼손되고, 천연 기념물과 야생 동물들이 살 곳을 잃게 된다. 환경오염으로 동식물은 물론 사람도 건강하고 쾌적한 삶을 살 수 없게 된다.	평가

13	도시화에 따른 변화	섣부른 국토 개발은 주민들의 생계 수단을 빼앗게 된다. 제과점의 수가 늘어날 것이다. 제과점의 빵이 보다 맛있어지고, 값이 싸지고, 빵의 종류가 늘어날 것이다. 또한 제과점의 주인도 더욱 친절해질 것이다.	예상/가설
14	우리나라 경제 발전	우리나라 국민 총소득이 1950년대와 1960년대에는 1조 원 안으로 아주 저조한 성장을 보이다가 1980년대부터 빠르게 증가하여 1990년에는 179조 원, 2000년에는 500조 원을 넘어서는 급속한 발전을 이루었다.	설명
15	옛날과 오늘날의 직업 선택	·옛날-아무리 능력이 뛰어나도 자기가 원하는 직업을 자유롭게 선택하지 못하고, 신분에 따라 부모의 직업을 물려받아야 하는 경우가 대부분이었음 ·오늘날-능력과 적성에 따라 직업을 자유롭게 선택	분류/조직
16	세계 진출을 위한 상품 개발	전통 무늬를 이용한 상품 디자인, 신약, 반도체, 휴대전화, 디지털카메라, 영화, 애니메이션, 컴퓨터 게임, 캐릭터, 무공해 자동차(전기차, 태양과차, 액화 천연가스차, 하이브리드차 등), MP3 플레이어, 오토바이 헬멧, 위성방송 수신 라디오, 각종 가전제품 등	연결/관련
17	기업의 경쟁	경쟁	관찰
18	제2의 경제 위기	·충동구매를 하지 않고 꼭 필요한 물건만 구입하며 저축을 함 ·가까운 거리는 걸어서 다니고 전기, 물 등의 에너지를 절약함 ·학용품을 아껴 쓰고 국산품을 쓰고 아나바다 운동을 전개함 ·자기가 맡은 일을 열심히 하고 저축을 많이 함	역할 분담
19	미래 사회의 문제	·환경 보호 분야-무공해 농약, 환경을 오염시키지 않는 용기, 썩는 타이어 고무, 무공해 자동차 등의 개발 ·자원 개발 분야-석유를 대체하는 에너지 자원의 개발, 과학적으로 만든 물의 개발 ·우주 정보 분야-위성 개발, 우주 정거장 사업 등 ·의료 분야-암 치료 기술 발견, 신약 개발, 인간의 수명 연장에 관한 기술 개발 등	논의/고심
20	기술 개발의 영향	·기술의 발달로 질 좋고 우수한 상품을 좀 더 싼값에 쓸 수 있다. ·아름답고 독특한 디자인의 상품을 쓸 수 있다. ·보다 편리한 생활을 할 수 있다 등	인과 관계
21	우리 경제의 성장 평가	예) 환경 상태(한강의 수질 상태) 및 환경 시설, 국민 총 소득, 1인당 국민 소득, 생활의 편리함, 무역 실적, 주택보급률, 한 가정의 평균 자동차 보유 대수, 생활의 만족도 등	평가
22	우리나라 수입의 특성	우리나라 수입 상품은 원자재의 수입이 높은 비중을 차지한다. 1970년에는 원자재가 수입 상품의 절반을 차지하고 다음으로 소비재, 그 다음으로 자본재가 각각 절반씩 차지했다. 그러나 근래에 와서는 점차 원자재의 수입이 조금 줄어들고 자본재가 급격히 늘어 40%를 웃도는 반면 소비재의 수입이 현저히 줄어들어 10%도 못 미치고 있다.	분석
23	수출의 예상	중화학 공업 제품의 수출은 계속적으로 늘어나고 경공업 제품, 농림·수산업 제품의 수출은 점차 줄어들 것이다.	예상/가설
24	대체에너지 개발의 중요성	우리나라는 석유를 수입하여 물건을 만드는 에너지로 사용하고 있다. 원유 전량을 해외에서 수입하는 우리나라의 경우, 미래에 닥칠 에너지 위기에 대처할 수 있는 근본적인 방법은 바로 대체 에너지의 개발이다.	해석

<부록 5> 사고력 신장구조 적용 협동학습 계획안

단원 (제재)	1-(2) 자연재해와 환경문제 ① 자연재해	수업 형태	사고력 신장구조 학습
본시주제	자연재해의 종류 및 극복 사례 살펴보기		
학습 목표	·자연재해의 종류를 알아보고, 이를 극복한 사례를 조사할 수 있다. ·사고력 신장 학습 구조를 활용하여 사고 기능의 향상을 도모하고 모두미들이 상호 보완 협력할 수 있다.		
학습자료 활용	티치타이머, 모둠선택 돌림판, 다용도 학습판, 색연필, 도화지, 실물화상기, TP자료, 경쟁사례 조사보고서, 신문, 잡지, 역할도구 및 삽화		

학습 단계	협동 학습 구조	교수-학습활동		시량	자료 및 유의점
		도움활동	학습활동		
준비 활동		▶학습 동기 유발하기 ·우리 고장에서 경험한 자연재해는?	▷우리 고장의 자연재해 알기 -지난여름 비가 많이 내려 집이 부서지고 길이 무너짐 -태풍으로 나무가 쓰러지고 간판이 떨어져 사람이 다침 등	10′	·자연재해 사진 · www. mo-gaha. go.kr/ndch/ start.htm (자연재해 종류)
		▶학습 목표 제시	▷학습목표 확인하기		
		자연재해의 종류를 알아보고, 이를 극복한 사례를 조사할 수 있다.			
전개 활동	3단계인 터뷰	▶계절에 따른 자연재해의 종류 알기 ○우리나라에서 발생한 자연재해를 계절별로 나누어 3단계 인터뷰하기 ·우박, 폭설, 태풍, 호우, 가뭄 등의 자연재해 및 발생 원인에 대해 인터뷰	▷계절에 따른 자연재해의 종류 알아보기 ○우리나라에서 발생한 자연재해를 계절별로 나누어 모둠별 3단계 인터뷰하기(과제 활용) -여러 가지 자연재해 및 발생 원인에 대해 인터뷰하고 알게 된 사실을 이야기함	15′	·색 연 필, 도화지, 실 물화 상기, 모 둠 선 택 돌 림 판
		▶마인드맵으로 표현하기 ○모둠별로 자연재해의 종류를 마인드맵하기	▷자연재해의 종류를 마인드맵으로 꾸며보기 ○모둠별로 자연재해의 종류를 마인드맵으로 꾸며 발표하기	15′	·백 지 도, 색연필 ·티치타이 머
	돌아가며 말하기	▶자연재해의 분류를 통해 지역에 따른 자연재해 및 특징 알기 ○모둠별로 백지도에 자연재해가 자주 발생하는 지역을 표시하기 ○백지도를 보고 지형과 관련지어 우리나라 자연재해의 특징을 돌아가며 이야기하기	▷지역에 따른 자연재해 및 우리나라 자연재해의 특징 알아보기 ○모두미 각자가 조사한 자연재해를 지역별로 분류하고, 백지도에 종류별로 표시하기 ○백지도를 보고 지형과 관련지어 우리나라 자연재해의 특징 이야기하기	10′ 5′	· www.moga ha.go.kr/nd ch/start.htm (중앙재해 대책본부)
		▶자연재해의 피해 및 복구 사례 알아보기 ○조상들의 자연재해 극복 사례 및 오늘날의 극복 사례 비교하기	▷자연재해의 피해와 복구 사례 살펴보기 ○옛날과 오늘날의 자연재해 극복 사례를 이야기하기 -옛날: 제사, 측우기, 수리 관개시설 등 -오늘날: 재해 방어 시설물, 댐건설, 인공 강우 등	10′	·자연재해 극복 시설 삽화

정리 활동	돌아가며 쓰기	▶여러 기관과 단체들이 자연재해 예방을 위해 어떤 노력을 하는지 알아보기	▷우리나라의 여러 기관과 단 체들은 자연재해를 예방하고, 그 피해를 줄이기 위해 어떤 노 력을 하고 있는지 알아보기	10′	•실물화상기, 모둠 선택 돌 림판
	형성 평가	▶우리나라 자연재해를 조사하여 계절별, 지역별로 분류하기	▷우리나라 자연재해를 조사하 여 계절별, 지역별로 분류하기	5′	•평가지

단원 (제재)	3-(2) 환경과 더불어 살아가는 길 ① 환경 문제의 합리적 해결	수업 형태	사고력 신장구조 학습
본시주제	환경문제해결을 위한 민주적 의사 결정		
학습 목표	·환경 문제를 자주적으로 해결하려는 태도를 가지고 실천할 수 있다. ·사고력 신장 학습구조를 활용하여 사고 기능의 향상을 도모하고 모두미들이 상호 보완 협력 할 수 있다.		
학습자료 활용	티치타이머, 모둠선택 돌림판, 다용도 학습판, 색연필, 도화지, 실물화상기, TP자료, 가상적인 마을의 지도, 환경문제설명서		

학습 단계	협동 학습 구조	교수-학습활동		시량	자료 및 유의점
		도움활동	학습활동		
준비 활동	돌아가 며 말하기	▶학습 동기 유발하기 ○환경 관련 시설 설치로 인해 생기는 다툼에는 어떤 것들 이 있을까 돌아가며 이야기 하기 ○환경 기초 시설 ○하천 관련 분쟁 ○광역 시설 관련 분쟁 ○지역 개발 사업 분쟁	▷환경시설 설치로 인한 다툼 ○환경 관련 시설 설치에 따른 문제로 다른 마을 사람들과 서로 다툼을 벌 이는 경우를 돌아가며 이야기하기 -쓰레기를 매립하거나 소각하는 시설, 생활하수 또는 분뇨 처리 시설 -댐 건설·관리, 용수 이용, 수질 보전, 상수원 보호 구역, 상·하류 지역 간 분쟁 등 -도로 건설, 광역 상수도 시설, 위험 시설, 철도 시설, 사회 복지 시설 등 -지역 개발 사업, 대규모 민간 개발 사 업 등	10′	*확산이는 모 두미의 의견 에 좀 더 많은 정보를 보태 어 주고 뭉침 이는 모두미 의 의견을 통 합함
		▶학습 목표 제시	▷학습목표 확인하기		
		환경 문제를 민주적으로 해결하려는 태도를 가지고 실천할 수 있다.			
전개	생각-짝- 모둠	▶환경 기초 시설 문제의 합리 적 해결 ○창수네 마을에서 발생한 환 경 문제를 합리적으로 처리 하기 위한 방법을 생각-짝- 모둠의 과정을 통해 찾기 ·환경 기초 시설의 종류는? ·창수네 마을에 필요한 환경 기 초 시설과 그 이유는 무엇인가?	▷환경 기초 시설 문제의 합리적 해결 방안 찾기 ○창수네 마을에서 일어나고 있는 쓰레 기 처리 시설 설치 문제의 해결 방안 을 생각-짝-모둠의 과정을 통해 찾기 -쓰레기 처리 시설, 하수 종말 처리장, 폐수 종말 처리 시설, 축산 폐수 처리 시설, 분뇨 처리 시설 등 -쓰레기 처리 시설 -인근 마을에 새로 공장과 아파트 단 지, 상가가 들어서면서 쓰레기 때문 에 어려움을 겪게 되어서	15′	· edu.me.go.kr/e nv1/data/index. html(환경 기 초 시설 사진)

| 정리 | 생각-짝-모둠 | ・환경 기초 시설을 설치하기에 가장 적합한 장소 및 각 장소의 문제점은?

○창수네 마을에서 발생한 문제에 대해 역할놀이 하기
・가장 적당한 장소로 선정된 마을 주민들의 태도는?

・마을의 문제를 민주적으로 해결하기 위해 어떤 노력을 해야 하는가? | -안골 마을: 집이 없는 산 아래 공터 (도로를 낼 곳의 논밭을 없애야 됨)
-갯골 마을: 산과 포구 사이에 있는 갈대밭(마을에 먼지가 많고 소음이 심해짐) 등
○역할놀이 하기

-마을 주민의 대표 뽑기
-대표가 모여 장소 선정하기
-대표가 모여 장단점을 고려한 협의에 의해 결정되었으므로 받아들인다.
-의견을 전달할 대표를 뽑고, 대표들이 모여 토론을 통해 합리적으로 결정한다. | 10′ | *다름이는 생각을 비판하거나 다른 생각과 차별하여 비교해 줌
•www.konetic.or.kr (국가 환경기술정보센터) |
| | 형성평가 | ▶합리적인 해결 방안 토의하여 찾기 | ▷환경 문제의 민주적 해결 방안 찾기 | 5′ | •평가지 |

단원 (제재)	1-(1) 우리나라 경제생활의 특징 ① 우리 경제의 발자취	수업 형태	사고력 신장구조 학습
본시주제	경제 위기를 극복하기 위해 할 수 있는 일		
학습 목표	・최근에 겪게 된 경제적 시련에 대해 알 수 있다. ・경제 위기를 극복하기 위해 할 수 있는 일을 알아보고, 실천할 수 있다. ・모두미들의 상호 보완적인 역할 배정을 통해 상호 의존 관계를 형성하고, 사고력 신장 학습 구조를 활용하여 사고 기능의 향상을 도모할 수 있다.		
학습자료 활용	IMF 관련 VCR 자료, 신문, 잡지, 삽화 자료, 티치타이머, 모둠선택 돌림판, 다용도 학습판, 녹음기, 실물화상기, TP자료		

학습 단계	협동 학습 구조	교수-학습활동		시량	자료 및 유의점
		도움활동	학습활동		
준비 활동		▶학습 동기 유발하기 ○'수진이 어머니의 가계부' 이야기 들려주기 ・수진이 어머니는 무엇 때문에 근심하고 계실까요? ・우리 주위에서 이와 비슷한 어려움을 겪고 있는 것을 본 적이 있나요? ▶학습 목표 제시	▷수진이 어머니의 가계부 ○'수진이 어머니의 가계부'를 듣고 생각해 보기 -물가가 너무 올라 생활비가 많이 늘어났기 때문 -어떻게 더 생활비를 줄여나갈지 모르겠기 때문 -이웃, 친척 등의 사례를 들어 이야기 하기 ▷학습 목표 확인하기	5′	•읽기 자료 '수진이 어머니의 가계부'
전개 활동	돌아가며 말하기	최근에 겪게 된 경제적 시련을 이해하고, 경제 위기를 극복하기 위해 할 수 있는 일을 찾아 이를 실천할 수 있다. ▶IMF에 대하여 이해하고 극복 사례 조사하기	▷IMF에 대하여 이해하고 이의 극복 사례 조사하기	10′	•IMF 조사 자료 (과제)

	부채 모양 뽑기	○경제 위기와 극복에 관해 돌아 가며 이야기 나누기 ○모둠별로 다음과 같은 내용의 카드를 나누어 준 후 부채 모양 뽑기 하기 ·IMF란 무엇인가요? ·IMF 경제위기로 인해 생긴 어려움은 무엇인가? 주변의 실제 사례와 국가적 관점에서 이야 기하기 ·우리나라가 경제 위기를 맞게 된 이유는? ·IMF에 구제 금융을 신청한 후, IMF가 우리나라에 요구한 사 항은?	○사회 22~24쪽을 읽고 과제를 참고로 경제 위기와 극복에 대하여 이 야기하고 정리하기 ○모둠별 부채 모양 뽑기를 하며 IMF 에 대하여 이해한 것을 확실히 하기 -국제통화기금 -세계 경제를 살리기 위해 설립되었 고, 회원국들이 낸 돈을 모아 국제 수지가 적자인 나라에 돈을 빌려주 는 기구 -가정이나 이웃, 친척 및 주변의 실제 사례 -실업자 수 증가 -수출 감소 -경제 성장률 저조 등 -계속되는 국제 수지의 적자로 외환 위기를 맞음(1997년 11월, IMF에 구 제 금융 신청) -부실 금융 기관 정리 요구 -국제 수지 관리 -외환 보유고 수준 관리 -기업체의 구조 조정 요구 등	15'	·티치타이 머, 실물화 상기, 모둠 선택 돌림판 *모둠선택 돌림판으로 두 모둠 선 택 발표함. *교사가 어 려운 용어 를 사전 설 명해줌. *시·공간적 제약이 따르 므로, 미리 예습 과제로 제시함. ■ 인터넷 검색 *다양한 검 색 학습이 되도록 교 사가 미리 점검하여 사이트를 안내해 줌.
전개 활동	이야기 엮기	○이러한 경제 위기를 극복하기 위하여 어떠한 노력을 기울였 는지 가정, 기업, 정부로 나누 어 이야기 엮기	-가정: 현명한 소비 생활, 절약 생활의 실천 소득에 맞는 생활하기, 저축하기 '금모으기 운동'에 적극 참여 -기업: 연구와 기술 개발하기, 새로운 아이디어의 창출 수출 확대하기, 보 다 열심히 일함, 기업 홍보 전략의 활성화 -정부: 기업들의 경쟁력을 높이기 위 한 제도 정비, 기업 활동 장려하기, 일자리 제공해 주기, 합리적인 경제 정책, 기반 시설 건설, 해외에 우리 나라 홍보하기	10'	■가정, 기 업, 정부의 활동이 그 려진 삽화 자료, 봉투 ■신문, 잡지 *IMF를 특 집으로 다 룬 기사 찾 아보기(199 7~1998년 기사)
정리 활동	돌아가며 말하기	▶경제 발전을 위해 우리가 할 수 있는 일을 돌아가며 이야기하기 ▶형성평가를 통한 정리	▷경제 발전을 위해 우리가 할 수 있 는 일을 찾아 돌아가며 이야기하기 -가까운 거리는 걸어서 다니기 -용돈, 전기, 수돗물 아껴 쓰기 -아나바다 운동 실천하기 -학용품, 생활용품 절약하기 -1인 1통장 갖기 등	10'	*실제 생활 에서 실천 할 수 있는 아이디어를 내도록 함. *모둠선택 돌림판으로 2모둠 선택 발표함.
	형성 평가	·IMF 시기의 경제적 어려움을 알고 있는가? ·IMF 극복을 위한 노력을 알고 있는가? ·경제 위기를 극복하기 위해 우리가 할 수 있는 일은?			

단원 (제재)	1-(2) 세계로 뻗어 가는 우리 경제 ① 세계 속의 우리 경제	수업 형태	사고력 신장구조 학습
본시주제	우리나라와 세계 여러 나라의 무역		
학습 목표	·우리나라와 세계 여러 나라와의 무역을 도표와 그래프 등의 통계 자료를 보고 그 특징을 알수 있다. ·사고력 신장 학습 구조를 활용하여 사고 기능의 향상을 도모하고 모두미들이 상호 보완 협력할 수 있다.		
학습자료 활용	무역 통계 자료, 사회과 부도, 신문, 인터넷 자료, 실물화상기, TP자료 티치타이머, 모둠선택 돌림판, 다용도 학습판		

학습 단계	협동 학습 구조	교수-학습활동		시량	자료 및 유의점
		도움활동	학습활동		
준비 활동	번갈아 가며 말하기	▶학습 동기 유발하기 ·무역을 하면 좋은 점은 무엇인가 짝끼리, 앞사람과 번갈아 가며 이야기 한 후, 사진 자료 보여 주며 상기시키기 ▶학습 목표 제시	▷무역의 이점 알기 -우리나라에 없는 원료를 수입할 수 있음 -가격이 더 싸고 품질이 더 좋은 것을 수입할 수 있음 -무역 때문에 기업이 늘어나고 일자리도 많이 생김 -최신 기술도 수입할 수 있음 ▷학습목표 확인하기	5′	·무역 모습의 사진, 실물화상기
전개 활동	3단계 인터뷰	우리나라와 세계 여러 나라와의 무역을 도표와 그래프 등의 통계 자료를보고 그 특징을 알 수 있다.		15′	·무역 통계 자료, 신문, 사회과부도, 인터넷 자료
		▶우리나라 무역의 필요성 알기 ○우리나라가 무역이 필요한 까닭을 생활과 관련해서 3단계 인터뷰하기	▷우리나라가 무역이 필요한 까닭알기 ○우리나라가 무역이 필요한 까닭을실제 생활 속에서 3단계 인터뷰를통하여 발견하기		
		·생활에 사용되는 물건 중에서 수입된 물건은? ·필요한 물건이 수입되지 않으면 어떤 일이 벌어질까?	-컴퓨터, 휴대전화, 자동차 등의 부품, 각종 가전제품, 학용품류, 악기류 등 -아무리 우수한 기술을 가지고 있어도원료가 없으면 물건을 만들지 못함 -필요한 물건을 쓰지 못함		* 모둠의하위수준아동부터인터뷰한내용을 발표시킴.
		▶우리나라 수출품의 변화를 통해서 수출품의 특징 알기 ·우리나라 수출품은 시대에 따라 어떻게 변화했는가? ·위 사실로 알 수 있는 우리나라수출품의 특징은?	▷시대에 따라 우리나라의 무역이어떻게 변했는지 알아보기 -1960년대: 철광석, 텅스텐 등의 자연자원 -1970년대: 섬유, 경공업제품 -1980년대: 섬유, 철강, 계, 선박, 전자제품 등 -1990년대: 첨단 산업 제품과 자동차 등 -경공업 제품의 수출은 줄고, 중화학공업 제품의 수출이 크게 늘어남 -점차 원료의 형태에서 고도의 기술을 필요로 하는 상품으로 바뀜		·http://www.nsa.go.kr(통계청) ·http://ytn.co.kr(연합뉴스)

생각-짝-모둠	▶오늘날 지역별 무역의 특징 알기	▷국가별 수출, 수입 실적 그래프를 살펴보며 지역별 무역의 특징 알기	15′	*확산이는 증거자료를 제시하여 정당화를 도움
	·수출 시장의 모습은 어떠한가?	-미국에 대한 의존도가 높았음 -1990년대부터 미국, 일본, 유럽연합에 대한 수출 비중이 낮아짐 -2000년 중국과 아시아 등 개발도상국에 대한 수출 비중이 높아짐		
	·수입 시장의 모습은 어떠한가?	-2001년 일본에 대한 수입 의존도는 18.9%임 -2001년 중국에 대한 수입 의존도는 9.4%로 급증하고 있음 -미국에 대한 수입 비중은 38.9%(1960년), 22.5%(1995년), 15.9%(2001년)로 감소 추세임		
	○우리나라 무역 상품의 변화 알아보기 1980년대부터 변화 그래프를 그려 보고 변화의 특징 파악하기	○우리나라 수출과 수입 상품의 변화 알기 그래프를 1980년대부터 그리고 이를 통해 수출·수입품 변화의 특징 알아보기		
돌아가며 말하기	▶우리나라 무역의 문제점 파악하기	▷우리나라 무역의 특징을 정리하고 문제점 알아보기	5′	
	우리나라 무역의 필요성을 알 수 있는가? 우리나라 무역의 특징을 알 수 있는가?			

<부록 6> 비교집단 학습 계획안

단원 및 제재	1-(1) 자연재해와 환경 문제 ① 자연재해		
학습주제	우리나라의 자연재해		
학습목표	여러 가지 자료를 활용하여 우리나라에서 발생하는 자연재해를 계절별, 지역별로 분류, 조사할 수 있다.		
학습자료	자연재해 사진, 자연재해에 관한 신문, TV, 인터넷 자료, 도화지, 색연필, 실물화상기, TP자료, 백지도		
학습단계	교수-학습 활동	시량	자료 및 유의점
도입	○우리 지역에서 경험할 수 있는 자연재해에 관해 이야기하기 ·여름철에 우리 지역에서 경험할 수 있는 자연재해에는 무엇이 있는가?	10′	■자연재해의 사진들
전개	○우리나라에서 발생한 자연재해를 계절별로 조사하기 ·자연재해에 대한 자료 조사는 어떻게 해야 할까? ·태풍과 호우는 어느 계절에 자주 발생하였는가? ·우리나라에서 발생한 자연재해의 원인은 무엇인가? ○계절에 따른 자연재해의 종류와 피해를 달력에 정리하기 ·조사한 자연재해를 자주 발생하는 월별로 기록하기 ·자연재해 달력을 보고, 우리나라의 기후와 관련지어 계절에 따른 자연재해의 특징을 발표하기 ○자연재해를 지역에 따라 나누어 정리하기 ·자연재해가 자주 발생하는 지역을 백지도 위에 표시하기 ·백지도를 보고, 지형과 관련지어 우리나라 자연재해의 특징을 발표하기	20′	■자연재해에 관한 신문, TV, 인터넷 자료 ■도화지, 색연필, 실물화상기, TP자료 ■우리나라 백지도, 색연필, 실물화상기, TP자료
정리	○계절에 따른 자연재해의 종류와 특징을 정리하기 ○우리나라의 지역에 따른 자연재해를 확인하고, 지형에 따른 자연재해의 특징에 관하여 정리하기 ○차시 예고 ·자연재해로 인한 피해와 복구에 관한 자료를 조사하고, 자연재해를 극복하기 위한 노력 발표하기	10′	

단원 및 제재	3-(2) 환경과 더불어 살아가는 길 １ 환경 문제의 합리적 해결		
학습주제	환경문제해결을 위한 민주적 의사 결정		
학습목표	환경문제를 민주적으로 해결하려는 태도를 가지고 실천할 수 있다.		
학습자료	환경 보전 활동 사례자료, 환경 분쟁 사례(신문 기사, 인터넷 자료), 실물화상기, OHP 및 TP자료		
학습단계	교수-학습 활동	시량	자료 및 유의점
도입	○환경 기초 시설에 대하여 알아보기 ·환경 기초 시설에는 어떤 것이 있는가? ·왜 환경 기초 시설을 설치해야 하는가? ○교실에 있는 쓰레기통의 위치에 관해 이야기하기	10′	■교실에서 발생한 생활 쓰레기 조사표
전개	○환경 기초 시설 설치로 이웃 마을 사람들과 서로 다툼을 벌이고 있는 예 조사해 보기 ·마을 사람들은 왜 자기 마을에 환경 기초 시설이 들어서는 것을 반대할까? ○환경 기초 시설 설치로 생기는 문제점 토의하기 ·환경 기초 시설 설치로 생기는 마을 사람들이 겪는 어려움은 무엇인가? ○환경 기초 시설 설치를 반대하는 까닭을 알아보고, 반대하는 사람들의 태도에서 문제점 찾아보기 ·반대하는 사람들이 주장과 태도에서 잘못된 점은 무엇인가? ○환경 기초 시설 설치를 위해서 가져야할 태도에 관하여 토의하기 ·환경 기초 시설을 필요로 하는 사람들은 어떤 태도를 가져야 하는가? ·환경 기초 시설을 설치해야 하는 곳에 사는 사람들은 어떤 태도를 가져야 하는가?	20′	■환경 분쟁 사례 (신문기사, 인터넷 자료) *위 자료를 보고 환경 기초 시설의 종류에 따라 반대하는 까닭을 찾아보도록 함.
정리	○우리 지역의 환경 관련 사례 살펴보기 ·우리 지역의 환경 기초 시설과 관련하여 어떠한 다툼이 있었으며, 그 다툼은 어떻게 해결되었나? ·문제를 보다 민주적으로 해결하는 방법에는 어떤 것이 있는가?	10′	■실물화상기, OHP 및 TP자료 ■삽화

단원 및 제재	1-① 우리나라 경제생활의 특징 ① 우리 경제의 발자취		
학습주제	우리가 겪은 경제적 시련		
학습목표	경제 위기 사례를 통해 이를 극복하기 위해 할 수 있는 일을 말할 수 있다.		
학습자료	신문, 잡지, IMF 관련 VCR 자료, 녹음기, 가계부, 실물화상기, 인터넷 자료		
학습단계	교수-학습 활동	시량	자료 및 유의점
도입	○**어머니가 쓰는 가계부 살펴보기** ·가계부에는 무엇이 씌어져 있는지 살펴보기 ·절약할 수 있는 항목은 어떠한 것들이 있는지 알아보기	10′	■가계부, 실물화 상기
전개	○**IMF 경제 위기로 겪은 어려움 알기** ·모둠별 다양한 방법을 이용하여 IMF 경제 위기로 인해 우리나라는 어떤 어려움을 겪었는지 조사하기 　1모둠: 인터넷 검색 　2모둠: 학교 주변의 상점에 가서 인터뷰하기 　3모둠: 신문, 잡지 기사 모으기 ○**IMF 경제 위기의 극복 방법 알아보기** -IMF 경제 위기를 이겨내기 위하여 가정, 기업, 정부에서는 어떤 일을 했는지 조사해 보기 ○**우리나라 경제에 큰 피해를 준 IMF 경제 위기에 관한 자료를 수집하여 이를 극복하기 위한 노력들을 정리하기** ·IMF 경제 위기를 극복하기 위해 가정에서는 어떤 일을 하였는가? ·기업에서는 어떤 일을 하였는가? ·정부에서는 어떤 일을 하였는가? ·그와 같은 IMF의 피해를 되풀이하지 않기 위하여 어떤 노력을 하고 있는가?	20′	■신문, 잡지, 인터뷰를 위한 자료(녹음기, 필기도구, 인터뷰 계획서) ■인터넷 자료 *인터넷 검색 학습 시 교사가 미리 검색한 후 사이트를 알려주도록 한다. http://www.kpf.or.kr(한국언론재단)
정리	○**경제 발전을 위해 우리가 할 수 있는 일 알아보기** ·경제를 발전시키기 위해 어떤 일들을 할 수 있을까요? ○**형성평가** ·경제 발전을 위해 우리가 할 수 있는 일은?	10′	학습지 (생각해 봅시다)

단원 및 제재	1-(2) 세계로 뻗어 가는 우리 경제 ① 세계 속의 우리 경제		
학습주제	우리나라와 세계 여러 나라의 무역		
학습목표	우리나라 수출품의 변화와 무역 활동을 알 수 있다.		
학습자료	신문, 인터넷 자료, 무역 통계 자료, 실물화상기, OHP 자료		
학습단계	교수-학습 활동	시량	자료 및 유의점
도입	○ **무역의 필요성 알아보기** · 나라와 나라 간에 무역이 필요한 까닭 알아보기 · 자원이 풍부한 나라와 자원이 부족한 나라의 경제 모습 알아보기	10′	■ 실물화상기, OHP 자료
전개	○ **우리나라와 세계 여러 나라와의 무역 조사하기** · 상품의 원산지 표시하기 　-원재료 원산지 표시하기 　-완제품 원산지 표시하기 · 우리나라 수출품의 변화 알아보기 　-수출품의 특징 알아보기 · 시대에 따라 우리나라의 무역이 어떻게 변화했는지 알아보기 　-국가별 수출, 수입 실적 그래프 그리기 　-주요 수출, 수입 대상 국가 알아보기 　-나라 수출 상품의 변화 알아보기 　-우리나라 수입 상품의 변화 살펴보기 ○ **우리나라 무역의 특징** · 수출의 특징 이야기하기 · 수입의 특징 이야기하기	20′	■ 무역 통계 자료 ■ 신문, 잡지, 방송 자료 · 인터넷 자료 http://www.nso. go.kr(통계청)
정리	○ **우리나라 무역의 특징을 정리하고 무역의 문제점 알아보기** · 수출과 수입의 특징과 문제점 ○ **형성 평가** · 우리나라 무역의 필요성을 알 수 있는가? · 우리나라 무역의 특징을 말할 수 있는가?	10′	학습지 (생각해 봅시다)

02

다중지능을 활용한 소집단 협동학습이 초등학교 아동의 자기주도적 학습능력 및 파지에 미치는 효과

I. 서론

1. 연구의 필요성 및 목적

근래 우리 사회는 급격한 변화를 겪고 있다. 그것은 교육의 장에서도 예외가 아니었다. 특히 21세기에 들어서 교육현장을 둘러싼 주변 환경이 두드러지게 변모하고 있어 교사·학생·학부모 등 이에 관계된 사람들을 당혹케 하고 있다. 그러한 변화의 움직임은 기본적으로 사회의 민주화 풍토에 토대하고 있는데, 기존의 교육활동과 그 의미에 대하여 깊은 성찰과 바람직한 방향의 모색을 전제로 한 움직임이라 하겠다. 교육의 목표, 교육의 내용, 교육의 방법, 교육의 평가 등에 대한 접근이 제기되고 있다. 가장 큰 변화는 초등교육에서 학습자가 주체적으로 실생활에 참여할 수 있도록 교육활동이 적극적으로 이루어져야 한다는 사회적 공감대의 형성이다.

그로 인해 다양한 학습자의 양상을 고려하여 학교 교육이 개인이 타고난 능력을 최대한 개발하여 발휘할 수 있도록 개인의 능력에 따라 적합한 교육을 실천하고자 교육과정에서는 수준별 교육과정을 추구하고 있다. 그렇지만 학교현장에서의 교실모습은 교육과정의 본래 취지를 제대로 반영하고 있지 못하다. 개개인이 가지고 있는 기능과 능력이 지적인 학습활동만이 강조되어, 내적 동기가 다양화되지 못하고 그로 인해 자신에게 적합한 학습방법을 파악하지 못하는 결과를 가져오게 된다. 이는 결국 초등학교 아동의 자기능력 개발에 있어 심한 왜곡과 패배감을 주어 학습부진의 쳇바퀴에서 스스로 헤어나오지 못하게 되는 가능성을 낳고 있다.

최근 들어 초등학교 현장에서는 학습자를 지적인 측면에서만 평가하여 교육적 성취를 예언하는 일은 잠재 능력의 계발에 크나큰 손실을 초래한다는 비판이 대두되면서, 학습전략의 다각적인 접근과 학습자의 지능적 요인을 충분이 활용하여 학업성취도를 신장시키는 교육을 활성화해야 한다는 분위기가 고조되고 있다. 또한 자기주도적 학습의 궁극적인 목표 역시 타인에 의한 수동적인 학습보다는 자신만의 학습전략을 스스로 터득하여 이를 자신의 학업동기에 반영할 수 있어야 함을 시사하고 있다.

이러한 관점에서 볼 때, 다중지능(Multiple Intelligences: MI) 이론은 아동이 가진 8가지 지능을 활용하여 학습 성취의 가능성을 제시함으로써 아동들의 잠재력을 개발하고 학습 효율을 향상시키는 데 많은 교육적 시사점을 주고 있다. Gardner(1983, 1993, 1999)는 수많은 연구를 거쳐 지능을 전통적인 지능관인 일반지능의 차원을 뛰어넘어 논리수학지능, 언어지능, 음악지능, 공간지능, 신체운동지능, 대인지능, 자성지능, 자연지능의 영역까지 확대하여 설명하였고, 이 각각의 지능은 개인마다 다른 조합을 형성하고 있으므로 개개인의 지능과 능력은 상당히 다르다고 주장하였다. 또한 이 점을 인정하고 개개인 학생의 능력과 소질을 잘 판단해 내어 그들에게 가장 적합한 교육과정과 최적의 교수방법을 적용해야 함을 강조하였다. 다중지능 이론에 의하면 개인은 누구나 최소한 하나의 특정 분야에 남다른 재능을 가지고 있으며 이러한 재능을 이용하여 학습을 하게 되면 성공적으로 학습할 수 있다는 교육철학과 믿음을 갖고 있다. 즉, 모든 인간은 나름대로의 장단점을 포함한 지능 프로필을 나타내며, 이것으로 곧 그 사람의 학습유형을 설명할 수 있다고 본다. 다중지능 활용을 통한 학습전략은 이러한 논리를 바탕으로 학생들이 지니고 있는 다양한 지능의 구성형태를 이해하고, 개인의 독특한 학습유형으로

적용하여 학습자 스스로 개인의 지능적 특성에 기초한 학습전략을 전개해 나가고
자 하는 것이다(문용린, 2004).

그리고 다중지능은 학습 집단의 구성원을 소집단으로 구성할 때에 더욱 효과
성을 드러낼 수 있다. 즉, 능력의 우열이 아니라 서로 다른 강점을 가진 학생들로
소집단을 구성할 때에 더욱 효과적이라는 것이다. 다중지능을 활용한 소집단 협
동학습 전략은 지능과 교수전략을 학생들이 가장 효율적으로 학습할 수 있는 방
법으로 연계하여, 초등학교 아동의 심적 성취동기를 고양시키고 개인의 독특한
학습방법을 이해하고 실천하여 학업성취를 신장시키고자 하는 것이다.

이 연구는 Gardner의 다중지능 이론에 기반을 두고 다중지능을 활용한 소집단
협동학습 모형을 개발함과 동시에 이를 수업사태에 적용하여 그 효과성 및 교육
적 결과를 검증해 보고자 한다. 즉, 이 연구는 기존의 다양한 다중지능 이론에 기초
한 모형들과 다중지능 프로필이 상호 보완적인 관계 속에서 자기주도적 학습능력
을 신장하는 데 적합한 학습모형이 될 수 있다는 전제하에 '다중지능을 활용한 소
집단 협동학습 모형'을 개발하는 목적을 지향하고 있다. 또한 이 연구는 개발된 수
업모형의 효과성이 일반적인 수업방법과의 비교를 통해 학생의 자기주도적인 학습
능력과 기억의 파지 측면에서의 효과가 어떻게 나타나는지를 밝혀 보고자 한다.

2. 연구의 문제

이 연구에서 밝히고자 하는 연구문제는 다음과 같다.
가. 초등학교 아동의 다중지능을 활용한 소집단 협동학습 모형을 어떻게 개발
　　할 것인가?
나. 다중지능을 활용한 수업활동은 자기주도적 학습능력에 어떠한 영향을 미치
　　는가?
다. 다중지능을 활용한 수업활동은 파지에 어떠한 영향을 미치는가?

3. 용어의 정의

가. 다중지능

다중지능은 언어, 논리·수리, 공간, 음악, 대인관계 등 9개의 지능영역을 첨가한 Gardner의 다중지능 이론을 전제하여, 자신의 지능 프로필에서 보다 높은 지수로 나타나는 지능을 의미한다.

본 연구에서 초등학교 아동의 다중지능 측정도구로는 문용린(2002)이 개발한 초등학생용 MI(Multiple Intelligence) 검사 도구를 사용하여 다중지능을 측정하고 다중지능을 변별해 내었다.

나. 소집단 협동학습

소집단 협동학습은 '소규모로 구성된 학습 집단이 구성원 간의 협동적 상호작용을 통해 공동의 학습 목표를 달성함으로써 집단원 모두에게 유익한 학습 효과를 얻게 하는 수업 전략(손병노, 1996)'이다.

본 연구에서 소집단 협동학습은 다중지능을 활용한 수업을 전개하기 위하여 전략적으로 구성한 학습형태로, 유사한 강점지능을 지닌 학습자들로 5~6명으로 조직하여 상호 협력을 통하여 공동의 학습활동 목표를 성취하는 학습전략을 말한다.

다. 자기주도적 학습능력

자기주도적 학습능력은 다중지능 활용 수업 활동을 전개하면서, 학습자가 자신의 흥미, 적성 등에 따라 스스로 학습할 목표를 선정하는 데 참여하여 선행 경험을 중심으로 능동적인 학습태도를 가지고, 목표를 달성하기 위하여 필요한 여러 가지 자원을 찾아 문제를 해결하고, 학습의 결과를 평가하는 학습자의 적극적인 태도와 책임을 다할 수 있는 능력을 의미한다.

본 연구에서 학습자의 자기주도적 학습능력이란 Guglielmino(1977)가 개발한 자기주도적 학습 준비도 척도(SDLRS: Self-Directed Learning Readiness Scale)를 초등학생 수준에 맞게 수정한 간편 검사지를 통하여 측정된 결과를 말한다.

라. 파지

파지는 학습자가 학습한 내용을 인지한 후 일정한 기간이 지난 후에 재인지할 수 있는 능력을 말한다. 즉, 개념을 기억하는 능력과 기억된 개념들을 주제에 맞게 구분할 수 있는 능력, 재인한 개념들을 활용할 수 있는 능력을 말하는 것이다. 본 연구에서는 연구자가 개발한 통합적 마인드맵 학습지를 통하여 학습자가 사전검사와 사후검사에서 재인지와 개념 간의 관계형성 정도를 관찰하여 획득된 결과를 말한다.

4. 연구의 제한

이 연구는 다음과 같은 제한점이 있어 일반화하기에는 제약이 따른다.

첫째, 이 연구의 대상은 인천광역시 남구 소재 Y초등학교 6학년 2개 반 총 82명으로 한정되어 있기 때문에 전체 초등학생에게 일반화시키기에는 한계가 있다.

둘째, 이 연구에서 다중지능을 활용한 교수 학습을 통합적으로 편성하여 16차시 수업을 4주간 운영하였으며, 비교집단 또한 같은 시간을 운영하였으나 각 집단마다 다른 교수자의 교수능력의 차이에 따라서 연구결과에 영향을 미칠 수 있다.

Ⅱ. 이론적 배경

이론적 배경에서는 다중지능의 활용을 통한 수업모형의 개발과 연구문제에 따른 연구 가설을 확립하기 위한 이론적 근거를 고찰하고자 한다. 이에 다중지능 이론을 살펴보고, 소집단 협동학습 및 자기주도적 학습능력에 대한 이론적 연구를 살폈다. 이를 통하여 다중지능, 소집단 협동학습, 자기주도적 학습능력, 파지능력의 이론적 배경을 고찰해 보고자 한다.

1. 다중지능 이론

가. 지능 이해를 위한 새로운 패러다임

1904년 학습자에게 학습의 실패 가능성을 판단하고 교정 교육을 위하여 비네가 처음 지능검사를 만든 이후, 많은 지능에 대한 연구가 진행되었고, 그 후 80여 년 동안 수많은 교육기관에서 학생들을 대상으로 연구에 관련한 지능검사가 실시되었다. 그러나 이 검사는 검사 상황 밖에 존재하는 인간의 다양한 지적 능력을 측정할 수 없으며, 인간의 지적능력을 학업성취를 예언할 수 있는 능력으로만 제한시킴으로써 다양한 상황에서 나타나는 인간의 중요한 문제해결능력을 무시하며, 인간의 인지능력이 발달하고 변화하는 것에 거의 관심을 두지 않고 있다(Anderson, 1992; 김상권, 1999에서 재인용)는 비판을 받아왔다. 또한 학교나 기업에서 IQ 검사를 통하여 인간 능력의 극히 일부분만을 측정하고 모든 인간을 단일능력으로 서열화하게 되는 엄청난 부작용을 초래하기도 하였다.

그러나 학습자의 지적 특성을 IQ라는 일반지능으로 파악하고자 했던 전통적인 지능의 개념에 작은 혁명이 일어났다. 그것은 1983년에 출판된 Gardner(1983)의 『정신의 구조: 다중지능 이론(Frames of Mind: The Theory of Multiple Intelligences)』이라는 책을 통하여 시작되었다. 그는 기존의 문화가 지능을 너무 좁게 해석하고 있다고 전제하고, 책명에서 알 수 있듯이 일반지능과 같은 단일한 능력이 아니라 다수의 능력이 인간의 지능을 구성하고 있으며, 이러한 능력들도 상대적 중요성은 동일하다고 가정하였다. Gardner는 IQ 점수가 함축하고 있는 의미보다 넓은 시각에서 인간의 잠재적 능력을 탐구하고자 하면서, 지능을 "문화 속에서 가치가 부여된 문제를 해결하거나 결과물을 창출하는 능력(An intelligence is the ability to solve problems, or to create products, that are a valued within one or more cultural settings)"으로 정의하였다(Gardner, 1983. 60~61면에서 재인용).

전통적인 IQ 개념은 학교 내에서 특별한 가치가 부여된 지식이나 기능에 초점이 맞추어져 있지만, Gardner의 정의는 이보다 훨씬 넓은 범위에 걸쳐 있다. 지능의 정의 속에서 말하는 "결과물을 창출"한다는 것은 하얀 화판에다 사람의 감정을 자아내는 그림을 그리는 것도 될 수 있으며, 또는 어떤 집단이 어떤 문제에 대해 아무런 합의점을 찾아내지 못할 때 그 집단을 잘 이끌어 합의점에 도달하는 것이 될 수도 있다. "문제를 해결하거나 결과물을 창출한다"는 것은 하나의 실용적인 접근으로서 실생활 상황에서 어떤 능력을 사용한다는 것에 초점이 맞추어져 있다고 그는 주장하였다.

Gardner(1983)가 초기에 다중지능으로 제시한 인간의 능력은 음악적 능력(musical intelligence), 신체-운동적 지능(bodily-kinesthetic intelligence), 논리-수학적 지능(logical-mathematical intelligence), 언어적 지능(linguistic intelligence), 공간적 지능(spatial intelligence), 대인관계 지능(interpersonal intelligence), 그리고 자기이해 지능(intrapersonal intelligence)의 일곱 가지였다. 그러나 아직은 초기 단계에 있는 다중지능 이론이기에, 그 이외에 있을 수 있는 다른 지능을 결코 배제하지는 않았다. 최근에는 여덟 번째 지능인 자연탐구 지능(naturalist intelligence)을 새롭게 목록에 첨가하였고, 아홉 번째로 존재 상태에 도달하려는 능력인 실존적 지능 혹은 영성적 지능(existential intelligence)을 제기하기도 했지만, 지능의 준거로 인정받기에는 확장성과 현상의 다양성이 아직은 복잡하기 때문에 아직 널리 인정되지는 않았다.

지금까지 알려진 실존적 지능을 포함한 아홉 가지 다중지능을 자세히 살펴보면 다음과 같다.

첫째, 언어적 지능(linguistic intelligence)은 언어를 구사할 때 또는 글을 쓸 때, 단어를 효과적으로 사용할 수 있는 능력을 말한다. 이 지능에는 구문론, 즉, 언어의 구조, 음성학, 즉, 언어의 소리, 의미론, 즉, 언어의 의미를 다루는 능력 그리고 실용적 차원, 즉, 언어의 실제적 사용이 포함된다. 언어의 실제적 사용에는 다른 사람들이 특정한 방식으로 행동하도록 하기 위하여 언어를 이용하는 것이나 정보를 기억하기 위하여 언어를 이용하는 것, 언어에 대하여 이야기하기 위하여 언어를 이용하는 것 등을 말할 수 있다.

둘째, 논리-수학적 지능(logical-mathematical intelligence)은 숫자를 효과적으로 이용하는 능력과 추론을 잘하는 능력을 말한다. 이 지능에는 논리적 패턴과 관계, 진술과 명제, 기능 그리고 그 외의 추상적 관련에 대한 민감성이 포함된다. 논리-수학적 지능과 관련된 사고과정에는 범주화, 분류, 추론, 일반화, 계산 그리고 가설검증이 포함된다.

셋째, 공간적 지능(spacial intelligence)은 시각적-공간적 세계를 정확히 지각하는 능력과 이러한 지각을 근거로 변형하는 능력을 가리킨다. 이 지능에는 색깔, 선, 모양, 형태, 공간 그리고 이 요소들의 관계에 대한 민감성을 포함한다. 또한 이 지능에는 시각화하는 능력, 시각적 또는 공간적 아이디어를 그림으로 나타내는 능력 그리고 공간적 기반에서 적절히 적응하는 능력을 포함된다.

넷째, 신체 운동적 지능(bodily-kinesthetic intelligence)은 아이디어나 느낌을 표현하기 위하여 몸 전체를 이용하는 면에서의 전문적 능력, 사물을 만들고 변형하기 위하여 손을 이용하는 재능이 포함된다. 이 지능에는 자기감응능력, 촉감과 관련된 능력과 함께 조절, 균형, 기민성, 힘, 유연성, 속도가 포함된다. 신체적 움직임을 통하여 아동은 인지적 발달은 경험하게 되며, 신체-운동적 지식은 지능의 여러 가지 준거를 충족시킨다. 무언극을 하거나 테니스를 치는 것은 수학문제를 푸는 것과는 다르나, 무용으로 감정을 표현한다던가, 스포츠로 게임을 하거나 발명품을 만들어 냄으로써 새로운 것을 창조하는 능력은 신체의 인지적 사용의 형태로 문제해결능력으로 간주되어야 한다.

다섯째, 음악적 지능(musical intelligence)은 음악적 형태를 지각하고, 변별하고,

변형하고, 표현할 수 있는 능력을 말한다. 이 지능에는 악곡의 리듬, 음의 고저, 즉, 멜로디, 음색에 대한 민감성이 포함된다. 개인은 음악에 대하여 형상적, 하향식으로 이해하거나, 공식적 또는 상향식으로 이해하거나 또는 두 가지 방식을 다 이용하여 이해할 수 있다.

여섯째, 대인관계 지능(Interpersonal Intelligence)은 다른 사람의 기분, 의도, 동기, 느낌을 지각하고 구분하는 능력을 가리킨다. 이 대인관계 지능에는 얼굴표정, 음성, 몸짓에 대한 민감성, 다양한 종류의 대인관계에 관한 암시를 구분하는 능력, 실용적인 면에서 그러한 집단이 어떤 행동 방향을 따르도록 영향력을 행사하기 위한 암시를 효과적으로 이용하는 능력이 포함된다. 대인관계 지능은 유능한 성인이 다른 사람의 잘 드러나지 않는 의도, 욕구를 알아낼 수 있게 하는 능력이다. 오늘날 사회에서 중시되는 지도성, 집단응집력, 조직력 등은 이 지능에 해당한다.

일곱째, 개인이해 지능(Intrapersonal Intelligence)은 자신을 알고, 이를 근거로 적응하는 행동을 하는 능력을 가리킨다. 이 개인이해 지능에는 자신의 장점과 단점을 정확히 아는 것, 즉, 자신의 내적 기분, 의도, 동기, 기질, 욕구에 대한 의식, 자기훈련, 자기이해, 자기존중의 능력이 포함된다. 개인적 지능인 개인이해 지능과 대인관계 지능은 둘 다 개인과 인간의 의미에 대한 문제를 해결하기 위한 노력으로 특징지어진다. 자신에 대한 개인적인 감각은 개인에 관한 모든 종류의 정보를 나타내는 상징인 동시에 개인이 자기 자신을 구성해 내는 상징이다. 또한 개인적인 지능에는 문화가 중요한 역할을 한다. 개인적 지능은 문화의 상징적인 체계를 이용하고 학습함으로써 그 특징적인 형태를 갖게 된다.

여덟째, 자연주의자적 지능(Naturalist Intelligence)은 살아 있는 것을 구분하는 능력, 자연계의 여러 특성에 대한 민감성을 가리킨다. 이 지능은 사냥꾼, 수집가, 환경에 관련한 직업에서 중요하였고, 동식물학자나 주방장의 역할에서 중요한 위치를 차지하고 있다. 또한 대부분의 소비사회에서는 다양한 자동차들, 화장품들 등을 구분할 때 드러나는 자연이해 지능이 이용되고 있다. 수학의 기하 분야에서 중시되는 테셀레이션과 같은 패턴 인식도 자연이해 기능에 근거하고 있을 수 있다.

아홉째, 실존 지능(Spiritual Intelligence)으로 저음에는 영적 지능으로 불렸던 것으로 인간의 존재 이유, 생과 사의 문제, 희로애락, 인간의 본성, 가치 등 철학적인, 어떤 의미에서는 상당히 종교적인 사고를 할 수 있는 능력이다. 그러나 현상이 매우 복잡하고 다른 8개의 지능의 준거와 거리가 다소 있는 이 지능은 뇌에 해당 부위가 없을 뿐 아니라 아동기에는 이 지능이 거의 나타나지 않기 때문에 다른 8가지 지능과는 달리 반쪽 지능으로 간주한다.

위의 8가지 지능(실존지능을 제외한)은 모든 사람에게 어느 정도는 다 있으나 나타나는 정도는 사람마다 다르다. 그래서 다중지능 이론은 교육과 훈련 등을 통해 누구나 8가지 지능을 일정한 수준까지 계발할 수가 있다고 본다. 즉, 교육 환경과 개인적인 노력, 사회적 여건 등이 잘 주어진다면 비교적 높은 수준까지 각 지능을 계발할 수 있다는 것이다(문용린, 2004: 55).

나. 다중지능 이론의 주요 전제

다중지능 이론의 지능적 변인과 교육학의 관점에서 볼 때 다중지능의 주요 전제는 다음과 같이 네 가지로 정리될 수 있다. 여기서 실존적 지능은 최근에 연구가 진행되고 있으므로, Armstrong의 전제에는 포함되지 않는다(Armstrong, 1994. 전윤식·강영심 역, 1999: 35~37).

첫째, 모든 개개인은 모든 지능을 가지고 있다. 이 이론은 어떤 사람에게 맞는 한 가지 지능을 결정하기 위하여 제시된 이론은 아니다. 하나의 인지적 기능에 관한 이론으로서 모든 개개인이 정도의 차이가 나겠지만 이 여덟 가지 지능을 모두 갖고 있다고 보며, 여덟 가지 지능이 통합적이고 독특한 방식을 가진 한 사람을 형성한다는 것이다. 그래서 Leonardo da Vinci처럼 조각·건축·토목·수학·과학·음악에 이르기까지 모든 분야에 재능을 보이거나, 골프선수 박세리처럼 한 가지 지능이 다른 지능에 비해 특히 우수할 수도 있다. 그렇다고 박세리 선수가 신체-운동적 지능만 우수하다는 것은 아니다. 그는 상대 선수의 퍼팅을 잘 읽어낼 수 있는 공간적 지능이나 자신이 위기에 처했을 때 자신을 이해하고 통제할 수 있는 자기이해 지능, 풍속과 날씨에 따른 스윙과 힘의 분배 등을 계산해 내는 논리-수학적 지능이 남들보다 뛰어날 수도 있다.

둘째, 모든 사람은 각각의 지능을 적절한 어떤 수준까지 개발시킬 수 있다. Gardner는 사실상 모든 사람들이, 만약 적절한 여건만 주어진다면, 비교적 높은 수준의 성취를 할 수 있다고 주장하였다. Gardner가 예로 든 것은 Suzuki 재능교육 프로그램이다. 이 프로그램의 창시자이자 바이올리니스트, 교육자, 철학자, 인간주의자인 Shinichi Suzuki는 지난 반세기 동안 일본에서뿐만 아니라 세계적으로 음악 교육에 영향을 끼쳐 왔다. 특히, 그는 "음악적 재능은 타고난 것이 아니라 계발될 수 있다"는 믿음을 가졌고, 누구든지 적절하게 교육을 받으면 음악적 능력을 향상시킬 수 있다고 주장하였고, 이를 실천함으로써 증명하였다. 아마 특기·적성 교육의 성공을 보여준 가장 시범적인 예라고 할 수 있다.

셋째, 여덟 가지 지능들은 여러 가지 복잡한 방식으로 함께 작용한다. 지능들은 항상 서로 교류하면서 작용한다. 예를 들어 요리를 한다고 할 때에 먼저 요리법을 읽어야 하고(언어적 지능), 이때 요리를 몇 단계로 나눌 때도 있고(논리-수학적 지능), 가족의 모든 사람의 취향을 고려해야 하고(대인관계 지능), 이뿐만 아니라 자신만이 잘 창출해 내는 맛을 자아내게 해야 한다(자기이해 지능). 축구나 야구처럼 운동 경기를 고려할 때도 이와 같은 예는 너무나 많다. 여기서 말하고자 하는 것은 다중지능 이론에서 각 지능의 특성을 살펴보고 이를 효율적으로 학습하는 방법을 모색하고자 하는 것이지 이들을 각각으로 분리하여 어떤 특출한 하나만을 집중적으로 계발하자는 것은 아니다. 왜냐하면 이들 여러 지능들은 서로 협응하여 작용하기 때문이다.

넷째, 각 지능 영역 내에서도 그 지능을 향상시킬 수 있는 많은 방법들이 있다는 것이다. 어떤 지능 영역에 있어서 지능적이라고 간주되어질 수 있는 한 가지 표준화된 특성은 없다. 어떤 사람은 읽지는 못하지만, 이야기를 참 잘하거나 다양한 어휘를 갖고 있는 경우도 있다. 운동장에서 달리기는 못하지만, 기민한 행동을 요하는 작업은 잘하는 사람도 있다. 다중지능 이론은 개개인이 가진 독특한 지능을 발휘할 수 있도록 다양하고 풍부한 방법을 추구할 뿐만 아니라 각 지능들 사이의 관계를 통한 지능 향상 방법을 추구한다.

2. 소집단 협동학습

가. 소집단 협동학습의 개념

협동학습은 학급 내에 존재하는 집단역동성을 중심으로 전개해 나가는 교수-학습 전략이다. 이는 어떤 교과나 학년 수준에서도 사용될 수 있는 교수법들의 집합체로서 학생들이 전통적 교실에서처럼 경쟁적, 개별적으로 학습하기보다는 집단의 목표나 집단과제의 해결을 위해 다 함께 학습하는 방법이다.

Slavin(1991)은 협동학습(cooperative learning)이란 학생들이 공통의 과제를 함께 공부하고 서로 격려하는 일단의 수업방법이라고 하면서, 이것이 동료교수법과 비슷한 점이 있으나 고정된 강사와 학생이 따로 없고, 다루어야 할 정보가 학생보다는 교사에 의해서 주로 제시된다는 점에서 구별된다고 하였다.

이러한 의견을 종합할 때 협동학습이란 단순한 소집단 학습이 아니라 소집단의 구성원들의 상호작용을 통해 공동으로 과제를 해결하는 수업을 말한다. 많은 사람들이 협동학습을 전통 조별학습과 혼동하는 경우가 있는데 사실 협동학습은 전통 조별학습과도 다르다. 협동학습 학자들은 '구조화'되지 않은 '전통 조별학습'을 '협동학습'과 대비되는 개념으로 명확하게 구분한다. 전통 조별학습과 협동학습의 차이점은 곧 협동학습의 특징이면서 동시에 협동학습의 원리로 작용하기도 한다. 다음 도표는 협동학습과 전통 조별학습의 차이점을 명확하게 나타낸다 (Johnson & Johnson, 1994).

<표 2-1> 협동학습과 조별학습의 차이점 비교

구분	협동학습	전통 조별학습
긍정적인 상호의존성	있음	없음
개인적 책임	있음	없음
구성원의 성격	이질성	동질성
리더십	공유	한 사람이 리더가 됨
책임	서로에 대한 책임	자신에 대한 책임
과제와 구성원	과제와 구성원과의 관계지속성 강조	과제만 강조
사회적 기술	직접 배움	배우지 않음
교사 역할	교사의 관찰과 개입	교사는 집단의 기능에 무관심함
소집단 활동	활발함	활발하지 못함

전통적인 소집단활동과는 상이한 개념을 가진 소집단 협동학습은 '소규모로 구성된 학습 집단이 구성원 간의 협동적 상호작용을 통해 공동의 학습 목표를 달성함으로써 집단원 모두에게 유익한 학습 효과를 얻게 하는 수업 전략'이다.

성공적인 소집단 협동학습을 위해서는 소집단 협동학습의 구성 요소를 잘 활용하고, 절차와 학습 과정을 숙지해야 한다. 소집단 협동학습의 절차와 학습과정을 표로 나타내면 다음과 같다.

<표 2-2> 소집단 협동학습의 절차

단계	절차	학습 과정
1단계	협동학습의 소집단 구성	4~5명으로 소집단 구성
2단계	협동학습의 체계화	주제와 하위주제의 설정, 교사의 역할 및 학생의 역할 부여
3단계	협동학습의 기술 훈련	의사소통 기술, 토론 기술
4단계	시간 계획 수립 및 협동학습안 작성	본시의 수업목표제시 및 소집단별 하위과제 제시
5단계	협동학습 실행	협동학습 유형-상황에 따라 직소, 함께 학습하기, 집단조사, 팀 경쟁학습, 팀 보조 개별학습 등을 선택
6단계	협동학습의 평가 및 보상	실행한 학습 성과에 대한 정리
7단계	차시 예고 및 협동학습 종합 토의	학습의 정리

다양한 협동학습 모형들은 각기 독특한 구조를 가지고 있으나 긍정적 상호작용을 유도할 수 있는 공통적인 특징들을 정리해 보면 다음과 같다.

첫째, 수업에 있어서 주어지는 목표가 구체적이고 각 학생들은 목표 인식도가 높다.

둘째, 학습자는 긍정적 상호의존성이 있다.

셋째, 대면적 상호작용이 있다.

넷째, 개별적 책무성이 있다. 협동학습에서 집단구성원 개개인은 다른 구성원에 대해 개인적인 의무와 책임을 가지고 있다.

다섯째, 집단의 추구해야 할 목표(집단 보상)가 있다.

여섯째, 이질적인 팀 구성을 특징으로 한다. 동료 간의 상호작용을 활발하게 하기 위해서는 한 팀을 이루는 구성원의 질이 다양해야 한다.

일곱째, 집단 과정을 매우 중시한다. 한 수업이 끝났거나, 한 과제가 끝났을 때 반드시 자신들의 활동을 반성하는 시간을 갖게 한다.

여덟째, 충분한 학습시간을 제공한다.

아홉째, 성공의 기회가 균등하다.

마지막으로, 과제의 세분화이다. 소집단 내의 각 구성원들이 과제를 분담하게 함으로써 모든 학습자들이 협동학습에 참여하게 하는 효과를 가져온다.

이러한 협동학습의 특징은 협동학습의 종류에 관계없이 구성원 사이의 상호작용을 최대화시키는 역할을 하며 이런 특징이 많이 반영된 협동학습 모형이 더 좋은 효과를 나타낸다.

3. 자기주도적 학습능력

가. 자기주도적 학습능력의 개념 및 특성

자기주도적 학습이란 하나의 목표 지향적인 복합적인 활동이며, 학습자 자신의 의식적인 지시와 규율 아래 이루어지는 활동을 뜻한다. 자기주도적 학습(self-directed learning), 자기조절 학습(self-regulated learning), 자기 학습(self-learning), 자기 교육력(self-educational power)이라는 용어들이 있으며, 이 중에서 자기주도적 학습이라는 용어가 가장 널리 사용되고 있다. 자기주도적 학습은 평생교육 분야에서 가장 빈번히 연구되는 주제로서 학자의 관점에 따라서 다른 방식과 정의를 제시하고 있다.

자기주도적 학습에 대한 여러 학자들의 정의를 살펴보면, 다음과 같다.

자기주도적 학습이란 학습자가 교사 또는 타인의 도움에 관계없이 스스로 학습에 있어서 주도권을 가지고 학습의 필요성을 진단하여, 학습의 목표를 설정하고 도움이 될 만한 인적·물적 자원을 밝혀내어 적절한 학습전략을 선택·적용시켜, 그 학습의 결과를 평가하는 과정이라고 설명하였다(Knowles, 1975).

'자기주도적 학습이란 개인적으로 주도되는 유목적적·지적 과정으로서 필요한 정보를 밝혀내고 찾는 인지행동의 과정'으로 보고 제도적 관련성, 개인적 책임과 선택, 개인적 특성, 교수방법이나 기술 또는 학습의 과정적인 제반요인들을 충분히 고려하여야 함을 강조하였다(Long, 1989).

'자기주도적 학습이란 자신의 학습욕구진단, 학습목표설정, 학습을 위한 인적 및 물적 자원파악, 적절한 학습전략의 선택 및 실행, 학습결과의 평가 등에 다른 사람의 도움을 받거나 혹은 받지 않고 개인이 주도권을 가지는 과정'이라고 한다(차갑부, 1997).

따라서 자기주도적 학습은 교사와 동료들과 함께 배워 가는 가운데서 학습능력을 키우고 다른 사람과의 만남을 통해 자기 학습 요소인 즐거움과 기쁨을 맛보게 되는 적극적인 의미까지 포함한다. 자기주도적 학습은 고립된 학습 과정이 아니라 학생, 교사, 동료의 협조와 지원이 필요한 것이다. 즉, 자기주도적 학습은 학습활동의 주도성을 학습자 스스로 가질 수 있도록 주위에서 조언과 협력을 아끼지 말아야 한다는 것으로 이해하는 것이 타당하다.

다음으로 자기주도적 학습의 정의에 따른 자기주도적 학습능력의 개념을 살펴보면, 학습자 자신을 학습의 모든 과정에서 의사결정과 행동의 주체로 내세우기 때문에 자기주도적 학습은 그 행동의 주체자인 학습자 자신의 그의 내면적, 외면적인 상황을 어떻게 지각하고 해석하는가에 영향을 받는다.

Gugliemino(1977, 정지웅·김지자 역, 1996 재인용)는 자기주도적 학습을 학습자들이 지니고 있는 공통된 특성으로 간주하고 자기주도적 학습 준비도 척도(SDLRS: Self-Directed Learning Readiness Scale)를 개발했는데, 자기주도적 학습자가 지니고 있어야 할 특성으로 여덟 가지를 제시하였다. 이러한 능력을 구체적으로 설명하면 다음과 같다.

첫째, 학습 기회에 대한 개방성이다. 이 특성은 학습에 대한 높은 관심, 항상 학습하려는 태도, 지식의 근원에 대한 탐구심, 애매모호함에 대한 인내심, 자신의 학습에 주어지는 비판을 건설적으로 사용하는 능력, 학습에 대한 지적인 애정, 그리고 학습에 대한 자신의 책임의 자각 등의 내용을 포함하고 있다.

둘째, 효율적인 학습자라는 자아 개념이다. 이 특성은 자기주도적 학습에 대한 확신, 개인적으로 학습 시간을 조직하는 기술, 자기 도야, 활용할 수 있는 자원에 대한 지식 등의 내용을 포함하고 있다.

셋째, 학습에 대한 솔선수범 및 독립심이다. 이 특성은 어려운 문제를 포기하지 않고 열심히 추구함, 자신의 학습 욕구를 수용, 학습 경험을 계획하는 데 참여하는 것을 선호, 혼자 학습할 수 있는 자신의 능력에 대한 믿음, 학습에 대한 애정, 만족할 정도의 읽고 이해하는 능력, 새로운 학습을 계획하여 시작할 수 있는 기술 등의 내용을 포함하고 있다.

넷째, 자신의 학습에 대한 책임감이다. 이 특성은 자신의 지능을 평균 이상으로 지각하고, 관심 있는 주제에 대해서는 진지하게 학습하려는 의지, 교육의 탐색적인 성향에 대한 믿음, 적극적으로 자신의 학습을 계획하려는 욕구, 자신의 학습에 대한 책임, 자신의 학습 진도를 평가하는 기술 등의 내용을 포함하고 있다.

다섯째, 학습에 대한 애정과 열성이다. 이 특성은 지속적으로 학습하는 사람을 존경하고, 학습하려는 강한 욕구를 보이며, 체계적인 학문 탐색을 즐기는 태도 및 가치관 등의 내용을 포함하고 있다.

여섯째, 미래지향적인 자기 이해이다. 이 특성은 평생 학습자라는 자아 개념을 가지고 자신의 미래를 생각하며, 어려운 상황을 문제가 아닌 도전으로 대처하는 능력 등의 내용을 포함하고 있다.

일곱째, 창의성이다. 기존의 방식에 따르지 않고 새로운 방식으로 문제를 해결하며, 이로 인해 발생하는 위험을 감수하고, 하나의 주제에 다양하게 접근할 수 있는 능력 등의 내용을 포함하고 있다.

여덟째, 기본 학습 기능과 문제 해결 기능을 사용하는 능력이다. 이 특성은 학습에서의 위험, 애매함, 복잡함을 인내하는 능력 그리고 직면한 학습 문제를 해결하는 데 사용되는 기술 및 능력 등의 내용을 포함하고 있다.

Skager(1978)는 자기수용성, 계획성, 내재적 동기, 내면화된 평가, 경험에 대한 개방성, 융통성, 자율성 등을 자기주도적 학습능력의 특성으로 제시하였고, Oddi(1986)는 능동적인 학습지향성으로 자기조절적인 행동을 하고 자기주도적으로 지속적인 활동을 적극적으로 행위하고자 하는 욕구(proactive drive), 열린 사고와 변화의 수용, 모호함에 대한 포용력인 인지적 개방성(cognitive openness), 학습활동에 대한 긍정적인 태도를 가지며 사고의 자극을 선호하는 학습에 대한 열의(commitment to learning) 등이라고 제시하였다. 국내의 연구에서 제시하는 '자기주도적 학습능력'은 학습기회에 대한 내적 만족함을 유발하는 '내재적 동기', 학습활동에 대한 주도적인 참여를 가져오는 '자율성', 창의적인 사고를 하게 하는 '창의성', 주어진 학습문제를 해결하는 데 필요한 '문제해결력', 자신의 학습상황이나 행동을 스스로 평가하여 책임지는 '자기평가' 등으로 정의하였고(현정숙, 1999), 자기주도적 학습능력은 지식을 수용할 수 있는 능력과 능동적으로 지식을 창조하는 능력을 내포하고 있다고 하여 관련 요인을 개인의 가치 인식, 지적 호기심, 효능감, 사고력, 지식 이해력, 매체 이해력 등으로 제시하였다(박영태, 1997).

이상에서 살펴본 논의를 토대로 자기주도적 학습능력의 특성을 정리하면 다음과 같다.

첫째, 학습기회에 개방적인 학습자가 학습에 대한 관심과 항상 학습하려는 태도를 가지고 새로운 종류의 활동에 참여할 수 있는 능력이다.

둘째, 학습자로서의 자기 자신에 대해 긍정적인 견해와 자신의 능력에 대한 믿음을 가질 수 있는 능력이다.

셋째, 학습을 외석 보상이나 벌 때문이 아니라 그 활동수행 자체에서 오는 만족감 때문에 수행할 수 있는 능력이다.

넷째, 타인의 의지나 간섭에 따르기보다는 자신의 의지를 표현하며, 스스로를 통제하여 충동에 의하지 않고 자발적으로 학습을 계획·실행하는 능력이다.

다섯째, 어떤 사태에 직면했을 때 새로운 통찰과 사고과정을 거쳐 기존의 것과는 다른 아이디어나 형태, 관계양식 및 해결방법을 산출해 내는 능력이다.

여섯째, 직면한 학습문제를 해결하는 데 사용되는, 문제를 자주적으로 해결할 수 있는 능력이다.

일곱째, 학습자가 학습의 준비에서부터 학습결과의 평가에 이르는 전 과정에 걸쳐 자신의 학습상황이나 행동을 스스로 평가하여 바람직한 결과가 유지되고 발전될 수 있도록 학습방법을 개선하고 조정할 수 있는 능력이다.

자기주도적 학습능력의 위와 같은 특성은 학습자가 학습의 과정에 들어가기 전에 갖추어야 하는 준비도이고, 학습자의 학습결과가 성공적으로 성취될 수 있도록 하는 기반이 된다.

4. 다중지능과 소집단 협동학습과의 관계

소집단 협동학습은 집단의 목표를 달성하기 위하여 활동과정 속에서 구성원 간의 협동적인 상호작용을 중시한다. 그 상호작용에는 개별적 책무성, 긍정적인 상호 의존성, 개별적인 책무성 등이 필요하다. 이러한 통합적인 상호작용을 통하여 그들의 학습활동과 학습의 공유과정을 동기화할 수 있는 것이다.

다중지능을 활용한 소집단은 유사지능의 집단이라는 측면에서 그러한 구성원 간의 상호작용의 근거를 제공할 수 있다. 다중지능은 8가지의 지능을 통하여 학습자 자신이 가진 강점지능을 중심으로 흥미와 성취 욕구를 가지고 학습에 임하기 때문에 긍정적인 상호의존성을 발전시킬 수 있을 것이다. 또한 다중지능을 통한 학습과정에서는 협의를 통하여 학습이 이루어지기 때문에 협동학습의 특징인 개별적인 책무성 요소를 지니고 있다.

다음은 다중지능이 협동학습에 갖는 독특한 역할을 살펴보면, "교실에서의 학습에 다중지능을 응용하여 연구를 진행해온 **David Lazear**는 모든 수준의 협동학습에서 다중지능의 독특한 역할을 확인했다. 예를 들어 논리수학자지능에서 강점을 보이는 학생들로 구성된 집단은 다양한 강점지능을 가진 학생들을 섞어 놓은 집단보다 모둠의 과제를 더욱 효율적으로 끝마칠 수 있었다. 이 동질적인 집단에서의 각 학생들은 각자 역할을 맡아 집단의 성공을 위해 책임을 졌다. 반면 강점지능이 서로 다른 학생들이 모인 집단은 과제를 수행하고 할당된 역할을 책임지는 것을 어려워했다. 이 집단에서 강력한 리더는 출현하지 않았고 구성원들은 각자 나름대로 과제의 몇 가지 부분을 수행했다. 이들은 성공적으로 마치기 위해 자신이 개인적인 노력을 기울였다는 것에 만족했다(문용린, 2004: 200)."

위의 사례는 강점지능별로 조직된 소집단의 효능을 반영하는 것이며, 이점은 협동학습에서의 소집단을 구성하는 방법과 아울러 학습 효과의 배가라는 시사점을 말해 주고 있다.

이처럼 다중지능을 통한 소집단 협동학습은 소집단의 조직과 활동 그리고 평가에 이르기까지 시너지 효과를 제공할 것이며, 협동학습을 통하여 얻을 수 있는 장점과 학생 개개인의 다중지능을 활용하는 학습의 개별성을 동시에 누릴 수 있는 특징을 가질 것이다.

5. 자기주도적 학습능력, 파지 능력에서의 다중지능과 소집단 협동 학습과의 관계

가. 자기주도적 학습능력에서의 다중지능과 소집단 협동학습과의 관계

다중지능 이론은 교육목표, 교육과정과 수업, 평가에서 전통적인 사고와는 다른 개방적인 사고가 가능하게 한다. 이는 학습자를 보다 많은 가능성이 있는 존재로 인식함을 바탕으로 하기 때문에 교육과정, 교수방법에서 다양하고 창의적인 면을 두드러지게 나타낼 수 있다. 때문에 학습자 역시 기존의 학습방법보다 더욱 열린 사고와 높은 가능성으로 접근하게 된다.

자기주도적인 학습은 프로젝트 수업 활동을 전개하면서 학습자가 자신의 흥미, 적성 등에 따라 스스로 학습할 목표를 선정하는 데 참여하여 선행 경험을 중심으로 능동적인 학습태도를 가지고 목표를 달성하기 위하여 필요한 여러 가지 자원을 찾아 문제를 해결하고 학습의 결과를 평가하는 학습자의 적극적인 태도와 책임성을 강조하는 학습을 의미한다. 즉, 전체적인 학습 과정을 학습자가 자발적으로 이끌어 나가는 학습으로 학습 경험을 계획하고, 시행하고, 평가하는 일차적인 책임을 학습자가 맡는 학습 과정을 말하는 것이다. 이 정의에 따르면 자기주도적 학습은 학습 내용보다 탐색의 과정이나 방법에 초점을 두고 있다. 그리고 정지웅·김지자(1996)는 자기주도적 학습 환경 조성에 있어 무엇보다도 중요한 것은 심리적으로 그 공부나 일을 하고 싶도록 만드는 동기 유발이라고 보았다. 자기주도 학습에서의 학습동기는 학습자 스스로 알고자 하는 지적 호기심, 해결하고자 하는 내적 동기 등에 의해서 학습이 진행된다고 보며 자기도 잘해낼 수 있다는 자신감과 남과 다른 어떤 특성을 가지고 잘 해내리라는 긍정적 태도를 갖도록 심리적 분위기를 조성하는 것이 중요하다고 언급하였다.

다중지능을 활용한 학습활동은 학습자 자신의 우수지능을 통하여 학습방법을 발견하고, 이를 실천하는 활동이므로 학습자의 자기주도적 학습 환경을 조성하는 데 최적의 학습방법이라 할 수 있다. 이는 학습자에게 동기유발에 의미 있는 영향을 미칠 것이며 심리적인 요인뿐만 아니라 인지적인 성취도에도 간접·직접적인 효과를 나타낼 것이다.

다중지능을 활용한 학습자 주도적인 교육활동을 설계함에 있어 Campbell(1996)은 교사들이 따라야 할 과정으로 다음과 같은 점을 지적하였다.

첫째, 교실 환경의 설정 문제이다. 교실 환경은 수업 활동의 특성에 따라 소집단, 전체집단, 개별 집단별로 기존의 책상이나 가구를 재배열하는 것으로 한다.

둘째, 단원 점검으로 주제별 교육과정을 개발한다든지 각 단원에 대한 포괄적인 주제를 확인하는 과정이다. 다음으로 가르치기로 계획한 주요 개념이나 기술을 결정하고 나서 접근할 수업 과정이나 평가 방법을 설정해야 한다.

셋째, 바라는 결과를 점검하는 것으로 학생들에게 기대하는 결과물의 원리를 확인해야 하는데 의미 있는 결과물을 통해 의미 있는 교수법을 결정할 수 있기 때문이다.

넷째, 다중지능 이론을 적용한 수업 전략 계획으로 다중지능을 활용한 수업 기법은 학생들이 실행하는 데 필수적인 학습 기술을 제공할 뿐만 아니라, 교사가 학생들에게 제공하기 원하는 내용을 제시한다.

다섯째, 다양한 평가도구 사용으로 다중지능을 활용한 수업에서는 포트폴리오, 노래, 예술작업, 프로젝트에서 사용된 비디오테이프 등 다양한 평가 도구가 사용된다. 또한 평가 전에 학생들은 교사와 동등한 위치에서 적용될 평가 척도와 평가 준거를 설정할 수 있다.

여섯째, 개별 학생의 장점을 확대시킬 계획을 수립하는 것으로 교사는 다양한 활동에 참가하고 있는 학생들을 관찰해야 한다. 학생들이 즐거워하거나, 타인과 논쟁을 하거나, 타인과의 공동 작업을 피하는 활동들에 대해 주목하여야 한다. 그러한 과정을 통해 학생들의 약점을 발견하고 장점으로 변화시킬 방법을 찾아야 하며, 학생들의 장점을 고양시킬 방법을 계획하여야 한다.

이러한 다중지능을 활용한 수업이 학습자의 자기주도적 학습능력에 있어 어떠한 상호 관계를 맺고 있는지 알아보기 위하여 다중지능과 관련한 선행연구를 살펴보고자 한다.

초등학교 5학년을 대상으로 다중지능 이론을 적용한 과학학습을 실시하여 그 효과를 정상적 연구를 통해 분석하였다. 그 결과를 보면 다중지능 활동을 통해 아동의 과학 관련 태도에 많은 변화가 있었다. 그 변화로써 호기심에 대한 정도가 깊어졌고, 타인과 본인에 대한 개방적이고 수용적인 이해 능력이 발달되었으며, 긴 수업시간 동안 집중하는 끈기를 보였다고 하였다. 그리고 무엇보다 학습에 대한 흥미가 많이 향상되었다고 분석하였다. 이는 교수·학습에 있어 중요한 것이 아동의 적극적인 수업참여라고 볼 때, 앞으로의 교수·학습에 다중지능 이론을 적용한 학습을 활용한다면 수업의 효과를 신장시킬 수 있음을 시사한다(김금자, 2000).

"중등학생의 다중시능 분석" 연구에서는 MI 이론에 기조한 수업을 받은 중학생들 중 96.6%의 학생들이 수업을 통해 자신이 새롭게 발견한 능력이 있었다고 응답하는 결과를 보였다. 또한 MI 이론에 기초한 수업은 학생들로 하여금 교사, 과제, 학교에 대해 긍정적 인식을 가지게 하였으며, 수업활동에 대한 지적 호기심을 유발함은 물론 협동적 학습문화를 창출하는 의미 있는 교육적 결과를 나타냈다고 보고하고 있다(김명희·김양분, 1996).

이와 같이 다중지능을 활용한 소집단 협동학습은 동기유발과 흥미를 제공하고, 자신의 장점을 발휘할 수 있는 기회를 제공하여 자기주도적 학습능력의 제 요인에 의미 있는 효과를 제공하는 유용한 학습모형이 될 것이다.

나. 파지 능력에서의 다중지능과 소집단 협동학습과의 관계

이 연구에서 개발·적용한 다중지능을 활용한 소집단 협동학습은 논리 수학적인 지능에 치우친 지능의 개념에서 벗어나 아동의 다중지능을 바탕으로 학습자 본인의 학습전략을 계획함과 동시에 스스로 실천함으로써 학습의 효과를 높이고, 아울러 스스로 학습할 수 있는 능력의 토대를 만드는 데에 그 목적을 두고 있다. 여기서 말하는 학습의 효과는 지식을 재인할 수 있는 파지효과를, 스스로 학습할 수 있는 능력은 자기주도적인 학습능력을 말한다. 이러한 다중지능을 활용한 수업이 학습의 효과성에 있어 어떠한 상호 관계를 맺고 있는지 알아보기 위하여 다중지능과 관련한 선행연구를 살펴보고자 한다.

다중지능의 개인적 지능을 증진시키기 위한 교수·학습 활동을 개발하여 초등학교 1학년 학생을 대상으로 그 효과를 검증하였는데, 실험집단과 통제집단의 사전·사후 분석 결과 대인관계 지능과 개인이해 지능 모두에서 집단 간 유의미한 결과를 보였다. 그리고 이 활동을 통해 학생들은 협조적 관계형성에 발전을 보였고, 타인을 배려하고 이해하는 능력의 발달과 반성적 사고능력 발달, 동료들 간의 상호작용 극대화를 가져왔다고 하였다. 이 연구는 다중지능을 활용한 활동으로 인해 특정 지능을 신장시킬 수 있음을 시사한다. 즉, 아동 개개인이 신장시키고자 원하는 지능은 그 지능을 활용한 다중지능 교수·학습 활동을 통해 신장시킬 수 있다는 가능성을 보여준 연구 결과이다(정태희, 1998).

조선옥(1999)은 초등학생의 성별, 다중지능 수준과 창의성 및 학업성취도와의 관계를 알아보기 위해 초등학교 6학년을 대상으로 연구한 결과 다중지능과 창의성, 다중지능과 학업성취도, 창의성과 학업성취도 사이에 각각 유의한 상관이 있는 것으로 밝혔다.

최정민(2001)은 다중지능과 창의성 및 학업성취도와의 관계를 분석하였는데 다중지능과 창의성 및 학업성취도 간에는 정적 상관이 있는 것으로 밝혔다. 즉, 다중지능이 상위인 아동이 창의성도 높았고, 다중지능의 수준에 따라 학업성취도에 차이가 있었다고 분석했다. 이 연구는 요즘 관심이 많은 창의성에 관련하여 다중지능 이론을 적용한 학습이 창의성 신장에도 영향을 미칠 수 있다는 가능성을 시사한다.

최승천(2001)은 영어과에서 다중지능 이론에 기초한 코너학습이 아동들의 언어능력과 학습 태도 및 흥미에 미치는 효과에 대하여 알아보았다. 이 연구를 통해 얻어진 결론은 다중지능에 기초한 교수-학습은 3학년 학생들의 듣기, 말하기 능력 향상에 효과가 큰 것으로 나타났다. 또 다중지능 이론에 기초한 코너 학습을 적용한 집단이 의사소통 기능 중심의 학습을 적용한 집단에 비해 영어 학습에 대한 흥미와 태도의 고취에 매우 효과적이었다고 보고하고 있다. 그러나 이러한 다중지능 이론을 기초한 코너학습을 효과적으로 적용하기 위해서 각자가 지니고 있는 능력을 발휘하고 발굴해 주는 방향으로 교수-학습 활동이 이루어져야 한다고 제언하였다.

"다중지능 이론에 기초한 수업활동이 초등학교 학생의 학업성취도에 미치는 효과"에서 서울 시내의 한 사립초등학교 1·3·5학년을 대상으로 MI 이론이 적용된 통합교육과정에 기초한 수업을 실시한 결과 실험반이 학업성취도와 탐구력 및 언어적 표현 능력에서 통제반보다 우수함을 나타내어 MI 이론을 적용한 교육과정은 학업성취도를 높일 뿐만 아니라 사회 탐구력 및 언어적 표현능력을 신장시킨다고 결론지었다(손승현, 1998).

이상에서 살펴본 바와 같이 다중지능을 활용한 소집단 협동학습은 아동의 개별적인 지능 프로필을 기반으로 하여 파지능력의 신장뿐만 아니라 학습자 스스로가 학습전략의 구상, 실천 및 동기화에 있어서도 주도성을 지니게 될 수 있을 것이라고 기대한다.

Ⅲ. 연구의 가설

앞에서 살펴본 이론적 배경을 기초로 하여 이 연구에서는 다중지능 활용소집단 협동학습이 초등학교 아동의 자기주도적 학습능력과 파지에 유의미한 효과를 미칠 것이라고 가정하고 연구문제와 관련하여 다음과 같은 연구 가설을 설정하여 검증하고자 하였다.

> 〈가설 1〉 다중지능을 활용한 소집단 협동학습은 자기주도적 학습능력에 유의미한 효과가 있을 것이다.

1-1. 다중지능을 활용한 소집단 협동학습은 자기주도적 학습능력의 하위 요인 (학습기회에 대한 개방성, 효율적인 학습자라는 자아 개념, 학습에의 솔선수범 및 독립심, 자신의 학습에 대한 책임감, 학습에 대한 애정과 열성, 미래지향성, 창의성, 기본학습 기술과 문제해결 기술)에 유의미한 효과가 있을 것이다.

1-2. 일반적인 수업방법은 자기주도적 학습능력에 있어 비교집단의 학습 전후에 유의미한 효과가 있을 것이다.

1-3. 다중지능을 활용한 소집단 협동학습은 자기주도적 학습능력에 있어 실험집단의 학습 전후에 유의미한 효과가 있을 것이다.

<가설 2> 다중지능을 활용한 소집단 협동학습은 파지에 유의미한 효과가 있을 것이다.

2-1. 다중지능을 활용한 소집단 협동학습은 파지의 하위 요인(개념 기억 능력, 주제망 형성 능력, 개념 활용 능력)에 유의미한 효과가 있을 것이다.

2-2. 일반적인 수업방법은 파지에 있어 비교집단의 학습 전후에 유의미한 효과가 있을 것이다.

2-3. 다중지능을 활용한 소집단 협동학습은 파지에 있어 실험집단의 학습 전후에 유의미한 효과가 있을 것이다.

Ⅳ. 다중지능 활용 교수학습 모형 개발

이 연구에서의 '다중지능 활용 소집단 협동학습모형'은 교과 학습에 있어 아동의 자기주도적인 활동의 가능성과 초등학교 6학년 아동의 수준을 고려하여 연구자가 교수학습 프로그램으로 개발하였으며, 프로그램의 처치 효과는 자기주도적 학습능력과 파지의 검사를 통하여 검증하였다.

1. 다중지능 활용 소집단 협동학습 모형 개발

가. 다중지능 활용 소집단 협동학습 모형 개발의 필요성 및 목적

현재 초등사회과 수업에서는 학교현장에서는 단원별 특성에 적합한 다양한 교수 전략과 학습 경험의 제공으로 인하여 협동학습, 개별화 학습이 진행되고 있으나, 이해력 부족, 교과학습 흥미도 저하, 개별화하기 어려운 협동학습의 난점 등의 현상을 보이고 있다. 이 때문에 아동은 협동학습상에서 발생할 수 있는 학습 우수아와 학습 부진아동 간의 학습 점유도 편차, 개별적 성향에 근거하지 않은 학습으로 인하여 사회 교과의 흥미와 이해도가 저하되어 버리기 마련이다. 이러한 관점에서 각 아동의 다중지능을 활용하여 자기주도적 학습양식의 양식을 인지하고, 그러한 자신의 학습양식을 활용하여 자기주도적 학습능력과 파지능력의 신장에 적용시킬 수 있는 있는 능력을 동시에 키울 수 있는 체계적이고 새로운 교수·학습모형이 요구된다.

이에 자기주도적 학습능력과 학업성취의 신장을 효과적으로 꾀하기 위하여, 사회과의 주요 요소들을 기반을 발전적으로 통합하여 다중지능을 활용한 새로운 소집단 협동학습 모형을 개발하였다.

나. 다중지능 활용 교수학습모형 개발의 원칙

지금까지의 다중지능에 관한 이론적 탐색을 통하여 다음과 같은 다중지능 활용 소집단 협동학습 모형 개발 원칙을 설정하였다.

① 학습의 개인차를 고려하여 학습자의 선택권을 확대한다. 도입, 센터활동 그리고 평가에서 자신이 선택하도록 수업과정을 설계한다.

② 다양한 도입점을 마련하여 수업에서의 주요하게 다루어져 수업의 보조적인 측면으로 좀 더 적극적으로 활용한다. 각기 다른 다중지능을 활용할 수 있는 학생들을 고려하는 과정은 다양한 도입점을 설계할 수밖에 없다.

③ 다중지능을 효과적으로 활용할 수 있도록 주제에 따른 활동의 가변성을 고려하였다. 다중지능을 활용한 역동적인 수행과제를 파생시키고, 다양한 입장에서 다양한 해석이 가능한 정보를 얻어 가치를 직접 다룰 수 있다.

④ 다중지능을 활용할 수 있는 평가 장면을 구상하려 하였다. 자신들이 원하는 방식으로 표현할 수 있고 좀 더 그 표현의 폭이 열려 있는 평가 장면을 구성하려 하였다.

위의 개발 원칙에 근거하고 이성은·오은순·성기옥(2003)이 제시한 다중지능의 교수단계를 활용하여 연구자가 다중지능을 활용한 소집단 협동학습모형을 개발하였다.

다. 다중지능 활용 소집단 협동학습 모형의 지도 단계 및 활동 과정

다중지능을 활용한 교수학습모형을 살펴보면 학습자에 대해 지능별로 교수계획을 수립하기 위한 "사전 단계"와 학습자가 학습 공간에서 학습을 수행하는 "활동 과정", 학습의 결과를 피드백하기 위한 "사후 단계"로 구분할 수 있다.

"사전 단계"는 ① 학습단원 및 지도내용 확인, ② 다중지능검사 도구 선정 및 실시, ③ 다중지능 분포 분석, ④ 지능별 교수 설계(목표, 활동, 평가), ⑤ 다중지능 수업 공간의 구성 등의 5단계로 구분되어 있다. 이 단계에서 교수자는 학습자가 원활한 학습을 수행하기 위하여 학습자의 다중지능 프로필을 수집·분석하고 이에 따라 각 차시의 목표를 성취하기 위한 다양한 수업 아이디어를 생성하여 각 지능별 학습활동을 설계한다. 그리고 다중지능 수업활동이 효과적으로 이루어지도록 지능별 활동에 필요한 학습정보와 자료를 충분히 제공할 수 있어야 한다. 또한 다중지능기반 학습을 위해 학습자가 자료를 공유하고 원활히 센터활동을 할 수 있는 수업공간을 제작하여 학습자들에게 학습의 방법과 절차 등을 안내해 주도록 한다.

"활동 과정"은 ① 도입, ② 중심 수업, ③ 지시사항 전달, ④ 센터활동, ⑤ 학습내용의 공유 ⑥ 학습 반성 및 평가(동료평가, 자기 평가), ⑦ 학습정리 등의 7단계로 구분하여 제시하였다. "활동 과정"에서는 학습자가 실제로 학습활동을 수행하는 단계로서 교수자는 학습 안내자, 교수 촉진자, 학습동반자의 역할을 수행하여야 한다. 학습자는 중심수업을 통하여 차시의 핵심내용을 인지하고 그에 따른 지시사항을 전달받은 후 자신의 다중지능에 적합한 협동 또는 개별학습을 선택하여 활동하게 된다. 활동한 내용을 동료들끼리 공유한 다음, 독자적인 프로젝트를 수행하여 주도적인 학습양식을 병행할 수 있도록 한다. 그리고 반성과 수행평가의 단계를 통하여 자신의 활동결과에 대하여 피드백할 수 있는 기회를 가지게 되는 것이다.

"사후 단계"는 ① 평가의 활용, ② 피드백 활동, 2가지의 단계로 나누어진다. 사후 단계에서는 교수자는 관찰·학습자의 수행결과를 바탕으로 문제점을 보완하고 장점을 반영하여 차시 수업에 활용하고, 미진한 학습결과에 대하여 피드백 활동을 실시한다.

이 연구에서 개발·적용한 다중지능 활용 교수학습 지도 단계 및 활동 과정은 <그림 2-1>과 같다.

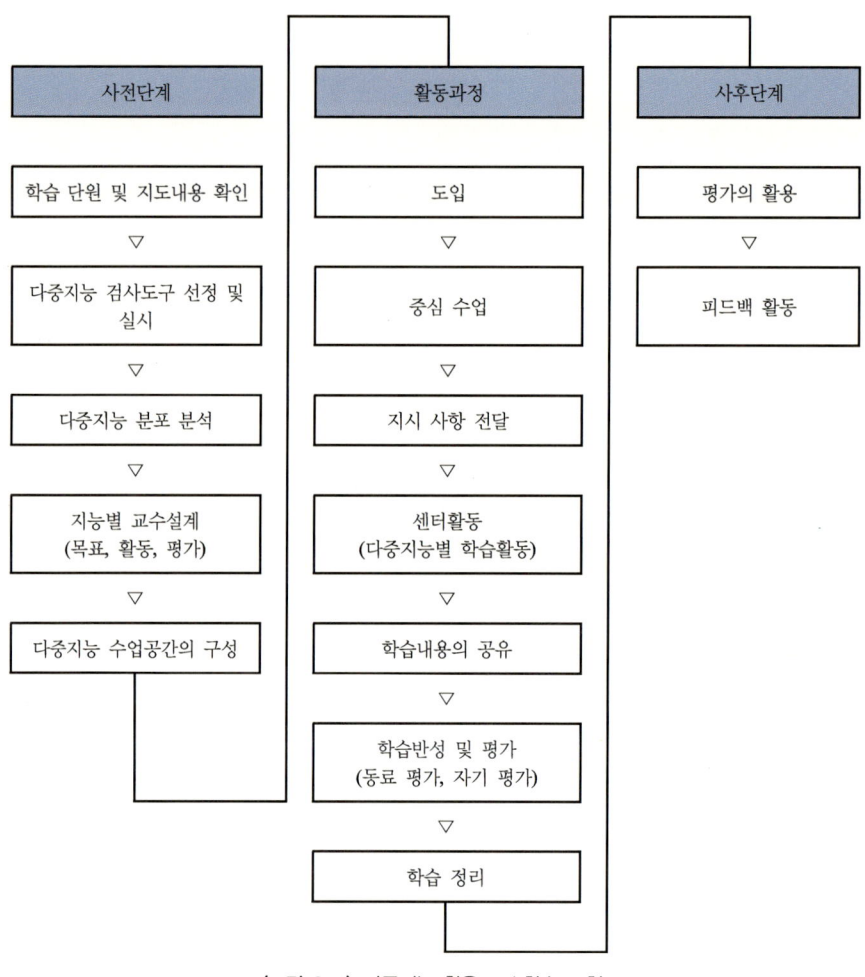

<그림 2-1> 다중지능 활용 교수학습 모형

2. 다중지능 활용 소집단 협동학습의 설계

가. 학습 단원 및 지도 내용 확인

다중지능 이론을 활용한 소집단 협동학습은 앞서 살펴본 바와 같이 학습자의 다중지능의 성향에 따라 학습과정의 활동에 있어서 다양성을 가질 수 있다. 따라서 학습의 주제에 따라 목표와 방법이 각 지능별로 특색을 가진다. 다중지능 활용한 소집단 협동학습에서는 문제해결과정이나 사회적 기술이 다양한 전략을 필요로 함을 감안하여 교수자가 학습할 주제를 아동의 경험세계에서 얻을 수 있는 주제로 선정해야 한다.

나. 다중지능 검사도구 선정 및 실시

본 단계에서는 학습자의 원활한 다중지능 활동을 계획하기 위하여 다중지능을 측정할 검사도구를 선정하고 학습자에게 직접 실행하여 보는 단계이다.

다중지능 이론에 입각하여 학습자가 지니고 있는 지능을 사정하기 위한 도구로서 가장 이상적인 것은 전통적인 선다형이나 단답형 형태의 지필고사식 표준화검사나 규준 관련 검사가 아닌 관찰을 통한 실제 상황적 사정과 자기 기준평가이다. Gardner(1999. 문용린 역, 2003. 158면에서 재인용) 역시 다중지능을 지필 검사에 의하여 측정하는 거의 불가능하기 때문에 자연 상태의 실제 활동을 통해서 관찰, 검사, 포트폴리오 등의 다양한 방법으로 측정할 것을 주장했다. 이러한 관점에서 본다면, 다중지능 이론에서는 지능의 측정(measurement)보다는 사정(assessment)의 개념이 더 적절한 용어가 될 것이다. Kagan & Kgan(1998)은 실제 상황에서의 사정은 대표적 행동의 사정, 모든 지능의 사정, 지능 공평한 사정, 다면적 사정, 정의에 비중을 둔 사정, 의미 있고 관여적인 사정의 특성을 가지고 있고, 실제상황에서의 사정으로 개인적으로 의미 있는 맥락 속에서의 잠재력을 사정할 수 있나고 보았나.

하지만 실질적인 교육현장에서 실제상황의 사정도구인 관찰, 체크리스트 일화기록, 포트폴리오 등의 방법으로 사정한다는 것은 사정기준이 모호하고 지나치게 다양하며, 자칫 사정의 지속성이 불규칙하면 교사의 독단으로 초래할 수 있는 상황을 만들어낼 수도 있다. 또한 사정기간이 장기화될 수 있다. 따라서 다중지능을 여러 측정전문가들에 의해 객관적, 심리측정적 시각에서 측정하기 위해 개발된 검사도구는 Osborne(1992) 등에 의한 '다중지능도전(Multiple Intelligence Challenge: MIC)', Shearer(1997)에 의한 '다중지능발달 사정척도(Multiple Intelligence Developmental Assessment Scale: MIDAS)'가 있으며, Sinclair, R. W., & Coates, L.(1999)의 다중지능 검사지 등이 있다. 기존의 지능 검사들이 대부분 논리·수학·언어적 측면에 편중하여 측정한 반면, 다중지능 검사지는 '선호나 민감성을 측정하는 흥미 검사'를 통해서 피험자의 현재의 지적 선호도와 더불어 미래 발전 가능성을 측정하는 검사이다.

실제 지필법을 통하여 다중지능의 사정을 실시할 때에는 교수자가 사전에 검사대상자들에게 실제 생활과의 관련성, 습관적 경험 등을 바탕으로 진지하게 검사에 임할 수 있도록 지도해야 하고, 학습자가 낮은 지능 경향치에 너무 집착하지 않도록 해야 한다.

다. 다중지능의 분포 분석

본 단계에서는 학습자의 여러 변인에 따라서 8개의 다중지능 영역의 분포를 확인하여 학습집단의 다중지능치 경향을 분석하는 단계이다. 학습자에게 실시한 다중지능검사를 다중지능 분석표에 기록하고, 개별 학생의 자료를 종합하여 교수자는 학습자의 다중지능의 경향치를 판단하게 된다.

〈표 2-3〉 다중지능 분석표

순	영역	문항수	※ 문항별 응답 수						종 합			경향 분석
			①	②	③	④	⑤	⑥	상	중	하	
1	언어적 지능	11										
2	논리·수학적 지능	11										
3	공간적 지능	11										
4	신체운동감각적 지능	11										
5	음악적 지능	11										
6	대인 간 지능	11										
7	개인 내 지능	11										
8	자연탐구적 지능	11										
	계	88										
전체 경향												

위와 같은 분석표를 이용하여 학급의 구성원의 지능별 분포를 조사하고, 학급의 지능 분포도를 조사하여 이를 학습활동 설계 시에 반영할 수 있어야 한다.

라. 지능별 교수설계

본 단계에서는 각 지능별 교수목표와 그에 따른 학습활동 및 차시별 평가 계획을 세우는 단계이다. 다중지능을 활용한 교수학습은 학습목표를 중점에 두기보다는 학습자의 학습방법에 중점을 두고 있으므로 교과내용상의 목표와 지능별 활동상의 목표로 구분되어 진다.

다중지능을 활용한 교수학습은 매 차시별 8가지의 지능을 모두 활용하기 어렵기 때문에 교수자가 미리 다중지능 분포 결과를 바탕으로 학습주제와 관련한 지능별 활동을 선정한다.

다중지능 이론에 근거한 차시별 활동목표는 위와 같이 관련 지능을 선정한 후에 수립하게 된다. 차시에서 수립한 활동목표는 교과학습목표를 성취하기 위한 방법적인 요소가 된다. 예를 들어, '세계 여러 나라의 분류'를 주제로 수업을 설계한다면 수업의 목표는 다음과 같이 구분된다.

<표 2-4> 차시별 수업목표 제시의 예

주제단원	❶ 변화하는 세계의 여러 나라∽ 더 가까워지는 세계의 여러 나라	
본시 주제	·세계 여러 나라의 분류	
교과 학습목표	·우리와 자원 교류가 활발한 나라들의 특징을 말할 수 있다.	
관련 지능별 활동 목표		
공간적 지능	세계 백지도에 수입 자원별로 국가를 표기하는 활동을 통하여	우리와 자원 교류가 활발한 나라들의 특징을 말할 수 있다.
논리·수학적 지능	지도 자료에서 각 나라를 주제별로 분류하는 활동을 통하여	
언어적 지능	우리나라의 수출입 현황 조사활동을 통하여	
대인관계 지능	석유와 우리나라와의 관계에 대한 전문가 활동을 통하여	

다중지능의 활동목표가 수립이 되면, 이에 근거하여 교수자는 학습자의 측면에서 언어적 학습자, 논리-수학적 학습자, 시각-공간적 학습자, 음악적 학습자, 신체-운동적 학습자, 대인관계적 학습자, 개인이해적 학습자, 자연탐구적 학습자의 특성을 효과적으로 발휘할 수 있는 활동들을 Sinclair와 Coates(1999)가 제시한 다음의 표를 근거하여 설계한다.

<표 2-5> 학습자 특성에 따른 학습전략

학습자 양식	특성	학습전략	
언어적 학습자	읽기, 쓰기, 이야기 들려주기, 날짜를 기억하거나 어휘를 통해 생각하기	❏ 짝과 생각한 것 말하기 ❏ 이야기를 쓰거나 말하기 ❏ 구두발표하기 ❏ 시 쓰기 ❏ 어휘학습하기	❏ 은유·비유하기 ❏ 일지 작성하기 ❏ 인용하기 ❏ 논쟁하기 ❏ 작문하기
논리·수학적 학습자	수학, 추리, 논리, 문제해결, 유형화	❏ 문제해결하기 ❏ 단계들을 순서대로 보이기 ❏ 데이터에서 규칙 탐색하기 ❏ 결론 도출하기 ❏ 분류하기	❏ 흐름도 작성하기 ❏ 측정하기 ❏ 비교·대조하기 ❏ 추상적 사고하기 ❏ 조작하기
시각·공간적 학습자	읽기, 지도·도표 보기, 미로 그리기, 수수께끼, 물체 상상, 영상화	❏ 그래프 작성하기 ❏ 벽보 제작하기 ❏ 마인드맵 작성하기 ❏ 삽화 책 만들기	❏ 관찰한 사물 그리기 ❏ 포스터 제작하기 ❏ 지도 사용하기 ❏ 만화 그리기

음악적 학습자	노래하기, 소리 알아맞히기, 음율·리듬 기억하기	❏ 노래, 랩, 음악 이야기 듣기 ❏ 화음 만들기 ❏ 오디오 테이프 제작하기 ❏ 악기 연주하기 ❏ 리듬을 이용하여 기억하기 ❏ 음악 비디오 제작하기 ❏ 노래하기 ❏ 선율 적기 ❏ 어떤 주제와 관련된 음성 수집하기 ❏ 음악과 리듬에 관한 과학적 실험하기
신체·운동학적 학습자	운동, 춤, 연극, 물건 만들기, 연장 사용하기	❏ 실험하기 ❏ 모형 만들기 ❏ 창안하기 ❏ 컴퓨터 사용하기 ❏ 접촉하기 ❏ 움직이기 ❏ 역할극 수행 ❏ 신체 감각을 통한 지식 구성하기
대인관계적 학습자	타인 이해하기, 앞장서기, 조 직하기, 대화하기, 분쟁 해 결, 물건 팔기	❏ 참여하기 ❏ 관련시키기 ❏ 인터뷰하기 ❏ 함께 발견하기 ❏ 협동 프로젝트 수행과 발표 ❏ 전문가 공동체 활동하기
자기이해적 학습자	자기 이해, 자신의 장단점 파악, 목표 설정	❏ 자신의 사고에 대해 생각하기 ❏ 개별학습 ❏ 자신의 학습 속도에 의한 학습 ❏ 학습에 대해 반성하기 ❏ 스스로 새로운 자료를 학습하고 사용하는 목적 설정하기
자연탐구적 학습자	조사, 분석, 관찰, 종합	❏ 관찰일기 ❏ 현장학습 ❏ 새로운 학습 내용을 적용하여 자연 세계 학습하기

다중지능 이론에서 학생을 평가하기 위하여 다양한 방법을 이용하여야 한다고 주장한다. 어떤 수업목표도 적어도 8가지의 서로 다른 방법으로 가르칠 수 있는 것과 같이, 어떤 교과목도 적어도 8가지의 서로 다른 방식으로 평가될 수 있는 것으로 본다. 그리고 학생들이 다양한 방법 가운데 한 가지로 어떤 구체적인 기능, 교과목, 내용영역에서의 능력을 보일 수 있어야 한다고 본다. 따라서 다중지능을 활용한 수업활동에 대해서 규준 지향적이기보다는 준거 지향적 평가, 수준점에 도달한 정도, 자신의 과거의 성과에 비교하여 변화한 정도에 보다 더 초점을 맞추고 있으며 실제적 평가(authentic assessment), 모음집을 이용한 평가(portfolio assessment), 수행평가(performance assessment) 등을 이용한다. 특히 평가는 학생들이 학습한 것을 적용할 실생활과 유사한 상황에서 학습한 것을 보이도록 하는 실제적 평가가 이용되어야 한다고 주장한다.

Gardner(1993)에 의하면 학생이 각 지능의 상징체계를 조작하는 것을 관찰하는 가운데 거의 다중지능을 가장 잘 평가할 수 있다고 하였다. 그 다음으로 실제적 평가를 실시할 때 중요한 것은 학생의 산물과 문제해결 과정을 조사하는 것이라고 하였다. 그가 제시한 학생의 성취를 확인할 수 있는 방식은 다음과 같다.

〈표 2-6〉 다중지능 활용 학습활동에 대한 평가 전략의 예시

평가 방식	내 용
일화 기록(anecdotal records)	일지 기록 후, 중요한 학구적 및 비학구적 성취, 동료 및 학습자료와의 상호작용 등을 기록
학습 샘플(재가 samples)	다양한 영역에서의 학생의 학습샘플을 포함하는 파일을 각 아동에 대하여 준비
녹음 카세트(audio cassettes)	음악적 능력을 녹음하기 위하여 카세트를 이용
녹화	다른 방법으로는 기록하기 힘든 것, 즉 학생들이 완수한 프로젝트를 발표하는 것을 녹화
사진	보관될 수 없는 학생들의 작품을 촬영
학생의 일지	학교에서 경험한 것을 계속적으로 일지에 기록함
학생보관 차트	학생들 자신의 학습 진전도에 대한 기록을 차트와 그래프로 보관
소시오그램	학급구성원 간의 우호적인 관계, 부정적인 관계, 중립적인 관계 등을 시각적으로 기록
비형식적인 검사	특정한 영역에 대한 학생의 이해도를 질적으로 알아볼 수 있는 표준화검사 제작
표준화검사의 비형식적 이용	학생들이 실제로 아는 것을 알아내고, 학생의 사고전략을 알아보기 위하여 틀린 것을 탐색하고, 검사결과를 그 내용에 대한 대화로 자극하기 위하여 이용
학생면담	정기적으로 학생과 학업에 대한 진전도, 흥미와 목표 등에 대하여 대화, 기록하여 학생의 파일에 보관
체크리스트	수업시간에 다룬 중요한 기술과 내용으로 된 체크리스트를 이용하여 비형식적인 준거지향 평가체제를 개발하고, 학생들이 성취했는지 확인
교실지도	매일 움직임 패턴, 활동, 학습의 다양한 곳에서의 상호작용, 관계있는 학생의 이름 등을 지도 위에 표시
달력에 기록	자신의 활동을 달력에 표기하고 매달 말에 수집

마. 다중지능 활용 수업공간의 구성

1) 다중지능 활용 소집단 협동학습을 위한 모둠 편성

다중지능 기반 수업전략을 바탕으로 하여 고려해볼 때, 다중지능을 활용한 수업활동은 소그룹의 형태가 가장 적합하며, 사전조사에서 나타난 다중지능을 바탕

으로 하여 편성하게 된다. 즉, 자신의 다중지능을 분포가 가장 높은 순으로 계열화하고, 소단원의 수업마다 자신의 다중지능 순으로 참여하여 자신과 비슷한 다중지능을 가진 학습자와 함께 수업활동을 경험하게 함으로써 수업 효과를 극대화한다. 구체적인 구성원의 수는 4~5명이 가장 이상적이며, 한 지능영역에 선택한 학습자가 많을 때에는 동지능 영역으로 구성한 독립된 모둠을 구성하여도 무방하다.

2) 다중지능 활용 소집단 협동학습의 수업 공간 제작

다중지능 이론을 적용한 교육과정 통합 운영이 바람직한 교육적 효과를 가져오기 위해서는 다중지능 체제에 적합한 교실 환경 구성이 필요하다.

가) 학습센터 설치

한국교육문제연구소(1998)의 다중지능 수업을 위한 교실 모형을 근거로 하여, 학급 실정에 맞게 다중지능 수업의 전개 시에 지능 영역별, 소집단별 활동이 가능하도록 아래와 같이 공간을 구성하였다. 그러나 현재 초등학교의 실정상, 8가지의 모든 영역을 포괄하는 학습센터를 설치하기란 불가능하고, 매 차시마다 모든 지능에 따른 학습전략이 사용되는 것이 아니기 때문에 선정된 지능에 근거하여 모둠 배치를 실시한다. 그리고 활동내용상 인터넷이나 책의 정보가 필요한 경우, 학교의 사정에 따라 모둠별로 1대의 컴퓨터가 제공되는 모둠학습실을 활용하거나 해당 교실에서 인터넷이 연결된 아동용 컴퓨터를 활용하여 학습센터를 구성할 수 있다.

각 센터는 특별한 지능을 대표하는 개인의 이름으로 묘사되며, 교육과정은 학습센터에 의해 주제별로 조직한다. 그리고 센터에 소속된 아동은 '○○○ 재능꾼'이라 명칭한다.

〈표 2-7〉 학습센터에 의한 주제별 조직

센터명	지능영역	센터명	지능영역
세종대왕 센터	언어적 지능	이승엽 센터	신체-운동적 지능
빌게이츠 센터	논리-수학적 지능	이건희 센터	대인관계 지능
앙드레김 센터	공간적 지능	플라톤 센터	개인이해 지능
모차르트 센터	음악적 지능	윤무부 센터	자연탐구 지능

나) 자료 구비

교수자는 사전에 센터별로 교수·학습자료를 제작·구비하여 지능 계발을 위한 활동에 활용한다.

〈표 2-8〉 센터별 교수·학습 자료

센터명	교수·학습자료
세종대왕 센터	◦읽기: 문고, 신문, 사전, 백과사전, 잡지, 단어카드, 휴대용 차트 ◦쓰기: 연필, 볼펜, 노트, 종이, 워드프로세서, 프린터
빌게이츠 센터	◦수학적 조작기: 계산기, 주사위, 퍼즐, 전략게임, 블록 ◦측정도구: 자, 각도기, 줄자, 저울, 계량컵
앙드레김 센터	◦예술: 찰흙, 크레용, 점수기록자, 파스텔, 색연필, 스텐실, 고무도장 ◦시각: 그래프, 퍼즐
모차르트 센터	◦듣기: 녹음기, 테이프, 헤드폰 ◦악기: 북채, 탬버린, 드럼, 직접 제작한 악기, 현악기, 타악기
이승엽 센터	◦결합블록, 퍼즐, 보드게임, 소형 배, 비행기, 모자, 스카프, 망토
이건희 센터	◦탁자, 소집단 활동을 활성화하기 위한 기구, 집단 게임과 퍼즐, 협동적으로 문제를 풀 수 있는 도구
플라톤 센터	◦독립적으로 작업 가능한 조용한 장소, 잡지, 책, 뉴스자료
윤무부 센터	◦여러 가지 식물, 백과사전, 동물도감

3. 다중지능 활용 교수학습의 실행 및 평가

가. 도입

다중지능을 활용한 수업에서 도입은 교수자의 사전준비가 철저하게 이루어져야 하는 단계이다. 다중지능을 활용한 수업의 처음 단계에서 교수자에게 필요한 요소 중에 하나는 학습자가 자신의 지능 프로필이 가지고 있는 다양한 가능성을 마음껏 발휘할 수 있는 학습의 분위기 조성과 동기유발 요소라고 할 수 있다.

인지적 측면으로 볼 때 학습의 동기는 개인이 지니는 가변적인 변인과 심리적 특성을 고려해야 하고, 학습의 과정 그 자체를 중시해야 하며, 학습자의 동기를 유발시키고 행동의 변용을 계획하는 새로운 시각으로 접근해야 한다(손승희, 1992). 이와 관련하여 Stipek와 Weise(1981)는 학습에서의 동기는 학생 스스로의 지각에 의한 동기가 매우 지속적이고 효과적임을 밝혔다. 따라서 도입에서는 학습자의 개방적인 학습 분위기의 유도와 효과적인 동기유발을 위하여 학습자 스스로 생각하고, 시청각적으로 경험할 수 있는 자료를 투입해야 한다. 예를 들어, 간단한 대화법을 통한 주제에 대한 생각 나누기, 브레인스토밍, 잠깐 퀴즈 풀기, 학습자의 경험 이야기하기, 멀티미디어 자료를 보며 생각 끌어내기 등이 있다.

나. 중심 수업

이 단계에서는 학습할 주제의 내용을 개략적으로 살펴본다. 10분에서 15분 정도가 소요되며 종종 시각적 도구나 실제훈련 과정이 포함되기도 한다. 이 단계는 교수자의 주도로 이루어지며, 전문가나 지역 인사의 도움을 활용하여도 무방하다. 교수자는 중심 수업을 강의식이나 토론식, 주제와 관련한 멀티미디어 활용, 주제와 관련이 깊은 웹사이트 탐방 등의 활동을 통하여 진행함으로써 교수의 효과를 증진시킬 수 있다.

다. 지시사항 전달

각 학습센터의 활동들에 대한 지침을 공고하는데, 어떤 영역의 활동들은 이전부터 진행되어 온 것이어서 나머지 센터에 대한 사항들로만 주지하기도 한다. 이 단계에서 교수자는 각 지능별로 활동방법을 자세하게 안내하는데 활동의 주제, 활동 과정에서의 유의할 점, 활동을 통한 결과물을 공유하는 방법, 활동시간 등 구체적으로 설명해 주어서 학습자가 활동과정 중에 혼란을 가져오지 않도록 한다.

라. 센터활동

이창우(2003)는 다중지능의 수업집단의 형태를 다음과 같이 세 가지로 구안하였나.

첫째, 동지능집단 수업 모형으로서 동일 집단의 지능 특성을 가진 학생들이 한 모둠에 모여 과제를 해결하는 수업 모형이다. 이 수업 모형은 집단 구성원의 인원에 제한을 받지 않으며, 한 가지 과제에 대하여 각자 개성의 개성을 충분히 발휘할 수 있는 장점이 있다. 동지능 집단 수업 모형은 <그림 2-2>와 같다.

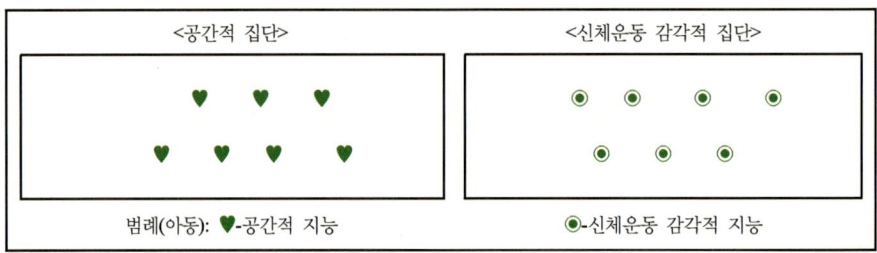

〈그림 2-2〉 동지능 집단 수업 모형

둘째, 다지능 집단 수업 모형으로써 다양한 지능의 학생들로 모둠을 조직하여 주어진 과제를 해결하는 수업 모형이다. 예를 들어 음악적 과제 해결은 음악적 지능 학생이 주도가 되어 과제를 해결하고, 언어적 지능 과제 해결은 언어적 지능 학생이 해결하는 수업 모형으로 <그림 2-3>과 같다.

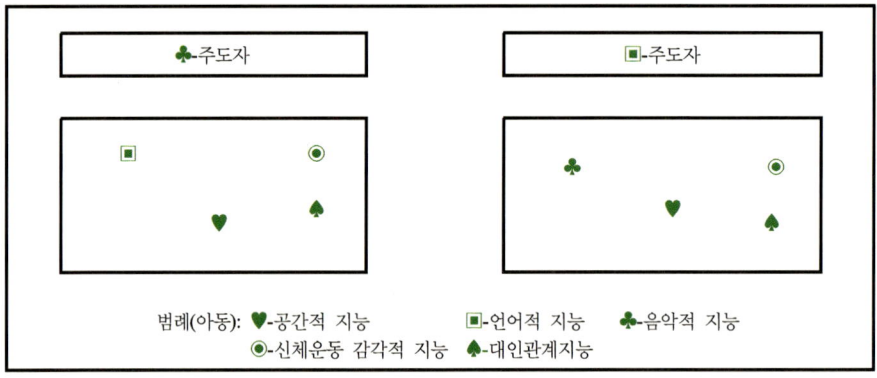

〈그림 2-3〉 다지능 집단 수업 모형

셋째, 과제별 지능 집단 수업 모형으로써 코스별 지능 수업 모형이라고도 할 수 있는 수업 모형이다. 이 수업 모형은 각 지능별 과제가 일정한 장소에 제시되어 있고, 학생들이 자유스럽게 다른 친구의 방해를 하지 않는 범위 내에서 각 코스를 순회하면서 과제를 해결하는 수업의 형태로 제시된 <그림 2-4>와 같다.

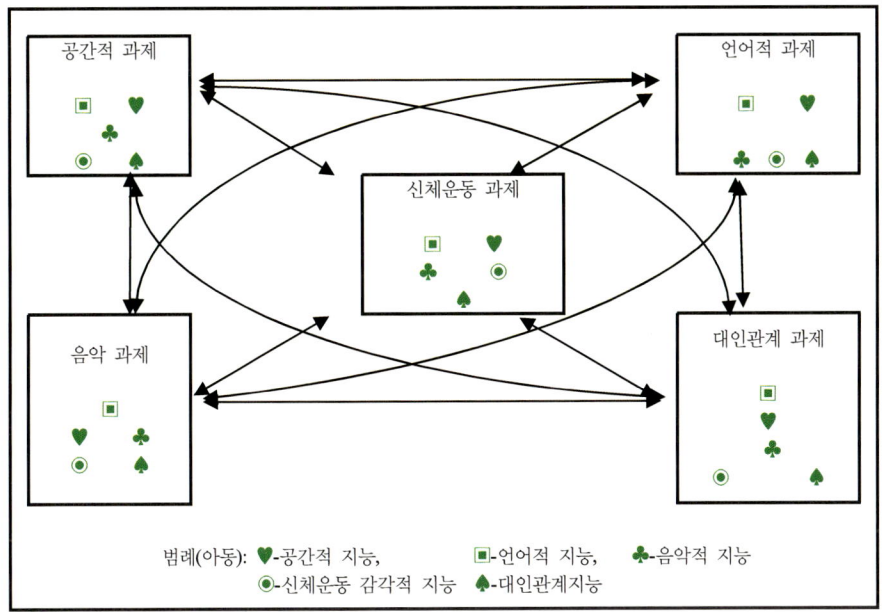

〈그림 2-4〉 과제별(코스별) 지능 수업 모형

지시사항 전달 단계에서 학습자에게 학습과정의 전개에 대한 소개에 따라 학습자는 자신이 가정으로 여기고 있는 지능, 흥미, 선호도에 따라 활동을 선택하게 된다. 그리고 각 지능에 해당하는 센터로 자리를 옮긴 후 지능별 학습전략에 따라 30분가량 학습활동을 전개해 나간다.

이 단계에서는 협동·개별 위주의 학습이 전개되므로, 교수자는 학습자의 활동이 주도적으로 이루어질 수 있도록 계속적인 순회 지도를 통하여 안내자, 격려자, 촉진자, 지원자의 역할을 하여야 한다. 그리고 교수자는 평가 계획에 준거하여 학생들의 활동을 지속적으로 관찰, 체크한다.

마. 학습내용의 공유

이 단계는 각 지능별로 활동한 결과물을 전체 학습자에게 발표를 함으로써 동료들로부터의 피드백과 동일한 학습내용에서의 다양한 결과를 학습하는 단계이다.

센터활동을 마친 학습자는 활동을 통해 얻은 결과물을 종합·정리하여 발표할 수 있는 준비를 한다. 이때 센터별 발표 기회를 고루 분담하여 활동에 참여한 모든 학습자가 누락되는 일이 없도록 한다. 발표 준비가 되면 각 지능별로 모둠 스스로가 활동한 결과물을 5분 이내의 시간에서 발표하도록 한다. 교수자는 발표를 준비한 재능꾼들에게 보상과 격려를 주어 자율적이고 참여적인 분위기에서 발표할 수 있도록 조성하고, 부연 설명이 필요한 경우에는 교수자가 준비한 자료 혹은 교수자의 부가 지식을 학습자에게 전달한다.

바. 학습 반성 및 평가

다중지능을 통한 학습을 평가하는 방법은 위에서 언급했듯이 교사의 지속적인 관찰을 통하여 이루어지는 방법과 학습자 자신이 평가하는 방법으로 구분될 수 있다.

학습자 자신이 평가하는 방법은 자기 평가와 동료 평가로 나누어진다. 자기, 동료평가 방법은 전통적인 평가에서 소외되었던 학생을 평가과정에 평가자로서 참여시키는 방법이다. 학생의 자기평가, 동료평가는 자신과 동료들이 수행한 과제들의 수준과 태도를 스스로 평가하여 과제수행에 대한 내용이나 태도에 관한 반성적 사고의 능력을 키워줄 수 있다. 자기평가는 학생들의 학습지식을 촉진시키며, 학생들의 책무감을 증진시킬 수 있으며, 동료평가는 동료 간의 작품을 서로 공유하고 설명을 구체화하며 그들이 학습자로서 토론하고 자신들의 생각을 수정하고 시작할 때의 수준과 끝날 때의 수준을 서로 비교 검토하여 성장을 발견하게 해준다.

동료평가는 상호 학습의 접근법으로 동료의 견해를 알아볼 수 있도록 평정척도표나 체크리스트가 이용되어 하나의 동료 반성 형태(peer reflection form)를 만들어갈 수 있다. 자기 평가나 동료 평가자가 성적에 직접 반영되는 측면보다는 수업을 돕는 측면이 강하고 이들을 토대로 교사평가까지 포함시켜 객관화할 수도 있다.

사. 학습 정리

교수학습의 마지막 단계로서 당일 차시에 학습한 내용을 간략하게 교수자가 학습자에게 확인하고 차시 예고를 하는 과정이다. 이때 다음 차시를 위한 사전 과제를 제시하는 것은 다음 수업에서의 활동을 전개해 나가는 데에 있어 매우 중요하다. 사전 과제가 부족하게 되면 지능별 센터활동 시 자료가 부족하거나 활동주제에 대한 이해가 부족한 상태에서 학습을 진행하는 위험성이 있기 때문이다.

4. 다중지능 활용 소집단 협동학습 모형의 교수-학습 과정안

가. 다중지능 활용 학습모형의 교수-학습 과정안

다중지능을 활용한 교수학습모형을 체계적인 절차에 따라 전개해 나가기 위해 학습활동의 유형 및 내용에 따라 <표 2-9>와 같이 교수-학습 과정안을 차시별로 작성하여 실제 수업에 적용하였다.

〈표 2-9〉 제목

주제단원	❶ 변화하는 세계의 여러 나라-② 세계를 한눈에	
본시 주제	·세계 지도, 지구본에 나타난 세계 지형의 특징 ·세계 지도와 지구본의 특징과 쓰임	
학습 목표	·5대양 6대주의 위치와 우리나라가 아시아에 속한 나라임을 알 수 있다. ·여러 가지 세계 지도와 지구본의 쓰임을 알 수 있다. ·세계 지도와 지구본을 이용하여 세계 지형의 모습과 특징을 알 수 있다. ·지구에는 많은 나라들이 있다는 것을 알고, 세계 여러 나라에 대해 관심을 가진다.	
평가 방법	·관찰법, 자기평가, 동료평가	
지능별 학습활동		**교수-학습 자료**
언어적 지능	◆세계 여행 가이드가 되어 자신의 안내 녹음하기	·지구본, 세계지도, 녹음기, 마이크
공간적 지능	◆5대양 6대주에 대한 지도에 색칠하고 특징적기	·백지도, 색연필
신체운동적 지능	◆대륙 카드놀이 하기	·대륙카드, 주사위
음악적 지능	◆세계 지형과 지구본의 차이점을 가사 바꿔 부르기	·지구본, 사회과 부도, 악기
대인관계 지능	◆각 내륙별로 'I am ground 나라이름 대기' 게임하기	·세계지도, 지구본
개인이해 지능	◆학습 일지 작성하기	·학습일지

<표 2-10> 다중지능을 활용한 교수학습모형의 교수-학습 과정안

시간	학습 흐름	다중지능 교수학습 내용	지도상의 유의점
		다중지능 활용 교수학습 과정		
5′	도입	📖 **종이로 세계지도 만들어 보기** -여러분 중에 해외를 다녀온 경험이 있나요? -여러분은 어느 나라를 가장 가고 싶나요? 📖 **사전 과제 확인** -5대양 6대륙에 관한 조사해 오기	▪사전지식이 부족할 경우 플래시 활용 OX퀴즈가 적절함 ▪개방적인 수업 분위기 유도
10′	중심 수업	📖 **5대양 6대륙에 대한 설명식 수업** -지구본에서 찾을 수 있는 특징은 무엇인가요? -세계지도에서 찾을 수 있는 특징은 무엇인가요? -지구본과 세계지도는 어떠한 차이점을 가지고 있나요?	▪실제의 지구본과 세계지도를 실물 화상기를 통하여 생생하게 전달함

시간	학습 흐름	다중지능 교수학습 내용	지도상의 유의점
		다중지능 활용 교수학습 과정		
5′	지시사항 전달	📖 **각 센터별 활동 소개** -이제부터 여러분이 선택해서 활동해야 할 각 지능별 활동을 간략하게 소개하겠습니다. -언어적 지능, 공간적 지능, 신체운동적 지능, 음악적 지능, 대인관계 지능, 개인이해 지능 활동을 소개한다. -활동에 대해 궁금한 사항은 각 센터에 있는 바구니 안의 지시문을 잘 읽어보고, 궁금한 점을 선생님에게 질문을 하세요.	▪너무 장황하게 설명하지 않도록 활동 절차에 대하여 간결한 설명이 필요함 ▪센터활동 선택 시 자신의 지능 프로필, 흥미, 선호도에 따라 자유롭게 결정하도록 함
30′	센터 활동	📖 **각 센터별 활동** -그럼 자신이 선택한 지능 센터로 과제물과 자료를 가지고 자리를 옮기세요. -가운데에 있는 지시문을 잘 읽어보고, 어떻게 진행해갈 것인지 센터별로 토의하여 보고 30분에 걸쳐 활동을 하여 봅시다. -언어적 지능, 공간적 지능, 신체운동적 지능, 음악적 지능, 대인관계 지능, 개인이해 지능의 모둠별 프로젝트 활동 전개	▪교사는 계속적인 순회지도를 통하여 센터의 모둠원들이 활동 전개에 있어 혼란을 일으키지 않도록 지도함 ▪자료를 충분히 준비하여 활동에 지장이 없도록 함
10′	학습내용 의 공유	📖 **학습 결과의 발표** -여러분이 센터활동을 하면서 얻은 결과물을 우리 반 친구들에게 멋지게 뽐내 봅시다. -활동을 본 친구들의 소감은 어떠한가요?	▪학습의 결과를 발표하는 시간은 2~3분을 넘기지 않도록 함
5′	평가	📖 **동료평가 및 자기 평가** -여러분이 센터활동을 하면서 모인 조원들의 활약상이나 아쉬웠던 점을 동료평가지에 기록하여 보세요. -여러분이 활동을 마치고 나서 느꼈던 소감들을 학습일지에 적어 봅시다.	▪감정적이 아닌 실제의 활동을 바탕으로 동료평가가 이루어지도록 독려함
5′	학습정리	📖 **학습의 정리 및 차시예고** -오늘 배운 내용에 대하여 정리를 하여 봅시다. -다음 시간에는 '중국과 우리나라와의 관계'에 대하여 배워 보도록 하겠습니다. 다음 시간까지 해야 할 과제는 중국의 특징에 대하여 조사하는 것입니다.	▪사전과제는 다음 차시의 중요한 자료가 되므로 반드시 제시하여야 함

나. 비교집단의 교수-학습 과정안: 일반적인 수업방법

일반적으로 전통적인 수업은 개정교육 과정 초등학교 교사용 사회지도서에 수록된 수업 과정안에 근거하여 전개해 가는 수업을 말한다. 따라서 수업계획과 교육과정의 진행은 지도서에 근거하여 이루어졌고, 학습자의 주된 교육 자료는 교과서에 근거하였다. 그러나 학습차시의 경우, 연구자의 연구 의도에 맞추어 실험집단과 비교집단의 교수학습 차시를 동일하게 적용하였다.

다음은 초등학교 교사용 사회지도서에 수록된 수업 과정안 중의 한 차시 분량을 수록한 것이다.

〈표 2-11〉 일반적인 수업방법의 교수-학습 과정안

단원	2. 지구촌 속의 우리나라-Ⅹ 인터넷으로 하나가 된 지구촌				
학습 목표	·교통과 통신의 발달이 세계의 여러 나라에 끼치는 영향을 알 수 있다.				
학습 자료	·교통과 통신, 과학·기술의 발달에 관한 사진 및 자료				
단계	주요 학습 내용	교수·학습 활동		수업 방법	교수·학습 자료
		핵심 발문과 활동			
도입	교통·통신의 발달	📖 교통과 통신의 발달로 인한 생활 모습의 변화 살펴보기 -우리가 세계의 소식을 안방에서 모두 알 수 있는 것은 무엇 때문일까? -지구촌이라는 말은 어떻게 생겨났을까? 📖 교통과 통신의 발달에 대하여 조사해 발표하기 -어떤 방법으로 자료를 수집했는가? -새롭게 알아낸 점은 무엇인가?		전체 학습	▪사전 조사 자료 ▪과학과 통신 발달에 대한 다양한 사진
전개	교통·통신 및 과학·기술의 발달이 지구촌 생활에 끼치는 영향	📖 조사 내용 정리 및 발표하기 -조사 내용을 요약하여 벽신문에 정리한다. <선택1> 교통·통신의 발달과 지구촌 생활의 변화 <선택2> 과학·기술의 발달과 지구촌 생활의 변화 <선택3> 미래의 지구촌 소식 -정리한 것을 발표하고 전시한다.		소집 단 학습	▪특정 주제에 따른 연표를 제작하도록 한다.
	교통·통신의 발달의 좋은 점과 나쁜 점	📖 교통과 통신의 발달이 지구촌 생활에 미치는 좋은 영향 과 나쁜 영향에 대해서 토의하기 -교통·통신이 발달하면 어떤 점이 좋을까? -교통·통신이 발달하면 어떤 점이 나쁠까?		소집 단 토의 학습	
학습 정리	정리 및 장기 과제 제시	📖 교통·통신이 발달하면 하고 싶은 일 -교통·통신이 발달하면 어떤 일을 하고 싶은가? 📖 지구촌에서 문제시 되고 있는 문제 다섯 가지 조사하기 -지구촌 문제에 대하여 조사해 보기		전체 학습	▪몇 가지 사이트 소개

수행 평가 관점	○교통·통신의 발달이 세계 여러 나라에 끼치는 영향을 설명할 수 있는가? ○사례를 들어 지구촌의 의미를 설명할 수 있는가? ○교통·통신의 발달이 가져올 지구촌의 생활 모습을 예측할 수 있는가?

V. 연구방법 및 절차

1. 연구대상

이 연구를 위하여 인천광역시 소재 남구 Y초등학교 6학년 7개 학급 256명에게 자기주도적 학습능력검사와 파지 검사를 실시한 후, <표 2-12>와 같이 연구자가 담임하고 있는 실험집단 1개 학급 41명과 두 검사 점수에 차이가 없는 1개 학급 41명을 비교집단으로 선정하였다.

〈표 2-12〉 실험집단과 비교집단의 인적 구성

집단별	연구대상		계(명)
	남(명)	여(명)	
실험집단	20	21	41
비교집단	20	21	41

2. 연구 설계

이 연구는 다중지능 활용을 통한 소집단 협동학습모형의 효과를 검증하기 위하여 설계한 것으로, 실험의 타당성을 높이기 위하여 실험집단과 비교집단의 실험설계를 다음과 같이 설정하였다.

<표 2-13> 연구의 실험설계

검사 및 처치 집단	사전검사	실험처치	사후검사
실험집단	O1	X1	O3
비교집단	O1	X2	O4

■ O1: 사전검사(다중지능 검사, 자기주도적 학습능력 검사, 파지 검사)
■ X1: 다중지능 활용 소집단 협동학습, X2: 일반적인 수업방법
■ O2: 사후검사(자기주도적 학습능력 검사, 파지 검사)

가. 사전검사

본 연구의 사전단계에서는 초등학교 아동의 다중지능 측정도구로 Sinclair와 Coates(1999)가 제작한 문항을 번역하고 초등학교 아동의 선택 범위를 넓혀 주고 리커트식 척도로 정량화한 다중지능 검사지로 측정하였다. 이 검사의 Cronbach α =.76이었으며, <부록 1>에 수록한 바와 같이 총 88문항으로 구성되어 있으며 8개의 지능을 측정할 수 있도록 하였다.

<표 2-14> 다중지능 검사 문항 구성

지능 영역	문항 수	문항 번호
언어적 지능	11	1, 9, 17, 25, 33, 41, 49, 57, 65, 73, 81
논리·수학적 지능	11	2, 10, 18, 26, 34, 42, 50, 58, 66, 74, 82
공간적 지능	11	3, 11, 19, 27, 35, 43, 51, 59, 67, 75, 83
신체운동감각적 지능	11	4, 12, 20, 28, 36, 44, 52, 60, 68, 76, 84
음악적 지능	11	5, 13, 21, 29, 37, 45, 53, 61, 69, 77, 85
대인간 지능	11	6, 14, 22, 30, 38, 46, 54, 62, 70, 78, 86
개인 내 지능	11	7, 15, 23, 31, 39, 47, 55, 63, 71, 79, 87
자연탐구적 지능	11	8, 16, 24, 32, 40, 48, 56, 64, 72, 80, 88

검사 결과, 자기주도적 학습능력 수준이 가장 동질성을 띠고 있고, 2학기 10월 초에 실시한 학력평가의 사회교과 학업성취도가 가장 동질성을 띠고 있는 반을 비교반으로 선정하였다. 실험집단과 비교집단의 동질성을 알아보기 위한 두 집단의 학습자에 대한 관련 변인 검증 결과는 <표 2-15>, <표 2-16>, <표 2-17>, <표 2-18>과 같다.

	반 구분	연구대상	평균	표준편차	평균의 표준오차
사전검사	실험반	41	3.2886	.52327	.08172
	비교반	41	3.3356	.53336	.08330

$*$: p⟨0.05⟩

위의 〈표 2-15〉와 같이 자기주도적 학습능력에 대한 사전검사를 통하여 알아
본 결과, 실험반의 평균이 3.2886, 비교반의 평균이 3.3356으로 산출되었고, 각각
의 유의수준이 실험반은 0.8172, 비교반은 0.8330이므로 이는 유효함을 나타내고
있다. 다시 말하면, 실험반과 비교반이 유의수준 5% 범위에서 유의차가 없다는
것으로써 실험반과 비교반이 동질 집단이고 분석할 수 있다.

〈표 2-16〉 실험집단과 비교집단의 자기주도적 학습능력 하위능력 사전검사 결과

자기주도적 학습능력의 하위영역	반 구분	대상	평균	표준편차	평균의 표준오차
학습기회에 대한 개방성	실험반	41	3.3598	.81211	.12683
	비교반	41	3.3963	.80424	.12560
효율적인 학습자라는 자아 개념	실험반	41	3.1646	.86892	.13570
	비교반	41	3.2378	.88203	.13775
학습에의 솔선수범 및 독립심	실험반	41	3.4878	.73729	.11515
	비교반	41	3.4878	.73729	.11515
자신의 학습에 대한 책임감	실험반	41	3.1463	.56788	.08869
	비교반	41	3.1870	.61032	.09532
학습에 대한 애정과 열성	실험반	41	3.2744	.68421	.10686
	비교반	41	3.3049	.71701	.11198
미래 지향성	실험반	41	3.6037	.77656	.12128
	비교반	41	3.6829	.75005	.11714
창의성	실험반	41	2.9146	.87251	.13626
	비교반	41	2.9573	.90468	.14129
기본 학습 기술과 문제 해결 기술	실험반	41	3.3577	.76880	.12007
	비교반	41	3.4309	.76465	.11942
합계	실험반	41	3.2934	.85880	.12579
	비교반	41	3.3423	.82360	.11758

$*$: p⟨0.05⟩

<표 2-16>에 의하여 자기주도적 학습능력의 하위요인별 상관관계를 살펴보면 학습기회에 대한 개방성, 효율적인 학습자라는 자아 개념, 학습에의 솔선수범 및 독립심, 자신의 학습에 대한 책임감, 학습에 대한 애정과 열성, 미래지향성, 창의성, 기본학습 기술과 문제해결 기술의 8가지 영역의 실험반과 비교반의 평균이 0.1의 범위에서 벗어나지 않고, 8가지의 영역 모두가 유의수준 5% 내에서 유의차가 없으므로 실험반과 비교반이 동질 집단임을 말해 주고 있다.

파지의 능력을 관찰하기 위하여 연구자가 개발한 마인드맵 파지 학습지를 활용하였다. 정량적인 자료를 수집하기 위하여 연구자가 마인드맵 활동을 평가할 수 있는 기준 및 배점표를 설정하여 활용하였다.

〈표 2-17〉 마인드맵 평가 기준 및 배점표

배점＼항목	개념 기억 능력	주제망 형성 능력	개념 활용 능력
30점	유사 개념 추출 20개 이상	주제망 형성 5개 이상	논리적으로 설명
20점	유사 개념 추출 10~20개	주제망 형성 2~4개	보통으로 설명
10점	유사 개념 추출 10개 이하	주제망 형성 2개 이하	미숙하게 설명

개념 기억 능력은 학습 후 2주가 경과한 후 주어진 주제와 관련 있거나 유사한 개념을 기억해 내는 개수이고, 주제망 형성 능력은 재인한 개념을 소주제의 주제망으로 분류할 수 있는 능력을 말하며, 개념 활용 능력은 위의 두 가지 활동을 통하여 얻은 정보를 설명하는 글로 표현하는 능력을 말한다.

위의 평가 기준에 근거하여 실험 집단과 하위 집단의 파지 정도를 비교한 결과는 다음과 같다.

<표 2-18> 실험집단과 비교집단 간의 파지 사전검사 결과

	구분	연구대상	평균
개념기억 능력	실험반	41	19.76
	비교반	41	19.51
주제망 형성 능력	실험반	41	19.27
	비교반	41	19.51
개념활용 능력	실험반	41	17.07
	비교반	41	18.05
합계	실험반	41	56.09
	비교반	41	57.07

위의 <표 2-18>과 같이 실험반의 파지 사전검사 평균은 56.09이며 비교집단의 파지 사전검사의 평균은 57.07로 나타났다. 이는 실험반과 비교반의 파지능력이 비교적 동질집단임을 알 수 있다.

나. 실험처치

이 연구에서의 '다중지능 활용을 통한 수업 모형'은 연구자가 개발한 교수학습 계획으로써 2010년 9월부터 10월까지 주 4회씩 적용하였다. 비교반의 경우, 사회과 교육과정에 의거, 강의식·설명식 위주의 전통적인 방식이 아닌 일반적인 수업방법으로 기간과 차시를 동일한 조건으로 설정하여 수업을 전개하였다.

다. 사후검사

사후검사는 자기주도적 학습능력과 파지 능력을 알아보기 위하여 실험조치가 종료된 후, 동일한 날짜에 실시하였다. 자기주도적 학습능력은 실험조치가 끝난 후 사전검사지로 활용한 자기주도적 학습 검사지를 통하여 사정을 하였고, 파지 능력의 경우 학습한 지 2주 후 '되돌아보기' 학습지 작성을 정기적으로 실시하여 그 차이를 보고자 했다. 본 연구에서의 파지능력의 검사는 연구자가 개발한 것으로 학습자가 학습한 후 2주가 경과한 후, 인지하는 개념 정도를 알기 위한 마인드맵과 각각의 개념들을 주제망으로 의미 있게 연결하여 상호관계 이해하기, 최종적으로 마인드맵 활동을 서술형태의 글로 표현함으로써 선정된 학생의 파지능력을 검사하는 형태를 갖추고 있고, 연구자 이외에 2인이 채점하여 평균의 총합으로 통계처리를 하였다. 위의 검사지의 신뢰도 계수 측정 결과는 Cronbach α=.8545로 비교적 높은 것으로 나타났다. 평가기준에 근거하여 채점한 후, 다중지능을 활용한 소집단 협동학습이 파지에 미치는 효과를 검증하기 위한 정량적인 자료로 활용하였다.

3. 연구 절차

이 연구를 추진하기 위한 연구 절차 및 일정은 <표 2-19>와 같다.

〈표 2-19〉 다중지능 활용 교수-학습 모형 검증을 위한 연구의 절차

단계	실험절차	추진내용
계획 단계	연구 주제 설정	◉문제점 탐색 및 주제 설정
	이론적 배경 탐색	◉다중지능 이론 관련 문헌 연구
	연구 문제 설정	◉연구 문제의 추출
실천 사례	다중지능 활용 수업 수정·보완	◉탐색 활동 가능성과 학년 수준에 맞게 수정·보완
	사전검사 실시 (실험, 비교집단)	◉자기주도적 학습능력 검사 ◉파지능력 검사
	다중지능 활용 수업 적용	◉다중지능 활용 수업 적용
정리 단계	검증 및 결과 해석	◉사후검사 실시 ◉가설 검증 및 결과 분석
	연구 보고서 작성	◉연구 결과 보고서 작성

4. 프로그램 처치

이 연구에서 실시할 수업단원은 초등학교 사회과 '2. 함께 살아가는 세계'이다. 이 단원은 세계지리 영역으로서, 본 연구의 주제단원은 다양한 활동을 통하여 우리나라 및 지구촌 사회의 정치, 경제, 문화, 지리적 의존 관계를 알아보는 것을 주

된 내용으로 삼고 있다. 따라서 본 단원은 단순 자연 지리적 접근보다는 각국 사람들의 생활모습이나 문화 등 주변생활과 관련된 내용을 중심으로 하는 문화적 접근이 보다 학습의 효과를 증진시킬 수 있다.

이 연구에서 '다중지능 활용 소집단 협동학습'은 초등학교 6학년 2학기 사회교과목 시간을 활용하여 매주 4회, 1회당 60분(담임 재량시간 활용)을 기준으로 총 16차시를 실시할 수 있도록 구성하였다.

〈표 2-20〉 사회과 차시별 지도내용

단원	주제	제재	차시	지도 내용
2. 함께 살아가는 세계		■단원 도입 및 계획	1	·단원의 개괄적인 내용 파악하기 ·단원의 학습방법에 관한 소개
	❶ 변화하는 세계의 여러 나라	Ⅹ 세계를 한눈에	2	·세계 지도, 지구본에 나타난 세계 지형의 특징 ·세계 지도와 지구본의 특징과 쓰임
		Ⅷ 우리와 관계 깊은 나라들	3	·중국과 우리나라의 관계 조사
			4	·일본과 우리나라의 관계 조사
			5	·미국과 우리나라의 관계 조사
			6	·러시아와 우리나라의 관계 조사
		❻ 더 가까워지는 세계의 여러 나라	7	·세계 여러 나라의 분류
			8	·세계 여러 나라의 특징과 생활 모습
			9	·세계 여러 나라의 특징과 생활 모습
		선택학습	10	·세계 여러 나라에서 일어나는 일 ·자연환경이 생활 모습에 주는 영향
	❷ 지구촌 속의 우리나라	Ⅹ 인터넷으로 하나가 된 지구촌	11	·세계를 지구촌이라고 하는 까닭
			12	·교통과 통신 및 과학·기술의 발달이 지구촌 생활에 미치는 영향
		Ⅷ 지구촌의 여러 문제	13	·다양한 지구촌의 문제
			14	·지구촌 문제를 해결하기 위한 노력
		선택학습	15	·국제 뉴스와 우리나라에 미칠 영향 ·교통·통신의 발달이 생활에 미치는 영향 ·지구촌 문제를 중심으로 지구촌 신문 만들기
		단원 정리 학습	16	·단원 정리 학습

연구단원의 지도 내용에 대한 교과내용상의 목표를 지식·이해 측면, 기능적 측면, 가치·태도 측면으로 나누어 보면 <표 2-21>과 같다.

〈표 2-21〉 사회과 단원별 내용에 대한 항목별 목표

영역 \ 목표	항목별 목표
지식 · 이해	◦우리나라는 정치적, 경제적, 문화적, 지리적 측면에서 세계 여러 지역과 밀접한 관계 속에 있음을 파악할 수 있다. ◦5대양 6대주의 위치를 알고 우리나라가 아시아에 속한 나라임을 알 수 있다. ◦세계 여러 나라의 자연환경과 생활 모습을 설명할 수 있다. ◦여러 가지 구체적인 예를 통해 '지구촌'의 의미를 인식할 수 있다. ◦교통·통신 발달의 여러 가지 영향과 앞으로의 지구촌 생활 변화 모습을 예측할 수 있다.
기능	◦여러 곳의 모습을 알아보는 다양한 방법을 찾아볼 수 있다. ◦세계 지도와 지구본을 이용하여 세계 지형의 모습과 특징을 알 수 있다. ◦각 나라에 대한 다양한 자료를 수집하여 정리할 수 있다. ◦지구촌 문제의 원인과 해결을 위한 노력을 조사하여 발표할 수 있다. ◦우리의 전통문화 중 세계화한 것과 앞으로 세계화할 수 있는 것을 조사하여 보고서로 만들 수 있다.
가치 · 태도	◦세계 여러 나라에 대하여 관심을 가진다. ◦문화의 다양성을 인정하고 존중하는 태도를 가진다. ◦지구촌 문제는 우리의 문제임을 바탕으로 문제 해결에 참여하는 자세를 가진다.

본 연구에서는 단원의 지도내용과 관련 지능을 다음과 같이 선정하였다.

〈표 2-22〉 지도 내용에 따른 차시별로 활용할 지능

차시	지도 내용	관련 지능
2	·세계 지도, 지구본에 나타난 세계 지형의 특징 ·세계 지도와 지구본의 특징과 쓰임	◦언어적 지능, 공간적 지능, 신체 운동적 지능, 음악적 지능, 대인관계 지능, 개인이해 지능
3	·중국과 우리나라의 관계 조사	◦언어적 지능, 논리 수학적 지능, 공간적 지능, 대인관계 지능, 개인이해 지능
4	·일본과 우리나라의 관계 조사	◦언어적 지능, 논리 수학적 지능, 공간적 지능, 대인관계 지능, 개인이해 지능
5	·미국과 우리나라의 관계 조사	◦언어적 지능, 논리 수학적 지능, 음악적 지능, 공간적 지능, 신체운동적 지능, 개인이해 지능
6	·러시아와 우리나라의 관계 조사	◦언어적 지능, 논리 수학적 지능, 음악적 지능, 공간적 지능, 신체운동적 지능, 개인이해 지능
7	·세계 여러 나라의 분류	◦공간적 지능, 논리 수학적 지능, 언어적 지능, 대인관계 지능, 개인이해 지능
8	·세계 여러 나라의 특징과 생활 모습	◦음악적 지능, 언어적 지능, 신체운동적 지능, 대인관계 지능, 개인이해 지능
9	·세계 여러 나라의 특징과 생활 모습	◦언어적 지능, 공간적 지능, 신체운동적 지능, 개인이해 지능
11	·세계를 지구촌이라고 하는 까닭	◦언어적 지능, 공간적 지능, 신체운동적 지능, 개인이해 지능
12	·교통과 통신 및 과학·기술의 발달이 지구촌 생활에 미치는 영향	◦언어적 지능, 공간적 지능, 신체운동적 지능, 개인이해 지능
13	·다양한 지구촌의 문제	◦언어적 지능, 음악적 지능, 신체운동적 지능, 논리 수학적 지능, 개인이해 지능
14	·지구촌 문제를 해결하기 위한 노력	◦언어적 지능, 공간적 지능, 논리수학적 지능, 개인이해 지능

<표 2-22>에서 제시한 단원의 지도내용과 관련 지능을 바탕으로 다음과 같이 활동내용을 차시별로 선정하였다.

주제단원	❶ 변화하는 세계의 여러 나라-Ⅹ 세계를 한눈에
본시 주제	·세계 지도, 지구본에 나타난 세계 지형의 특징 ·세계 지도와 지구본의 특징과 쓰임
학습 목표	·5대양 6대주의 위치와 우리나라가 아시아에 속한 나라임을 알 수 있다. ·여러 가지 세계 지도와 지구본의 쓰임을 알 수 있다. ·세계 지도와 지구본을 이용하여 세계 지형의 모습과 특징을 알 수 있다. ·지구에는 많은 나라들이 있다는 것을 알고, 세계 여러 나라에 대해 관심을 가진다.
관련 지능 및 학습활동	
언어적 지능	세계여행 가이드가 되어 자신의 안내 녹음하기
공간적 지능	5대양 6대주에 대한 지도에 색칠하고 특징 적기
신체운동적 지능	대륙 카드놀이 하기
음악적 지능	세계 지형과 지구본의 차이점을 가사 바꿔 부르기
대인관계 지능	각 대륙별로 'I am ground 나라이름 대기' 게임하기
개인이해 지능	학습 일지 작성하기

주제단원	❶ 변화하는 세계의 여러 나라-Ⅷ 우리와 관계 깊은 나라들
본시 주제	·중국과 우리나라의 관계 조사
학습 목표	·중국과 우리나라의 관계를 말할 수 있다. ·중국의 위치, 자연환경, 문화적 특징과 우리나라의 관계 변화를 설명할 수 있다. ·중국에 대한 다양한 자료를 수집하여 정리할 수 있다.
관련 지능 및 학습활동	
언어적 지능	중국과 우리나라와의 관계에 대한 장편의 협동 시 쓰기
논리·수학적 지능	숫자로 알아보는 중국 길라잡이 파워포인트 만들기
공간적 지능	중국 유적·유물 안내 책자 만들기
대인관계	중국의 교포와 가상 인터뷰하기
개인이해 지능	학습일지 작성하기

주제단원	❶ 변화하는 세계의 여러 나라-圓 우리와 관계 깊은 나라들
본시 주제	·일본과 우리나라의 관계 조사
학습 목표	·일본과 우리나라의 관계를 말할 수 있다. ·일본의 위치, 자연환경, 문화적 특징과 우리나라의 관계 변화를 설명할 수 있다. ·일본에 대한 다양한 자료를 수집하여 정리할 수 있다.
관련 지능 및 학습활동	
언어적 지능	일본 경제에 대하여 주제 토론하기
논리·수학적 지능	숫자로 알아보는 중국 길라잡이 파워포인트 만들기
공간적 지능	일본의 관한 사진을 수집하여 설명할 수 있는 파워포인트 만들기
대인관계	일본의 수도별로 전문가 활동하기
개인이해 지능	학습일지 작성하기

주제단원	❶ 변화하는 세계의 여러 나라-圓 우리와 관계 깊은 나라들
본시 주제	·미국과 우리나라의 관계 조사
학습 목표	·미국과 우리나라의 관계를 말할 수 있다. ·미국의 위치, 자연환경, 문화적 특징과 우리나라의 관계 변화를 설명할 수 있다. ·미국에 대한 다양한 자료를 수집하여 정리할 수 있다.
관련 지능 및 학습활동	
언어적 지능	조사활동을 통하여 각 수도별로 가상여행기 만들기
논리수학적 지능	미국의 역사에 대한 흐름도 만들기
음악적 지능	'미국을 빛낸 100명의 위인들'로 노래 가사 바꾸어 보기
공간적 지능	미국 지도에 지역적 특징과 주요 산업 아이콘으로 표시하기
신체운동적 지능	미국의 문화에 대한 간단한 역할극 꾸미기
개인이해 지능	학습일지 작성하기

주제단원	❶ 변화하는 세계의 여러 나라-圓 우리와 관계 깊은 나라들
본시 주제	·러시아와 우리나라의 관계 조사
학습 목표	·러시아와 우리나라의 관계를 말할 수 있다. ·러시아의 위치, 자연환경, 문화적 특징과 우리나라의 관계 변화를 설명할 수 있다. ·러시아에 대한 다양한 자료를 수집하여 정리할 수 있다.
관련 지능 및 학습활동	
언어적 지능	세계 각국의 교포들의 생활에 대한 보고서 작성하기
논리·수학적 지능	러시아에 대한 마인드맵 작성하기
음악적 지능	'러시아의 자연환경과 문화적 특징' 소개하는 랩 만들기
공간적 지능	러시아 지도에 지역적 특징과 주요 산업 아이콘으로 표시하기
신체운동적 지능	러시아의 문화적 특성을 나타내는 간단한 표현극 꾸미기
개인이해 지능	학습일지 작성하기

주제단원	❶ 변화하는 세계의 여러 나라-Ⓤ 더 가까워지는 세계의 여러 나라
본시 주제	·세계 여러 나라의 분류
학습 목표	·우리와 자원 교류가 활발한 나라들의 특징을 말할 수 있다.
관련 지능 및 학습활동	
공간적 지능	세계 백지도에 우리나라에 수입해 오는 자원별로 국가 표시하기
논리·수학적 지능	사회과부도 자료에서 각 나라를 주제별로 분류해 보기(영토, 소득 등)
언어적 지능	우리나라의 수출입 현황 조사하여 설명하기
대인관계 지능	석유와 우리 생활과의 관계에 대한 전문가 활동하기
개인이해 지능	학습일지 작성하기

주제단원	❶ 변화하는 세계의 여러 나라-Ⓤ 더 가까워지는 세계의 여러 나라
본시 주제	·세계 여러 나라의 특징과 생활 모습
학습 목표	·우리와 경제적 협력 관계에 있는 나라들의 특징을 말할 수 있다. ·문화적, 학술적으로 우리와 관련을 맺고 있는 나라들의 특징을 알 수 있다. ·세계 여러 나라에 대한 이해의 폭을 넓히고 국제 사회의 변화에 관심을 가진다.
관련 지능 및 학습활동	
음악적 지능	우리나라와 아센(ASEAN)의 관계를 노래로 표현하기
언어적 지능	'가보고 싶은 나라'에 대하여 자료 조사 및 정리하기
대인관계 지능	세계 여러 나라에 대한 '스피드 퀴즈' 문제 만들기
신체운동적 지능	'유럽연합'을 소개하는 간단한 파워포인트 제작하기
개인이해 지능	학습일지 작성하기

주제단원	❷ 지구촌 속의 우리나라-Ⓧ 인터넷으로 하나가 된 지구촌
본시 주제	·세계를 지구촌이라고 하는 까닭
학습 목표	·교통과 통신의 발달이 세계의 여러 나라에 끼치는 영향을 알 수 있다. ·여러 가지 예를 들어 '지구촌'의 의미를 설명할 수 있다.
관련 지능 및 학습활동	
언어적 지능	교통·통신의 발달과 지구촌 생활과의 관계 토론하기
신체운동적 지능	인터넷을 이용하여 교통·통신의 발달에 대한 사진, 기사 수집하기
공간적 지능	'지구촌 생활'을 주제로 4컷 만화 그리기
개인이해 지능	학습일지 작성하기

〈표 2-23〉 차시별로 활용할 지능에 따른 소집단 협동학습 활동

주제단원	❷ 지구촌 속의 우리나라ⅩⅡ 인터넷으로 하나가 된 지구촌
본시 주제	·교통과 통신 및 과학·기술의 발달이 지구촌 생활에 미치는 영향
학습 목표	·교통·통신 및 과학·기술의 발달이 가져올 앞으로의 지구촌의 생활 모습을 예측할 수 있다.
관련 지능 및 학습활동	
언어적 지능	교통·통신의 발달이 가져다줄 미래의 생활 모습 글로 작성하기
공간적 지능	교통·통신의 발달을 주제로 마인드맵 작성하기
신체운동적 지능	2050년의 생활모습을 간단한 인형극으로 만들어 보기
개인이해 지능	학습 일지 작성하기

주제단원	❷ 지구촌 속의 우리나라ⅩⅢ 지구촌의 여러 문제
본시 주제	·다양한 지구촌의 문제
학습 목표	·지구촌의 여러 가지 문제 중 하나를 사례를 들어가며 제시할 수 있다. ·지구촌 문제의 원인과 실태를 발표할 수 있다.
관련 지능 및 학습활동	
언어적 지능	'지구촌 문제 베스트 5'를 선정하여 간이 토크쇼 진행해 보기
음악적 지능	지구촌 문제의 심각성을 소주제로 여러 가지 악기로 표현해 보기
신체운동적 지능	지구촌 문제의 심각성을 마임활동으로 표현하기
논리·수학적 지능	지구촌 문제를 여러 가지 원인을 조사하여 글로 표현하기
개인이해 지능	학습일지 작성하기

주제단원	❷ 지구촌 속의 우리나라ⅩⅢ 지구촌의 여러 문제
본시 주제	·지구촌 문제를 해결하기 위한 노력
학습 목표	·지구촌 문제의 해결을 위한 노력에 대하여 말할 수 있다. ·지구촌 문제에 관심을 가지고, 해결에 참여하려는 자세를 가진다.
관련 지능 및 학습활동	
언어적 지능	국제연합 및 각종 국제단체들의 활동모습을 컴퓨터로 조사하기
논리·수학적 지능	소주제별로 지구촌 문제를 해결하기 위한 방안 모색하기
공간적 지능	지구촌의 문제 해결을 홍보하기 위한 신문 공익광고물 제작하기
개인이해 지능	·지구촌 문제해결을 위하여 우리가 할 수 있는 일들을 글로 표현하기 ·학습일지 작성하기

본 연구에서는 학교의 실정에 따라 원활한 소집단 협동학습을 위해 다음과 같이 교실을 구성하였다.

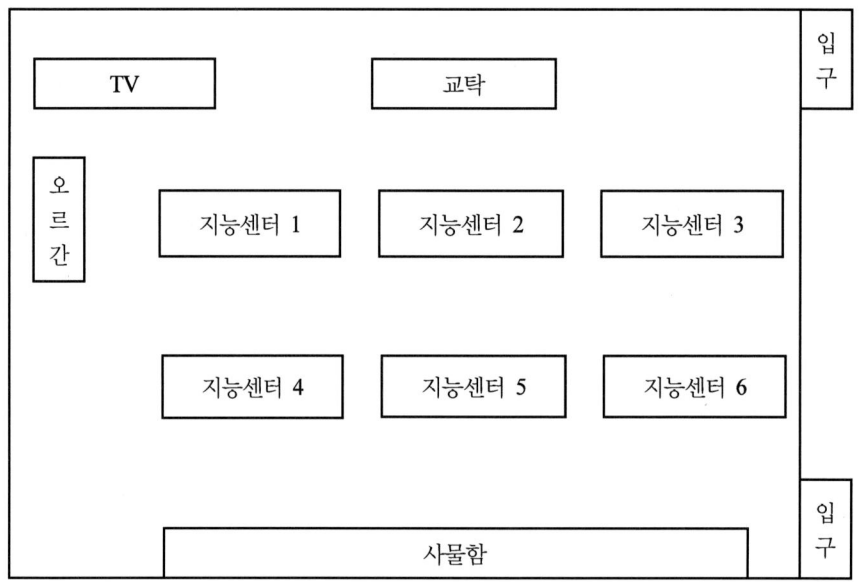

<그림 2-5> 다중지능 이론에 근거한 교실 모형

각 지능센터에는 준비물 바구니를 두어 각 활동에 필요한 학습준비물을 비치하였고, 특정 지능 활동의 인원이 많을 경우를 대비하여 여유분의 자료를 구비하였다. 또한 컴퓨터를 통한 활동이 다소 필요할 경우에는 소집단별로 컴퓨터 1대씩 구비되어 있는 모둠학습실을 활용하기도 하였다.

활동에 대한 평가는 관찰, 포트폴리오, 동료평가를 활용하였고, 동료평가는 연구자가 구안한 동료평가지를 활용하였고, 자기 평가는 개인 이해 지능활동의 일환으로 학습일지를 활용하여 매 차시 수업에서 자신의 활동에서의 장점과 단점을 파악하여 다음 차시의 수업에서 개선해갈 수 있는 토대를 만들었다.

〈표 2-24〉 동료평가지의 구성

또래 평가지(센터) ( )학년 ( )반 ( )번 이름( )					
이름	역할	평 점			서술 평가
		준비도	성실도	참여도	

5. 측정 도구

가. 자기주도적 학습능력 검사

본 연구에서 사용한 도구는 Guglielmino(1977)가 개발한 자기주도적 학습 준비도 척도(SDLRS: Self-Directed Learning Readiness Scale)를 김지자(1996)가 초등학생 수준에 맞게 수정한 간편 검사지이다.

SDLRS(박영태·현정숙. 2002, 237~238면에서 재인용)는 학습자들이 학습에서의 자기주도 학습능력(self-direction)과 관련되는 태도나 기술 등을 지각하는 범위(정도)를 분석하며, 아동들을 위한 SDLRS-E, 일반성인들을 위한 SDLRS-A, 성인기초 교육수준의 사람들을 위한 SDLRS-ABE 등의 형태가 있다. SDLRS는 자기주도 학습의 전문가 14명에게 세 번에 걸친 델파이(delphi) 설문을 통해 고안되었다. 자기주도 학습의 주체자로서의 학습자들이 지닐 수 있는 성향을 설정하고 그러한 성향을 측정함으로써 전체적인 자기주도 학습 준비도를 점수로 나타내도록 되어 있다. 신뢰도는 0.87이며 58문항의 5점 평정척도로, 전체 점수의 합으로 자기주도 학습준비도를 나타낸다. 그리고 도구의 요인 분석(factor analysis)을 통해 아래의 8개 항목으로 규정하였다. 즉, 학습 기회에 대한 개방성, 효율적인 학습자라는 자아 개념, 학습에의 솔선수범 및 독립심, 자신의 학습에 대한 책임감, 학습에 대한 애정과 열성, 미래 지향성, 창의성, 기본 학습 기술과 문제해결 기술을 사용할 수 있는 능력 등이다. 그러나 이 검사 도구는 전체 문항 총점과 상관이 없는 문항들과 한 문항에 여러 요인이 중복되어 들어 있는 문항들이 있음을 지적받고 있다(유귀옥, 1997).

본 연구에서는 Guglielmino의 아동들을 위한 SDLRS-E를 김지자(1996)가 한국어로 번역한 것을 토대로, 검사영역은 학습 기회에 대한 개방성, 효율적인 학습자라는 자아개념, 학습에의 솔선수범 및 독립, 가신의 학습에 대한 책임감, 학습에 대한 애정과 열성, 미래지향성, 창의성, 기본 학습 기술과 문제 해결 기술 8개이고, 문항 수는 영역별로 3~4개 문항씩 총 30개 문항이며, 5점 평정척도로 구성하였다(<부록-2>).

〈표 2-25〉 자기주도 학습능력의 하위영역별 문항의 내적 일치도(Cronbach's Alpha)

영 역	문항번호	문항수	신뢰도
❏ 학습 기회에 대한 개방성	1, 14, 21, 22	4	0.70
❏ 효율적인 학습자라는 자아 개념	5, 6, 8, 10	4	0.76
❏ 학습에의 솔선수범 및 독립	4, 11, 20, 29	4	0.58
❏ 자신의 학습에 대한 책임감	7, 18, 25	3	0.58
❏ 학습에 대한 애정과 열성	2, 3, 12, 30	4	0.78
❏ 미래 지향성	17, 24, 27, 28	4	0.58
❏ 창의성	9, 13, 16, 23	4	0.81
❏ 기본 학습 기술과 문제해결 기술	15, 19, 26	3	0.66

나. 파지 검사

다중지능 활용을 통한 소집단 협동학습모형이 초등학교 아동의 파지능력에 미치는 효과를 검증하기 위하여 개념 추출 정도를 측정하는 데에 적절한 방법인 마인드맵을 응용한 방법을 사용하였다. 즉, 학습종료 2주 후에 마인드맵을 활용하여 주제와 관련한 개념을 떠올리고, 관계성을 형성하며, 이를 바탕으로 한편의 글을 작성해 보는 방법으로 각 활동지에 배점하여 파지 능력 결과를 정량적으로 알아보았다.

6. 통계 처리

이 연구에서는 다중지능을 통한 수업모형을 적용하기 이전과 이후에 실험집단과 비교집단의 자기주도적 학습능력 검사를 실시하였으며, 그 결과를 자기주도적 학습능력의 하위 영역별로 평균과 표준편차를 구하고, 집단 차이의 검증력을 높이기 위하여 변량분석 중 T-test를 실시하였다. 실험반과 집단 간의 좌우비교를 위한 검증에서는 Independent Samples T Test를 실시하였고, 실험반과 비교반 간의 전후 비교와 하위영역 간의 비교를 위한 검증에서는 Paired Samples T-test를 실시하였다. 실험집단과 비교집단의 자기주도적 학습능력을 검증하기 위한 통계 추출 프로그램으로는 SPSS-WIN 11.0을 이용하였다.

VI. 연구 결과 및 논의

이 연구의 목적은 학습자의 다중지능을 활용하여 교수학습모형을 구안하고, 소집단 협동학습을 실시하여 학습자의 자기주도적 학습능력과 파지능력에 미치는 효과를 검증하는 데 있다. 본 연구의 목적을 달성하기 위해 교수학습 모형을 개발하고 그에 따른 처치를 실시한 후 자기주도적 학습능력 및 파지능력을 분석하여 연구결과를 논의해 보고자 한다.

1. 자기주도적 학습능력에 대한 분석

가. 실험집단과 비교집단의 자기주도적 학습능력 검사 비교

다중지능을 활용한 소집단 협동학습이 아동의 자기주도적 학습능력의 8가지 하위요인에 얼마나 효과적인가를 검증하기 위하여 실험집단과 비교집단에 자기주도적 학습능력 검사를 실시하였으며, 검사 후의 통계처리를 통한 검증결과는 <표 2-26>과 같다.

먼저 실험반과 비교반의 독립표본 T-검증을 통하여 알아본 사후검사 결과는 다음과 같다.

〈표 2-26〉 실험집단과 비교집단의 사후검사 결과

자기주도적 학습능력의 하위요인	집단구분	Mean	Std. Deviatin	Std. Error Mean	t	p
학습기회에 대한 개방성	실험반	3.9878	1.27837	.19965	2.197	.043*
	비교반	3.4634	.83771	.13083		
효율적인 학습자라는 자아 개념	실험반	3.8415	1.07494	.16788	2.612	.154
	비교반	3.2744	.88177	.13771		
학습에의 솔선수범 및 독립심	실험반	3.6524	.97769	.15269	2.218	.042*
	비교반	3.2256	.74959	.11707		
자신의 학습에 대한 책임감	실험반	3.9187	.95097	.14852	.744	.016*
	비교반	3.7805	.71340	.11141		
학습에 대한 애정과 열성	실험반	3.9329	.90316	.14105	2.192	.051*
	비교반	3.5183	.80698	.12603		
미래지향성	실험반	4.0671	.94377	.14739	1.497	.003**
	비교반	3.7866	.74069	.11568		
창의성	실험반	3.5671	.92538	.14452	2.606	.795
	비교반	3.0244	.95983	.14990		
기본 학습 기술과 문제 해결 기술	실험반	3.6748	.80790	.12617	.979	.216
	비교반	3.5041	.77144	.12048		
사후검사통계	실험반	3.5114	.51974	.08117	.761	.386
	비교반	3.4466	.58717	.09170		

(*: p<0.05, **p<0.01)

<표 2-26>에 의하면, 사후검사 결과의 자기주도적 학습능력 중 하위영역에서 미래지향성과 자신의 학습에 관한 책임감은 유의수준 1% 범위, 학습에 대한 애정과 열성, 창의성, 기본학습 기술과 문제해결 기술을 제외한 나머지 항목에서는 유의수준 5%의 범위 내에서 유의미한 차이를 보였다. 비교반과 실험반의 유의미한 표준편차를 기준으로 학습기회에 대한 개방성, 학습에의 솔선수범 및 독립심, 자신의 학습에 의한 책임감, 학습에 대한 애정과 열성, 미래 지향성에서 실험반이

비교반보다 우월한 것으로 통계가 나타났다.

창의성의 경우 t=2.606으로 유의수준 5% 범위에서 유의미한 차이를 보이지 않았는데, 이는 창의성을 측정함에 있어서 문항을 통한 평가의 한계와 주제를 교수자가 직접 정해준 것에 기인한 것으로 추정한다.

효율적인 학습자라는 자아개념은 평균에서는 많은 차이를 보이나 t=2.161로 유의수준 5% 범위에서 유의미한 차이를 보이지 않는다. 이것은 소집단 활동 시 활동의 배분과 주도성에 있어서 아동 간의 차이로 인해 유의미한 차이를 보이지 않는다고 추정한다. 사후검사의 총 점수에 있어서도 평균차가 .648이고 t=761로 유의수준 5% 범위에서 유의미한 차이를 보이지 않고 있는데, 자기주도적인 학습능력 검사의 척도가 지필평가인 만큼, 각 영역 간의 총 합계로 효과를 검증하기보다는 각 영역별로 검증하는 것이 더욱 효율적이라고 본다.

따라서 다중지능을 활용한 소집단 협동학습을 통하여 실험반이 비교반보다 자기주도적인 학습능력을 신장시켰음을 말하고, 특히 실험반의 학습자들이 다중지능을 활용한 소집단 협동학습을 통하여 학습을 수용하는 자세나 학습에 참여하는 능동성, 열의, 학습 목표 달성에 대한 성취의식, 다른 학습으로의 심리적 전이 등에 효과적이었음을 말하고 있다.

나. 비교집단의 자기주도적 학습능력 전후 비교

일반적인 수업방법을 활용한 비교 집단의 전후 비교자료는 <표 Ⅳ-3>와 같다.

<표 2-27> 비교집단의 자기주도적 학습능력 전후 비교

측정 영역	검사 시기	Mean	N	Std. Deviation	t	p
학습기회에 대한 개방성	사전검사	3.3963	41	.80424	-1.982	.054
	사후검사	3.4634	41	.83771		
효율적인 학습자라는 자아 개념	사전검사	3.2378	41	.88203	-1.355	.183
	사후검사	3.2744	41	.88177		
학습에의 솔선수범 및 독립심	사전검사	3.4878	41	.73729	2.420	.020*
	사후검사	3.2256	41	.74959		
자신의 학습에 대한 책임감	사전검사	3.1870	41	.61032	-5.359	.000**
	사후검사	3.7805	41	.71340		
학습에 대한 애정과 열성	사전검사	3.3049	41	.71701	-4.284	.000**
	사후검사	3.5183	41	.80698		
미래 지향성	사전검사	3.6829	41	.75005	-1.902	.064
	사후검사	3.7866	41	.74069		
창의성	사전검사	3.0183	41	.92262	-.088	.930
	사후검사	3.0244	41	.95983		
기본 학습 기술과 문제 해결 기술	사전검사	3.4309	41	.76465	-2.293	.027*
	사후검사	3.5041	41	.77144		
합계	사전검사	3.3423	41	.82360	.096	.452
	사후검사	3.4466	41	.58717		

(*: p<0.05, **: p<0.01)

<표 2-27>에 의하면, 일반적인 수업을 통한 결과에서는 학습에서의 솔선수범 및 독립심, 학습에 대한 책임감, 학습에 대한 열성, 기본 학습 기술과 문제 해결 기술에 있어서 1% 혹은 5% 범위에서 유의미한 차이를 보이고 있다. 이것은 일반적인 수업활동 역시 자기주도적 학습능력을 향상시키는 데 부분적인 효과가 있다고 검증할 수 있다.

또한 비교집단의 자기주도적 학습능력은 사전검사와 사후검사의 평균점수가 각각 3.3423과 3.4466으로 출발점에 비해 도착점의 점수가 높게 나타났으나, 두 평균점수에 대한 유의성 검증을 실시한 결과 t=096으로 유의수준 5% 범위에서 유의미한 차이를 보이지 않았다. 즉, 비교집단은 자기주도적 학습능력과 그 하위

영역에 의미 있는 변화가 나타나지 않았음을 알 수 있다.

다. 실험집단의 자기주도적 학습능력 전후 비교

다중지능을 활용한 소집단 협동학습이 집단 내에서 자기주도적 학습능력에 얼마나 효과성을 가지고 있는지 검증하기 위한 실험집단의 전후 비교자료는 <표 2-28>과 같다.

〈표 2-28〉 실험집단의 자기주도적 학습능력 전후 비교

측정 영역	검사 시기	Mean	N	Std. Deviation	t	p
학습기회에 대한 개방성	사전검사	3.3598	41	.81211	-2.873	.006**
	사후검사	3.9878	41	1.27837		
효율적인 학습자라는 자아 개념	사전검사	3.1646	41	.86892	-3.235	.002**
	사후검사	3.8415	41	1.07494		
학습에의 솔선수범 및 독립심	사전검사	3.4878	41	.73729	-.894	.376
	사후검사	3.6524	41	.97769		
자신의 학습에 대한 책임감	사전검사	3.0000	41	.77100	-4.805	.000**
	사후검사	3.9187	41	.95097		
학습에 대한 애정과 열성	사전검사	3.1524	41	.77838	-4.710	.000**
	사후검사	3.9329	41	.90316		
미래지향성	사전검사	3.6037	41	.77656	-2.682	.011*
	사후검사	4.0671	41	.94377		
창의성	사전검사	2.9512	41	1.00034	-2.808	.008**
	사후검사	3.5671	41	.92538		
기본 학습 기술과 문제 해결 기술	사전검사	3.0650	41	.83406	-3.501	.001**
	사후검사	3.6748	41	.80790		
합계	사전검사	3.2934	41	.85880	1.752	.024*
	사후검사	3.5114	41	.91974		

(*: p<0.05, **: p<0.01)

<표 2-28>의 실험반의 사후검사 결과에 의하면, 학습에서의 솔선수범 및 독립심의 항목을 제외한 7개의 영역에서 유의수준 1% 범위에서 유의한 차이를 보이고 있다. 이는 실험반의 다중지능을 활용한 소집단 협동학습이 자기주도적 학습

능력을 신장하는 것에 효과가 있음을 나타내고 있다. 또한 실험집단의 자기주도 적 학습능력은 사전검사와 사후검사의 평균점수가 각각 3.2934와 3.5114로 출발 점에 비해 도착점의 점수가 높게 나타났으며, 이 평균점수에 대한 유의성 검증을 실시한 결과 t=1.752로 유의수준 5% 범위에서 유의미한 차이가 검증되었다. 즉, 다중지능을 활용한 소집단 협동학습의 적용은 초등학교 아동의 자기주도적 학습 능력을 향상시켰으며 그 하위영역에도 모두 효과가 있음을 알 수 있다.

학습에서의 솔선수범 및 독립심에서 유의미한 차이를 보이지 않은 것은 학습 의 활동과정을 설계할 때 소집단별로 역할을 배정하는 것에서 구성원 모두의 의 지를 반영하지 못한 것과 주제에 따른 활동을 학습자에게 위임하지 않고 수동적 으로 주어진 것에 기인한 결과라고 본다.

2. 파지능력에 대한 분석

다중지능을 활용한 소집단 협동학습이 학습자의 파지능력, 다시 말해서 학습을 마치고 난 후 일정기간이 지난 후에 학습한 지식이나 정보를 재인할 수 있는 능 력을 검증하기 위하여 마인드맵을 선택하였다. 마인드맵은 우리가 받아들이는 각 종 정보, 즉 읽고 생각하고 기억하는 모든 것들을 가지 모양의 선 위에 중심이미 지, 핵심단어, 상징기호, 부호, 색상 등을 사용하여 표현하는 것으로 마치 마음속 에 지도를 그리는 것처럼 정리하는 방법을 말한다(라명화 역, Buzan, 1994). 마인 드맵은 좌·우의 대뇌반구의 담당기능이 통합하여 작용하도록 되어 있다. 마인드 맵을 할 때는 단어뿐만 아니라 상징기호, 색상을 사용하여 아이디어를 기록하기 도 하므로 상징기호, 색상, 이미지 등을 만들기 위해 우뇌의 기능을 사용하게 되 는 것이다. 기존의 직선적 노트 필기법은 단어, 숫자, 선 목차, 논리 등 주로 좌뇌 의 지적 영역만을 사용하며 필기도구의 색상도 보편적으로 한 가지를 사용하고 있어 양 뇌를 효율적으로 활용하지 못하고 있는 반면 마인드맵은 좌뇌의 지적 기 능 외에도 리듬, 색상, 이미지, 공간 감각 연상 등 우뇌의 영역도 함께 작용하도록 중요한 요소들로 다루고 있는 것이다(라명화 역, Buzan, 1994).

위의 연구 결과처럼 마인드맵은 양 뇌의 통합적인 활용이 가능하다는 점에서 다중지능을 활용한 수업과 맥을 같이 할 수 있다. 파지능력의 검사를 위해 실험반과 비교반은 연구절차에 따른 교육과정을 거친 후 2주 후에 '되돌아보기' 활동을 통하여 마인드맵 활동을 실시하였다. 평가 기준에 따라 배점을 하여 측정한 파지능력의 검사 결과는 다음과 같다.

가. 실험집단과 비교집단의 파지 사후검사 비교

다중지능을 활용한 소집단 협동학습이 아동의 파지에 얼마나 효과적인가를 검증하기 위하여 실험집단과 비교집단에 파지 검사를 실시하였으며, 검사 후의 통계처리를 통한 검증결과는 <표 2-29>와 같다.

먼저 실험반과 비교반의 독립표본 T-검증을 통하여 알아본 사후검사 결과는 다음과 같다.

〈표 2-29〉 실험집단과 비교집단의 파지 사후검사 결과

측정영역	구분	N	Mean	Std. Deviation	t	p
개념 기억 능력	실험반	41	22.68	6.717	1.842	.022*
	비교반	41	20.24	7.579		
주제망 형성 능력	실험반	41	22.44	6.626	1.571	.038*
	비교반	41	20.24	6.888		
개념 활용 능력	실험반	41	20.00	7.071	1.212	.045*
	비교반	41	19.02	7.350		
합계	실험반	41	65.12	17.9055	2.377	.018*
	비교반	41	59.51	18.9674		

(*: p<0.05, **: p<0.01)

<표 2-29>에 의하면 파지 사후검사 좌우비교에서 '개념 기억 능력'은 t=1.842, '주제망 형성 능력'은 t=1.571, '개념 활용 능력'은 t=1.212로 유의수준 5% 범위에서 유의미한 차이가 검증되었다. 또한 실험반의 평균을 보았을 때 '개념 기억 능력', '주제망 형성 능력', '개념 활용 능력'에서 비교반의 평균보다 높음을 안 수 있다. 즉, 다중지능을 활용한 소집단 협동학습은 초등학교 아동의 파지를 향상시

켰으며 그 하위영역인 '개념 기억 능력', '주제망 형성 능력', '개념 활용 능력'에
도 모두 효과가 있음을 알 수 있다.

나. 비교집단의 파지 전후 비교

일반적인 수업방법이 집단 내에서는 파지에 얼마나 효과성을 가지고 있는지
검증하기 위한 비교집단의 전후 비교자료는 <표 2-30>과 같다.

〈표 2-30〉 비교집단의 파지 검사 전후 비교

대상	측정영역	검사 시기	Mean	Std. Deviation	t	p
비교반	개념기억 능력	사전검사	19.51	7.730	-.595	.555
		사후검사	20.24	7.579		
	주제망 형성 능력	사전검사	19.51	6.690	-1.000	.323
		사후검사	20.24	6.888		
	개념활용 능력	사전검사	18.05	6.790	-.892	.378
		사후검사	19.02	7.350		
	합계	사전합계	57.07	19.006	-1.010	.318
		사후합계	59.51	18.967		

(*: p<0.05, ** p<0.01)

비교반의 파지 전후 비교에서 '개념 기억 능력', '주제망 형성 능력', '개념 활용
능력'에서 출발점 점수보다 도착점 점수가 다소 향상되었으나 '개념 기억 능력'은
t=-.595, '주제망 형성 능력'은 t=-1.000, '개념 활용 능력'은 t=-.892로 유의수준 5%
범위에서 유의미한 차이를 보이지 않았다.

또한 비교집단의 파지는 사전검사와 사후검사의 평균점수가 각각 57.07과
59.51로 출발점에 비해 도착점의 점수가 높게 나타났으나, 두 평균점수에 대한 유
의성 검증을 실시한 결과 t=-1.010으로 유의수준 5% 범위에서 유의미한 차이를
보이지 않았다. 즉, 비교집단은 파지와 그 하위영역인 '개념 기억 능력', '주제망
형성 능력', '개념 활용 능력'에 의미 있는 변화가 나타나지 않았음을 알 수 있다.

다. 실험집단의 파지 전후 비교

다중지능을 활용한 소집단 협동학습이 집단 내에서는 파지에 얼마나 효과성을 가지고 있는지 검증하기 위한 실험집단의 전후 비교자료는 <표 2-31>과 같다.

〈표 2-31〉 실험집단의 파지 검사 전후 비교

대상	측정영역	검사 시기	Mean	Std. Deviation	t	p
실험반	개념기억 능력	사전검사	19.76	7.241	-2.757	.009**
		사후검사	22.68	6.717		
	주제망 형성 능력	사전검사	19.27	6.852	-3.893	.000**
		사후검사	22.44	6.626		
	개념활용 능력	사전검사	17.07	6.798	-3.114	.003**
		사후검사	20.00	7.071		
	합계	사전합계	56.10	17.011	-3.828	.002**
		사후합계	65.12	17.906		

(*: p<0.05, ** p<0.01)

<표 2-31>에 의하면 실험반의 파지 전후 비교에서 '개념 기억 능력'은 t=-2.757, '주제망 형성 능력'은 t=-3.893 '개념 활용 능력'은 t=-3.114로 유의수준 1% 범위에서 유의미한 차이가 검증되었다.

또한 실험집단의 파지는 사전검사와 사후검사의 평균점수가 각각 56.10과 65.12로 출발점에 비해 도착점의 점수가 높게 나타났으며, 이 평균점수에 대한 유의성 검증을 실시한 결과 t=-3.828로 유의수준 1% 범위에서 유의미한 차이가 검증되었다. 즉, 다중지능을 활용한 소집단 협동학습의 적용은 초등학교 아동의 파지를 향상시켰으며 그 하위영역인 '개념 기억 능력', '주제망 형성 능력', '개념 활용 능력'에도 모두 효과가 있음을 알 수 있다.

라. 실험집단과 비교집단의 파지에 관한 정성적 연구

본 연구에서는 파지의 정량적 검사 결과를 보완하기 위하여 정성적인 연구를
병행하였다. 본 연구자가 구안한 파지 학습지는 <그림 2-6>이며, 파지 학습지와
면담, 지필 인터뷰를 통하여 파지에 관한 연구를 실행하였다.

■ 파지능력 검사지-마인드맵 활동, 주제 글쓰기 활동

되돌아보기

( )학년 ( )반 ( )번 이름( )

📖 이번 시간은 2주 전에 학습한 내용을 잘 떠올려 보는 시간입니다.
먼저 수업과정에서 했던 여러 활동들을 바탕으로 하여 주제망을 작성하고,
관련이 있는 것끼리 묶어 보세요.

📖 자, 그럼 위의 주제망의 내용을 바탕으로 주어진 주제에 대하
여 설명하는 글을 써 봅시다.

〈그림 2-6〉 파지 학습지의 구성

되돌아보기

6학년 (6)반 (29)번 이름(이보미)

📖 이번 시간은 2주전에 학습한 내용을 잘 떠올려 보는 시간입니다. 먼저 수업과정에서 했던 여러 활동들을 바탕으로 하여 주제망을 작성하고, 관련이 있는 것끼리 묶어 보세요.

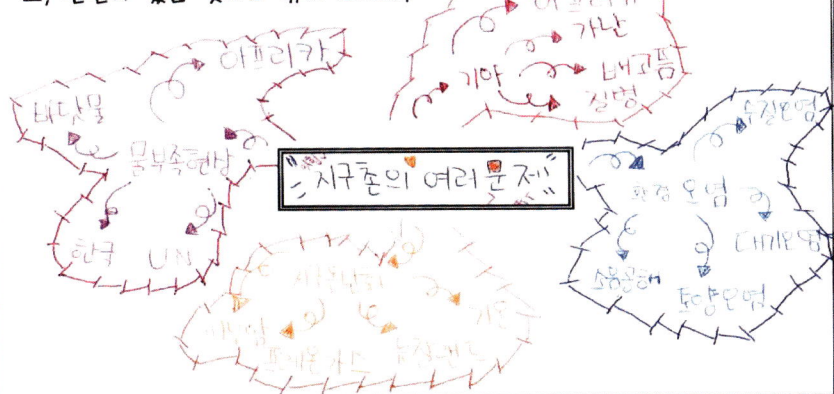

📖 자, 그럼 위의 주제망의 내용을 바탕으로 주어진 주제에 대하여 설명하는 글을 써 봅시다.

요즘 지구촌의 문제가 심각해 지고 있다. 기아, 환경오염, 지구온난화, 물부족현상 등 여러문제가 발생하고 있다.

기아문제는 아프리카의 여러나라에서 발생하고 있다. 가난과 배고픔 그리고 질병 때문에 5살 이하 어린이는 거의 다 죽어나가고 있다.

환경오염은 점점 심각해지는 수질오염, 대기오염, 토양오염, 소음공해 등 많은 문제 들이 발생하고 있다.

점점 심해지는 물 부족현상 미래에는 모든 나라의 반이 물부족현상이 심해질거라고 한다 이미 UN은 우리나라를 물부족현상이 곧 나올꺼라는 나라로 지정해 놓았다.

지구온난화현상은 점점 심해져서 파뮤이 뉴기니의 해수면은 점점 올라가고 뉴질랜드와 일본은 지금 서서히 잠겨가고 있다. 지구촌에 있는 수많은 문제들이 빨리 해결될수 있도록 노력해야 한다

〈그림 2–7〉 실험반 아동 ○○○의 2차 파지 검사결과

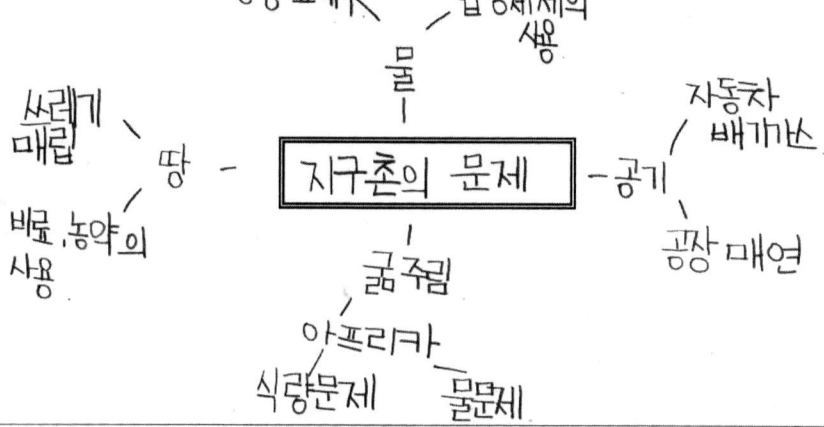

■ 파지능력 검사지 - 마인드맵 활동, 주제 글쓰기 활동

되돌아보기

6학년 (3)반 (34)번 이름(조은아)

이번 시간은 2주전에 학습한 내용을 잘 떠올려 보는 시간입니다. 먼저 수업과정에서 했던 여러 활동들을 바탕으로 하여 주제망을 작성하고, 관련이 있는 것끼리 묶어 보세요.

공장폐수   합성세제의 사용

물

쓰레기 매립   땅   자동차 배기가스

비료,농약의 사용   **지구촌의 문제**   공기   공장 매연

굶주림

아프리카

식량문제   물문제

자, 그럼 위의 주제망의 내용을 바탕으로 주어진 주제에 대하여 설명하는 글을 써 봅시다.

지구촌에는 많은문제가 있다 그중에서 환경문제가 가장 심각하다. 환경문제에는 물오염, 공기오염, 땅오염이 있는데 물오염은 공장폐수와 합성세제로 인하여 많이 오염된다. 또 땅오염은 많은 쓰레기의 매립, 비료와 농약의 사용으로 인하여 오염된다. 공기는 자동차의 배기가스로인하여 현재에도 많이 오염되고 있다. 또 아프리카에서는 많은아이들이 굶주림에 허덕이고 있다. 아프리카는 식량문제와 물문제로 많은 사람들이 죽어가고 있다.

〈그림 2-8〉 비교반 아동 △△△의 2차 파지 검사결과

먼저, 실험반 아동 ○○○과 비교반 △△△은 자주적인 학습태도가 형성되어 있고, 자주 학습을 통해서 충분히 학습을 반복한다는 장점을 가지고 있었다. 이 아동은 '지구촌의 문제'에 대하여 주개념과 그 하위개념을 충분히 재인하였고, 이를 바탕으로 설명하는 글을 어렵지 않게 형성할 수 있었다. 그리고 개념을 재인할 수 있는 능력 역시 보통 20~30개 정도로 비슷하였다. 그리고 마인드맵 활동을 통해서 재인하고 다시 관계를 형성한 것을 글로 표현하는 능력 역시 양호하였다. 이 것은 반복훈련을 통해서 단기기억을 장기기억으로 전환되었음을 말해준다.

다음의 글은 연구자와 실험반 아동 ○○○가 나눈 대화 중 일부이다.

연구자: ○○는 마인드맵 활동을 성실하게 하였구나. 그런데 배운 지 꽤 오래되는 내용인데 어떻게 이렇게 많이 생각해 냈니?

○○○: 저는요, 1주일에 한 번 과외선생님이 오시고요, 속셈학원도 다녀요. 속셈학원이나 과외선생님이나 항상 시험 보시거든요.

연구자: 그러면, 이렇게 예전에 배운 것을 잘 기억해 내기 위해서 예전에 우리 반에서 했던 다중지능 수업이 도움이 되었니?

○○○: 글쎄요. 조금이요. 요전에 활동한 수업은 재미있긴 한데, 교과서에 없는 내용도 있고 해서 별로 신경 안 써요.

실험반 아동 ○○○은 시험과 관련해서 무관하다고 생각하면 일단 파지에 대한 노력을 기울이지 않기도 하였다. 그러나 하단에 제시한 학습일지의 예시처럼, 다중지능을 활용한 소집단 학습과정이 모두 종료된 후에 실시한 지필 인터뷰와 매 차시가 끝날 때마다 학생들이 작성한 학습일지에서는 수업의 개방적인 요소와 흥미, 선호도에 따른 수업의 효과성을 엿볼 수 있었다. 그리고 일부의 아동들은 연구자가 활동을 정해줄 것이 아니라 주제만 가지고, 스스로 활동을 짜내어 하고 싶다는 건의사항을 기록한 아이도 있었다.

오○○: 무엇보다 다중시능을 활용해서 학습한 내용이 내 것이 되는데 간단하다.

임○○: 내가 좋아하는 그림을 미술에 소질 있는 애들이랑 같이 그리면서 공부
하니까 신기하기도 하고, 수업이 재미있다.

김○○: 애들이 인형극이나 노래를 부를 때에는 재미있게 보기만 했는데, 시험
공부할 때 자꾸 떠오를 것 같다.

실험반 아동 ○○○과 비교반 ▽▽▽의 경우에서는 효과성을 다소 뚜렷하게
볼 수 있었다. 하단에 제시한 그림들은 파지 검사 점수가 낮은 아동이 활동한 1,
2차의 마인드맵 활동지와 이 학습자와 파지능력이 유사한 비교반 학생의 학습지
이다. 1차 검증과 2차 검증의 <그림 2-7>과 <그림 2-8>에서 볼 수 있듯이 개념의
재인 능력이 1차의 검증과 <그림 2-9>의 비교반의 학생보다 훨씬 나은 모습을 볼
수 있었다.

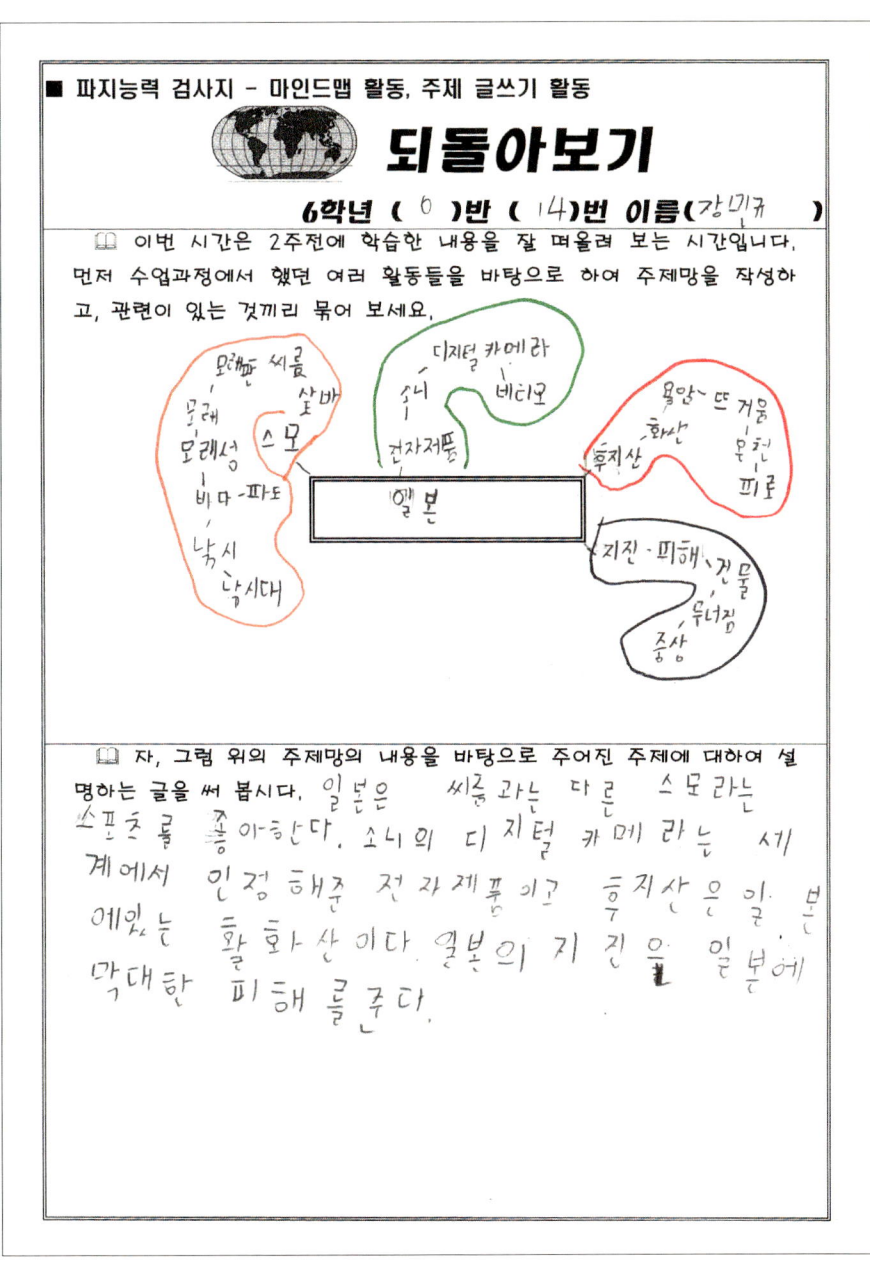

■ 파지능력 검사지 - 마인드맵 활동, 주제 글쓰기 활동

되돌아보기

6학년 (0)반 (14)번 이름(강민규)

📖 이번 시간은 2주전에 학습한 내용을 잘 떠올려 보는 시간입니다. 먼저 수업과정에서 했던 여러 활동들을 바탕으로 하여 주제망을 작성하고, 관련이 있는 것끼리 묶어 보세요.

📖 자, 그럼 위의 주제망의 내용을 바탕으로 주어진 주제에 대하여 설명하는 글을 써 봅시다. 일본은 씨름과는 다른 스모라는 스포츠를 좋아한다. 소니의 디지털 카메라는 세계에서 인정해준 전자제품이고 후지산은 일본에있는 활화산이다. 일본의 지진은 일본에 막대한 피해를 준다.

〈그림 2-9〉 파지 성취가 낮은 실험반 아동 ◎◎◎의 1차 파지 검사결과

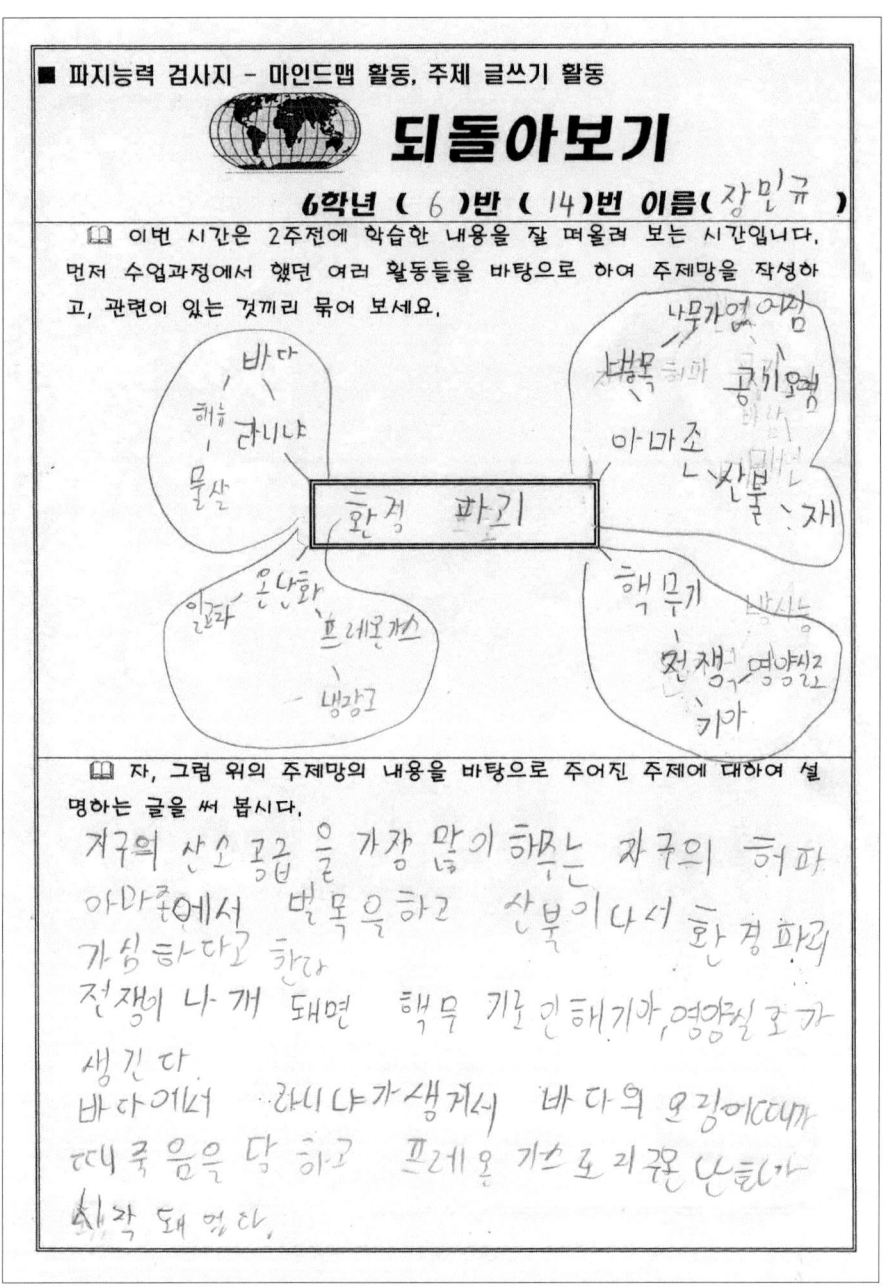

파지능력 검사지 - 마인드맵 활동, 주제 글쓰기 활동

되돌아보기

6학년 (6)반 (14)번 이름(장민규)

📖 이번 시간은 2주전에 학습한 내용을 잘 떠올려 보는 시간입니다. 먼저 수업과정에서 했던 여러 활동들을 바탕으로 하여 주제망을 작성하고, 관련이 있는 것끼리 묶어 보세요.

📖 자, 그럼 위의 주제망의 내용을 바탕으로 주어진 주제에 대하여 설명하는 글을 써 봅시다.

〈그림 2-10〉 파지성취가 낮은 실험반 아동 ◎◎◎의 2차 파지 검사결과

■ 파지능력 검사지 - 마인드맵 활동, 주제 글쓰기 활동

 **되돌아보기**

6학년 (3)반 (20)번 이름(김하연)

📖 이번 시간은 2주전에 학습한 내용을 잘 떠올려 보는 시간입니다. 먼저 수업과정에서 했던 여러 활동들을 바탕으로 하여 주제망을 작성하고, 관련이 있는 것끼리 묶어 보세요.

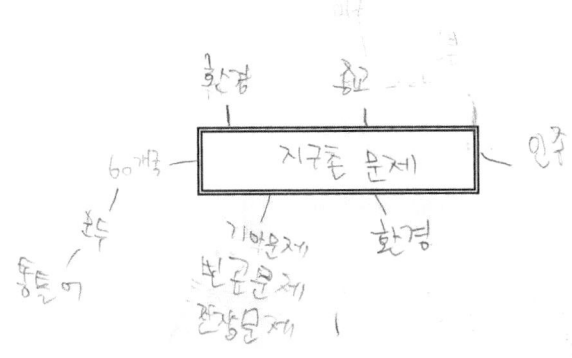

📖 자, 그럼 위의 주제망의 내용을 바탕으로 주어진 주제에 대하여 설명하는 글을 써 봅시다.

지금 지구촌은 지구촌문제에 시달리고 있습니다. 환경,종교,인종,기아,빈곤,전쟁으로 인해 시달리고있습니다 이런문제를 해결하기 위해서 우리는 노력해야 합니다.

〈그림 2-11〉 파지성취가 낮은 비교반 아동 ▽▽▽의 2차 파지 검사결과

비교반 ▽▽▽의 개념을 기억하는 정도가 5~6개인 반면, 연구자의 반에 소속되어 있는 실험반 아동 ◎◎◎의 개념은 8~10개의 개념을 도출해 냈다. 실험반 아동 ◎◎◎이 비록 재인능력이나 글로 재구성하는 능력이 다소 떨어지나 2주가 지난 후에도 학습의 일부를 기억할 수 있었던 것은 수업에 능동적으로 참여할 수 있었기 때문이다. 그리고 실험반과 비교반의 학생의 결과에서 볼 수 있는 것은 개념을 재인하고 관계를 형성하는 정도가 상이하다는 점이다. 실험반의 아동의 결과에서는 '온난화', '라니냐', '핵무기', '아마존 강의 벌목 문제' 등을 범주로 하여 나타낸 반면에 비교반의 아동은 '환경', '인종', '종교' 등의 개념은 재인하였으나 그에 대한 부연적인 개념은 이끌어 내지 못하였다. 그리고 실험반 아동의 1차와 1차 검사지를 통하여 개념의 구체적인 범주화가 향상되었음을 알 수 있다.

지필 인터뷰와 연구자와의 대화 등에서 파지 성취가 낮은 집단의 학생들은 단순히 내가 잘할 수 있는 활동을 통해서 재미있었다거나 지루한 사회수업 시간이 아니어서 혹은 학습결과를 발표할 때에 웃겼던 기억이 나서 기억에 도움이 된다고 말하는 학생이 많았다. 위의 그림 예시에서도 볼 수 있듯이 강점지능, 선호도, 흥미에 따라 선택하여 활동한 학습의 효과는 마인드맵 활동지에서 비교반과 견주어볼 때 뚜렷한 차이를 검증할 수 있었다.

그러나 다중지능의 활동 특성상 연구자가 모든 소집단의 활동을 처음부터 끝까지 볼 수 없었기 때문에 집단 활동에 참여하지 않으려고 하는 내성적인 학생이나 무슨 활동에서도 주도성을 보이지 않는 학생에게서는 학습의 효과를 보기는 쉽지 않았다.

3. 연구결과의 논의

본 연구는 다중지능을 활용 소집단 협동학습 모형을 설계하여 이를 실험 처치 후 초등학교 아동의 자기주도적 학습능력과 파지에 미치는 효과를 검증하기 위한 것이다.

다중지능을 활용한 소집단 협동학습은 기존의 사회과에서 실시하여 오던 소집단 협동학습에 효율성을 개선하기 위하여 출발하였다. 현장에서 자주 행해지는 소집단 협동학습은 단순한 추첨이나 다소 교수자의 강제적인 측면에서 구성되어 왔기 때문에 집단의 구성이 학습에 많은 관련이 있음에도 불구하고 그 근거를 마련하지 못하고 있었다. 또한 교수학습을 전개함에 있어서도 교육방법이 단편화되어 있거나 초등학교 아동의 특성을 고려하지 못한 교수활동이 이루어져 왔다. 이 점은 초등학교에서 소집단 활동이 가진 장점을 제대로 살리지 못하는 것이며, 교수자 역시 학급을 구성하는 아동의 특정한 장점을 제대로 인지하지 못하는 것에서 기인한다.

따라서 본 연구에서는 소집단의 구성의 근거를 다중지능으로 설정함으로써 초등학교 아동이 가진 강점지능과 흥미, 선호도에 따라 소집단을 구성하여 활동을 함으로써 협동학습의 장점과 개별학습의 장점을 아우를 수 있는 설계를 개발하고자 했다. 또 이 모형의 효과성을 검증하기 위하여 개정교육 과정을 토대로 재구성하여 연구를 설계했으며, 연구된 설계를 바탕으로 실험을 처치하여 자기주도적 학습능력과 파지능력에 있어 실험집단의 학습이 비교집단의 학습보다 더욱 효율적이라는 가설을 검증하고자 하였다.

다중지능을 활용한 소집단 협동학습은 자기주도적 학습능력과 파지 능력의 향상에 통계적으로 의미 있는 변화를 가져 왔음이 전후·좌우 비교에 의해 검증되었다. 앞에서 검증한 결과를 종합적으로 정리하면 <표 2-32>와 같다.

〈표 2-32〉 자기주도적 학습능력 및 파지의 전후·좌우 종합 비교

전후비교 \ 좌우비교	자기주도적 학습능력		파지	
	실험집단	비교집단	실험집단	비교집단
사전검사 점수	3.2934 < 3.3423 *↕ ↕*		56.10 < 57.07 **↕ ↕	
사후검사 점수	3.5114 < 3.4466 *		65.12 < 59.51 *	

(*: $p < 0.05$, **: $p < 0.01$)

이러한 연구문제에 대한 연구결과에 비추어 몇 가지 논의를 하면 다음의 내용과 같다.

첫째, 다중지능을 활용한 소집단 협동학습의 적용 후 아동의 자기주도적 학습능력의 향상에 유의미한 차이가 있는 것으로 나타났다. 실험집단의 자기주도적 학습능력 전후 비교에서 p<.05, 두 집단 간의 좌우비교에서 p<.05로 유의미한 차이가 있음을 알 수 있다. 이러한 실험결과는 초등학교 아동의 자기주도적 학습능력을 신장시키기 위해서 학습자의 적성과 강점지능에 의하여 활동하는 것이 중요함을 말해 준다.

둘째, 다중지능을 활용한 소집단 협동학습의 적용 후 아동의 자기주도적 학습능력 하위 요인의 향상에 부분적으로 유의미한 차이가 있는 것으로 나타났다.

실험집단과 비교집단의 사후검사 결과를 좌우 비교해 보았을 때, 사후검사의 자기주도적 학습능력 중 하위영역에서 미래지향성과 자신의 학습에 관한 책임감은 유의수준 1% 범위, 학습에 대한 애정과 열성, 창의성, 기본학습 기술과 문제해결 기술을 제외한 나머지 항목에서는 유의수준 5%의 범위 내에서 유의미한 차이를 보였다. 따라서 학습에 대한 애정과 열성, 창의성, 기본학습 기술과 문제해결 기술에 대한 본 연구의 가설은 기각되었다. 이러한 결과는 다중지능을 활용한 소집단 협동학습이 일반적인 학습보다 효과적이라고 말할 수 있다. 학습을 설계함에 있어 집단의 구성할 때에 다중지능이 주는 장점과 강점지능을 충분히 통합적으로 활용할 수 있는 소집단 협동학습이 초등학교 아동에 자기주도적인 학습력의 신장이라는 효과성을 제시하여 주고 있다. 특히 교육과정에서 표방하고 있는 자기주도적 학습능력의 신장의 경우, 일반 교육현장에서 오래전부터 행해져 오고 있는 소집단의 조직이나 협동학습을 구성할 때에 교재를 아동의 지능영역에 맞게 재구성하여 아동에게 학습을 실시할 때에 효과성을 찾을 수 있는 것을 시사해 준다.

실험집단의 사후검사 결과에 의하면, 학습에서의 솔선수범 및 독립심의 항목을 제외한 7개의 영역에서 유의수준 1% 범위에서 유의한 차이를 보였고, 비교집단의 경우, 학습에서의 솔선수범 및 독립심, 학습에 대한 책임감, 학습에 대한 열성, 기본학습 기술과 문제해결 기술에 있어서 1% 혹은 5% 범위에서 유의미한 차이를 보였다. 그리고 다중지능을 활용한 소집단 협동학습이나 일반적인 학습이나 모두 유의미한 결과를 가지고 있으나, 평균의 차이에서는 실험집단의 향상 폭이 훨씬 넓음을 알 수 있다. 즉, 일반적인 수업 역시 자기주도적 학습능력을 신장하는 데 효과가 있으나, 다중지능을 활용한 소집단 협동학습이 일반적인 수업보다 자기주도적 학습능력을 신장시키는 데에 더욱 효과적임을 나타내 주고 있다.

셋째, 다중지능을 활용한 소집단 협동학습의 적용 후 아동의 파지의 향상에 유의미한 차이가 있는 것으로 나타났다. 전체적으로 볼 때 실험집단의 파지 전후 비교에서 $P<.01$, 두 집단 간의 비교에서 $P<.05$의 유의미한 차이가 존재함을 알 수 있다. 이러한 결과는 다중지능을 활용한 소집단 협동학습이 초등학교 아동의 학습 후 재인할 수 있는 능력에 효과적임을 나타낸다.

셋째, 다중지능을 활용한 소집단 협동학습의 적용 후 아동의 파지 하위요인의 향상에 유의미한 차이가 있는 것으로 나타났다. '개념 추출 능력', '주제망 형성 능력', '개념 활용 능력'의 사후검사에서 $P<.05$, 전후 비교에서 $P<.01$에서 유의미한 차이가 있는 것으로 검증되었다. 즉, 다중지능을 활용한 소집단 협동학습이 초등학교 아동의 파지의 하위요인인 '개념 추출 능력', '주제망 형성 능력', '개념 활용 능력'의 향상에 효과적임을 검증할 수 있다.

또한 본 연구에서는 파지능력의 검증을 위해 실시한 통계적인 방법과 정성적인 연구 형태를 병행하여 접근하였는데, 파지능력의 과정에서 대화와 설문을 통하여 장기기억이 가능했던 이유는 활동상의 흥미와 학습방법에 대한 의존도가 높았기 때문임을 알았다. 이 결과는 학습이 부진한 아동과 우수한 아동을 한 학급에서 지도할 때에 다중지능을 활용한 협동학습이 아동의 인지전략에 있어 유용하며, 아동의 파지에도 영향을 주어 학업성취도 향상의 가능성을 시사하여 주고 있다. 또한 학습일지를 통해 자신의 학습을 반성하고 차시의 학습을 준비할 수 있었던 것은 차시 학습의 완성도를 높게 해주어 학습의 효과를 배가시킬 수 있음을 말해 준다.

전체적인 연구결과는 학습자 자신에 대한 긍정적인 기대감과 동기의 유발로 사기주도적 학습능력을 함양하고, 심리적인 요인을 바탕으로 더불어 학습한 내용의 파지능력을 신장시키는 데에 다중지능을 활용한 소집단 협동학습이 효과적임을 알 수 있었다.

Ⅶ. 요약 및 결론

1. 요약

근래 우리 사회는 급격한 변화를 겪고 있다. 그것은 교육의 장에서도 예외가 아니었다. 그러한 변화의 움직임은 기본적으로 사회의 민주화 풍토에 토대하고 있는데, 기존의 교육활동과 그 의미에 대하여 깊은 성찰과 바람직한 방향의 모색을 전제로 한 움직임이라 하겠다. 그로 인해 다양한 학습자의 양상을 고려하여 학교 교육 역시 개인이 타고난 능력을 최대한 개발하여 발휘할 수 있도록 개인의 능력에 따른 균등한 교육을 실천하고 있다.

그러나 학습자를 지적인 측면에서만 평가하여 교육적 성취를 섣불리 예언하는 일은 잠재 능력의 계발에 크나큰 손실을 초래한다는 비판이 대두되면서, 학습전략의 다각적인 접근과 학습자의 지능적 요인을 충분이 활용하여 학업성취도를 신장시키는 교육을 활성화해야 한다는 분위기가 고조되고 있다. 또한 자기주도적 학습의 궁극적인 목표 역시 타인에 의한 수동적인 학습보다는 학습전략을 스스로 터득하여 이를 자신의 학업동기에 반영할 수 있어야 함을 시사하고 있다.

이 연구는 기존의 다양한 다중지능 이론에 기초한 모형들과 다중지능 프로필이 상호보완적인 관계 속에서 자기주도적 학습능력을 신장하는 데 적합한 학습모형이 될 수 있다는 전제하에 접근하여 의미 있는 모형인 '다중지능을 활용한 소집단 협동학습 모형'을 개발하는 목적을 지향하고 있다. 또한 이 연구는 개발된 수업모형의 효과성이 일반적인 수업방법과의 비교를 통해 기억의 파지 측면에서의 효과가 어떻게 나타나는지를 밝혀 보고자 한다.

이 연구에서는 다중지능 활용소집단 협동학습이 초등학교 아동의 자기주도적 학습능력과 파지능력에 유의미한 효과를 미칠 것이라고 가정하고 연구문제와 관련하여 다음과 같은 연구 가설을 설정하여 검증하고자 하였다.

<가설 1> 다중지능을 활용한 소집단 협동학습은 자기주도적 학습능력에 유의미한 효과가 있을 것이다.

<가설 2> 다중지능을 활용한 소집단 협동학습은 파지에 유의미한 효과가 있을 것이다.

이 연구를 위하여 인천광역시 소재 남구 Y초등학교 6학년 7개 학급 256명에게 자기주도적 학습능력 검사와 학습성취도 검사를 실시하여 연구자가 담임하고 있는 실험집단 1개 학급 41명과 두 검사 점수에 차이가 없는 1개 학급 41명을 비교집단으로 선정하였다. 그리고 본 연구에서 '다중지능 활용 소집단 협동학습'은 실험반에게 투입하였고, 초등학교 교사용 사회지도서에 수록된 수업과정안에 근거하여 전개해 가는 수업인 일반적인 수업과정은 비교반에게 초등학교 사회교과목 시간을 동일하게 적용하여 매주 4회, 1회당 60분(담임 재량 시간 활용)을 기준으로 총 16차시를 실시하였다.

이러한 연구의 검증을 위한 사전검사로는 자기주도적 학습력 검사를 활용하여 아동용으로 재구성한 자기주도적 학습 검사 <부록 2>를 통하여 획득한 결과로 자기주도적 학습능력 수준이 가장 동질성을 띠고 있고, 연구자가 구안한 파지 검사 결과가 가장 동질성을 띠고 있는 반을 비교반으로 선정하였다.

이 연구에서의 '다중지능 활용을 통한 수업모형'은 연구자가 개발한 16차시의 교수학습 계획으로서 2010년 9월부터 10월까지 주 4회씩 적용하였다. 비교반의 경우, 사회과 교육과정에 의거, 강의식·설명식 위주의 전통적인 방식이 아닌 일반적인 수업방법으로 기간과 차시를 동일한 조건으로 설정하여 수업을 전개하였다.

사후검사는 자기주도적 학습능력과 파지 능력을 알아보기 위하여 실험조치가 끝난 후, 사전검사지로 활용한 자기주도적 학습 검사지를 통하여 사정을 하였고, 파지 능력의 경우, 학습한 시 2주 후 '되돌아보기' 학습시 작성을 정기적으로 실시하여 그 차이를 보고자 했다.

이러한 사후 검증을 위한 통계 방법으로는 자기주도적 학습능력의 하위 영역별로 평균과 표준편차를 구하고, 집단 차이의 검증력을 높이기 위하여 변량분석 중 T-test를 실시하였다. 실험반과 집단 간의 좌우비교를 위한 검증에서는 Independent Samples T-test를 실시하였고, 실험반과 비교반 간의 전후 비교와 하위 영역 간의 비교를 위한 검증에서는 Paired Samples T-test를 실시하였다. 실험집단과 비교집단의 자기주도적 학습능력을 검증하기 위한 통계 추출프로그램으로는 SPSS-WIN 11.0을 이용하였다.

이 연구에서 제시한 가설을 실험처치로서 검증한 결과는 다음과 같다.

첫째, 다중지능을 활용한 소집단 협동학습의 적용 후 아동의 자기주도적 학습능력의 향상에 유의미한 차이가 있는 것으로 나타났다. 실험집단의 자기주도적 학습능력 전후 비교에서 $p<.05$, 두 집단 간의 좌우비교에서 $p<.05$로 유의미한 차이가 있음을 알 수 있다. 이러한 실험결과는 초등학교 아동의 자기주도적 학습능력을 신장시키기 위해서 학습자의 적성과 강점지능에 의하여 활동하는 것이 중요함을 말해 준다.

둘째, 다중지능을 활용한 소집단 협동학습의 적용 후 아동의 자기주도적 학습능력 하위요인의 향상에 부분적으로 유의미한 차이가 있는 것으로 나타났다.

실험집단과 비교집단의 사후검사 결과를 좌우 비교해 보았을 때, 사후검사의 자기주도적 학습능력 중 하위영역에서 미래지향성과 자신의 학습에 관한 책임감은 유의수준 1% 범위, 학습에 대한 애정과 열성, 창의성, 기본학습 기술과 문제해결 기술을 제외한 나머지 항목에서는 유의수준 5%의 범위 내에서 유의미한 차이를 보였다. 따라서 학습에 대한 애정과 열성, 창의성, 기본학습 기술과 문제해결 기술에 대한 본 연구의 가설은 기각되었다. 이러한 결과는 다중지능을 활용한 소집단 협동학습이 일반적인 학습보다 효과적이라고 말할 수 있다. 학습을 설계함에 있어 집단의 구성할 때에 다중지능이 주는 장점과 강점지능을 충분히 통합적으로 활용할 수 있는 소집단 협동학습이 초등학교 아동에 자기주도적인 학습력의 신장이라는 효과성을 제시하여 주고 있다. 특히 자기주도적 학습능력의 신장의 경우, 일반 교육현장에서 오래전부터 행해져 오고 있는 소집단의 조직이나 협동학습을 구성할 때에 교재를 아동의 지능영역에 맞게 재구성하여 아동에게 학습을 실시할 때에 효과성을 찾을 수 있는 것을 시사해 준다.

실험집단의 사후검사 결과에 의하면, 학습에서의 솔선수범 및 독립심의 항목을 제외한 7개의 영역에서 유의수준 1% 범위에서 유의한 차이를 보였고, 비교집단의 경우, 학습에서의 솔선수범 및 독립심, 학습에 대한 책임감, 학습에 대한 열성, 기본학습 기술과 문제해결 기술에 있어서 1% 혹은 5% 범위에서 유의미한 차이를 보였다. 그리고 다중지능을 활용한 소집단 협동학습이나 일반적인 학습이나 모두 유의미한 결과를 가지고 있으나, 평균의 차이에서는 실험집단의 향상 폭이 훨씬 넓음을 알 수 있다. 즉, 일반적인 수업 역시 자기주도적 학습능력을 신장하는 데 효과가 있으나, 다중지능을 활용한 소집단 협동학습이 일반적인 수업보다 자기주도적 학습능력을 신장시키는 데에 더욱 효과적임을 나타내 주고 있다.

셋째, 다중지능을 활용한 소집단 협동학습의 적용 후 아동의 파지의 향상에 유의미한 차이가 있는 것으로 나타났다. 전체적으로 볼 때 실험집단의 파지 전후 비교에서 P<.01, 두 집단 간의 비교에서 P<.05의 유의미한 차이가 존재함을 알 수 있다. 이러한 결과는 다중지능을 활용한 소집단 협동학습이 초등학교 아동의 학습 후 재인할 수 있는 능력에 효과적임을 나타낸다.

셋째, 다중지능을 활용한 소집단 협동학습의 적용 후 아동의 파지 하위요인의 향상에 유의미한 차이가 있는 것으로 나타났다. '개념 추출 능력', '주제망 형성 능력', '개념 활용 능력'의 사후검사에서 P<.05, 전후 비교에서 P<.01에서 유의미한 차이가 있는 것으로 검증되었다. 즉, 다중지능을 활용한 소집단 협동학습이 초등학교 아동의 파지의 하위요인인 '개념 추출 능력', '주제망 형성 능력', '개념 활용 능력'의 향상에 효과적임을 검증할 수 있다.

또한 본 연구에서는 파지능력의 검증을 위해 실시한 통계적인 방법과 정성적인 연구 형태를 병행하여 접근하였는데, 파지능력의 과정에서 대화와 설문을 통하여 장기기억이 가능했던 이유는 활동상의 흥미와 학습방법에 대한 의존도가 높았기 때문임을 알았다. 이 결과는 학습이 부진한 아동과 우수한 아동을 한 학급에서 지도할 때에 다중지능을 활용한 협동학습이 아동의 인지전략에 있어 유용하며, 아동의 파지에도 영향을 주어 학업성취도 향상의 가능성을 시사하여 주고 있다. 또한 학습일지를 통해 자신의 학습을 반성하고 차시의 학습을 준비할 수 있었던 것은 차시 학습의 완성도를 높게 해주어 학습의 효과를 배가시킬 수 있음을 말해 준다.

결론적으로 전체적인 연구결과는 학습자 자신에 대한 긍정적인 기대감과 동기의 유발로 자기주도적 학습능력을 함양하고, 심리적인 요인을 바탕으로 더불어 학습한 내용의 파지능력을 신장시키는 데에 다중지능을 활용한 소집단 협동학습이 효과적임을 알 수 있었다.

2. 결론 및 제언

이 연구에서 다중지능을 통한 소집단 협동학습에 중요한 영향을 미치는 변인으로 보았으며, 자기주도적 학습능력과 파지 능력은 자신의 선호도와 지능과 관련한 소집단 협동적인 학습에서 효과를 보일 것이라는 가정하에 다중지능을 활용한 소집단 협동학습 프로그램을 개발·적용하였다. 다중지능을 활용한 소집단 협동학습 프로그램이 자기주도적 학습능력과 파지 능력에 미치는 효과에 대하여 결론을 내면 다음과 같다.

첫째, 초등학교 고학년을 대상으로 다중지능을 활용한 소집단 협동학습이 일반적인 학습보다 자기주도적 학습능력의 신장 면에서 더욱 효과적임을 검증하였다. 이러한 연구결과는 학습을 설계함에 있어 집단을 구성할 때에 다중지능이 주는 장점과 강점지능을 충분히 통합적으로 활용할 수 있는 소집단 협동학습이 초등학교 아동에 자기주도적인 학습력의 신장이라는 효과성을 제시하여 주고 있다. 특히 자기주도적 학습능력의 신장의 경우, 일반 교육현장에서 오래전부터 행해져 오고 있는 소집단의 조직이나 협동학습을 구성할 때에 교재를 아동의 지능영역에 맞게 재구성하여 아동에게 학습을 실시할 때에 효과성을 찾을 수 있는 것을 시사해 준다.

둘째, 일반적인 수업 역시 자기주도적 학습능력을 신장하는 데 효과가 있으나, 다중지능을 활용한 소집단 협동학습이 일반적인 수업보다 자기주도적 학습능력을 신장시키는 데에 더욱 효과적임을 검증하였다. 이 연구결과는 초등학교 아동이 지닌 강점지능을 활용하여 소집단 협동학습을 하는 것이 아동의 흥미와 선호도에 큰 영향을 주고 있다고 말할 수 있다. 또한 소집단 협동학습 시 주제에 따른 활동을 교수자가 제시하는 것은 자기주도적 학습능력에 의미가 없으며, 학습자 자신이 활동의 방법까지도 선택하여 학습을 전개하여 갈 때 효율성을 극대화할 수 있다고 말할 수 있다. 그리고 한 단원의 학습을 설계할 때에 일반적인 수업과 다중지능을 활용한 소집단 협동학습을 적절히 안배하여 구성하면 아동이 학습에 있어 주도성을 가지고 참여할 수 있을 것이라고 추론할 수 있다.

셋째, 초등학교 고학년을 대상으로 다중지능을 활용한 소집단 협동학습이 일반적인 학습보다 파지의 신장 면에서 더욱 효과적임을 검증하였다. 이 결과는 특정 주제를 가지고 학급에서 지도할 때에 다중지능을 활용한 협동학습이 아동의 인지 전략에 있어 유용하며, 아동의 파지에도 영향을 주어 학업성취도 향상의 가능성을 시사하여 주고 있다. 또한 학습일지를 통해 자신의 학습을 반성하고 차시의 학습을 준비할 수 있었던 것은 차시 학습의 완성도를 높게 해주어 학습의 효과를 배가시킬 수 있음을 말해 준다.

전체적인 연구결과는 학습자 자신에 대한 긍정적인 기대감과 동기의 유발로 자기주도적 학습능력을 함양하고, 심리적인 요인을 바탕으로 더불어 학습한 내용의 파지능력을 신장시키는 데에 다중지능을 활용한 소집단 협동학습이 효과적임을 알 수 있었다.

본 연구의 결과를 바탕으로 하여 후속 연구를 위해 제언을 하면 다음과 같다.

첫째, 학습자에 대한 교사의 인식이 변화하여야 한다. 일반적으로 학업성취도나 기타 여러 재능에서 뛰어난 면을 보이는 아이들을 제외하고는 교사는 학급 아동에 대해서 자세하게 파악하기 쉽지 않은 일이다. 그렇기 때문에 교수활동을 계획하면서 학습자의 특성에 맞는 수업을 설계하기란 쉬운 일만은 아닐 것이다. 설계를 한다 할지라도 그 구체적인 준서를 설명하기란 모호하다. 다중지능 이론은 이러한 면에서 명쾌하게 해답을 주고 있다. 교사가 학생들 간의 개인차를 이해하게 되면 특수욕구를 가진 아동들을 이해하고, 인정하며 관용적인 마음을 가지게 될 것이다. 또한 이러한 이해는 학습을 전개함에 있어서도 많은 도움을 줄 것이다.

둘째, 다중지능 이론은 멀티미디어를 통한 학습이 상당히 효과적이다. 2000년 Academic Library에서 출간한 "Multimedia School" 잡지에서는 다중지능 이론은 멀티미디어를 통해서 극대화할 수 있고, 디지털 헤드 프로젝트 활동(The Digital Head Project)을 통해서 전자 포트폴리오(Electronic portfolio)를 제작함으로써 개별화 학습에 큰 성과를 거둘 수 있다고 하였다(Graham P. Martin., Burnette, C., 2000: 28). 멀티미디어를 통해 다중지능의 활용을 극대화하기 위해서는 다양한 멀티미디어 자료와 교육용 소프트웨어의 개발 등 학습자의 개별적인 강점지능을 더욱 신장시킬 수 있는 자료가 앞으로 많이 개발되어야 할 것이다.

셋째, 다중지능을 활용한 소집단 협동학습을 설계하고 직접 교실에 투입하면서 학생들이 열의를 가지고 수업에 참여하고 그것을 통해 자신의 주도적인 능력을 함양할 수 있다는 것을 검증하였다. 그러나 연구자가 절실하게 필요하다고 본 것은 아이디어와 정보의 부족이었다. 현재 개인 혹은 교육에 관련한 포털 사이트에서는 교과별로 다양한 자료들이 많이 탑재되어 있다. 이미 개발된 그리고 앞으로 개발되어질 학습전략을 다중지능이라는 기준으로 자료를 분류하여 활용하면 교실에서의 수업 개선과 소집단 활동을 통한 시너지 효과가 상당히 클 것으로 전망한다. 그래서 다중지능을 활용한 다양한 교수-학습 프로그램의 개발 및 지도방법을 상호 교환할 수 있는 정보마당이 이루어져야 한다고 제언한다.

넷째, 학습자의 다중지능 프로필을 통하여 자신의 학습방법 또는 생활을 리프로그래밍할 수 있는 전략을 개발하면 학습자에게 다중지능의 통합적이고 조화로운 발전을 가져다줄 것이라고 본다. 학습의 부진을 겪는 아동이나 진로, 학업성취 등 학습자의 자신에 관련한 여러 문제들을 다중지능이 가진 특성을 통해 전략을 발견하여 해결할 수 있을 것이다. Gardner가 언급한 것처럼 자신의 지능을 이해해 가면서 점점 내면적 천재인 면을 찾아 자신의 가능성을 충분히 발현시킬 수 있지 않을까 생각한다.

참고문헌

김금자(2000). 「다중지능 이론 적용을 통한 과학학습의 질적 연구」. 인천교육대학교 석사학위논문.

김명희 외(1997). 「다중지능 이론에 기초한 열린 교육의 수행평가에 관한 연구」. 교과교육공동연구보고서. 한국교원대학교 교과교육공동연구소.

김상권(1999). 「초등학교 아동의 과학학업 성취 패턴에 따른 두뇌기능 분화와 다중지능 특성」. 부산교육대학교 교육대학원 석사학위논문. 15.

김지자 외(1996). 『초등학교 교실을 위한 자기주도적 학습 준비도 측정도구의 개발과 활용방안』. 사회교육학 연구. 제2권 제1호.

류청산(2004). 『SPSS 11.0 for Windows』. 서울: 엘리트.

문용린(1999). 「다중지능이론의 교육적 의미와 학교에서의 활용방안 연구」. 현장교육 탐구보고.

_____(2002). 「다중지능 이론과 진로교육 가능성 탐색」. 서울대학교 교육학과 도덕심리연구실.

_____(2004). 『지력혁명』. 서울: 비즈니스북스. p.190, 200.

박길용(2004). 「수준별 교수-학습이 자기주도적 학습능력에 미치는 효과: 초등 5학년 사회과를 중심으로」. 광주교육대학교 교육대학원 석사학위 논문.

박순자(2002). 「교과통합형 프로젝트 활동이 자기주도적 학습능력에 미치는 효과」. 대구교육대학교 교육대학원 석사학위 논문.

박영태(1997). 「학습자의 학습력 제고를 위한 수업모형」. 학생연구. 25, 동아대학교 학생생활연구소, pp.95~109.

박영태 · 현정숙(2002). 『자기주도학습력의 이해』. 부산: 동아대학교 출판부.

변영계(1999). 『협동학습의 이론과 실제』. 서울: 학지사.

손승현(1998). 「다중지능이론 적용 사례」. 한양대학교 교육대학원 석사학위 논문.

손승현(1998). 「다중지능 이론에 기초한 수업활동이 초등학교 아동의 학업성취도에 미치는 효과」. 석사학위논문, 한양대학교 교육대학원.

심민희(2004). 「구조 중심 협동학습이 초기 문식성에 미치는 효과」. 한국교원대학교 교육대학원 석사학위논문. pp.9~10.

심우엽(1997). 「다중지능 이론과 학교 교육의 개선에 관한 연구」. 교육학 연구.

왕경순(1998). 「다중지능에 기초한 프로젝트 활동이 초등학교 아동의 과학 학업 성취도 및 문제해결에 미치는 영향」. 석사학위논문. 부산교육대학교 대학원.

유귀옥(1997). 「성인학습자의 자기주도성과 인구학적 및 사회심리학적 변인 연구」. 박사학위논문, 서울대학교.

육미수(2001). 「다중지능 이론 중심 통합 교육과정 적용 학습이 초등학교 아동의 다중지능 발달에 미치는 효과」. 한국교원대학교 교육대학원 석사학위 논문. pp.13~19.

이동원(1997). 『인간교육과 협동학습』. 서울: 성원사.

이상훈(2002). 「인터넷 활용 프로젝트 학습이 자기주도적 학습능력과 학업성취도 신장에 미치는 영향」. 인천교육대학교 교육대학원 석사학위 논문.

이성은 외(2003). 『초·중등 교실을 위한 새 교수법』. 서울: 교육과학사.

이영재(1997). 『다중지능 이론의 교육학적 의의』. 발달장애학회지.

장상필(1997). 「자기주도적 학습이 학업성취 및 학습태도에 미치는 영향」. 한양대학교 교육
　　대학원 석사학위논문.

정문성·김동일(1998). 『열린교육을 위한 협동학습의 이론과 실제』. 서울: 형설출판사.

정종진(2001). 「다중지능 사정에 대한 고찰」. 대구교육대학교 초등교육연구 논총.

정지웅·김지자(1996). 『자기주도학습의 길잡이』. 서울: 교육과학사.

정태희(1998). 「다중지능 이론에 기초한 수업 활동 개발 및 효과 분석」. 한양대학교 대학원
　　박사학위논문.

조선옥(1999). 「초등학생의 성별, 다중지능 수준과 창의성 및 학업성취도와의 관계」. 진주교
　　육대학교 석사학위논문.

최승천(2001). 「다중지능 이론에 기초한 초등영어 지도 방안」. 석사학위논문. 인천교육대학교.

최정민(2001). 「초등학생의 다중지능과 창의성 및 학업성취도의 관계」. 한국교원대학교 석사
　　학위논문.

최희영(1999). 「초등학교 아동의 다중지능과 학습양식의 관계」. 진주교육대학교 석사학위논문.

하대현(1998). 「H. Gardner의 다중지능이론의 교육적 적용-그 가능성과 한계」. 교육심리연구.

한국교육문제연구소(1998). 「다중지능이론을 적용한 통합교육과정 개발」. 1998년도 열린교
　　육에 대한 자료개발 및 교육정책 연구 과제.

현정숙(1999). 「아동의 자기주도학습 특성에 관한 연구」, 학생연구. 27, 동아대학교 학생생활
　　연구소, pp.231~253.

현진(1999). 「다중지능 측정도구의 타당화 연구」. 서울대학교 석사학위논문.

황해익(2003). 『영유아·아동연구에서의 SPSS 자료분석』. 서울: 창지사.

Anderson, O. R.(1992). *Some interrelationships between constructivist model of learning and current
　　neurobiological theory, with implications for science education. Journal of Research in Science Teaching*
　　29(10), 1037-1058.

Armstrong, T.(1994). *Multiple intelligences in the classroom*: ASCD. 전윤식·강영심 공저(1999). 복합
　　지능과 교육. 서울: 중앙적성출판사.

Campbell, L., Campbell, B., & Dickinson, D.(1996). *Teaching & leaning through multiple intelligences.*
　　Massachusetts: Allyn and Bacon.

Gardner, H.(1983). *Frames of Mind: The Theory of Multiple Intelligences.* N.Y.: Basic Book. 이경희 역
　　(1995). 마음의 틀. 서울: 문음사.

＿＿＿＿＿(1993). *Multiple intelligences: The theory in practice.* New York: Basic Books. 김명희·이경
　　희 공역(1998). 다중지능의 이론과 실제. 서울: 양서원.

＿＿＿＿＿(1999). *Intelligence Reframed.* New York: Basic Books. 문용린 역(2003). 다중지능-인간
　　지능의 새로운 이해. 서울: 김영사.

Graham, P. M., Burnette. C.(2000). *Maximizing multiple intelligences through multimedia.* Multimedia
　　school. Academic research library.

Guglelmino, L. M.(1977). *Development of the self-directed learning readiness scale.* Doctoral dissertation.
　　University of Georgia.

Johnson, D. W. & Johnson, R, T.(1994). *The new circles of learning: cooperative in the classroom and school.* Alexandria, VA. Association for supervision and curriculum development.

Kagan, S. & Kagan, M.(1998). *Multiple intelligences: the compete MI book.* Sanclemente, CA: Kagan cooperative Learning.

Knowles, M. S.(1975). *Self-directed learning: a guide for learners and eachers.* New York: Association Press.

Long, H. B., & M. Walsh.(1993). *Self-directed learning research in the community/junior collage*: Description, conclusions and recommendation. Community College Journal of Research and Practice, 17(2). 153~66.

Osborne, F.(1992). *Evaluation of an instrument for measuring multiple intelligence.* Revised version of a paper presented at the Anual meeting of the Kentucky academy of sciences. Ashland, KY.

Shearer, C. B.(1997). *The MIDAS handbook of multiple intelligences in the classroom.*

Sinclair, R. W., & Coates, L.(1999). *Teaching multiple intelligences.* Science Scope, 22(5), 17~21.

Skager, R. W.(1978). *Organizing school to encourage self-direction in learners.* hamburg: pergamon, UNESCO institute for Education.

Slavin, R. E., Stevens, R. J. & Farnish, A. M.(1991). *The effects of cooperative learning and direct instruction in reading comprehension strategies on main idea identification. Journal of Education Psychology*, 83(1), 8~16.

Wycofe, J.(1994). *Mindmapping.* 라명화 역(2002). 마인드맵핑. 서울: 상상북스.

• 부록 •

<부록 1> 다중지능 지필 검사지

다중지능 판별 검사지(지필법)

어린이 여러분, 안녕하십니까?

이 검사는 여러분의 다중지능 정도를 알아보기 위한 것입니다. 본 검사 결과는 본 연구 목적 외에는 이용되지 않으며 개인의 결과 또한 일절 공개되지 않습니다. 각 질문을 꼼꼼하게 읽고, 평소의 자신의 느낌과 생각을 솔직하게 답해 주시면 됩니다. 각 문항에 있는 ⑤, ④, ③, ②, ①의 번호 중 하나에 ○표시를 하세요.

(   )초등학교 (   )학년 (   )반 이름 (   )

번호	문항	매우 그렇다 5	약간 그렇다 4	보통 이다 3	아니다 2	전혀 아니다 1
예	나는 자전거 타기를 좋아한다.	○				
1	나는 내가 선택한 책이나 자료들을 읽기를 좋아한다.	⑤	④	③	②	①
2	나는 쉽게 암산할 수 있다.	⑤	④	③	②	①
3	나는 여러 가지 화려한 색이 있는 것을 좋아한다.	⑤	④	③	②	①
4	나는 규칙적으로 한 가지 이상 운동이나 신체 활동을 한다.	⑤	④	③	②	①
5	나는 노래하기를 좋아한다.	⑤	④	③	②	①
6	다른 사람들이 자주 나에게 도움말을 구하러 온다.	⑤	④	③	②	①
7	나는 혼자 시간 보내기를 좋아한다.	⑤	④	③	②	①
8	나는 실외의 자연적 환경 속에 있기를 좋아한다.	⑤	④	③	②	①
9	나는 글쓰기를 좋아하고 글쓰기가 관련된 과제를 좋아한다.	⑤	④	③	②	①
10	수학과 과학은 내가 좋아하는 과목이다.	⑤	④	③	②	①
11	나는 주변에서 내가 본 것을 카메라나 비디오로 촬영하고 기록하기를 좋아한다.	⑤	④	③	②	①
12	나는 오랫동안 한자리에 조용히 앉아 있지 못한다.	⑤	④	③	②	①
13	나는 음정이 맞지 않는 것을 쉽게 알 수 있다.	⑤	④	③	②	①
14	나는 수영이나 달리기와 같이 혼자서 하는 운동보다 배구, 야구, 축구 등과 같은 단체로 하는 운동을 더 많이 좋아한다.	⑤	④	③	②	①
15	나는 나 자신을 알고 있으며 내가 하는 어떤 일을 하는 이유를 이해하고 있다고 느낀다.	⑤	④	③	②	①
16	나는 동물이나 식물을 키우거나 돌보기를 좋아한다.	⑤	④	③	②	①

번호	문 항	매우 그렇다 5	약간 그렇다 4	보통 이다 3	아니다 2	전혀 아니다 1
예	나는 자전거 타기를 좋아한다.	○				
17	나는 시, 발음하기 어려운 말, 끝말잇기, 낱말퍼즐, 소리는 같으나 뜻이 다른 말로 웃기기를 좋아한다.	⑤	④	③	②	①
18	나는 논리적 사고를 필요로 하는 게임이나 수수께끼를 즐긴다.	⑤	④	③	②	①
19	나는 눈을 감고 어떤 것을 머릿속에 그려볼 수 있다.	⑤	④	③	②	①
20	나는 내 손으로 직접 해보는 활동들을 좋아한다.	⑤	④	③	②	①
21	나는 라디오, 카세트, CD로 음악 듣기를 좋아한다.	⑤	④	③	②	①
22	나는 문제가 생겼을 때, 혼자서 해결하려고 하기보다 다른 사람들과 상의하거나 도움을 청한다.	⑤	④	③	②	①
23	나는 실망이나 좌절을 잘 참아낼 수 있다.	⑤	④	③	②	①
24	나는 생물에 관해 공부하는 것이 즐겁다.	⑤	④	③	②	①
25	나는 비슷한 단어 만들기 놀이, 암호풀기와 같은 게임을 즐긴다.	⑤	④	③	②	①
26	나는 "만약 ……을 한다면 어떻게 될까?"와 같은 종류의 질문에 관해 생각하는 것을 좋아한다.	⑤	④	③	②	①
27	나는 조각그림 맞추기와 미로 찾기 게임을 즐긴다.	⑤	④	③	②	①
28	나는 걷거나, 조깅을 하는 등의 신체적 활동을 할 때 좋은 생각이 떠오른다.	⑤	④	③	②	①
29	나는 적어도 한 가지 악기를 다룰 줄 안다.	⑤	④	③	②	①
30	나에게 매우 친한 친구가 적어도 두세 명 있다.	⑤	④	③	②	①
31	나는 주로 혼자서 하는 취미나 희망을 갖고 있다.	⑤	④	③	②	①
32	나는 주변에서 자주 볼 수 있는 식물과 동물의 이름을 알고 있다.	⑤	④	③	②	①
33	다른 사람들은 종종 내가 말하고 글을 쓸 때 사용하는 단어의 뜻을 설명해 달라고 요청한다.	⑤	④	③	②	①
34	나는 내가 관찰하거나 공부하는 것에서 방법(방식), 규칙성, 논리적 계열을 찾는 것을 좋아한다.	⑤	④	③	②	①
35	나는 방향 감각이 좋다. 나는 낯선 곳에서 길을 잘 찾는 편이다.	⑤	④	③	②	①
36	나는 자유로운 시간에 밖에서 지내는 것을 즐긴다.	⑤	④	③	②	①
37	나는 종종 속으로 노래나 음조를 흥얼거린다.	⑤	④	③	②	①
38	비디오게임처럼 혼자 하는 놀이보다 카드와 같이 여럿이 하는 오락을 더 좋아한다.	⑤	④	③	②	①
39	나는 인생에서 잊지 않고 생각하는 몇 가지 중요한 목표를 가지고 있다.	⑤	④	③	②	①
40	나는 낚시, 사냥, 등산, 승마 같은 야외 활동을 좋아한다.	⑤	④	③	②	①
41	나에게 국어, 사회 과목은 수학이나 과학 과목보다 더 쉬웠다.	⑤	④	③	②	①
42	나는 과학과 의학에서 새로 개발된 것들에 관심이 많다.	⑤	④	③	②	①
43	나는 그림을 그리거나 낙서하는 것을 좋아한다.	⑤	④	③	②	①
44	나는 어떤 것에 관해 더 많이 알아보기 위해 직접 만져보고 조사한다.	⑤	④	③	②	①
45	나는 간단한 타악기로 악보의 박자를 쉽게 맞출 수 있다.	⑤	④	③	②	①

번호	문 항	매우 그렇다 5	약간 그렇다 4	보통 이다 3	아니다 2	전혀 아니다 1
예	나는 자전거 타기를 좋아한다.	○				
46	나는 다른 사람들을 가르치기 좋아한다.	⑤	④	③	②	①
47	나는 나의 장점과 단점을 잘 알고 있다.	⑤	④	③	②	①
48	나는 자주 구름, 산, 호수, 초원 같은 자연 속에 있는 것들에 관심을 가지고 그들의 아름다움을 감상한다.	⑤	④	③	②	①
49	나는 고속도로를 달릴 때 주변의 경치보다는 게시판 위에 쓰여 있는 말이나 신호에 더 많은 주의를 기울인다.	⑤	④	③	②	①
50	나는 거의 모든 것이 규칙적인 이치에 설명될 수 있다고 믿는다.	⑤	④	③	②	①
51	나는 수학의 도형 공부를 좋아한다.	⑤	④	③	②	①
52	나는 신체적 활동들에 참가하는 것을 좋아한다.	⑤	④	③	②	①
53	나는 여러 가지 노래나 음악의 음조를 알고 있다.	⑤	④	③	②	①
54	나는 나 스스로 지도자라고 생각한다(혹은 다른 사람들이 종종 나를 지도자라고 부른다).	⑤	④	③	②	①
55	나는 나 자신을 독립심이 강한 사람이라고 여긴다. 즉, 나는 나 자신에 대해 책임을 진다.	⑤	④	③	②	①
56	나는 야생 동물이나 자연 경관을 그리거나 사진 찍기를 좋아한다.	⑤	④	③	②	①
57	나는 다른 사람들과 말할 때, 내가 읽었거나 들은 것을 자주 말한다.	⑤	④	③	②	①
58	나는 내가 관찰하거나 공부한 것에서 논리적으로 잘못된 점을 찾아내기를 좋아한다.	⑤	④	③	②	①
59	나는 어떤 사물을 다른 방향에서 보면 어떻게 보일 것인가를 머릿속으로 떠올릴 수 있다.	⑤	④	③	②	①
60	나는 몸의 균형을 잘 잡을 수 있다.	⑤	④	③	②	①
61	새로운 음악을 한두 번 들으면 거의 정확하게 따라 부를 수 있다.	⑤	④	③	②	①
62	나는 혼자 있는 것보다 다른 사람들과 함께 하는 것을 더 좋아한다.	⑤	④	③	②	①
63	나는 일기나 일지를 자주 혹은 매일 쓴다.	⑤	④	③	②	①
64	나는 (오염, 지구온난화, 멸종 위기에 처한 동물과 같은)환경문제가 염려된다.	⑤	④	③	②	①
65	나는 내가 자랑스럽게 생각하는 것을 글로 써왔다.	⑤	④	③	②	①
66	나는 어떤 것을 측정하거나, 범주화하거나(특징에 따라 나누고), 분석하는 것을 좋아한다.	⑤	④	③	②	①
67	나는 그림과 사진이 많이 있는 읽을거리를 좋아한다.	⑤	④	③	②	①
68	나는 다른 사람이 하는 것을 보기보다는 내가 직접 새로운 기능을 실습하기를 좋아한다.	⑤	④	③	②	①
69	나는 어떤 일을 하면서 종종 노래를 부르거나 흥얼거린다.	⑤	④	③	②	①
70	나는 학교 안이나 밖에서(클럽, 교회, 스카우트 등과 같은) 사회적 활동에 참여하는 것을 좋아한다.	⑤	④	③	②	①
71	나 자신에 대해 나보다 더 잘 아는 사람은 없다.	⑤	④	③	②	①

번호	문 항	매우 그렇다 5	약간 그렇다 4	보통 이다 3	아니다 2	전혀 아니다 1
예	나는 자전거 타기를 좋아한다.	○				
72	나는 다음 세대를 위해서 자연을 보호하는 데 관심을 가지고 있다.	⑤	④	③	②	①
73	다른 사람들이 내가 쓴 글에 대해 칭찬을 많이 한다.	⑤	④	③	②	①
74	나는 실험하고 내가 관찰한 것을 글로 써보는 것을 좋아한다.	⑤	④	③	②	①
75	나는 내가 보는 것에서 고유한 디자인을 눈여겨볼 때가 자주 있다.	⑤	④	③	②	①
76	나는 장기·바둑이나 비디오게임보다는 신체적으로 하는 게임을 즐긴다.	⑤	④	③	②	①
77	나는 여러 종류의 음악과 악기를 좋아한다.	⑤	④	③	②	①
78	나는 새로운 사람들과 사귀는 것을 좋아한다.	⑤	④	③	②	①
79	내가 어른이 되면, 다른 사람 밑에서 일하는 것보다 자영업이나 개인 사업을 하고 싶다.	⑤	④	③	②	①
80	나는 위험에 처해 있거나 멸종 위기에 있는 생물들이 염려된다.	⑤	④	③	②	①
81	나는 새로운 단어를 배우는 것을 좋아한다.	⑤	④	③	②	①
82	나는 차트와 그래프를 작성하거나 차트나 그래프로 제시된 것을 해석하기를 좋아한다.	⑤	④	③	②	①
83	나는 새로운 것을 발명하거나, 설계하는 것을 좋아한다.	⑤	④	③	②	①
84	나는 내 몸이 운동을 하기에 좋다고 생각하다.	⑤	④	③	②	①
85	나는 음악을 틀어놓고 일하거나 공부하는 것을 좋아한다.	⑤	④	③	②	①
86	나는 내가 만나는 대부분의 사람들을 좋아한다.	⑤	④	③	②	①
87	나는 나 자신의 생각이나 주장을 가지고 있으며, 다른 사람들에 의해 쉽게 영향을 받지 않는다.	⑤	④	③	②	①
88	나는 자연을 세심하게 관찰하는 사람이다. 나는 자주 변화나 방식에 주의를 기울인다.	⑤	④	③	②	①

<부록 2> 자기주도적 학습능력 검사지

자기주도 학습능력에 관한 질문지

어린이 여러분, 안녕하십니까?

이 검사는 여러분이 평소 학교에서 학습(공부)하는 태도에 관련된 여러 가지 생각이나 느낌을 알아보기 위한 것입니다. 본 검사 결과는 본 연구 목적 외에는 이용되지 않으며 개인의 결과 또한 일절 공개되지 않습니다. 각 질문을 꼼꼼하게 읽고, 평소의 자신의 느낌과 생각을 솔직하게 답해 주시면 됩니다.

(   )초등학교 (   )학년 (   )반 이름 (   )

번호	문 항	매우 그렇다 5	약간 그렇다 4	보통 이다 3	아니다 2	전혀 아니다 1
예	나는 자전거 타기를 좋아한다.	○				
1	나는 항상 배우기를(공부하기) 원한다.	⑤	④	③	②	①
2	내가 잘 모르는 것이 있으면 그것을 꼭 알아내고 싶다.	⑤	④	③	②	①
3	나는 공부하는 것을 좋아한다.	⑤	④	③	②	①
4	나는 혼자서는 무슨 일을 잘하지 못한다.	⑤	④	③	②	①
5	어떤 것을 공부할 때 내가 잘 이해하고 있는지 아닌지를 구분할 수 있다.	⑤	④	③	②	①
6	나는 어떤 것을 공부하고자 결심하면 아무리 바빠도 시간을 내서 공부한다.	⑤	④	③	②	①
7	내가 공부를 잘하지 못하는 것은 내 잘못이다.	⑤	④	③	②	①
8	나는 나에게 필요한 공부를 언제 더 해야 하는지를 잘 알고 있다.	⑤	④	③	②	①
9	나는 어떤 새로운 것을 공부할 때 여러 가지 방법을 찾는다.	⑤	④	③	②	①
10	나는 계획을 세워 공부한다.	⑤	④	③	②	①
11	나는 나에게 필요한 공부를 내 스스로 할 수 있다.	⑤	④	③	②	①
12	나는 어떤 문제에 대한 답을 찾는 것이 재미있다.	⑤	④	③	②	①
13	나는 답이 하나인 문제보다 답이 여러 가지인 문제를 더 좋아한다.	⑤	④	③	②	①
14	나는 이 세상에 있는 것들에 대해 호기심이 많다.	⑤	④	③	②	①
15	나는 무엇인가 밝혀내고자 결심하면 그것을 꼭 해낸다.	⑤	④	③	②	①
16	어떤 일을 할 때 새롭고 독특한 방법을 잘 생각해 낸다.	⑤	④	③	②	①
17	나는 내 장래에 대하여 생각하기를 좋아한다.	⑤	④	③	②	①
18	나는 내 또래 다른 아이들보다 무엇인가를 잘 알아낸다.	⑤	④	③	②	①

19	어려운 문제라도 나는 포기하지 않는다.	⑤	④	③	②	①
20	나는 내가 해야 한다고 생각하는 것을 혼자서도 할 수 있다.	⑤	④	③	②	①
21	나는 새로운 것을 공부하는 것을 좋아한다.	⑤	④	③	②	①
22	공부하는 것은 재미있다.	⑤	④	③	②	①
23	알고 있는 공부 방법을 그대로 쓰는 것보다 새로운 공부 방법을 찾아 쓰는 것이 더 좋다.	⑤	④	③	②	①
24	나는 더 나은 사람이 되기 위하여 더 공부하기를 원한다.	⑤	④	③	②	①
25	공부하는 것은 내게 달려 있는 것이지 학교나 선생님이 대신 해줄 수 있는 것은 아니다.	⑤	④	③	②	①
26	공부하는 방법을 아는 것이 중요하다고 생각한다.	⑤	④	③	②	①
27	아무리 나이가 많이 들어도 공부는 계속할 수 있을 것이다.	⑤	④	③	②	①
28	공부하면 내 인생을 변화시킬 수 있다고 생각한다.	⑤	④	③	②	①
29	나는 교실에서 공부할 때는 물론 혼자서도 공부를 잘할 수 있다.	⑤	④	③	②	①
30	남을 지도하는 사람은 항상 공부하는 사람이다.	⑤	④	③	②	①

<부록 3> 학습일지

학 습 알 지

6학년 (6)반 (28)번 이름 (송현지)

학습일시	2004. . .	차시내용	
내가 선택한 지능센터	언어적 지능	활동주제	
활동소감	이 활동을 하면 꼭 미국의 공부 방법 같다는 생각이 든다. 아이들과 즐겁게 토의하고, 스스로 자료를 찾기도 하는게 보통 일반의 수업보다 훨씬 더 재미있다. 또 여러 친구들 앞에서 발표도 하고 열심히 자료를 찾아서 만든 파워포인트도 보여주고 정말 내 성격에 딱 맞는 즐거운 수업이었던 것 같다. 다음엔 국어과목으로도 한번 더 했음 좋겠다.		
나의 활동에서 노력할 점	자료가 안 찾아진다고 짜증내고 화내지 말고, 파워포인트도 배워서 더 실용성? 있게 만들어야 겠다.		
나의 활동에서 잘된 점	내 실력을 총동원해서 만들었다. 그래서 80% 정도 만족한다.		

216 초등사회과교육─창의·인성교육을 위한 전략 연구

\<부록 4\> 파지능력 검사지-되돌아보기

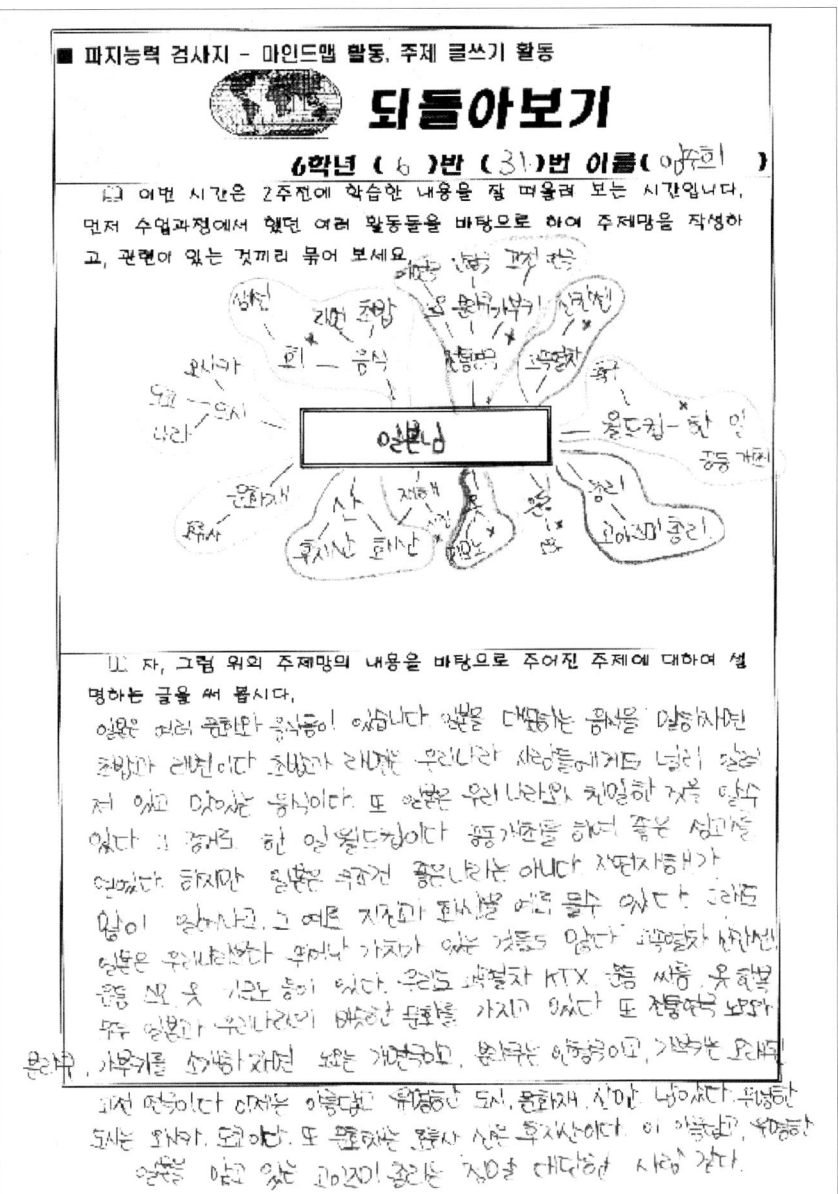

<부록 5> 다중지능 소집단 협동학습 활동 결과물의 예시

〈그림〉 학습 결과물의 발표 장면①—신체운동적 지능: 역할극 꾸미기

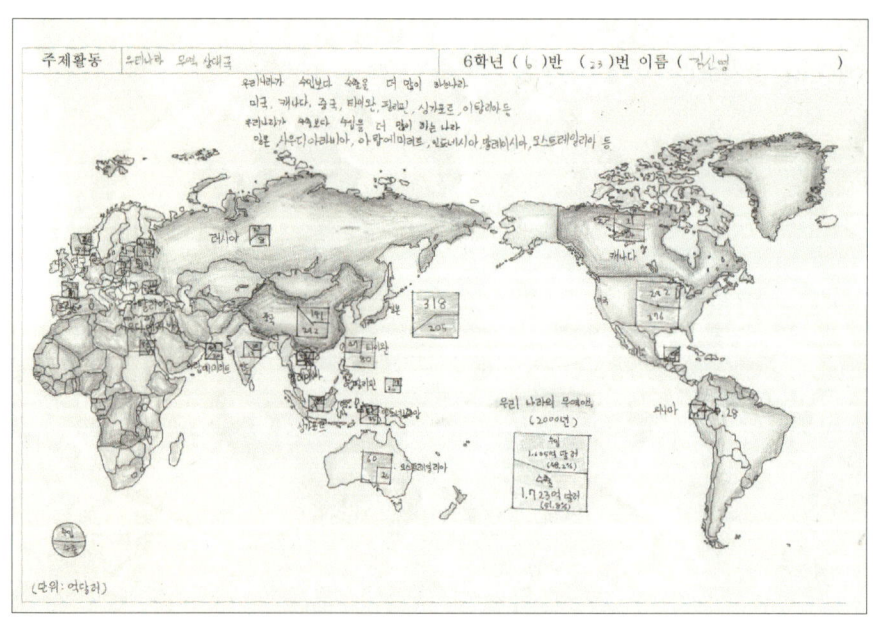

〈그림〉 학습 결과물의 발표 장면②—공간적 지능: 우리나라 수입 상대국

〈그림〉 학습 결과물의 발표 장면③—음악적 지능: 노래 가사 바꾸기

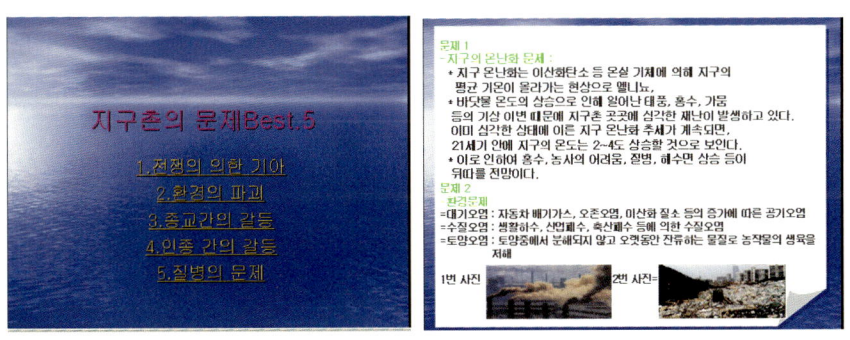

〈그림〉 학습결과물 프레젠테이션 자료—언어적 지능: 지구촌의 문제

시카고 여행기

시카고는 미국 일리노이 주 북동부에 위치한 도시이다. 면적은 590km2이고, 인구는 289만 6016명입니다. 미시간 호로 흘러드는 시카고 강의 하구에 자리 잡고 있으며, 호안에서 내륙으로 수십km 들어가면, 호 안에 병행하는 빙하시대의 종퇴석구가 활모양으로 이어진다. 퇴석구는 높이 30m 정도이다. 이것이 북아메리카 대륙 중부의 분수계이며 이를 경계로 하여 남쪽은 미시시피 강 유역에서 멕시코 만으로 흘러들고, 북쪽은 오대호를 거쳐 세인트로렌스의 유역을 이룬다. 또 이 낮은 분수계를 굴착하여 운하를 만들어 오대호와 미시시피 강이 수로로 연결된 것이 시카고 발달의 기초가 되었다.

시카고의 배후지는 프레리라고 부르는 중북부의 저평한 구조평야로 서부까지 이어지는 대초원지대이다. 시카고 주변은 낙엽침엽수가 많으며 백인이 이민하기 전에는 40% 이상이 삼림으로 뒤덮인 곳으로 그 사이에 초원이 펼쳐져 있었다. 기후는 가장 추운 1월 평균기온이 영하 3.3℃, 가장 더운 7월 평균기온이 24.3℃로 한국의 서울과 비슷하다. 그러나 서울보다 대륙성이 강하고, 특히 겨울은 캐나다의 극북에서 남하하는 한랭기단을 막아낼 수 있는 지형적 장벽이 없으므로 영하 25℃까지 기온이 내려간다. 한편, 여름에 내륙의 건조열풍이 불어올 때는 38℃ 이상의 고온으로 상승할 때도 있다. 대체로 바람이 강하여 '윈디시티'라고도 부른다.

이것은 시카고

〈그림〉 언어적 지능: 미국의 주요 도시

<부록 6> 다중지능 소집단 협동학습 활동 후 소감문

다중지능을 활용한 소집단 협동학습을 마치고

인천 Y초등학교 6학년 (　　)반　이름(　　　　　　)

1. 다중지능을 활용한 학습활동은 자신의 지능과 관련하여 활동을 선택하였습니다. 이러한 활동을 정할 때, 여러분의 마음속에서의 선택 기준은 무엇이었습니까?(예: 내가 좋아하는 활동이라서, 내게 부족한 능력이라고 생각해서 등)

2. 사회수업 시간에 하는 일반수업과 다중지능을 활용한 소집단 협동학습은 어떤 차이가 있었습니까?

3. 다중지능을 활용한 소집단 협동학습이 재미있었습니까? 아니면 재미없었습니까? 그렇다면 그 이유는 무엇입니까?

4. 다중지능을 활용한 학습활동을 하면서 새롭게 알게 된 점이 있습니까?(예: 사회 교과에 관한 지식, 학습하는 방법 등)

5. 다중지능을 활용한 학습활동은 사회수업에 어느 정도로 도움이 된다고 생각합니까? 그 이유는 무엇입니까?

6. 이번 다중지능 활동에서는 선생님이 활동주제와 구체적인 활동내용을 정해 주었습니다. 이 점에 대해서는 어떻게 생각하십니까?

7. 앞으로 다중지능을 활용한 활동을 계속적으로 하고 싶습니까? 아니면 안 하고 싶습니까? 그 이유는 무엇입니까?

8. 다중지능을 활용한 활동을 하고 나서 각 활동별로 발표를 했습니다. 이러한 발표를 통해 다른 주제에 대해서도 새롭게 알게 된 점이 있습니까?

9. 다중지능을 활용한 활동에서 발표를 하는 시간이 있습니다. 발표를 할 때의 자기의 기분은 어떻습니까?

10. 다른 사람의 발표를 보면서 느낀 점은 무엇입니까?

11. 다중지능을 활용한 학습활동을 하면서 사회시간에 배운 내용들을 어느 정도 더 확실히 자기의 것으로 만들 수 있다고 생각합니까?

12. 다중지능을 활용한 활동이 사회교과에 대한 여러분의 생각을 어떻게 변화시켰습니까?

13. 다중지능을 활용한 활동을 하면서 자기에게 있어서 가장 발전된 면은 무엇이라고 생각합니까?(예: 발표력, 자신감, 사고력 등)

03

초등학교 사회과 수업에서 웹 2.0 제작교육이 미치는 효과
-학습자의 변인에 따라 학습효과에 미치는 영향-

Ⅰ. 서론

1. 연구의 필요성

사회과는 사회현상을 올바르게 인식하고, 사회지식 습득과 사회생활에 필요한 기능을 익히며, 민주사회 구성원에게 요청되는 가치와 태도를 지님으로써 민주시민으로서의 자질을 육성하는 교과이다.

사회과는 학습자의 성장 발달과 그들의 사회·문화적 경험을 고려하여 학교급별로 주안점을 달리하며, 초등학교에서는 학생들이 주변의 사회적 사실과 현상에 대하여 관심과 흥미를 가지며, 생활과 관련된 기본적 지식과 능력을 습득하고, 창의적인 자세로 일상생활에 적응할 수 있도록 한다.

사회현상에 관한 기초적 지식과 능력은 물론, 지리·역사 및 제 사회과학의 기본 개념과 원리를 발견하고 탐구하는 능력을 익혀, 우리 사회의 특징과 세계의 여러 모습을 종합적으로 이해하며, 다양한 정보를 활용하여 현대사회의 문제를 창의적이며 합리적으로 해결하고, 공동생활에 스스로 참여하는 능력을 기른다. 이를 바탕으로 개인의 발전은 물론 국가, 사회, 인류의 발전에 기여할 수 있는 민주시민의 자질을 기른다.

사회과 교육 목표를 효율적으로 달성하기 위하여 사회과 수업은 학생들이 쉽고 재미있게 접근할 수 있고, 문제를 해결하여 성취감을 맛볼 수 있으며 궁극적으로 사회현상에 대한 이해와 문제해결을 위한 적극적인 의지를 갖게 하는 데 있으며, 그 방법은 교사들의 창의성과 관심, 학급의 수업 여건에 따라 다르게 진행될 것이다.

초등학교 교사는 중·고등학교에 비해 모든 교과마다 수업내용과 방법에 긴장할 수밖에 없다. 그러나 그중에서 초등학교 교사들이 수업 진행에서 가장 힘들다고 느끼는 교과는 사회과이다. 수업의 내용과 방법에 있어 조금이라도 부족하면 학생들은 재미없어 하고 흥미를 잃어버리기 쉬운 교과가 사회과이기 때문이다. 그래서 다른 교과보다 수업의 내용과 방법에 고민을 많이 하는 교과가 사회과이다.

교육과정에서 추구하는 인간상이 민주시민 의식을 기초로 공동체의 발전에 공헌하는 사람인 점으로 보아 사회과가 교육과정에서 차지하는 위치는 상당히 크다. 사회과는 민주시민으로서 자질 양성 교육의 중핵 교과인 것이다. 이렇게 중요한 교과가 교육현장에서 가르치기 힘들고 지루한 수업으로 인식되어 전개된다는 것은 심각한 문제가 아닐 수 없다. 어떤 교과든지 교사와 학생이 즐겁게 수업한다면 그 수업은 질적으로나 양적으로 의미 있을 것이다.

사회과 수업의 어려운 점을 개선하기 위하여 많은 노력들과 연구들이 시도되고 있으며 교사들은 매 단위시간 다양한 활동들과 자료들을 수업시간에 투입하고 있다. 사회과 수업에서는 다양한 사회현상이 모두 학습자료이다. 따라서 학습에 활용되는 자료는 사회의 변화에 따라 매우 다양하게 변화된다. 오늘날과 같이 인터넷이 일반화되고 교실에서도 손쉽게 활용할 수 있도록 준비된 상황에서는 인터넷상의 모든 자료들의 사회과 수업에 활용될 수 있다. 우리나라의 사회현상뿐만 아니라, 세계의 사회현상이 실시간 보도되고 있기 때문에 가장 정확하고 생생한 자료를 가지고 수업을 할 수 있다.

우리가 살고 있는 요즘은 아주 쉽게 인터넷이나 텔레비전을 통해 UCC라는 신조어를 쉽게 접할 수 있다. UCC는 'User Created Contents'의 약자로 인터넷 사용자들이 상업적 의도 없이 직접 만들어 온라인상에 올린 사진, 그림, 동영상 등을 말한다. 주제나 형식에 제약이 없고 기발하게 잘 만들면 단숨에 인터넷상에서 폭발적인 화제가 될 수 있다는 게 UCC의 강점으로 요즈음 사회의 화두가 되고 있는 사항 중의 하나이며 파급력 또한 굉장하다. 사용자들이 UCC를 통해 사용자들에게 알려주고 싶은 내용을 제공하기도 하고 사회적인 현상에 대한 개인의 생각을 표현하기도 하고, 더 나아가 사회적인 문제에 대한 해결책들을 찾아가는 쌍방향 커뮤니티로 발전하고 있다.

사회의 변화에 따라 교육의 모습도 변해가고 있다. 주어진 교육과정이 아닌 교육주체인 학생, 학부모, 교사가 만들어 가는 교육과정으로 방향이 바뀌고 있고 학습자의 특성과 수준을 고려하여 교과서를 참고하기도 한다. 학교 및 사회에서 참여자들이 정보를 만들어 내고 공유를 통한 상호작용을 통해 발전해 나가는 교육적 분위기가 대두되고 있다.

이러한 교육적 분위기와 사회과의 한 교육자료 및 방법으로 UCC 활용을 들 수가 있는데 지금까지 UCC의 교육적 활용에 대한 연구는 많지가 않다. UCC의 교육적 활용방안을 위해 연구자는 사회 공부를 하는 5학년 아이들이 사회 공부를 정말 즐겁게 하고 더불어 사회를 가르치는 교사 또한 쉽고 재미있게 수업을 이끌기 위한 방법으로 UCC 제작 활동을 실천해 보았다. UCC의 교육적 효과와 영향을 주는 학습자 변인과의 관계에 대해 탐색해볼 필요가 있다.

2. 연구 목적

UCC에 대한 지금까지의 선행연구를 살펴보면 UCC의 교육적 활용에 대한 연구는 매우 부족하며 해당 차시에 대한 UCC의 교육적 효과나 UCC의 활용에 대한 일부분의 논문이 있을 뿐이다. UCC 제작활동 교육에서의 학습효과와 이에 영향을 미치는 요인이 무엇인지 밝혀 보는 것은 매우 중요한 의의를 지닌다고 할 수 있다.

본 연구에서 UCC 제작활동을 사회수업에 적용하였을 때의 효과를 알아보고자할 때 고려된 변인이 무엇인지는 중요하다. 일반적으로 교육에 있어 효과란 학습을 계획하고 수행한 후에 나타나는 결과적인 측면을 말하는 것으로 학습과정 동안 진행한 여러 가지 활동을 평가하거나 일정 기간 동안 학습을 수행하고 난 후에 학습내용과 관련된 문제로 사후평가를 실시하는 등 다양한 방법으로 측정되어 왔다. 선행연구들에 따르면 학습효과를 다음과 같이 몇 가지 관점에서 다루고 있다고 한다.

첫째, 학습환경에 관계없이 학습이 이루어지는 곳에서라면 중요하게 다루어지는 학습효과의 한 요인으로 학업성취도를 들 수 있다.

둘째, 새로운 매체나 교수 방법이 도입되었을 경우 이에 대한 학습자의 만족 정도는 차후에 또다시 이 새로운 매체 교수 방법을 선택하고 수용할 것인지에 대한 여부에 영향을 미칠 뿐만 아니라 학습자 중심의 교육환경에서는 학습자의 만족도가 더욱더 비중 있는 요소로 작용할 수밖에 없다.

선행연구들에 의하면 웹을 이용한 학습효과에 영향을 주는 요인들에는 학습자의 성격, 자기조절학습능력, Hiltz(1990), Levin 등은 학습동기, 김소연(2000)과 이선임(1999)은 컴퓨터 매체를 기반으로 하는 학습활동에서 컴퓨터와 인터넷 활용능력이 학업을 성공적으로 이끄는 주요한 요인임을 보고하였다.

컴퓨터와 웹을 기반으로 한 교육에서 효과라 할 수 있는 학업 성취도, 만족도에 영향을 미치는 학습자 요인에 대한 종합적인 연구는 학습효과에 영향을 미치는 각 요인의 영향력뿐만 아니라 주요 요인 간의 상대적 영향력을 알 수 있게 해준다는 점에서 중요하다.

이 연구는 UCC 제작활동의 학습효과에 영향을 미치는 유의미한 학습자 요인을 탐색하는 데 있다.

수업시간 및 학교에서 이루어지는 모든 교육활동은 교사로부터 학생에게 이루어지는 일방적인 지도가 아니라 학생 스스로 능동적으로 고민하고 참여하는 활동이 되어야 한다는 것은 모두가 안다.

이를 위해서 요즘 화제가 되고 있는 UCC 제작활동을 통해 사회과 수업시간의 학습활동에 적용하고 학습자들의 성취도, 만족도에 영향을 미치는 학습자 요인들의 영향력뿐만 아니라 주요 요인 중에서 어떤 요인이 학습효과에 더 영향을 미치는지에 대한 상대적 영향력을 탐색하고 핵심적인 개인차 변인을 탐색해 보는 데 목적이 있다.

3. 연구 내용 및 방법

UCC 제작 활동이 학습자의 변인에 따라 학습효과에 미치는 영향을 알아보기 위하여 주된 연구 내용 및 방법은 다음과 같다.

제1장 서론에서는 연구의 필요성 및 목적, 연구 내용 및 방법, 연구의 제한점을 제시하였다.

제2장 이론적 배경에서는 첫째, 초등사회 교육에서의 ICT 활용 현황과 ICT 교육의 필요성·목적·방향, 교수·학습방법 개관, ICT 활용 수업활동 유형, 둘째, UCC 활용수업의 효용성과 활용하기 위한 조건과 문제점, 셋째, UCC 활용교육에서 고려해야 할 주요 학습자 특성, 넷째, UCC 활용 교육의 효과 요인, 그리고 다섯째, UCC 활용을 위한 사회과 수업 방법 탐색으로 초등수업에서의 다양한 활용 방법 및 UCC 활용수업을 위한 사회과 교육과정 분석 및 재구성을 해보았다.

제3장 연구의 실제에서는 UCC 제작 활동이 학습자의 변인에 따라 학습효과에 미치는 영향을 알아보기 위하여 연구대상, 연구모형, 연구도구를 독립변인, 종속변인별로 제시하고 결과를 분석해 본다. 연구대상을 초등학교 5, 6학년 한 학급씩을 선정하였고 학기가 시작되는 3월 한 달 총 4시간 정보통신재량활동을 통해 UCC 제작 기술을 가르치고 이를 바탕으로 사회과 수업방법으로 교육과정 분석 및 재구성과정을 거쳐 UCC 제작활동을 한다. 사전에 선행연구를 통해 학습자 변인인 성격유형, 자기조절능력, 학습자동기, 컴퓨터 활용능력 등을 선정하여 측정하고 UCC 제작활동을 한 후의 학습자 만족도, 성취도를 설문지와 통계 프로그램을 활용·분석하여 UCC 제작 활동이 학습자의 변인에 따라 학습효과에 미치는 영향을 알아본다.

제4장 연구결과 및 해석에서는 실험 결과에 따른 검사를 분석하여 비교하였다.

제5장 논의에서는 본 논문의 내용을 요약하고 향후 연구에 대한 제언을 제시한다.

4. 연구의 제한점

본 연구의 제한점은 다음과 같다.

첫째, 본 연구는 인천시에 위치한 특정 학교 5, 6학년 각 1개 학급 학생들만을 대상으로 선정, 실시하였기 때문에 연구 결과를 모든 학교와 학습자에 대한 것으로 일반화하기에는 다소 무리가 있을 것이다.

둘째, 본 연구에서 말하는 UCC 제작활동이란 교실에서 간단하게 활용 가능한 디지털카메라, 편집기술 또한 초등학생이 사용하는 수준을 활용하여 만든 것을 말한다.

셋째, 본 연구의 UCC를 활용한 수업의 유형은 교육과정 분석을 통해 도출될 수 있는 여러 가지 수업에서 일부분을 제시한 것이다. 그러므로 대상 및 학습자료의 차이에 따라 일반화하기에는 차이가 있을 것이다.

넷째, UCC 제작활동을 통한 사회수업은 한 학기 동안 진행되었지만 UCC 제작 방법을 위한 기술교육에 한 달 정도를 소비했으며 학급 전체가 컴퓨터실을 사용할 수 있는 기간은 1주일에 1회 정도이므로 나머지는 과제를 통해 진행되는 경우가 많았다. 그렇기 때문에 만족도 정도에는 차이가 있을 수 있다.

II. 이론적 배경

1. 초등사회 교육에서의 ICT 활용

일반적인 ICT 활용 교육의 개념 및 방향에 대한 이해에 기반하여 사회과의 특성을 고려한 ICT 활용 교육의 방향과 구체적인 방법에 대해 살펴보았다.

가. 사회과 ICT 활용 교육의 현황

일반적으로 교사들은 사회과의 ICT 활용에 대해 긍정적인 생각을 가지고 있다. 사회과 수업에서는 인터넷 등을 활용하여 학생의 정보탐색을 통한 문제해결 수업이 활발히 시도되고 있다. 그러나 실제 사회과 수업에서의 ICT 활용은 담당교사의 능력과 관심에 크게 의지하고 있다. 이러한 점에서 실제 사회과 수업에서 ICT의 활용에 대한 호의적인 태도와는 달리 그 활용은 다양한 모습으로 나타나고 있다.

학생들의 ICT 활용은 직접 조사하여 보고서를 작성하고 발표하며 토의하는 활동에 비해 간접적인 활동으로서 교실 밖에서 이루어지는 활동으로 ICT를 활용하는 것이 대부분이다. 예를 들어, 학생들이 사회과 학습과제 해결을 위해 가정에서 조사할 때 ICT를 활용하는 경우가 많다. 사회과에서 제시하는 개인별, 모둠별 과제는 교사에 비하여 학생들이 ICT를 보다 적극적으로 활용하고 있다. 특히 고학년의 교과 내용은 학생들이 직접 체험을 통하여 조사해 오기 어려운 내용들로 구성되어 있으므로 인터넷을 통하여 자료를 수집하고 조사해 오는 학생들이 많다.

자칫 암기 교과로 전락하기 쉬운 사회과를 ICT와 결합함으로써, 학습의 흥미와 수업의 질을 높일 수 있게 되었다. 그러나 학생들이 수집해온 자료들 대부분은 인터넷상에 나타난 원자료 그대로여서 학생들이 그 내용을 제대로 이해하지 못한 것이거나 그 내용이 방대해서 교실에서 바로 활용하기에는 어려운 면이 많다.

이런 점을 고려할 때 교사는 학생들에게 무조건 자료를 '수집'해 오도록 하는 것이 아니라, 수집한 자료를 학습내용에 맞게 재구성하고 해석, 평가할 수 있는 능력을 길러 주는 것이 중요하다.

나. 사회과에서의 ICT 활용 교육의 필요성 및 목적

사회과 교육에서는 ICT 활용을 통하여 지식정보화사회에 맞춘 새로운 개념의 수업 방법으로 수업의 내용과 가르치는 방법을 바꾸게 되는 계기가 되고 있다. ICT 활용을 통하여 자기주도적 학습환경의 제공과 창의력과 문제해결력 신장, 다양한 교수 학습활동을 촉진시키자는 의도일 것이다. 그동안 교실에서 많이 사용되었던 주입식, 전달식 수업이 ICT의 활용으로 참여와 자기주도적인 학습으로, 지겨운 학습이 재미있는 학습으로, 지식 전달자로서의 교사가 학습의 촉진자로서 교사의 변모를 가져올 것이기 때문이다. 미래 사회의 주역이 되는 학생들에게 ICT를 활용하여 자료와 정보를 처리하고, 이를 바탕으로 새로운 지식을 만들고 문제를 해결하는 능력은 개개인의 생존과 발전에 가장 밀접하고 기본적인 요건이 되었으며 이러한 능력을 학교 교육과정 안에서 일관성 있고 체계적으로 길러 주어야 할 필요가 있다.

변화하는 사회에서는 정보통신기술을 능숙하고 올바르게 활용해야 정확하고 많은 정보를 얻을 수 있고 이 정보를 바탕으로 합리적인 의사결정을 내릴 수 있다. 따라서 지식정보화사회에 적합한 능력과 태도를 갖추기 위해서 학생들이 ICT를 통한 정보활용능력을 갖추는 일이 무엇보다도 중요한 점이다.

다. 사회과에서의 ICT 활용 교육의 방향

첫째, 사회교과 내용 중에서 ICT 활용이 꼭 필요한 내용만을 선정하여 활용한다. 시간, 공간적으로 멀리 떨어진 곳에 대한 학습이나 다양한 교수-학습 자료로 학습 효과를 극대화할 수 있는지 고려한다.

둘째, 수업과정에서 ICT를 어떤 방법으로, 어떤 단계에서 활용할 것인지를 결정해야 하다. 수업의 전체 흐름에서 ICT가 어떻게 사용되어야 효과적인지를 고려한다.

셋째, 자기주도적인 학습이 가능하도록 수업의 형태와 방법을 고려한다. 가능하면 교사보다 학생이 ICT를 많이 이용하게 한다.

넷째, ICT를 활용한 수업이 끝난 후 학습의 효과를 어떻게 평가할 것인지 평가 방법을 고려한다.

라. 사회과에서의 ICT 활용 교수 · 학습방법 개관

1) CD-ROM을 활용한 교수 · 학습 방법

○ 키워드를 이용한 검색을 통해 고장에 관한 자료를 찾기

○ 촌락의 생활을 학습하고 나서 정리하는 문제 풀기

○ 도시 문제의 해결 방법을 알아보고 정리하기

○ 그림, 동영상, 애니메이션, 텍스트보고 학습하기

2) 인터넷을 활용한 교수 · 학습 방법

○ 인터넷 사이트에서 원하는 자료를 찾아 선생님께 메일로 보내기

○ 지도 사이트에서 제공하는 지도 자료를 가지고 자신의 집 약도를 그려서 친구들이나 친척에게 메일로 보내서 초대하기

○ 다른 지방의 친구와 각 지역의 특성에 대한 정보를 이메일로 교환하여 지역 간의 차이점을 발표하기

○ 주어진 주제와 관련된 인터넷 사이트(예: 박물관 사이트, 백과사전 사이트 등)를 검색하여 정보를 찾아 정리하고 멀티미디어가 포함된 프레젠테이션 자료 만들기

마. 사회과 ICT 활용 수업활동 유형

사회과에 적용될 수 있는 ICT 활용 수업 유형의 개략적 의미를 알아보자.

1) 사회 문제에 대해 관심 갖기

이 학습활동은 탐구학습모형, 의사결정모형, 문제해결 학습모형에 직접적으로 포함되는 활동이며, 개념학습모형에도 일부 관련이 있다. 복잡한 현대사회를 살아가는 구성원으로서 사회문제에 대해 관심을 갖고 이를 해결하고자 하는 의욕을 길러 주는 프로그램이다. 특히 복잡한 사회문제가 내 생활과 밀접한 관련이 있다는 것을 보여 줌으로써 이에 대해 알고자 하는 의욕을 불러일으킬 수 있다.

2) 가설 수립하기

가설 수립하기는 탐구학습과 문제해결학습 모형에 직접적으로 사용되며, 의사결정과 개념학습에도 간접적으로 활용되는 학습활동이다. 어떤 현상이 벌어지는 이유 또는 어떤 문제가 일어난 원인에 대해 알고자 할 때, 미리 어떤 가정을 두고 조사를 하는 것이 무턱대고 정보를 수집하는 것보다 훨씬 효과적이라는 점에서 가설수립의 중요성을 생각할 수 있다. 가설수립을 위해서는 여러 가지 가능성에 대해 생각해 보고 이를 문제와 논리적으로 연결해 보는 훈련이 필수적이다.

3) 대표적 사례 찾기

대표적 사례 찾기는 개념학습이나 탐구학습모형에 직접적으로 활용되며, 나머지 수업모형에도 간접적으로 관련이 된다. 대표적 사례 찾기란 개념이나 이론이 적용되는 전형적인 사례를 찾는 활동으로 이론을 통해 현상을 설명하는 안목을 길러 주는 프로그램이다. 지식을 단순히 암기하는 데 그치지 않고, 지식을 실제 활용할 수 있는 능력을 기르는 데 효과적이다.

4) 쟁점 토론하기

쟁점 토론하기는 문제해결학습과 의사결정학습에 직접적으로 관련이 된 학습활동이다. 사회문제는 그 해결책을 찾기가 쉽지 않고, 많은 경우 가치갈등을 내포하고 있다. 따라서 보통 사회문제에 관해서는 하나의 정답을 찾기보다는 여러 가지 대안들 중에서 최선의 해결책을 고르는 접근방법이 많이 활용된다. 이를 위해서는 서로 다른 생각을 가진 사람들끼리 합리적 근거를 토대로 이성적으로 토론하는 훈련을 거쳐야 한다.

5) 자료수집 및 분석하기

이 기능은 네 가지 모형 모두에 직접 관련이 되어 있다. 사회현상이나 문제의 원인을 파악하거나 중요한 의사결정의 근거가 될 수 있는 정보를 수집하거나 또 모르는 주제에 대해 알고자 할 때, 필요한 자료를 찾고 그 자료의 신빙성을 판단하고, 또 그 자료가 의미하는 바가 무엇인지 알아내는 능력은 필수적이다. 사회과가 목적하는 바를 실현하기 위해 필수적으로 익혀야 할 기초 기능이라 할 수 있다.

6) 모둠별 사회적 상호작용하기

사회과는 사회에 관하여 학습하는 교과이기도 하지만 동시에 사회구성원들 간의 바람직한 사회적 관계를 형성시키는 데도 관심을 갖는 교과이다. 특히 특정 주제에 대해 의견을 교환하고 함께 노력하여 정보를 수집하고 서로 다른 생각에 대해 관용할 줄 아는 능력은 효과적인 사회과 학습을 위해서는 필수적이다. 이러한 능력을 미리 교실에서 훈련함으로써 장차 성인이 되어서도 훌륭한 시민으로서 제역할을 수행할 수 있을 것이다.

7) 논리적으로 보고서 작성하기

사회적 쟁점에 대해 토론하거나 탐구 결과를 소개하고 비판적으로 검토할 때, 상호 간의 명확하고도 논리적인 의사소통능력이 필요하다. 특히 사회과에서는 자신의 느낌을 감성적으로 표현하는 능력보다는 객관적이고도 논리적으로 주장을 전개할 수 있는 능력이 필요하다. 이러한 능력을 갖춤으로써 복잡한 가치갈등 상황 속에서도 자신의 견해를 효과적으로 전달할 수 있고, 나아가 더 좋은 의견이나 비판적 견해를 무리 없이 주고받을 수 있다.

8) 아이디어에 대해 평가하기

사회과에서 논의되는 문제해결책이나 대안들은 그 효과를 쉽게 검증되기 어려운 것들이다. 따라서 다양한 측면에서 이러한 아이디어들을 평가하지 못한다면 자칫 허황된 논의에 그칠 가능성이 높다. 서로의 아이디어에 대해 객관적인 기준을 통해 평가해 봄으로써 생산적인 논의를 할 수 있고, 아울러 아이디어를 실천에 옮기기도 훨씬 용이할 것이다. 다양한 아이디어에 대해 평가하는 눈을 가짐으로써 사회문제에 대한 안목도 높일 수 있다.

바. 사회과에서의 ICT 활용 시 교사가 고려할 점

급격한 사회의 변화는 '얼마나 많이 알고 있는가?'보다는 '얼마나 다양하고 현실적인 정보를 효과적으로 수집하여 합리적으로 문제를 해결할 수 있는가?'로 초점이 전환되어 가고 있다. 사회과 수업에서 중요한 것은 ICT를 활용한 수업을 준비하고 진행하려는 교사의 의지와 노력이다. 교사는 역동적이고 흥미로우며 고차원적인 사고를 이끌어낼 수 있는 도구로 ICT(UCC)를 활용해야 하다. 사회과의 전체 영역이나 내용, 수업의 형태에 따라 효과적인 ICT 활용 방법을 설계할 필요가 있다. 무계획적인 ICT의 활용은 학생에게 인지적 과부화나 기초 지식의 미형성, 사고의 기회 박탈 등 부정적인 영향을 줄 수 있다. 그러므로 보다 철저한 활용 방법과 내용에 대한 계획을 세우고 사회과 영역, 주제, 학습모형 등을 수업설계 과정에서 사전에 고려해야 한다.

2. UCC 활용 수업의 효용성

UCC 제작활동의 교수법적 원리를 찾아보고 교육적 효과를 살펴본다.

가. 교수법적 원리

1) 정보화시대의 교육적 흐름

현대사회는 정보화에 이은 커뮤니케이션 시대를 맞이하면서 많은 변화를 접하고 있다. 더불어 교육환경 또한 날이 갈수록 사회와 밀접한 관계를 가지고 변화해 가고 있다. 학습 방법도 멀티미디어와 웹 기반 활동 프로그램 등을 이용한 자기주도적 학습, 학생의 흥미와 관심을 유도하고 개개인의 참여를 확대시킬 수 있는 수업의 방향으로 제시되고 있다.

강인애(1997)는 정보화시대의 교육적 패러다임은 개개 학습자들의 요구와 특성에 대한 가치를 중시하고 이전의 교사 중심의 교육환경에서 학습자 중심의 학습, 학습자의 선택이 중요하다고 했다. 이러한 정보화시대의 교육적 흐름에 의해 학교 현장에서 이루어지는 전통적인 교육방법에서 벗어나 정보화시대에 따른 다양한 수업 방식과 학습방법을 모색해야 한다고 말했다.

2) 구성주의

가) 구성주의의 정의

자기주도적 학습을 강조하는 구성주의는 정보통신 기술매체나 도구를 활용한 학습자 중심의 교육환경을 만들기 위한 기본이 된다. 즉, 정보화시대에서의 교육적 패러다임은 교사중심에서 학생중심으로서의 전환이라는 점이다. 이는 교사에서 학습으로의 변화라고 할 수 있으며, 구성주의는 그에 따른 실천적인 대안을 제시하는 학습이론이다. 그래서 구성주의란 학습자가 스스로 자신의 학습에 대해 주도권을 가지고, 학습에 대해서 학습자 스스로가 책임을 지면서, 학습에 대해 능동적이며 적극적으로 학습할 수 있는 환경을 구현하려는 학습이론이다.

나) 구성주의의 학습원리

구성주의에서 개인은 어느 특정 사회에 속하여 살아가면서 그 사회의 사회적, 문화적, 시대적 배경에 영향을 받고 있다. 따라서 사회생활은 인간이 살아가는 하나의 과정으로 인간은 수동적이 아니라 능동적인 존재로, 의미는 이미 주어진 것이 아니라 타협의 결과로, 사회 질서는 행위자들이 만들어 내는 상호작용이라고 보고 있다.

김종화(1997)는 구성주의에서 지식은 자기가 소속한 사회적 배경과 습득한 체험의 바탕 위에 자신의 개인의 인지적 작용을 가하면서 주어진 사회현상의 이해를 지속적으로 구성해 가는 것이라고 정의하고 있다. 여기서 지식을 구성한다는 것은 학습자가 여러 가지 현상을 통해서 이미 우리가 알고 있는 지식과 똑같은 것을 찾아낸다는 식의 발견 학습을 의미하는 것이 아니라 학습자가 어떤 현상을 접했을 때 그 현상을 이해하거나 설명하고자 하는 과정에서 지식의 구성자 또는 생산자로 자신에게 의미 있는 지식을 만들어 낸다는 것이다.

구성주의에서는 개인의 인지적, 사회적 요소와 역할을 강조하고 지식의 보편적, 일반적 성격을 부인하고 있다. 구성주의적 학습은 학습환경, 학습자료의 일반적 제시보다 환경 및 타인들과의 상호작용을 통해 학습자가 스스로 경험을 구성하게 하는 학습자 중심의 상호작용을 통해 학습자가 스스로 경험을 구성하게 하는 학습자 중심의 수업이론을 의미한다고 이경선(2007)은 말했다.

다) 자기표현 수단의 원리

인간은 누구나 태어나면서부터 자기를 나타내려는 자기표현의 욕구를 가지고 있다. 자기표현이란 확신을 가지고 기술적으로 자기의 생각이나 표현을 폭넓게 전달하는 능력으로 바람직한 의사소통행위 일체를 말한다. 자기표현은 자기 모습을 변화시키는 계기가 되며 주체적인 삶을 살기 위해서 꼭 필요하다. 따라서 아동이 자신의 표현 욕구를 마음껏 드러낼 수 있도록 표현력을 높여야 하며 자기표현을 통해 자신을 인식하고 자신을 설명하며 자신의 모습을 발전시켜 나갈 수 있어야 한다.

이인석(2003)에 의하면 콜(cole)은 청소년들은 그들의 정서적인 관심과 자기표현을 위한 배출구가 필요하며 사회에 적응하기 위해 변화하는 과정에서 필연적으로 생성되는 긴장을 해소하기 위해 실질적인 표현 욕구를 가지고 있다고 밝혔다.

라) 수준에 맞는 학습 자료 제시

교사가 수업과 관련된 적절한 자료를 찾아 사용하는 것은 쉽지가 않다. 왜냐하면 수업 대상자의 수준을 고려해서 만든 자료가 많지 않고 현실적으로 힘든 경우가 대부분이기 때문이다. 수업 대상자들의 수준을 고려해서 교사와 학생이 함께 만들어 간다면 이처럼 좋은 수업 자료는 없을 것이다. 교사는 학생들의 수준과 흥미를 고려한 자료 내용을 선정하고 학생들이 이를 가지고 눈높이에 맞는 동영상을 제작하여 수업에 이용할 때 수업목표에 도달하는 것이 더 효과적이다. 학습자가 원하는, 학습자가 직접 만든 영상은 학습자의 흥미와 관심의 내적 동기로 인해 수업에 능동적 참여와 만족을 느낄 수 있고 보다 나은 학습효과를 기대할 수 있을 것이다.

나. 교육적 효과

1) 학습동기 유발

학교의 교실 속에서 디지털카메라를 이용한 동영상은 효과적인 수업도구로 이용될 수 있다. 카메라의 촬영에 의한 수업은 자신의 모습을 화면에서 보게 되므로 학습자들의 주의력을 끌기에 매우 효과적인 교수학습도구이다. 카메라를 이용한 UCC 수업은 수동적인 학습에서 능동적인 학습으로 바꿔 준다.

학습에 있어서 가장 중요한 것은 학습자의 자발성이다. 자발성이란 학습활동에 있어 내적동기가 유발된 학습을 시켜야 한다는 것이다. 학습자가 활동에 직접 참여하고 투입될 때 학습효과가 극대화된다. 학습자가 자발적으로 학습하게 될 때 자기주도적인 학습능력이 신장된다.

2) 효과적인 평가 및 상호 피드백

UCC 촬영을 통한 학습에서는 교사, 학생 간의 상호작용이 일어나며 서로의 반응을 관찰할 수 있다. 그 관찰을 통해 학생의 이해와 습득 정도를 파악할 수 있고 피드백을 통해 조절이 가능하다.

다. 교수 · 학습현장에서 UCC를 활용하기 위한 조건

1) UCC 활용에 대한 사전 교육의 필요

어떻게 활용할 수 있을 것인가에 대한 사전 교육이 이루어져야 한다.

2) 교육적으로 활용 가능한 것을 선별하는 안목 기르기

교육적으로 활용 가능한 것을 선별하여 교육해야 하므로 사전에 활용 가능한 자료를 알아 볼 수 있는 안목을 기를 수 있는 교육이 먼저 이루어져야 한다.

3) 저작권에 대한 문제 해결

사용 시 발생할 수 있는 저작권에 대한 부분이 사전에 잘 조율되어야 한다.

4) 직접 제작 활용 시 고려해야 할 사항에 대한 사전 지도

자극적인 화면 위주로 영상을 제작하는 경우가 없도록 한다.

5) 교육적으로 활용 가능한 UCC에 대한 사전 검색 및 준비

어떤 것을 교육에 활용할 수 있을 것인가에 대해 미리 검색과 찾는 작업이 이루어져야 할 것이다. 미리 준비되지 않은 상태에서는 교육 목표에 도달할 수 없을 것이다.

6) 저작권=경제적 가치=학습현장에 질적인 UCC 제공

UCC는 누구나 가능하다. 일반인이나 비전문가도 가능하다. UCC의 사용이 쉬운 것도 제작이 일반인이나 비전문가도 가능하기 때문이다. 그러나 사용이 편리한 것만큼 저작권의 문제도 심각해진다. UCC를 모아 제공하는 기업체, UCC 제공자, UCC 출연자 등 누구에게 저작권이 있는지, 저작료는 누구에게 지불되어야 하는지 분명하지 않다. 저작권은 곧 경제적 가치를 말한다. 저작권이 불분명할 경우 학습현장에서 UCC를 활용한 질적인 학습자료를 얻기 어려울 것이다.

7) UCC가 교수, 학습현장에서 학습에 효과가 있는지 검증

학습현장에 사용될 UCC가 학습에 효과가 있을지 검증되어야 한다. 대중적 가치와 학습자들의 이해(새로운 문화트렌드에 대한 이해), 학습자료물로서의 가치 등이 검증되지 않은 상태에서 학습현장에 바로 사용될 경우 학습결과를 예측하기 어렵고 학습자는 학습의 목표를 잃어버릴 수 있기 때문이다.

8) 공유되는 UCC에 대한 학습 필요

학습현장에서 UCC 활용을 위해서는 학습자 자신이 생산자이며 소비자라는 생각을 갖도록 지도되어야 한다. 학습자가 만든 UCC가 공유되어 학습에 활용될 수 있으며, 활용된 UCC를 학습자가 만들어 보게 한다. 이러한 활동은 학습활동에 제공된 UCC가 업그레이드되어 공유되는 중요한 기회가 된다.

9) UCC(User Created Contents, 사용자 제작 콘텐츠)가 교수-학습 현장에서 활용되려면 각각의 위치, 규정 등의 약속 필요

사용자는 자신이 제작한 콘텐츠에 방문한 또 다른 사용자들에게 항상 예의 바르고 친절하게 설명해 주고, 특히 본인의 콘텐츠를 이용할 때 주의할 점이나 지양해야 할 점들은 정중하게 권유하는 문화를 지키도록 해야 한다.

제작은 다른 사이트나 유저들의 콘텐츠를 많이 방문해 보고 자신이 제작할 콘텐츠가 어떤 차별성이나 특이성, 독특한 매력이 있을지 생각하여 제작 기획에 참고해야 한다. 그것이 다른 콘텐츠와 중복되지 않도록 주의하여 저작권 침해를 주고받는 일이 없도록 주의해야 한다.

콘텐츠는 새로운 아이디어를 자유롭게 표현하고 자신이 가지고 있는 장점을 최대한 표현할 수 있어야 한다. 자료를 근거로 할 때는 사실에 왜곡이 없도록 주의해야 하고 항상 다른 사이트나 다른 사용자들의 콘텐츠를 이용할 때는 출처와 제작자를 명확히 밝히고 또 습관화되도록 해야 한다.

10) 교사의 재교육의 필요성

교사의 철저한 사전교육이 유해한 UCC로부터 우리 학생들을 보호하고 좋은 자료를 스스로 찾을 수 있는 길이다.

라. 문제점

많은 사람들은 UCC에 많은 관심을 보이는 반면, 우려의 목소리도 높이고 있다. 문화관광부가 2006년에 조사한 바에 의하면 UCC 중 80% 이상이 저작권 침해물로 나타났다(김준호, 2006).

윤리의식이 없는 일부 사용자들이 아이들이 보기에 저합하지 않은 동영상을 웹에 게시하고 있어 포털사이트들이 모니터 요원을 통해 유해물을 걸러 내고 있다. 하지만 많은 양의 UCC 중 유해물을 걸러 내는 것은 쉽지 않은 일이다. 그러므로 부모와 교사의 필터링이 필요하겠다.

3. UCC 활용 교육에서 고려해야 할 주요 학습자 특성들

UCC의 효과에 대한 학습자 변인을 고려할 때 많은 수의 연구가 부족한 상태이기 때문에 일반적인 ICT 활용교육, 컴퓨터 매개통신 및 온라인 학습환경하에서 진행된 연구에서 다루어진 다양한 학습자 변인들을 알아보고자 한다(김은옥, 1998; 서혜전, 2001; 임규연, 1999; 이항녕, 2002).

가. 학습자 성격

1) 변인조사
Bloom은 그의 학교 학습 개념모형을 통해 학업성취에는 학습자의 지적인 영역과 함께 정의적인 영역도 적지 않은 영향을 미치는 것으로 보고 있다. 실제로 여러 연구를 통해서 성격적 특성과 학습효과 사이에는 관계가 있는 것으로 나타나고 있다. 성격과 학습효과에 관한 대다수의 선행연구는 학습자의 성격의 전반적인 특성을 연구대상으로 하기보다는 성격의 하위요소와의 관계만을 연구하는 제한점을 보이고 있다. 선행연구에서 보면 유수현(1999)은 학습자의 성격특성에 따른 웹기반 수업 상호작용 연구에서 학습자의 성격특성에 따라 ICT 활용수업 상호작용에서 차이가 있는지 살펴보고 수업에 참여하면서 학습자들의 상호작용이 변화하였는지를 살펴보았다. 유수현에 따르면 내향성 집단과 외향성 집단의 ICT 활용수업 상호작용에는 유의미한 차이가 나타나지 않았다. 다만 학습자료 조회 횟수와 조회 시간에 있어 편차가 심하게 나타나는 것으로 드러났다.

2) 선정이유
성격유형이란 개인의 일관된 행동 경향성을 기술하고 설명하는 데 사용되는 가설적 구성개념이라고 정의한다. 한 개인의 성격유형을 아는 것은 그의 행동의 대부분을 예상하고 이해하는 데 도움이 되므로 교사가 학생이 어떤 성격유형의 특성을 가졌는지 아는 것은 도움이 될 것이다. 또한 교사가 학생 개인의 성격유형을 이해하게 된다면 같은 학습방법 아래서 모든 학생들에게 똑같은 결과를 기대하지는 않을 것이며 학생을 가르치는 데 좀 더 쉽게 접근할 수 있다. 성격유형을 보통 내·외향적으로 나눌 수 있으며 내성적인 학생들은 자신을 표현하는 능력들 중에서 말하기 능력이 많이 부족하다. 내성적인 학생들을 대상으로 쓰기나 그리기 활동을 해봤더니 자신의 생각을 적극적으로 표현하는 모습을 보았다. 따라서 학습자의 내·외향적 성격에 따라 UCC 제작활동이 표현방법에 도움을 줄 수 있다는 생각으로 학습자의 성격유형을 선택하게 되었다.

가) 외향형

중요한 결정이나 행동의 대부분이 주체의 의견에 의하지 않고, 객관적인 상황에 의해서 좌우될 때 이를 외향적 태도라고 하고, 이런 외향적 태도가 습성화되어 그의 생활의 일정한 특징을 이루면 그를 외향형이라고 부른다(이부영, 1991).

나) 내향형

개인적 판단과 행동을 결정할 때 주관적인 속성들이 강한 내향적인 태도를 보임에 따라 내향형이라고 하였다. 내향형의 사람들은 내면세계에서 일어나는 것에 의해 에너지를 얻게 되며, 생각을 주로 하는 활동을 많이 요구할 때 더 많은 흥미와 편안함을 느낀다. 이들은 세상을 직접 경험하기 전에 먼저 생각 속에서 이해하려고 하는 경향이 있다.

나. 자기조절학습전략

1) 변인조사

Zimmer괴 Schunk(1989)은 지기조절학습은 연령의 증가에 따라 자동적으로 발달하는 것도 아니고, 환경으로부터 수동적으로 획득되는 것도 아니라고 하였다. 자기조절학습의 하위과정변인들은 발달하는 동안에 바뀌며 자기조절 전략을 획득시켜 주기 위한 매개의 효과도 다르다고 보았다. 즉, 자기조절학습은 생득적인 것이 아니며 교수학습 환경의 여러 변인 간의 상호 관계 속에서 발생하고 발달하는 것이다. 자기조절학습의 전략 사용은 연령에 따라 발달하는 종류와 정도에 있어서 차이가 있다. 손종식(1993)은 자기규제 학습의 수준은 5, 6학년이 중학생 1, 2학년보다 높았고 하위요인과 자아효능감, 내적가치, 자기규제의 정도도 역시 5, 6학년이 높았다는 결론을 내렸다.

2) 선정이유

자기조절학습 전략 사용 수준이 높은 5, 6학년 학습자들에게 특히 자기조절학습전략은 적극적이고 능동적인 학습참여의 기회를 제공하기 때문에 ICT 활용수업의 효과에서는 반드시 고려되어야 할 요인이다. ICT 활용수업에서의 학습은 학습자의 자율적이고 독립적인 학습노력에 의해 발생하기 때문에(Keegan, 1990; 이항녕, 2002: 19에서 재인용)의 주장은 학습자 자신의 학습을 준비하고 결정하고 수행해야하는 학습형태인 ICT 활용수업에 대한 학습자 역할의 중요성과 더불어 웹기반 교육의 효과에 영향을 미치는 주요 요소임을 제시하고 있다. 자기조절학습은 학습과제의 유형과 관계없이 학생들의 학습과 학업성취의 중요한 측면이다(Zimmerman, 1990; 이항녕, 2002: 19에서 재인용).

다. 학습동기

1) 변인조사

학습에 있어 학습자의 학습동기는 매우 중요하다. 학습자의 학습동기는 ICT 활용교육에 영향을 주는 요인 중 상당히 진척이 이루어진 분야이다. 학습동기는 학습목표를 향해 행동을 일으키는 원동력이며 학습을 지속하도록 자극하는 하나의 수단으로서 자학학습이 필요한 교육환경에서는 더욱 중요한 요인으로 정의될 수 있다(박명자, 1998). 학습자가 주어진 과제를 수행할 때, 고도로 동기가 유발되었다면, 대개의 경우는 동기가 상대적으로 낮은 학습자들보다 더 열심히 학습을 하고 더 능동적으로 참여하게 된다(김미량, 1998; Jonassen & Grabowski, 1993; 이항녕, 2002: 21에서 재인용). 따라서 학습에 대한 동기가 높을수록 UCC 제작활동수업의 참여가 활발하다고 말할 수 있다.

2) 선정이유

학습동기의 중요성은 여러 학자들의 연구를 통해 강조되어 왔다. 동기는 학습성취도에 영향을 미치는 주요 요인으로 여겨져 왔으며 면대면 수업에서 교사는 학습자의 동기를 유발하기 위하여 여러 방법들을 사용한다. 그러나 ICT 활용수업에서의 동기는 면대면 접촉이 적게 이루어지므로 교사가 학습자에게 미치는 영향력이 감소되며 학습자의 동기에 미치는 영향력 또한 약해진다. ICT 활용교육에서는 기존의 면대면 수업과 차별화된 학습동기유발 전략의 사용이 요구되어진다고 말할 수 있으며 동기유발에 대한 하나의 접근방법으로 UCC 제작활동을 모색해 본다.

라. 컴퓨터 · 인터넷 활용능력

1) 변인조사

보통의 컴퓨터 인터넷 활용능력이란 워드프로세서로부터 컴퓨터통신, 인터넷 등 다양한 프로그램을 사용하여 원하는 작업을 수행할 수 있는 능력을 말한다. 이 연구에서 말하는 초등학생의 컴퓨터 인터넷 활용능력은 워드프로세서, 이메일 전송, 간단한 엑셀, 파워포인트, 그래픽 프로그램 능력, 인터넷 접속 및 검색능력 등으로 제한한다.

2) 선정이유

면대면 수업에서는 인간의 언어를 통하여 교수자와 학습자 간에 자연스럽게 상호작용을 통한 의사전달이 이루어지므로 특별한 준비사항이나 기본 조건이 요구되지 않는다. 그러나 UCC 제작활동 등의 ICT 활용교육은 무엇보다도 컴퓨터와 인터넷활용능력이 선행되어야 할 능력 중 중요한 요소이다. 사용자가 가지고 있는 컴퓨터나 인터넷 활용능력이 컴퓨터 사용 빈도에 영향을 준다는 것은 여러 선행연구들을 통해 드러났다.

4. UCC 활용 교육의 효과 요인

일반적으로 학교현장에서는 학습자가 학습목표를 달성하였는지, 또한 학습자가 수업의 여러 요소들에 의해 만족하였는지를 측정함으로써 교수-학습의 과정을 평가한다. 따라서 학습자의 성취도와 만족도는 중요한 지표가 된다. 이처럼 일반적인 학교교육에서 교육의 효과를 알아보기 위한 지표로서 학업성취도를 많이 사용하며 기업교육에서도 교육프로그램의 효과를 알아보기 위하여 학습자의 반응, 학습, 직무 적응도, 경영상의 결과 등 네 가지 요인을 효과분석에 사용하기도 하며 학습자가 인식하는 서비스의 질, 효율성, 융통성이 고려되기로 한다(Bottomley & Calvert, 1994; 이항녕, 2002: 25에서 재인용). 또한 임정훈(2001)은 다양한 요인들을 분석하여 ICT 활용교육에서의 효과요인으로 강좌 성공률, 학습성과, 상호작용, 만족도, 무형의 효과 등으로 정리하였다. 교육기관에서 이루어지는 평가는 학습자가 학습목표에 얼마나 도달하였는지를 판단·측정하는 일을 통하여 학습활동을 평가한다. 그러나 ICT 활용교육의 환경에서의 평가는 성취도 외에 만족도도 역시 중시된다. 이상의 연구들을 정리하여 보면 ICT 활용교육(UCC 활용수업)의 효과성은 학습자의 성취도, 만족도로 정리될 수 있다.

가. 성취도

성취도는 학교 환경이건 기업 환경이건 학습이 이루어진 곳에서라면 언제나 중요한 결과 변인으로서 사용되어 왔으며 중요한 학습 효과로 인식되고 있다. 본 연구의 ICT 활용교육(UCC 활용수업)에서의 학업성취도는 학습자가 UCC 제작활동을 한 후의 성취도 평가결과(1회)를 말한다.

나. 만족도

기존의 교수-학습 과정의 효과를 분석할 때 학습자의 성취만을 준거로 하였으며, 학습자의 만족도는 전혀 고려하지 않았다(Biner, 1994). 그러나 새로운 매체 및 교수 방법이 도입되었을 경우, 이에 대한 학습자의 만족도는 차후에 학습자가 또다시 이 매체 및 교수 방법을 선택할 것인가에 큰 영향을 미친다. 이러한 경우는 학습자의 만족도가 반드시 고려되어야 한다(이항녕, 2002: 27). 특히 학습자 중심의 근래의 교육환경에서는 학습자의 만족도가 매우 가치 있으며 비중 있는 요소로 작용될 수밖에 없다. 따라서 본 연구에서는 UCC 제작활동의 결과 개념으로 학습자의 만족 정도를 보고자 한다.

5. UCC 활용을 위한 사회과 수업 방법 탐색

사회과 수업에서의 UCC 제작활동을 위하여 교육과정을 분석하고 UCC 제작이 가능하게 교육과정을 재구성하기로 하였다.

가. UCC의 수업 활용하기 위한 다양한 방법

1) UCC 자기소개서

사회과에서 정치 분야에 관련된 제재가 등장할 때 소개서, 스피치 활동 등에 필요한 자기소개서를 UCC로 제작한다. 특기나 자랑하고 싶은 내용을 담아 남과 차별화된 자신을 소개한다. 지역과 관련된 특산물이나 축제 등을 소개할 때도 사용 가능하다.

2) 퀼트식 시리즈(콩트, 단막극, 미니시리즈)

역사, 고전소설을 여덟 그룹 정도로 나누어 UCC로 제작한다. 그룹별로 줄거리를 정하고 그룹별 맡은 줄거리를 연극, 이미지컷 등 다양한 장르로 만들어 모아 놓는다. 수업활동에 교과서를 읽고 설명을 하는 것보다 시리즈를 보는 것이 흥미로울 것이다.

3) 캠페인(오지마을, 특색사업, 계몽)

환경교육 시간에 오지마을 소개, 지방 특색사업 소개, 계몽 등에 대한 소개를 UCC로 제작하거나 UCC를 찾아 소개하는 것이다.

4) 새로운 문화트렌드 놀이

전통놀이나 전래놀이 등은 세대가 거듭될수록 지켜지기 어렵고 잊어져 가기 쉽다. 이러한 놀이를 UCC로 소개하고 시대에 맞는 놀이문화로 변화시키고 만들어 내는 것을 UCC로 담아 본다.

5) 학습 동기 유발

수업을 하다 보면 그림자료 말고 뭔가 생생한 자료가 필요할 때가 있다.

아이들도 선생님의 맨손 수업보다는 무엇인가 눈으로 보는 시청각 자료를 훨씬 좋아한다. 특히 동기 유발 시엔 아이들의 흥미와 시선 집중도를 확 끌어올릴 수 있는 자료가 필요한데 그때 UCC 자료를 미리 선별하였다가 적시에 제시한다. 학생들의 흥미와 관련지어 수업이 끝날 때까지 그 감동을 아이들이 기억하고 있다.

6) 학습평가지

수업에서 배운 내용을 직접 평가문제를 만들어서 등록하고, 답안작성 시 해당 문제의 의도와 해설을 동영상에 담아 다른 학습자들이 볼 수 있게끔 한다. 특히 자신만의 독특한 학습법, 잘 외워지지 않는 것을 응용하여 외우는 것, 어려웠던 점을 극복한 것이나 해결한 방법 등을 소개하여 공유할 수 있도록 한다. 동급생이나 경험이 비슷한 학습자들만의 독특한 언어법이나 용어 등은 집중에 도움이 될 것이다.

7) 문화유산

수업 내용 중에 있는 문화유산이나 유물, 유적 등에 여행을 가거나 특별히 마주치게 된 경우에는 카메라를 항상 준비하여 촬영해 두고 같은 방법으로 자료와 함께 설명 내레이션을 입힌다. 이런 경우 인센티브를 제공해 준다.

Ⅲ. 연구의 실제

1. 연구 대상

본 연구는 인천광역시 남구에 위치한 S초등학교 수업 5, 6학년 56명 학생을 대상으로 하였다. 이 연구에서 5, 6학년 1개 학급씩을 선정한 이유는 다음과 같다.

① UCC 제작활동은 초등학교에서는 기본적으로 컴퓨터를 다룰 줄 아는 고학년학생이어야 한다.

② 교육과정 시간에 컴퓨터를 사용할 수 있는 시간이 배정된 재량활동 정보통신교육을 운영하고 있는 학년은 5, 6학년이 적합성을 가지고 있다.

2. 연구 모형

이 연구에서는 선행연구결과들을 토대로 UCC 제작활동에서의 학습자 변인이 학습에 미치는 효과와의 관계에 대한 모형을 다음과 같이 설정하였다.

이 연구에서 설정한 이론적 모형에 대하여 설명하면 다음과 같다.

〈그림 3-1〉 연구 모형

　독립변인으로 선정한 학습자 요인들이 학습자의 성취도, 만족도에 직접적인 영향을 미친다고 보았다. 이것은 여러 선생연구들이 독립변인으로 선정한 성격유형, 자기조절 학습전략, 학습동기, 컴퓨터·인터넷활용능력 등의 요인들이 종속변인인 만족도, 성취도에 영향을 미친다고 보고하고 있기 때문이다.

3. 연구 도구

가. 독립변인 측정도구

　이 연구의 독립변인을 측정하기 위해 UCC 제작활동 수업에 참여한 학습자들을 대상으로 질문지를 웹에 작성하여 조사하였다. 학습자 요인은 UCC 제작활동이 시작되기 전 학기 초에 측정이 실시되었으며 학업성취도는 1학기 후반에, 그리고 만족도는 1학기를 마치는 방학 전에 측정되었다.

　학습자 요인 측정 질문지는 성격유형, 자기조절 학습전략, 학습동기, 컴퓨터·인터넷활용능력 등 4가지 요인들을 측정하는 내용으로 구성되었다.

　이 연구에서 설정한 학습자 요인의 각 요인들에 대한 문항 내용은 선행연구에서 사용된 문항들을 연구의 목적에 맞게 수정하여 각 내용을 측정하는 데 적합한 문항으로 수정되었는지, 문항의 내용 및 표현이 적절한지 등 문항의 적합성을 컴퓨터교육 전공 교수 1인, 교육공학 박사과정 1인으로부터 검토받아 사용하였다. 각 학습자 요인별 질문지 문항 구성은 <표 3-1>과 같다.

〈표 3-1〉 학습자 요인별 질문지 문항 구성

측정시기	주요인	하위요인	문항번호	문항수
학습 전 실시	학습자 요인	성격유형 어린이 성격 유형 검사지(MMTIC)	4~13	10
		자기조절학습	14~29	16
		학습동기	30~34	5
		컴퓨터인터넷활용능력	35~41	7
		총 문항		38

1) 성격유형

개인적 성격유형 검사지는 C. G. Jung의 심리유형론을 근거로 하여 성인용 성격유형검사에 대한 연구결과를 참고로 하여 Meisgeier와 Murphy(1990)에 의해 개발된 성격유형검사이다. 이 검사는 MMTIC라고 불리며 한국에서의 표준화 작업은 김정택과 심혜숙에 의해 1993년부터 8세부터 13세까지의 어린이 및 청소년을 대상으로 이루어졌으며 이론적 틀과 문항구성에 있어서는 Myer & Briggs의 선호도 지표를 그대로 사용하였다. 본 연구에서는 외향성, 내향성과 관련된 10문항에 대한 반응을 측정할 것이며 신뢰도는 .77, 재검사 신뢰도는 .86으로 비교적 높은 것으로 보고 있다(김은주, 1997).

2) 자기조절 학습전략

자기조절 학습전략검사는 Pintrich와 De Groot(1990)가 사용한 MSLQ(the Motivated Strategies for Learning Strategies)를 번안 및 수정하여 사용한 서혜전(2001)의 자기조절 학습전략 검사지를 사용하였다. 본 측정도구에서는 인지전략 사용, 자기조절에 관한 두 가지 분야의 내용이 포함되며 신뢰도는 서혜전(2001)의 연구에서 α=.84로 나타났다. 본 연구도구의 신뢰도는 α=.847로 측정되었다. 측정 점수가 높을수록 자기조절 학습전략을 많이 사용한다고 볼 수 있다.

3) 학습동기

이 연구에서 학습자의 학습동기를 측정하기 위하여 Velayo(1993), Stein(1997)의 연구에서 사용된 MSLQ 검사도구를 번안하여 사용한 이항녕(2002)의 질문지를 사용하였다. 이항녕의 연구에서는 총 7문항으로 이루어졌으나 이 연구와 부합되는 5문항만을 사용하였다. 신뢰도 계수 α=.78로 나타났으며, 측정결과가 높을수록 학습자의 학습동기가 높음을 알 수 있다. 본 연구도구의 신뢰도는 α=.723으로 측정되었다.

4) 컴퓨터 · 인터넷활용능력

이 연구에서는 컴퓨터 · 인터넷활용능력을 측정하기 위하여 정인성 · 임정훈(2000)이 개발한 '인터넷활용능력 검사'의 문항 일부를 참고로 하여 재구성한 서혜전(2001)의 '인터넷활용능력 검사지'를 일부 수정하여 사용하였다. 본 측정도구에서는 컴퓨터활용 역량, 의사소통 역량, 인터넷 관련 일반역량 등의 내용으로 구성되어 있으며 신뢰도계수 α=.97이었다. 측정결과가 높을수록 컴퓨터 · 인터넷활용능력이 높다고 볼 수 있다. 본 연구도구의 신뢰도는 α=.885로 측정되었다.

나. 종속변인 측정도구

이 연구에서는 2가지 종속변인 가운데 학습자의 성취도는 학습지를 통해, 만족도는 연구를 위해 고안된 설문지를 사용하여 측정하였다.

1) 성취도

학습자가 UCC 제작활동을 수행한 후의 성취수준을 가리킨다. 이 연구에서는 한 학기 동안 UCC 제작활동수업을 한 후의 학교 기말성취도 평가의 사회과 학업성취도 평가지를 통해 측정하였다. 학업성취도의 분석기준과 배점은 다음 <표 3-2>와 같다. 객관식 20문항, 주관식 5문항으로 한 문항당 점수가 4점으로 최대 100점 기준이며 반점은 없다.

<표 3-2> UCC 제작활동에 대한 학습자의 성취도 분석 기준

주요인	하위요인	문항번호	문항수
학습성취도	객관식 문항	1~20	4
	주관식 문항	21~25	4

2) 만족도

이 연구에서는 UCC 제작활동의 효과라 할 수 있는 학습자 만족도를 측정하기 위하여 정인성·임정훈·최종근(1999)의 웹기반 학습 만족도 문항을 연구 목적에 맞게 수정하여 사용하였다. 이 연구에서는 전반적 만족도 3문항, 교육효과에 대한 만족도 4문항, 정보소양능력에 대한 만족도 4문항과 관련된 내용의 총 11문항으로 구성되어 있다. 측정도구는 최대점수가 55점, 최소점수는 11점으로 5점 척도로 평정되며 만족도 분석기준은 <표 3-3>과 같다. 본 연구도구의 신뢰도는 α=.917로 측정되었다.

<표 3-3> UCC 제작활동에 대한 학습자의 만족도 분석 기준

주요인	하위요인	문항번호	문항수
학습만족도	전반적 만족도	42~44	3
	교육효과에 대한 만족	45~48	4
	일반 정보소양 능력신장에 대한 만족	49~52	4

4. 연구의 절차

가. 연구 집단 선정

연구 집단은 인천광역시 남구 S초등학교 5, 6학년 학생 중에 비교적 ICT 활용 교육이 가능한 수준의 학생이 많이 형성되어 있는 2학급 56명의 학생을 대상으로 하였다.

나. 학습자 변인 측정

연구 집단에 UCC 제작활동을 투입하기 전에 사전 설문지를 통해 학습자의 성격 유형, 자기조절 학습전략, 학습동기, 컴퓨터·인터넷활용능력 정도를 측정하였다.

다. 학급 홈페이지 구축

UCC 제작활동의 기반환경이 조성될 수 있도록 UCC 중심의 인터페이스로 구성된 제로보드XE 기반의 학급홈페이지를 구축하였다. 메뉴별 카테고리를 학습환경에 맞게 조성하였다. 3월 UCC 제작기술을 교육시키며 학급 홈페이지에 대한 이해를 높게 교육하였다.

〈그림 3-2〉 UCC 중심의 학급홈페이지 구축   〈그림 3-3〉 UCC 학습 환경에 맞는 메뉴 설정

라. 수업 설계

교과		사회	단원(차시)	1. 우리나라의 자연환경과 생활
본시 주제		평야, 산간, 해안, 분지 지역의 생활양식		
학습 목표		평야, 산간, 해안, 분지 지역, 지형적 특징과 생활양식을 알 수 있다.		
단계	학습 요소	교수-학습활동	시간	자료 및 지도상 유의점
도입	동기 유발	♣ 여러 지역의 생활 모습 알아보기 -인터넷 관련 자료를 통해 평야, 산간, 해안·도서, 분지 지역의 생활 모습을 살펴보기 -지형과 관련된 문장을 만들어 제시하고 알맞게 완성시키며 발표 -촌락에 가서 경험한 것 발표하기	8′	교사가 제작한 UCC 영상을 학생들에게 제시한다.
전개	학습 문제	♣ 평야, 산간, 해안, 분지 지역의 지형적 특징과 생활양식을 알아 보자.	2′	검색을 통해 지형의 특징, 산업, 생산물, 경치, 교통 등의 생활모습을 간단하게 정리한다.
	문제 해결	♣ 해당 자료 찾기 -인터넷 검색사이트를 이용하여 모둠별로 평야, 산간해안, 도서 지역의 적합한 사진을 수집 분류하기 ♣ 지형에 따른 인간 생활의 다양한 모습 알기 정리된 자료나 사실을 보고 지형에 따라 생산되는 생산물, 사람들이 하는 일, 생활 모습의 차이는 어떻게 다른지 알아보기 -산간지역: 약초, 버섯, 꿀, 고랭지 채소 등, 목장, 광부, 관광업, 국립공원, 스키장, 단풍 관광 등 -평야지역: 농작물, 과일 등, 밭농사, 과수원 농업, 공항, 철도 등 -해안·도서 지역: 어패류, 해초류 등, 고기잡이, 농사, 양식업 등 -분지지역: 농사 등	5′	지형도, 해안지역의 생활모습 사진
정리 및 평가	학습 내용 정리 및 평가	♣ UCC 제작하기 -정리된 사진을 바탕으로 UCC 제작하여 홈페이지에 탑재하기 ♣ UCC 감상 및 댓글 달기	25′	컴퓨터 및 제작한 UCC 영상

마. UCC 제작활동 실시

3월 재량활동 시간을 이용하여 UCC 제작기술 및 정보통신 윤리교육을 시킨 후 사회과를 중심으로 학습주제에 적합한 UCC 제작활동을 해본다. 사회 시간에 컴퓨터실 사용이 가능하도록 시간표를 융통성 있게 조절한다. 만든 영상을 수업 시간 또는 과제를 통해 홈페이지에 탑재하도록 한다. 댓글 달기를 통하여 상호작용이 가능하도록 한다.

〈그림 3-4〉 UCC 제작 영상 탑재

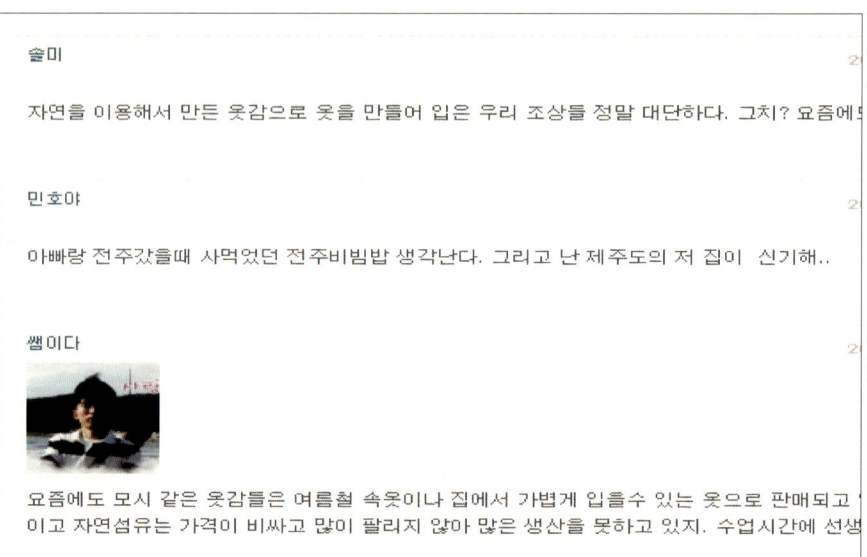

〈그림 3-5〉 댓글 달기를 통한 상호작용

바. 학습성취도 및 학습만족도 측정

3월부터 7월까지의 UCC 제작활동을 통한 학습효과를 분석하기 위하여 1학기 말인 7월에 성취도 평가를 통하여 학습성취도, 설문지를 통하여 학습만족도를 측정하였다. 성취도는 학교에서 실시하는 1학기 말 평가지를 하였고, 학습만족도는 연구를 위해 고안된 설문지를 사용하여 측정하였다.

사. 측정 결과 분석

UCC 제작활동이 학습자의 변인에 따라 학습효과에 미치는 영향을 알아보기 위하여 SPSS 13통계 프로그램을 이용한 다중회귀분석 방법을 활용하였다.

Ⅳ. 연구 결과 및 해석

이 연구는 UCC 제작활동이 학습자의 변인 중에서 학습자의 성취도, 만족도에 영향을 미치는 요인이 무엇인지를 탐색하여 보았다. 이러한 연구 목적을 달성하기 위하여 우선 연구 변인의 기술적 통계분석을 실시해 보고, 다음으로 다중회귀분석을 통해 성취도, 만족도에 영향을 미치는 요인을 분석하였다.

1. 통계 분석 결과

가. 연구변인들의 평균 및 표준편차

1) 학습자 관련 요인

학습자 관련요인으로는 성격유형, 자기조절학습전략, 학습동기, 컴퓨터·인터넷활용능력 등 4가지가 포함되었으며, 각 변인에 대한 평균 및 표준편차는 <표 3-4>와 같다.

성격유형으로는 MMTIC 설문지를 통해 좌측의 변인에 해당하는 사항에 대한 점수 합계가 높으면 내향성, 우측의 변인에 해당되는 사항의 점수 합계가 높으면 외향성으로 구분하였다. 내향형 성격의 학생이 전체 56명 중 20명으로 약 35.71%를 차지하며 외향형 성격의 학생이 36명으로 약 64.28%를 차지한다. 본 연구에서의 학습자들은 외향형 성격의 학생이 더 많은 것으로 밝혀졌다.

본 설문에서 자기조절 학습전략 문항은 총 16문항으로 5점 누계 점수(매우 그렇다)로 총점은 80점이다. 최대의 점수를 받은 학생은 72점이고 최소의 점수를 받은 학생은 31점으로 56명의 학생의 총점평균은 80점이다.

학습동기에 관한 설문은 총 5문항으로 5점 점수 시 총점은 25점이며 최대 25점, 최소 10점으로 평균 17.11의 점수를 보이고 있다.

컴퓨터·인터넷활용교육에 관한 설문 문항은 7문항으로 총점 35점으로 평균은 25.36점이다.

<표 3-4> 학습자 요인의 평균 및 표준편차

<n=56>

하위요인	평균	표준편차	최솟값	최댓값
성격유형	내향적 35.71%, 외향적 64.28%			
자기조절학습 전략 (만점 80점)	52.39	9.306	31	72
학습동기 (만점 25점)	17.11	3.893	10	25
컴퓨터·인터넷활용능력 (만점 35점)	25.36	6.590	14	35

※ 성격유형을 제외한 나머지 변인의 설문은 5점 척도로 구성되었으며, '전혀 그렇지 않다'에 1점, '매우 그렇다'에 5점을 부여하여 총점을 산출함.

2) UCC 활동 교육의 학습효과

UCC 제작활동의 효과란 학습을 수행한 후에 나타나는 결과적인 측면을 말하는 것으로, 이 연구에서는 UCC 제작활동을 한 학기 동안 수행하고 난 후 평가한 학습자들의 성취도, 만족도가 포함되었으며 이들 각각의 평균, 표준편차, 최솟값, 최댓값은 <표 3-5>와 같다.

<표 3-5> 학습효과 요인에 대한 평균 및 표준편차

<n=56>

하위요인	평균	표준편차	최솟값	최댓값
성취도 (만점 100점)	78	7.797	28	100
만족도 (만점 55점)	33.77	20.581	14	51

※ 성취도는 문항당 4점으로 100점 만점 기준이고 만족도의 설문은 5점 척도로 구성되었으며, '전혀 그렇지 않다'에 1점, '매우 그렇다'에 5점을 부여하여 총점을 산출함.

학습자의 성취도는 1회에 걸쳐 객관식 및 주관식 문항으로 작성된 평가지를 통한 평가 후 채점한 점수이다. 학습자들은 78점의 평균점수를 획득하였다. 보통의 사회과 평균 점수에 비해선 높게 나타났다.

학습자의 만족도는 학습전반에 걸친 만족도와 교육효과에 대한 만족, 일반 정보소양능력 신장에 대한 만족을 묻는 문항으로 질문하였다.

UCC 제작활동을 한 학습자들의 전반적인 만족도는 평균 10.12로 비교적 높게 나타났다. 본 수업의 학습내용을 보다 잘 이해하게 되었다는 항목들은 9.32로 교육적 효과에 대한 만족도는 높지 않은 것으로 나타났으며, 일반 정보소양능력 신장에 관한 만족도는 평균 14.71로 나타나 UCC 제작활동을 통한 정보소양능력 신장 면에서는 대체적으로 만족하는 것으로 나타났다.

〈표 3-6〉 만족도의 평균과 표준편차

<n=56>

하위요인	평균	표준편차	최솟값	최댓값
전반적 만족도 (만점 15점)	10.12	2.048	4	15
교육효과에 대한 만족도 (만점 20점)	9.32	3.021	6	20
일반 정보소양 능력 신장에 관한 만족도 (만점 20점)	14.71	3.162	4	20
총계 (만점 55점)	34.15	20.581	14	55

나. 변인 간 상관관계

UCC 제작활동 수업에서 학습자의 만족도, 성취도를 예측하는 요인을 분석하기 전에, 먼저 앞에서 언급한 변인들이 서로 어떠한 상관관계를 가지고 있는지 알아보았으며, 그 결과는 <표 3-7>과 같다.

〈표 3-7〉 연구 변인들 간의 상호 상관관계

<n=56>

	만족도	성취도	성격유형	자기조절 학습능력	학습동기	컴퓨터 · 인터넷활용능력
만족도	-					
성취도	.090	-				
성격유형	.207	-.065	-			
자기조절 학습능력	.550 **	.293 *	.017	-		
학습동기	.536 **	.233	.168	.520 **	-	
컴퓨터 · 인터넷활용 능력	.642 **	.276 *	.207	.408 **	.210	-

독립변인들 간에는 상호 간에 유의미한 상관이 있는 것으로 나타난 변인들이 일부 있으나, 독립변인과 종속변인 간의 상관관계를 분석한 결과, 자기조절 학습능력이 학습만족도($r=.550$, $p<.05$)와 학습성취도($r=.293$, $p<.05$), 컴퓨터 · 인터넷활용능력이 학습만족도($r=.642$, $p<.05$)와 학습성취도($r=.276$, $p<.05$) 모두 정적상관이 있는 것으로 나타났다.

2. 성취도, 만족도에 영향을 미치는 학습자 요인에 대한 다중회귀 분석 결과

가. 성취도에 영향을 미치는 학습자 요인

이 연구에서는 종속변인인 학습의 성취도를 설명하는 영향력이 있는 변인을 찾아내기 위하여 개인성격유형, 자기조절 학습전략, 학습동기, 컴퓨터 · 인터넷활용능력 등 4가지를 독립변인으로 하여 다중회귀분석을 실시하였으나 유의미한 결과가 도출되지 않았다.

<표 3-8> 성취도의 회귀분석 결과

<n=56>

변인	R제곱	Beta	t	p
	.142			.094
성격유형		-.137	-1.010	.317
자기조절 학습 능력		.132	.803	.426
학습동기		.141	.911	.367
컴퓨터·인터넷 활용능력		.221	1.518	.135
F=2.106		유의도=.094		

*p<.05

성취도를 종속변인으로 하여 다중회귀분석을 실시한 결과 회귀식에 대한 유의도를 검증하는 F검증이 통계적으로 무의미하며(p<.05), F값은 2.106이었다. 4개의 독립변인 가운데에 성취도를 설명하는 데 유의미한 변인이 없으며 4개의 독립변인은 모두 성취도를 14.2% 정도를 설명한다고 말할 수 있다.

따라서 UCC 제작활동에서 학습자의 성격유형, 자기조절 학습능력, 학습자 동기, 컴퓨터·인터넷활용능력은 학습자의 성취도를 직접적으로 높여주는 데 중요한 역할을 수행하지 못한다는 것을 알 수 있다.

나. 만족도에 영향을 끼치는 학습자요인 분석결과

UCC 제작활동 수업에서 학습자의 만족도에 유의미한 관련성이 있는 독립변인을 파악하기 위하여 다중회귀분석을 실시하였다. 개인성격유형, 자기조절 학습전략, 학습동기, 컴퓨터·인터넷활용능력 등 4가지를 독립변인으로 하여 Stepwise 방식으로 다중회귀분석을 실시하였으며, 그 결과는 <표 3-9>와 같다.

<표 3-9> 만족도의 회귀분석 결과

<n=56>

변인	변인	R제곱	Beta	t	p
		.600			.000[*]
	성격유형		.046	.500	.619
	자기조절 학습능력		.176	1.565	.124
	학습동기		.334	3.164	.003[*]
	컴퓨터·인터넷활용능력		.490	4.931	.000[*]
		F=19.158	유의도=0.000		

[*]p<.05

4개의 독립변인 가운데 학습동기(Beta=.334, p<.05)와 컴퓨터·인터넷활용능력 (Beta=.490, p<.05)이 학습자의 만족도를 설명하는 유의미한 변인으로 밝혀졌다. 학습동기와 컴퓨터·인터넷활용능력이 학습자의 만족도를 60% 정도 설명한다고 말할 수 있다.

UCC 제작활동은 학습자의 동기와 컴퓨터·인터넷활용능력이 전제되어야만 교수활동이 활발히 이루어지므로 학습자의 동기와 컴퓨터·인터넷활용능력은 중요하다.

학습동기와 컴퓨터·인터넷활용능력은 만족도와 높은 상관관계(p<.05)를 가지고 있으며, 회귀분석 결과 학습동기(.334)와 컴퓨터·인터넷활용능력(.490)의 Beta 값을 가지는 것으로 나타났다. 따라서 학습자들의 학습동기와 컴퓨터·인터넷활용능력이 높을수록 UCC 제작활동수업에 높은 만족감을 가지게 된다고 설명할 수 있다.

V. 논의 및 결론

이 연구의 목적은 UCC 제작 활동이 학습효과에 미치는 영향을 알아보기 위하여 학습자 변인을 조사하였으며 요인들과 학습효과와의 관계를 조사하는 것이다.

지금까지 연구자료 분석을 통해 나타난 결과를 바탕으로 하여 성취도, 만족도로 일컬어지는 UCC 제작활동 수업의 효과와 학습자 요인 간의 관계에 대해 논의해 보고자 한다.

연구자는 선행연구 검토를 통하여 학습 효과에 영향을 미치는 학습자 요인들로 개인성격유형, 자기조절 학습전략, 학습동기, 컴퓨터·인터넷활용능력 등 4가지 요인들을 선정하였으며, UCC를 활용한 학습 효과에 영향을 미치는 학습자 요인들을 탐색하기 위하여 다중회귀분석을 실시하였다.

학업성취도에 영향을 미치는 학습자 요인은 모두 유의미한 변인으로 도출되지 못했다. 그러나 학습만족도에 영향을 끼치는 유의미한 변인은 학습동기와 컴퓨터·인터넷활용능력으로 밝혀졌다. 학습자 요인을 각 하위변인별로 나누어 논의해 보면 다음과 같다.

첫째, 개인성격유형은 학습효과에 영향을 미치는 요인이 아닌 것으로 나타났는데, 이는 유수현(1999)의 연구에서 내향성, 외향성 집단이 ICT 활용수업 상호작용에는 유의미한 차이가 나타나지 않는다는 결론과 일치한다. 웹기반 토론수업이나 면대면 수업과 달리 UCC를 활용하여 동영상을 제작하고 게시판에 탑재하는 UCC 제작활동에 개인성격과의 관련이 없음을 의미한다.

둘째, 이항녕(2002)의 연구 및 여러 선행연구를 보면 웹 관련 학습에서 자기조절학습전략은 학습효과에 영향을 미치는 강력한 요인으로 나타난다. UCC 제작활동 및 ICT 활용수업이 다른 수업에 비해 교사의 통제가 제대로 이루어지지 못하는 상황에서 학습자의 고도의 학습통제 능력을 요구하는데, 높은 수준의 자기조절 학습전략을 가지고 있는 학습자들은 그렇지 못한 학습자들에 비해 사고의 과정이나 문제해결 과정을 계획, 수행, 점검, 평가, 수정하는 능력이 뛰어나므로 상대적으로 학습에 적극적으로 참여하고 더 많은 만족을 느끼게 되는 것으로 판단되었으나 본 연구에서는 UCC 제작활동의 성취도와 만족도에는 관련이 없는 것으로 나타났다. 좀 더 많은 실험집단을 두고 연구를 한다면 다른 결과를 예측할 수 있지 않을까 판단된다.

셋째, 학습동기는 학업성취에 영향을 미치는 요인은 아닌 것으로 나타났다. 그러나 학습만족도에 영향을 미치는 주요 요인으로 밝혀짐에 따라 UCC 제작활용 수업 시 학습자의 동기향상을 위한 다양한 전략이 필요함을 알 수 있다.

넷째, 컴퓨터·인터넷 활용능력은 학습효과에 유의미한 영향을 미치는 요인으로 나타났다. UCC의 특성상 기본적인 인터넷 사용이나 컴퓨터 사용능력은 학습효과에 유의미한 영향을 미치는 요인으로 분석되었다.

이상에서 학습자 관련 변인에 대한 결과를 논의하였다. 학습자 특성은 모든 교수학습 상황에서 고려해야 할 요인(김미량, 1998)이다. 그러나 이 연구에서 학습자의 학습동기와 컴퓨터·인터넷 활용능력이 초등학교 사회과에서의 UCC 제작활동에 대한 만족도에 영향을 미치는 주요 학습자 특성 변인임이 밝혀졌으며, 향후 ICT 활용수업을 설계, 개발, 운영하는 데 있어 이 2가지 변인에 대한 진지한 고려가 이루어져야 할 필요가 있다. 또한 UCC 제작활동 수업에서 4가지 학습변인이 성취도에 영향을 미치지 않는 것으로 보아 학업성취도에 영향을 미치는 변인에 대한 좀 더 체계적인 연구가 필요하다.

이 연구의 향후 연구방향은 다음과 같다.

첫째, 선행연구를 토대로 다양한 학습자 변인에 대한 모색이 필요할 것이다. 학업성취도에 영향을 주는 학습자 요인이 4가지 중 하나도 없는 것으로 밝혀졌으므로 UCC 제작활동 및 ICT 활용수업의 성취도에 영향을 끼치는 그 밖의 다른 학습자 변인을 찾아 성취도를 높일 수 있는 다양한 전략을 세워야 할 것이다.

둘째, UCC 제작활동 전후의 성취도, 만족도 비교 연구나 UCC 제작활동을 실시한 집단과 실시하지 않은 집단의 전·후 비교를 통해 UCC 제작활동이 학습효과에 미치는 영향을 명확히 분석해야 할 것이나. 오락적 요소가 담겨 있는 UCC

라는 매체를 교육에 접목시키기 위해선 이를 입증할 수 있는 연구가 앞으로도 수행될 필요가 있다.

셋째, 다양한 학습자가 참여할 수 있도록 연구대상자를 늘리고 연구기간을 1년으로 하는 등 장기적이고 포괄적인 상황을 설정한 후속 연구가 필요하다. 장기간 여러 집단의 연구가 이뤄질 경우 양상이 다르게 나타날 수 있기 때문에 연구를 해보는 것은 의의가 있을 것으로 판단된다.

참고문헌

강금천(2004). 「구성주의에 기초한 웹기반 교수·학습 자료의 설계와 구현」. 연세대학교 석사학위논문.

교육인적자원부(2002). 『초등학교 교사용 지도서(사회 5-1)』. 대한교과서주식회사.

교육인적자원부(2002). 『초등학교 교육과정 해설서Ⅲ』. 대한교과서주식회사.

김소연(2000). 「웹기반 가상교육에서의 학습자의 접속 횟수와 참여도에 영향을 미치는 요인」. 이화여자대학교 석사학위논문.

김은경(2005). 「웹기반 드라마 프로젝트 영어 학습 모형을 통한 의사소통능력 향상 방안 연구」. 중앙대학교 석사학위논문.

김종화(1999). 「웹기반의 구성주의적 음악교육을 위한 문제 중심 학습구현에 관한 연구」. 경희대학교 교육대학원 석사학위논문.

박송이(1960). 「UCC를 활용한 수업이 초등학생들의 영미문화 이해도 및 흥미도에 미치는 영향」. 중앙대학교 교육대학원 석사학위논문.

박영훈(2006). 『인터넷 시장은 지금 UCC 열풍』. 헤럴드경제, p.35.

서혜전(2001). 「웹기반 평생교육 프로그램의 학습성과 관련 요인연구」. 숙명여자대학교 박사학위논문.

성낙양(2006). 『웹2.0 시대의 사용자 참여형 비즈니스 패러다임』. UCC 컨퍼런스 2006.

송은영(2008). 「음악수업에서 자체 제작 동영상 활용 방안 연구」. 광주교육대학교 석사학위논문.

신정숙(1998). 「초등학생의 성격유형과 학업성취의 관계 연구: MMTIC 성격유형을 중심으로」. 강원대학교 교육대학원.

이경선(2007). 「구성주의 학습이론에 의한 음악교육에 관한 연구」. 경원대학교 교육대학원 석사학위논문.

이선임(1999). 「웹기반 훈련에서 학업성취에 영향을 미치는 요인 연구: S사의 사내교육과정 중심으로」. 이화여자대학교 석사학위논문.

이인석(2003). 「초등학교 미술수업에서 애니메이션 창작학습의 지도방안」. 인천교육대학교 석사학위논문.

이정훈(1999). 「자기조절학습 전략이 웹기반 개인 프로젝트학습 수행에 미치는 영향」. 서울대학교 석사학위 논문.

이항녕(2002). 「웹기반 교육의 효과에 영향을 미치는 학습자 요인 탐색」. 인천대학교 교육공학 석사학위논문.

임규연(1999). 「웹기반 온라인 토론에서 학습자의 참여도, 성취도, 만족도에 영향을 미치는 요인」. 이화여자대학교 석사학위논문.

임정훈(1960). 『中世國語文法』. 을유문화사, p.35.

장훈(2004). 『클릭! 문화 아이콘 청소년 문화 읽기』. 교육교회 329권.

정문성(2001). 『사회과 수행중심 평가』. 서울: 학문출판.

정문성(2002). 『협동학습의 이해과 실천』. 서울: 교육과학사.

정수미(2004). 「e-learning에서 학습동기유발 수단이 학습참여도와 만족도에 미치는 영향」. 숙명여자대학교 교육대학원 석사학위논문.

Charles M. Reigeluth 편저, 최욱 외 8명 옮김(2005). 『교수설계 이론과 모형』. 아카데미익스프레스.

인천광역시교육청(2007). 『초등 학급 활동 UCC 제작·활용 직무연수 교재』. 인천광역시교육청.

\<UCC 제작활동이 학습에 미치는 효과 설문지\>

※ 설명으로 가장 맞는 것을 골라 표시해 주세요.

1. 여러분은 현재 몇 학년인가요?
① 초등학교 5학년
② 초등학교 6학년

2. 여러분의 성별은?
① 남
② 여

3. 여러분은 UCC 제작활동을 어떻게 하게 되었나요?
① 담임선생님께서 해보라고 하셔서
② 친구가 좋다고 해서
③ 부모님께서 해보라고 하셔서
④ 스스로 하고 싶어서
⑤ 기타

□ 어린이 성격 유형 검사지(MMTIC)(4~13)

다음 질문을 읽고 보기 중에서 학생에 대한 설명으로 가장 맞는 것을 골라 표시해 주세요.

	유형 A	유형 B	
4	나는 여러 친구들과 많이 사귄다.	나는 몇 명의 친구들과 깊이 사귄다.	
5	나는 낯선 곳에 심부름을 갈 수 있다.	나는 낯선 곳에 심부름 가는 게 무섭다.	
6	모임에서 말이 많은 편이다.	누가 물어볼 때에야 대답한다.	
7	활발하고 적극적이라는 말을 많이 듣는 편이다.	조용하고 차분하다는 말을 많이 듣는 편이다.	
8	내 기분을 즉시 남에게 알린다.	내 기분을 마음속에만 간직하고 있다.	
9	많은 친구들에게 얘기하는 게 더 좋다.	친한 친구들에게 얘기하는 게 더 좋다.	
10	친구들과 함께 공부하면 잘 된다.	나 혼자 공부하면 더 잘 된다.	
11	책 읽는 것보다 사람 만나는 게 더 좋다.	사람 만나는 것보다 책 읽는 게 더 좋다.	
12	글쓰기보다 말하기가 더 좋다.	말하기보다 글쓰기가 더 좋다.	
13	생각이 나는 대로 다른 사람에게 말한다.	깊은 생각에 빠질 때가 자주 있다.	

□ 자기조절 학습능력(14~29)

다음 질문을 읽고 보기 중에서 학생에 대한 설명으로 가장 맞는 것을 골라 표시해 주세요.

번호	문항	절대아니다	아니다	보통	예	매우그렇다
14	나는 과제제출이나 시험 전에, 수업시간과 교재(책)로부터 필요한 내용들을 모으려고 노력한다.					
15	나는 과제를 할 때, 과제문제에 올바른 답을 제시하기 위해 선생님의 수업내용을 기억해 내려고 노력한다.					
16	나는 교재를 읽고 쉽게 주제를 파악할 수 있다.					
17	나는 학습을 할 때, 중요한 내용을 내가 이해할 수 있는 말로 바꾸어 기억한다.					
18	나는 학습을 할 때, 기억을 돕기 위해 공책에 자주 써 본다.					
19	나는 새로운 과제를 하기 위해, 예전에 했던 과제와 교재에서 배운 내용을 활용한다.					
20	나는 학습할 때 관련된 여러 사실들을 연결시키려고 노력한다.					
21	나는 학습한 내용을 기억하기 위해 여러 번 반복해서 읽는다.					
22	나는 교재(책)의 중요한 부분을 요약해 둔다.					
23	나는 학습 내용을 기억하기 위해 스스로에게 질문을 해 본다.					
24	나는 공부가 어려울 때, 포기하거나 쉬운 부분만을 공부한다.					
25	나는 꼭 해야 하는 것이 아니더라도 학습 후 제시되는 연구(연습)문제를 풀어 본다.					
26	나는 학습내용이 지루하고 흥미가 없는 것이라도 끝까지 공부한다.					
27	나는 계획을 세워 공부한다.					
28	나는 딴 생각을 하지 않고 선생님의 수업을 잘 듣는다.					
29	나는 학습자료를 읽을 때 가끔 멈추고 읽은 부분을 다시 훑어보며 내용을 생각해 가면서 읽는다.					

□ 학습동기(30~34)

다음 질문을 읽고 보기 중에서 학생에 대한 설명으로 가장 맞는 것을 골라 표시해 주세요.

번호	문 항	절대아니다	아니다	보통	예	매우 그렇다
30	나는 내가 도전할 수 있는 학습내용을 좋아한다. 그래야만 새로운 것을 배울 수 있다.					
31	나는 내용이 다소 어렵더라도 나의 호기심을 유발시킬 수 있는 내용을 학습하는 것을 더 좋아한다.					
32	나는 학습한 내용을 완전히 이해하려고 노력한다는 자체가 나에게는 매우 만족스러운 일이다.					
33	나는 사회 시험에서 좋은 점수를 받음으로써 다른 사람들에게 내 능력을 자랑하고 싶다.					
34	나는 사회 시험에서 좋은 점수를 받음으로써 다른 사람들에게 내 능력을 자랑하고 싶다.					

□ 컴퓨터·인터넷 활용능력(35-41)

다음 질문을 읽고 보기 중에서 학생에 대한 설명으로 가장 맞는 것을 골라 표시해 주세요.

번호	문 항	절대아니다	아니다	보통	예	매우 그렇다
35	숙제를 손으로 쓰는 것보다 컴퓨터로 하는 것이 더 좋다.					
36	컴퓨터 워드프로세서를 작업할 때 문서입력 이외에 다양한 기능들을 사용할 수 있다.					
37	나는 이메일을 사용하여 다른 사람에게 메시지를 전송할 수 있다.					
38	나는 필요한 파일을 첨부하여 이메일을 전송할 수 있다.					
39	파워포인트, 엑셀, 그림 편집 프로그램을 다룰 수 있다.					
40	나는 인터넷상의 사진자료, 오디오 및 동영상 파일을 다운받을 수 있다.					
41	나는 인터넷에 접속하여 필요한 정보를 찾아낼 수 있다.					

□ 학습 만족도(42~52)에 대해 다음 질문을 읽고 보기 중에서 학생에 대한 설명으로 가장 맞는 것을 골라 표시해 주세요.

	문항	절대아니다	아니다	보통	예	매우 그렇다
42	사회수업 시간에 하는 UCC 제작활동을 친구 등 다른 사람들에게 권장하고 싶다.					
43	사회수업 시간에 UCC 제작활동을 한 것에 대해 전반적으로 만족한다.					
44	본 사회 수업을 듣고 나서 UCC 제작활동에 대해 긍정적인 태도를 갖게 되었다.					
45	이번 UCC 제작활동 수업을 통해 사회과목에 대한 기본 지식을 충분히 습득하게 되었다.					
46	사회과 UCC 제작활동 수업을 통해 배운 것들은 실제로 나에게 도움이 되는 내용들이었다.					
47	사회과 UCC 제작활동 수업은 다른 교과뿐 아니라 다양한 경우에도 유익한 것 같다.					
48	UCC 제작활동 수업을 통해 사회수업의 내용을 전반적으로 잘 이해할 수 있었다.					
49	본 수업에서의 학습 활동을 한 결과 동영상 및 사진편집을 통해 다른 친구들과 의견교환을 하고 협동학습 하는 것에 대해 자신감을 갖게 되었다.					
50	본 수업에서의 학습활동을 한 결과 컴퓨터 및 사회교과에 대한 능력이 많이 향상되었다.					
51	본 학습활동을 한 결과 사회수업에서의 정보수집 능력이 많이 향상되었다.					
52	본 학습활동을 한 결과 예전보다 사회수업 및 컴퓨터, 동영상 등에 대해 긍정적인 태도를 가지게 되었다.					

<사회과 교육과정 분석 및 UCC의 활용을 위한 재구성>

월	주	단원 및 주제	차시	지도 내용	UCC 활용
3	1	1. 우리나라의 자연환경과 생활 단원 도입 및 계획	1/17	·단원의 학습 내용 알아보기	·우리나라 지형 사진으로 뮤직 비디오 만들기
	1	1-(1) 우리 생활과 자연환경 1 사람들은 어떤 곳에서 생활하고 있을까?	2/17	·지형의 모습과 특징 알기	·지형에 대한 각종 자료를 웹에서 검색하여 찾아 소개하는 영상 만들기(산간, 해안, 평야 지역)
	1	1-(1) 우리 생활과 자연환경 1 사람들은 어떤 곳에서 생활하고 있을까?	3/17	·지형에 따른 생활 모습 알기	·생활모습이 나타난 사진을 검색하거나 찍은 사진파일을 바탕으로 소개영상 만들기
	2	1-(1) 우리 생활과 자연환경 1 사람들은 어떤 곳에서 생활하고 있을까?	4/17	·지형도와 인구분포도의 관계 알기	·인구분포도와 관련된 역할극 영상 촬영하기
	2	1-(1) 우리 생활과 자연환경 2 기후와 생활	5/17	·계절의 변화와 생활의 관계 알기	·웹을 검색하여 내일 날씨일기 예보 영상 만들기
	2	1-(1) 우리 생활과 자연환경 2 기후와 생활	6/17	·계절과 관련된 생활 모습 알기	·날씨 관련 속담과 관련해 콩트 만들어 촬영하기
	4	2-(1) 도시 지역의 생활 2 도시로 몰려들고 있어요	7/17	·인구의 도시 집중으로 인한 여러 가지 도시 문제 탐구하기	·도시 인구 집중이 주는 스트레스 상황에 대한 역할극 촬영하기 ·도시의 문제점 인터넷 검색을 통한 사진을 이용하여 다큐식 영상 제작하기
3	4	1-(2) 자연환경을 이용한 생활 2 우리 조상들이 즐긴 음식	11/17	·우리 조상들이 즐긴 계절 음식 알기	·우리나라의 여러 가지 음식 소개 영상 만들기
	4	1-(2) 자연환경을 이용한 생활 2 우리 조상들이 즐긴 음식	12/17	·지방에 따라 김치 맛이 다른 까닭 알기 ·김장을 하는 까닭과 시기 알기	·김치사진을 이용한 김치 홍보 영상 만들기(지역별)
4	1	1-(2) 자연환경을 이용한 생활 3 여러 가지 모양의 집	13/17	·추위와 더위에 대비한 집 모양 알기	·역할극 만들기(온돌)
	1	1-(2) 자연환경을 이용한 생활 3 여러 가지 모양의 집	14/17	·각 지방별 집 모양의 차이 알기	·각 지방별 집 모양 소개영상
	1	1-(2) 자연환경을 이용한 생활 3 여러 가지 모양의 집	15/17	·현장 학습의 방법과 주의점 알기	·한옥마을에 사는 사람들 가상 인터뷰 만들기
	2	1-(2) 자연환경을 이용한 생활 선택학습	16/17	·우리 고장에서 즐겨 먹는 김치의 재료와 특징 알기 ·두 조가집의 차이와 그 까닭 알기	·한복을 입고 있는 사진을 이용하여 한복 소개 영상

	2	1. 우리나라의 자연환경과 생활 단원 정리 학습	17/17	· 자연 이용과 극복 사례 알기 · 조상들의 의식주 생활 모습에서 슬기를 찾아 소개하는 글쓰기 · 우리 지역의 특색 있는 음식의 재료와 지형 및 기후 관계 알기	· 내 고장 인천에 대한 특색 있는 음식 소개
4	2	2. 우리가 사는 지역 단원 도입 및 계획	1/17	· 단원 학습의 개괄적인 내용 파악하기	· 모둠원들의 학습문제 역할 분담 구호 만들기
	3	2. 우리가 사는 지역 단원 도입 및 계획	2/17	· 촌락 생활과의 비교를 통해 도시의 특징 파악하기	· 제물포 역 근처 사진을 통해 도시 특징 자막 넣기
	3	2-(1) 도시 지역의 생활 1 도시는 어떤 곳일까?	3/17	· 한 지역이 도시로 발전하기 까지의 과정 탐색하기	· 인천지역 사진을 제시하고 발전과정 인터넷 조사를 통해 자막으로 넣기
	3	2-(1) 도시 지역의 생활 1 도시는 어떤 곳일까?	4/17	· 도시에서 발달하는 여러 기능 조사하기	· 도시의 기능 뉴스 코너 제작
	4	2-(1) 도시 지역의 생활 1 도시는 어떤 곳일까	5/17	· 다양한 인구 이동 모습 및 우리나라 인구 이동에서 드러난 인구의 도시 집중 현상 파악하기	· 다른 고장(촌락)에서 전학 온 친구 인터뷰
	4	2-(1) 도시 지역의 생활 2 도시로 몰려들고 있어요	6/17	· 도시로의 인구 집중 원인 탐구하기	· 도시로 인구가 몰리는 이유 -5자 인터뷰
	4	2-(1) 도시 지역의 생활 2 도시로 몰려들고 있어요	7/17	· 인구의 도시 집중으로 인한 여러 가지 도시 문제 탐구하기	· 문제점 영상을 통해 느낀 점 자유로운 콘티 작성
5	1	2-(1) 도시 지역의 생활 3 도시의 여러 문제를 어떻게 해결할까?	8/17	· 도시 문제의 다양한 해결 방법 탐색하기	· 해결방법 토론모습 촬영 -100분토론 모방
	1	2-(1) 도시 지역의 생활 <선택학습>	9/17	· 제시된 네 개의 낱말을 활용하여 '도시 발달' 표현하기 · 가상 상황 구성을 통해 도시 문제와 해결 방법 나타내기	· 가상 상황에 대해 모둠별해 결방법 그림으로 나타내서 사진영상 만들기
	1	2-(2) 촌락 지역의 생활 1 촌락의 어제와 오늘	10/17	· 농어촌의 환경 조건 및 생활 모습을 통한 촌락의 특징 파악하기	· 촌락 사진 · 촌락지역의 자연환경과 생활 모습 검색 사진을 통한 영상 만들기
	2	2-(2) 촌락 지역의 생활 1 촌락의 어제와 오늘	11/17	· 오늘날의 촌락 지역 변화 모습 탐색하기	· 촌락 지역의 생활 모습 사진 영상 만들기 · 콩트식 영상 만들기
	2	2-(2) 촌락 지역의 생활 2 촌락에서 일어나는 일	12/17	· 인구의 도시 집중으로 인한 촌락 생활의 문제점 파악하기	· 뉴스식 진행 영상
	2	2-(2) 촌락 지역의 생활 2 촌락에서 일어나는 일	13/17	· 촌락의 문제점과 도시 문제의 관련성을 설문 조사를 통해 파악하기	· 인터뷰
	3	2-(2) 촌락 지역의 생활 3 촌락이 변화하고 있어요	14/17	· 촌락의 발전을 이해할 수 있는 일 조사하기	· 지역의 특산작물 사례영상 · 탄광지역의 개발 및 관광지 이용 사진영상

5	3	2-(2) 촌락 지역의 생활 ③ 촌락이 변화하고 있어요	15/17	・촌락의 문제점을 극복하고 발전시킨 사례 찾아보기	・대본을 주고 전원일기 영상 제작
	3	2-(2) 촌락 지역의 생활 <선택학습>	16/17	・촌락 생활에 대한 체험 학습 보고서 쓰기 ・촌락에서 도시로 이동한 사례를 주변에서 찾고 그 까닭 조사하기	・강원도 정선에서 전학 온 친구의 사례 말하기
	4	2. 우리가 사는 지역 <단원 정리 학습>	17/17	・도시와 촌락의 특징 이해하기 ・도시와 촌락의 문제점 및 해결 방법 모색하기 ・도시와 촌락 지역의 균형적 발전 방안 살펴보기	・역할극 만들기
	4	3. 환경 보전과 국토 개발 <단원 도입 및 계획>	1/17	・단원 학습 내용을 개괄적으로 파악하기	・우리 가족의 환경 일기 UCC
	4	3-(1) 자연재해와 환경 문제 ① 우리는 자연의 일부	2/17	・우리 생활과 자연의 관계 알아보기	・자연이 파괴된다면? 어떤 일이 생길까?
6	1	3-(1) 자연재해와 환경 문제 ① 우리는 자연의 일부	3/17	・자연이 우리에게 주는 도움 알아보기 ・자연을 지키는 활동의 중요성 알기	・자연의 일부 되어보기(나무, 비, 흙, 강 등)
	1	3-(1) 자연재해와 환경 문제 ② 자연재해	4/17	・계절 및 지역에 따른 자연재해 알아보기	・자연재해 뉴스 영상 보고 예방하는 방법 토의하기
	2	3-(1) 자연재해와 환경 문제 ③ 환경 문제	6/17	・우리 주변의 환경문제 조사하기	・환경오염 사진 검색 통해 환경보호 캠페인 영상
	2	3-(1) 자연재해와 환경 문제 ③ 환경 문제	7/17	・세계적인 환경 보호 활동 조사하기 ・자연환경을 보전하는 방법 알아보기	・환경문제 해결방법 토의
	2	3-(1) 자연재해와 환경 문제 <선택 학습>	8/17	・우리 고장의 환경 지도 그리기 ・자연재해 예방 달력 만들기	・환경지도 만들기-사진으로 영상 제작
	3	3-(2) 환경과 더불어 살아가는 길 ① 환경 문제의 합리적 해결	9/17	・환경 보전을 위한 노력 알아보기	・모둠별 가족 인터뷰
	3	3-(2) 환경과 더불어 살아가는 길 ① 환경 문제의 합리적 해결	10/17	・환경 기초 시설 설치를 둘러싼 다툼 살펴보기	・환경 기관 체험활동 통한 사진을 이용-소개영상
	3	3-(2) 환경과 더불어 살아가는 길 ① 환경 문제의 합리적 해결	11/17	・지역의 환경 문제를 합리적으로 해결할 수 있는 방법 찾기	・역할극
	4	3-(2) 환경과 더불어 살아가는 길 ② 환경을 생각하는 국토 개발	12/17	・국토 개발 사업의 필요성과 목적 알아보기	・국토개발을 해야 하는 이유 인터뷰

	4	3-(2) 환경과 더불어 살아가는 길 ② 환경을 생각하는 국토 개발	13/17	·우리나라 국토 종합 개발 사업의 주요 성과 알아보기	·국토 종합 개발 뉴스 영상 소개하기
	4	3-(2) 환경과 더불어 살아가는 길 ② 환경을 생각하는 국토 개발	14/17	·제4차 국토 종합 계획의 주요 내용 조사하기	·국토 종합 계획이란?
7	1	3-(2) 환경과 더불어 살아가는 길 ② 환경을 생각하는 국토 개발	15/17	·우리 시·도의 국토 종합 계획 조사하기	·직접 인천시청에 연락해서 답을 알아보는 영상 만들어 보기-콘티 우수 모둠장
	1	3-(2) 환경과 더불어 살아가는 길 <선택 학습>	16/17	·환경 기초 시설에 대해 알아보기 ·물이 부족한 미래의 생활 모습 알아보기	·인천에 있는 환경관련단체 조사하기
	1	3. 환경 보전과 국토 개발 <단원 정리 학습>	17/17	·자연재해 극복을 위한 국토 개발 생각하기 ·환경 보전 노랫말 바꾸어 부르기 해보기	·환경 보전 개사 노래 모습
	2	2-(2) 촌락 지역의 생활 ② 촌락에서 일어나는 일	13/17	·촌락의 문제점과 도시 문제의 관련성을 설문 조사를 통해 파악하기	·인터뷰
	3	2-(2) 촌락 지역의 생활 ③ 촌락이 변화하고 있어요	14/17	·촌락의 발전을 이해할 수 있는 일 조사하기	·지역의 특산작물 사례영상 ·인천의 특산물 소개 영상 만들기

초등사회과 논쟁수업에서 교사의 역할이 학생의 의사결정능력과 태도에 미치는 효과

Ⅰ. 서론

1. 연구의 필요성 및 목적

초등사회과는 학습자들이 사회현상을 바르게 인식하고, 사회생활에 필요한 기능과 지식을 익히며, 민주시민으로서 요구되는 가치와 태도를 지님으로써 민주시민의 자질을 육성하도록 도와주는 교과이다. 이러한 민주시민의 자질을 이루는 요소로는 정보수집력, 비판적 사고력, 창의적 사고력, 합리적 의사결정능력 등이 있다. 특히 합리적 의사결정능력은 문제해결력과 그 문제해결을 위한 정보수집력, 합리적 의사소통과 비판적 사고력 등이 요구되는 포괄적 능력이라는 점에서 각별히 중요하게 여겨져 왔다.

사회과 교육의 목표는 합리적 의사결정을 할 수 있는 민주시민의 양성에 있다고 할 수 있다. 이것은 그동안 '시민성(citizenship)'의 개념을 둘러싼 논쟁에 대한 합의가 이루어지고 있다는 것을 뜻한다. 이러한 합리적인 의사결정을 강조한 학습은 사회과의 본질에 가장 가까운 교수방법으로서, 사회과 성립 이후 지속적인 관심의 대상이었으나, 정작 사회과 교육 현장에서 제대로 실현되지 못했다. 그러나 1980년대 후반에 등장한 쟁점중심교육과정(issue-centered curriculum)과 맞물려 새롭게 인식되고 있으며 일본에서도 의사결정에 대한 학습이 「신문제해결학습」이라는 이름으로 사회과 교육학자들의 관심의 대상이 되고 있다.

　이러한 사회과 교육의 목표는 날로 상호의존성이 증가하는 세계에서 인간적이고 합리적이면서 참여하는 시민이 되도록 학생들로 하여금 준비하도록 하는 데 있다. 합리적인 민주시민으로서 갖추어야 될 자질로서 강조되는 것 중의 하나가 바로 의사결정능력이다. 사회과 교육에서는 전통적으로 바람직한 민주시민 양성이라는 목적이 뚜렷이 이어져 오고 있고 급변하는 현대사회가 여러 가치의 혼란 속에서 개인적, 사회적으로 많은 문제들에 관한 합리적인 해결, 즉 의사결정능력을 요구하고 있다. 그렇다면 이러한 합리적 의사결정능력은 어떻게 기를 수 있을까?

　이러한 의사결정능력과 관련하여 그 텍스트로서 우리가 고려해야 하는 것 중 하나가 '논쟁문제'이다. 논쟁문제는 우리 주변에 일어나는 뚜렷한 정답을 찾기가 쉽지 않고 찬성과 반대가 엇갈린 채 논쟁이 계속되는 사회적 문제를 주로 말하는 것으로 그 해결에 있어 다양한 갈등을 제기하기 때문에 학습자의 의사결정능력을 길러주는 데 좋은 학습재료가 된다.

　사람들은 일생을 살아가는 동안 수많은 문제에 부딪히게 마련이며 그때마다 어떠한 방식에 의해서든 의사결정을 하게 마련이다. 오늘날과 같이 날로 심각해지고 복잡해지는 문제를 안고 급격한 정보화시대에 살아가고 있는 학생들은 더욱 혼란에 빠져 있으며 이러한 학생들을 위해 그 어느 때보다도 학교교육에 거는 기대가 크다고 할 수 있다. 책임 있는 민주시민을 길러 내는 것이 학교 교육의 중요한 목적이라고 볼 때 교사는 학생들이 이러한 문제를 냉정하게 생각하여 자신의 태도를 결정하도록 이끌어 주어야 할 것이며, 쟁점이 되는 사회의 공공문제에 대한 합리적인 의사결정능력을 기르기 위한 훈련을 하도록 해야 한다. 여기에 가장 부합되는 사회과 수업 중의 하나가 논쟁수업이다.

　논쟁수업이란, 사회적으로 의견이 크게 엇갈리는 논쟁문제를 들어 그 장단점을 고려한 뒤에 최종적인 결정을 해보도록 함으로써 민주시민으로서의 의사결정능력을 기르는 데 중점을 두는 교수-학습 방법이다. 이러한 논쟁수업을 실시할 때 중요하게 고려해야 할 사항 중의 하나가 논쟁수업에서의 교사의 역할이다. '다양한 대안 선택 가능성'과 개별적인 시민으로서의 입장, 또 학생들의 가치관을 건전하게 발달시켜야 하는 교사로서의 입장이 갈등을 일으킬 때 과연 교사는 논쟁수업에서 어떤 태도를 견지해야 하는지가 중요한 쟁점이 된다. 일반적으로 교사가 논쟁수업에서 취할 수 있는 입장은 두 가지이다. 하나는 '중립적 공정형'이고 다른 하나는 '신념을 가진 공정형'이다. '중립적 공정형'은 공평하다는 장점은 있으나 교육자로서 교사의 역할이 소극적이라는 비판을 받으며, '신념을 가진 공정형'은 불공평하다는 비판을 받지만 적극적 교사의 역할을 인정한다는 점에서 지지를 받는다.

실제로 여러 연구에서 논쟁수업이 의사결정능력 신장에 유의미한 효과를 미치는 것은 검증되었으나, 논쟁수업에서 교사의 역할이 학생의 의사결정에 어떠한 영향을 미치는가에 대해서는 이렇다 할 연구 결과가 없었다.

이에 본 연구에서는 논쟁수업에서 교사의 역할이 학생의 의사결정능력에 미치는 효과를 알아보고 더불어 논쟁수업에서 교사의 역할이 논쟁수업에 대한 학생들의 태도에 어떠한 영향을 미치는가에 대해서 실험연구를 통해 검증해 보는 것을 목적으로 한다.

2. 연구의 문제

본 연구의 목적을 달성하기 위하여 다음과 같이 연구 문제를 설정하였다.

첫째, 논쟁수업에 대한 선행연구 분석을 통해 논쟁수업에 대한 개념 정의를 명확히 하고, 논쟁수업의 특성과 논쟁수업모형에 대해 알아본다.

둘째, 의사결정의 개념과 의사결정능력의 특성을 파악하고 사회과 교육에서 요구하는 의사결정능력에 대해 알아본다.

셋째, 교사의 역할을 달리하여 논쟁수업을 실시한다. 실험집단에서는 신념을 가진 공정형의 입장에서 논쟁수업을 실시하고, 비교집단에서는 중립적 공정형의 입장에서 논쟁수업을 실시한다. 수업을 실시한 후 사후검사를 통해 집단 간의 의사결정능력과 논쟁수업에 대한 태도를 비교·분석한다.

3. 연구의 제한점

이 연구는 다음과 같은 제한점을 가진다.

첫째, 연구의 대상이 초등학교 5학년으로 한정되어 있어 인지 발달 정도가 다른 학년의 학생을 대상으로 하여 이 실험을 하게 될 경우에는 다른 결과를 얻게 될 수도 있다는 점에서 일반화에 한계를 지니다.

둘째, 논쟁수업이 오랜 시간 동안 장기적으로 이루어지지 못했다. 의사결정능력 신장과 논쟁수업에 대한 태도 변화를 검증하기 위해서는 장기간에 걸친 수업이 필요하다. 그러나 학교교육과정 운영이라는 현실적인 제약과 외부 변인 통제가 힘든 학교현장이라는 점 때문에 본 연구에서는 논쟁수업을 6차시로 제한해야 했다.

셋째, 학생의 의사결정능력 및 논쟁수업에 대한 태도에 대한 연구·조사 방법으로 검사지를 이용하였기 때문에 초등학교 5학년 학생들이 실제적인 행동과 일치하게 반응하였는지에 대한 통제의 한계가 있다.

II. 이론적 배경

1. 사회과 교육과 논쟁수업

가. 논쟁문제의 개념과 내용

1) 논쟁문제의 개념

사회적으로 찬성과 반대의 의견이 나뉘어져 있고, 그 결정이 개인에게 영향을 주는 것으로 그치지 않고 사회의 다수에 관련되어 있으며, 여러 개의 선택 가능한 대안 중에서 어느 하나를 결정해야 하는 문제를 논쟁문제(controversial issues) 또는 공공문제(public issues)라고 한다(차경수, 1999: 224).

Dewey에 의하면, "이러한 논쟁 문제는 갈등상황이거나 의심스러운 요소를 포함하고 있으며 개인뿐만 아니라 사회의 다수가 관련되어 있는 것이다"라고 하였다. 다시 말해서 논쟁문제는 개인적인 문제가 아닌 사회적인 성격을 띠게 된다. "올해 임금은 몇 퍼센트로 인상해야 할 것인가?", "쌀 수입이 개방되면 쌀을 사 먹어야 하는가?", "수도이전을 해야 하는가, 하지 말아야 하는가?" 등과 같은 논쟁 문제는 특정 개인의 문제가 아니라 일상생활에서 우리들이 직면하고 결정해야 하는 문제이다. 이러한 논쟁 문제는 사회적 성격을 띠고 있다. 왜냐하면 한 사람의 의사결정의 결과가 사회적 결정의 결과에 영향을 미치기 때문이다.

Schug & Beery(1987: 264~286)는 논쟁문제를 개방 사회의 사회과 교육에서 시민성 함양을 위해 다루어야 할 근본적인 내용으로 파악하며, Bailey(1975: 122)는 대부분의 사람들이 동의하지 않고 그 문제에 관한 각각의 주장이 대립된다면 그 문제는 논쟁거리라고 규정하면서 이러한 논쟁문제는 모든 영역 — 과학, 수학, 종교, 역사, 경제, 정치, 문학, 도덕, 신학, 법, 의학, 교육, 철학 — 에서 발생한다고 설명한다.

사회적으로 논의될 수 있는 이러한 문제들은 사회과 수업에서도 충분히 논의될 수 있다. 논쟁문제에 대한 학습자의 인식과 관심도에 대한 조사(구정화, 1998)를 보면, 사회수업에 논쟁문제를 반영했을 때 학생들은 재미, 수업준비, 수업효과의 모든 면에서 기존의 수업과 비교하여 긍정적인 변화가 있을 것으로 기대한 비율이 높게 나타나 학생들도 논쟁학습을 선호하고 있다는 것을 보여 준다.

논쟁문제가 되기 위해서는 그 문제가 개인적인 차원을 넘어 사회 다수와 관련된 문제여야 하고 분명한 정답이 없고 의견에 대한 답을 여러 방면에서 찾을 수 있고, 그래서 여러 대안 중에서 어느 하나를 선택할 수 있어야 논쟁문제로서 의미를 갖는다.

2) 논쟁문제의 내용

사회과에서 어떤 논쟁문제가 다루어지는가를 바라보는 관점은 시대적 상황에 따라 조금씩 다르다. 또한 학자들의 관심에 따라서도 조금씩 다르게 이야기된다. 사회과에서 논쟁문제를 선정하는 것과 관련하여 Woolever & Scott(1988)은 몇 가지 관점을 제시하고 있다. 첫째는 '이 논쟁문제가 학생에게 관심이 있겠는가?', 둘째, '이 논쟁문제는 학생들의 성숙도와 관련하여 충분히 탐구할 수 있는 수준인가?', 셋째, '이 논쟁문제에 수많은 대안이 존재하여 학습자의 이해수준에 적절한 충분한 학습자료가 있는가?', 넷째, '이 논쟁문제는 사회적으로 의미 있는가?'라는 네 가지 관점이다. 즉, 학습자의 관심도, 자료의 적절성, 학습자의 이해도, 사회적 중요성 등이 고려되어야 한다는 것이다. 이러한 기준에 근거하여 여러 학자들(Hunt & Metcalf, 1968; Newmann & Oliver, 1970; Muessig, 1975; Molnar, 1983; Wellington, 1986; Woolever & Scott, 1988; Banks, 1990; 구정화, 1998)은 논쟁문제 영역을 정리하였다.

그러나 이러한 보고서들은 다민족국가의 특수성이 나타난 미국 중심의 연구로 우리나라의 상황에 맞는 논쟁문제 내용이 필요하다. 이와 관련된 연구로 구정화(1998)의 연구가 있다. 그가 제시한 논쟁문제 순위는 환경오염, 입시문제, 과소비, 피임과 낙태, 성차별, 교통문제, 빈부격차, 수입개방, 자살과 안락사, 노사문제, 통일문제, 지역갈등, 핵사용, 유전공학, 전쟁과 반전, 과외문제 순으로 나타났다.

사회과 교육에서 논쟁문제 내용 영역은 학자마다 사회적 상황이나 역사적 상황에 따라 적합한 문제와 주요한 주제를 선정할 수 있다. 그동안 논쟁문제에서 주장되어 온 내용 영역을 학자별로 정리하면 다음과 같다.

〈표 4-1〉 논쟁문제 내용 영역

학자	학자별 논쟁문제 내용 영역
Oliver & Shaver (1966)	인종과 민족 갈등, 종교와 이념 갈등, 개인보호, 경제집단 사이의 갈등, 건강, 교육, 복지, 국가보호
Hun & metcalf(1968)	권력과 법, 경제 문제, 민족주의와 애국심, 사회계급, 종교와 도덕, 인종과 소수민족, 성, 구혼 그리고 결혼
Muessing(1975)	성차별, 죽음, 다수결, 다원화 사회와 사회통합, 환경오염, 민족주의와 세계국가
NCSS(1983)	핵전쟁, 지구의 환경오염, 지구상의 빈부격차, 정치, 사회, 경제적 조직에 대한 대안, 인종차별, 유전공학
Wooleve & Scott(1988)	인권, 도시성장, 정부통제, 약물사용, 불평등한 자원배분, 인구성장, 테러리즘, 국제적인 군비축소, 노인문제, 핵문제, 전쟁, 아동학대, 오염, 빈곤, 관료주의, 세계평화, 범죄, 기아
Banks(1990)	인권, 지구촌 사회, 핵문제, 인종 문제, 인권, 성차별, 신체 장애자, 법질서
구정화(1998)	환경오염, 입시문제, 과소비, 피임과 낙태, 성차별, 교통문제, 빈부격차, 수입개방, 자살과 안락사, 노사문제, 통일문제, 지역갈등, 핵사용, 유전공학, 전쟁과 반전, 과외문제

나. 논쟁수업의 중요성과 특성

1) 논쟁수업의 중요성

논쟁문제를 사회수업 시간에 다루어야 하는 이유로, Johnson & Johnson(1979)은 학습자들의 문제해결능력과 창의성, 타인의 관점 이해, 도덕적 합리화 등의 능력을 기르는 데 있어 논쟁문제가 중요하기 때문이라고 하였다.

Banks(1999)는 Engle의 주장을 받아들여 사회과의 궁극적 목표를 다음과 같이 제시하였다. 그는 "사회과의 목표는 그들이 속해 있는 지역사회, 세계의 공동생활에 적극 참여하여 신중하게 결정할 수 있는 지식과 능력을 습득시키는 데 있다"라고 했다. Banks의 주장을 통해서 우리는 사회과의 궁극적인 목표를 '바람직한 시민의 양성'이라고 할 때 이러한 목적에 도달하기 위한 수단으로 합리적 의사결정력이 강조되어야 한다는 점을 알 수 있다. 다시 말해서 사회과의 주된 목표는 학생들이 지적 사회행동에 참여하여 개인의 문제를 해결함은 물론 공공의 문제를 해결할 수 있도록 그들의 의사결정능력을 신장시키는 데 있다.

이와 같은 사회과의 목표를 바탕으로 사회과 교육에서 논쟁수업이 갖는 중요성을 살펴보면 다음과 같다.

첫째, 논쟁문제 수업을 통해 학생들의 고급사고력을 신장시킬 수 있다.

고급 사고력과 관련하여 그 텍스트로서 중요하게 고려되는 논쟁문제는 우리 주변에 일어나는 뚜렷한 정답을 찾기가 쉽지 않고 찬성과 반대가 엇갈린 채 논쟁이 계속되는 사회적 문제를 주로 말하는 것으로, 그 해결에 있어 다양한 갈등을 제기하기 때문에 학습자의 흥미를 끌면서 사고력을 증진시킬 수 있는 좋은 학습재료가 된다. 여러 학자들에 의해 제시된 논쟁문제 수업 모형에 따르면 사회과의 어떤 주제와 비교하더라도 논쟁문제 수업은 고급사고를 수업의 핵심과정으로 갖고 있는 사고 기능적인 측면을 강조하는 사회과 수업 주제라고 볼 수 있다(구정화, 2000).

둘째, 학생들은 논쟁수업을 통해 사회지식을 획득할 수 있다.

논쟁문제에 대해 합리적인 결정을 내릴 수 있으려면 먼저 사실, 개념, 일반화,

이론의 형태로 사회지식을 도출하기 위해 사회 과학자들이 사용하는 탐구방법을 배워야 한다. 이는 합리적 의사결정 과정에 사회지식이 필요하기 때문이다. 그러나 사회과학자들처럼 지식을 생성하는 것이 목적이 아니라 지식을 선택, 종합, 적용하는 것에 목적이 있다. 예를 들어 '마을 주변 쓰레기 매립장 건설'에 대한 논쟁문제를 해결하기 위해서는 환경보존의 개념과 환경시설 설치의 득실에 대한 이해가 있어야 한다. 학생들은 논쟁학습을 통해 개념형성과 가치판단, 비판적 사고력, 의사결정능력, 반성적 사고능력 등의 고급사고력이 신장될 것이다.

셋째, 바람직한 민주시민의 자질을 함양할 수 있다. 민주주의 사회에서 바람직한 민주시민은 개인적인 문제에 대해 합리적으로 해결하는 능력을 갖고 있을 뿐만 아니라 그 사회가 당면하고 있는 문제에 대해 적극적으로 나서서 해결하려는 태도를 갖추고 있어야 한다. 이러한 이유 때문에 논쟁문제를 학교에서 가르치는 것은 더욱 중요하다.

넷째, 학습자의 흥미와 욕구를 반영하는 학습자 중심의 수업이 이루어질 수 있다. 논쟁문제는 일상생활에서 실제로 경험하는 것으로 이러한 내용을 수업현장에 가져왔을 때 학생들은 흥미와 관심을 가지고 적극적으로 수업에 참여하게 될 것이다. 논쟁학습을 통해 얻어진 지식은 단편적인 지식이 아니라 전이와 파지 효과가 큰 유용한 지식이 된다.

2) 논쟁수업의 특성

논쟁수업에서 다루어지는 논쟁문제는 하나의 해결점을 찾기 어렵고 사회 변화와 함께 논쟁문제 또한 변한다. 따라서 사회과 교사는 논쟁문제를 다루는 데 있어 다음과 같은 목적을 잘 고려해야 한다(Oliver, 1976).

첫째, 논쟁문제가 미치는 전 지구적인 영향을 고려해야 하고, 둘째, 학습자로 하여금 문제해결에 필요한 인지적이거나 가치와 관련된 기술을 개발시켜야 하며, 셋째, 도덕적인 질문에 대해 감각적으로 대응해야 하고, 넷째, 논쟁문제와 관련하여 하나의 행위를 택하도록 하며, 마지막으로 논쟁문제와 관련하여 자신과 타인의 결정에 확신을 갖도록 해야 한다는 것이다.

여러 학자들(Dewey, 1933; Engle and Ochoa, 1988; Hunt and Metcalf, 1968; Newmann and Oliver, 1970; Oliver and Shaver, 1966)이 제시하는 논쟁문제 수업의 몇 가지 특징을 보면 다음과 같다(Rossi and Pace, 1998: 381~382).

첫째, 수업 구성은 논쟁거리의 요소들을 포함한 질문 중심으로 구성되어야 하는데, 이것은 학습자에게 문제 해결력을 길러주게 된다.

둘째, 논쟁수업은 주제에 대한 폭넓은 이해보다는 깊이 있는 이해가 더 중요하다. 즉, 그 수업을 통해 논쟁문제의 세심한 부문까지 이해가 가능해야 하며, 그 주제와 관련된 다양한 면에서 여러 정보의 원천을 깊게 찾아서 정리해야 한다.

셋째, 논쟁수업은 학생 중심의 탐구를 위한 기회를 제공해야 한다. 즉, 학생들이 이 수업을 통해 사고하는 기술을 배워야 한다.

넷째, 논쟁수업은 교사와 학생, 학생들 간에 탐구할 문제에 대하여 본질적인 대화가 가능하도록 환경이 만들어져야 한다. 또한 학생들 간에 그 문제와 관련하여 지식 이해에 기초한 지속적인 대화가 가능해야 한다.

논쟁수업은 설명식 수업과는 다른 몇 가지 특성을 가지고 있다. 이러한 특성은 고급사고력을 기르기 위한 사회과의 탐구학습이나 의사결정 수업모형에서도 나타나는 점이다. 이를 살펴보면 다음과 같다.

첫째, 논쟁수업은 다양한 의사소통이 중요하다.

논쟁수업은 교사와 학생 간, 학생과 학생 간의 의사소통을 통한 토론을 바탕으로 해서 달성하고자, 학습 성과를 학생 자신이 발견하여 알게 하는 교수-학습 방법이다. 이러한 논쟁수업을 통해 학생들은 교수-학습 자료에 대한 철저한 이해, 관점의 확장, 타인 존중, 비판적 사고, 의사소통 기술의 발달 등과 같은 효과를 얻을 수 있다.

둘째, 논쟁수업은 사회적 지식을 바탕으로 이루어진다.

논쟁수업은 논쟁문제를 이해하고 그 문제와 관련된 해결 방안을 탐색하고 평가하며 해결하는 과정을 통해 이루어진다. 이를 위해 반드시 필요한 것은 학습자가 논쟁문제에 대해 충분히 이해하고 그에 대한 폭넓은 지식을 갖추고 있어야 한다는 것이다.

어떠한 사고도 백지상태에서 이루어질 수 없다. 논쟁문제에 대한 지식의 기반이 없이 논쟁수업은 이루어질 수 없다. 학습자가 논쟁문제에 대한 배경 지식이 없이 논쟁 문제를 다룬다면 공허한 입씨름이 벌어지거나, 어느 한쪽의 주장을 소극적으로 수용하는 정도밖에는 되지 않아 고급사고력의 신장을 기대하기 어려울 것이다. 자신의 주장을 내세울 때도 대안들을 설정할 때도, 다른 학생과 논쟁할 때도, 의사결정을 내릴 때도 반드시 지식이 필요하다. 그리고 지식의 양이 많고 풍부할수록 깊이 있고 적절한 사고가 가능한 것이다. 따라서 사회지식을 강조하되 단순한 암기나 반복, 재생을 통해 습득된 단편적인 지식이 아니라 분석, 종합, 적용할 수 있는 유용한 지식의 습득을 강조해야 한다(문인화, 2001).

셋째, 논쟁수업에서는 증거 위주의 주장이 이루어진다.

논쟁은, 제기된 문제에 대해 다양한 관점을 지닌 토론자들 간의 상호작용을 촉진시켜 집단의 문제해결뿐만 아니라, 다른 한편으로는 개개인들로 하여금 비판적으로 검증된 증거를 토대로 그들 자신의 문제해결에 도달할 수 있게 해준다. 따라서 논쟁문제를 교수할 때는 증거에 입각하여 자신의 주장을 내세울 수 있도록 지도하는 것이 중요하다. 그것을 무시한다면, 논쟁에 참가한 사람들은 상당히 제한되고 주관적인 자신의 입장만을 이끌어 내게 된다. 증거는 서로 다른 배경과 상황에 있는 사람들이 어떻게 사건을 경험하고, 그것에 대해 이야기하거나 서술하는가를 볼 수 있게 해준다. 증거는 단순한 무지의 축척을 막아주며, 학생들이 사회에 있는 다른 사람들의 견해나 경험을 고려할 수 있도록 도와준다(박형준, 1996: 28).

넷째, 논쟁수업은 절차적 규범이 준수되어야 한다.

논쟁은 그 자체가 찬성과 반대가 대립하는 것이기 때문에 일정한 절차와 규범이 지켜지지 않는다면 말싸움으로 그치고 마는 수가 있다. 따라서 주장의 시종일관성, 증거자료의 정확성, 결론의 명확성 등이 깊이 고려되고 유지되어야 한다. 또한 이와 함께 토론의 결과 나타난 분명한 결론에 대하여 당사자들이 자신의 주장을 철회하거나 양보하는 자세, 그리고 토론의 결과 정당성을 얻은 주장에 대한 입장의 이해와 고려 등은 이 모형을 성공적으로 이끌기 위한 전제조건이므로 이는 충분히 가르쳐져야 한다. 이러한 절차적 규범은 논쟁에 있어 전체적인 사고의 흐름을 합리적이고 원활하게 이끌어 주는 규칙이라 할 것이다(박형준, 1996: 31).

다섯째, 논쟁수업은 전통적인 교사와 학생의 역할을 변화시킨다.

전통적인 강의식 수업에서 학생들은 주로 수동적인 지식 수용자로서의 역할만을 맡아 왔다. 그러나 논쟁학습에서는 학생들이 조사, 탐구, 발표, 질문, 의사결정 등에 적극적으로 참여하여야 한다. 교사 또한 더 이상 수업을 주도하는 지식의 전달자가 아니라 학습과제와 관련 정보들을 제시하고 학생들의 활동과 사고과정을 유도하는 역할만 한다. 지식을 조직하고 해석하여 새로운 아이디어를 찾고 다양한 아이디어를 교환하며 대안들을 평가하고, 문제의 해결책을 찾아가는 것은 모두 학생들이 주도적으로 수행해야 할 과정이다. 논쟁학습에서는 학생들이 이러한 자기주도적 학습능력을 중요시하며 학생들이 능동적으로 학습에 참여하여 문제를 해결하도록 한다. 이러한 자기주도적 학습을 통해 길러질 자기주도적 학습능력은 사회과의 시민적 자질로서도 중요시되며, 문제해결학습과 탐구학습이 효과적으로 이루어지기 위해서 필수적인 전제 조건이라는 점에서도 매우 중요하다.

다. 논쟁수업모형

1) Pro-Con 논쟁수업모형

논쟁을 다루는 접근법은 크게 다섯 가지로 나누어 볼 수 있다(정문성, 2002).

첫째는 문제해결 접근법(problem solving approach)으로 이것은 학습자가 정답이 열려있는 문제에 대해 나름대로 가설을 만들고, 정보를 수집 및 조직하고 결론을 도출해 내기 위해 사용된다. Dewey에 의해 소개된 이 방법은 ① 어떤 주제의 논쟁적인 상황을 파악하고, ② 질문의 형태로 문제를 정의하고, ③ 가설을 만들고, ④ 검증을 하고, ⑤ 결론을 내리게 하는 절차를 거친다.

둘째는 공공문제 접근법(public issues approach)으로 진술한 하버드 대학의 사회과 프로젝트가 대표적이다. 이 방법은 아동으로 하여금 공공의 문제에 관련한 가치갈등 및 딜레마를 토론하고 분석하게 하는 접근법이다. 분석 틀은 공공정책에 대한 사실적, 개념적, 도덕적 측면으로 구성된다(윤기옥 등, 2001).

셋째는 의사결정 접근법(decision making approach)으로 여러 대안 중 하나를 합리적으로 결정하는 것이다. ① 결정이 필요한 상황과 결정자의 목적을 정의한다. ② 여러 대안을 제시하고 그 결과의 장단점을 기술한다. ③ 대안을 선택하고 그것이 왜 최선인지를 평가한다. 공공문제와 마찬가지로 가치갈등과 판단이 개입되지만 대안에 대한 분석에 강조점이 두어진다.

넷째는 도덕적 추론(moral reasoning approach) 접근법으로 Kohlberg모형이 대표적이다. 도덕적 딜레마에 관한 아동의 추론의 질을 향상시키려는 것으로 아동의 추론이 보다 덜 자기중심적이고, 덜 체제 순응적이고, 다른 사람의 법적 권리와 사회복지를 조화시키려는 목적을 가진 모형이다. 그 절차로는 ① 딜레마를 분명히 하고, ② 아동으로 하여금 잠정적 자기 입장을 선택하게 하고, ③ 그들 입장의 이유를 분명히 하게 하기 위해서 모둠으로 나누고, ④ 전체 학급이 자신 입장을 합리화하는 논쟁을 하게 하고, ⑤ 그 합리화를 딜레마가 제기한 보다 넓은 도덕적 질문으로 확대한다.

다섯째는 본 연구에서 사용한 협동학습 접근법(cooperative learning approach)이다. 논쟁수업이 중요한 수업 방법 중의 하나로 부각되면서 논쟁수업을 협동학습 구조에서 적용하려는 노력이 Johnson & Johnson(1989, 1994)에 의해 시도되었다.

Johnson & Johnson(1994)은 협동학습에서 사용할 수 있는 독특한 논쟁수업모형을 제안하였다. 우선 그는 논쟁의 과정에서 일어나는 논리적이고 심리적인 계기를 추론하고 이러한 추론에 충실한 논쟁수업절차를 얻고자 하였다.

이들은 Pro-Con 논쟁수업모형의 절차를 다음과 같이 6단계로 구조화하였다.

가) 교수단계

(1) 정보조직과 결론도출(organizing information and deriving conclusion)
학생은 제한된 경험과 불완전한 정보에 기초한 잠정적 결론을 내린다.

(2) 자신의 입장 발표(presenting and advocating position)
학생은 자신의 주장과 이유를 발표하고 지지를 호소한다.

(3) 반대관점을 경험(being challenged by opposing views)

학생은 다른 관점을 가진 학생들의 주장을 경험하고 서로의 주장을 비판한다.

(4) 개념갈등과 불확실성 경험(conceptual conflict and uncertainity)

학생들은 개념적 갈등을 경험한다.

(5) 지적 호기심과 관점채택(epistemic curiosity and perspectives taking)

학생들은 보다 분명하고 자세한 정보를 얻으려는 욕구와 관점의 변경을 통해 보다 분명한 입장을 선택하려고 노력한다.

(6) 재개념화와 종합 및 통합(reconceptualization, synthesis, and integration)

학생들은 더 수집된 정보와 재개념화로 자신의 입장을 종합하고 통합한다.

지적인 갈등(논쟁)은 가장 강력하면서도 중요한 수업 방법들 가운데 하나이다. 학구적인 논쟁은 보다 진보된 형태의 협동학습이다. Johnson & Johnson(2000)은 학구적인 논쟁을 조직화하는 기본 형식을 다음과 같이 설명하였다.

① 학생들이 다룰 수 있으며, 적어도 두 가지(찬성과 반대)의 증거 자료를 잘 갖추고 있는 주제를 선택한다.

② 집단 구성원들이 자신들에게 부여된 입장과 보조 정보를 찾을 수 있는 곳을 알 수 있도록 수업 자료를 준비한다.

③ 학생들을 4인 1조로 편성하고, 각각의 집단을 다시 2인 1조로 나누어 한 조는 긍정적인 입장에, 다른 한 조는 부정적인 입장에 서게 한다. 학생들이 주제에 대하여 합의하고 모든 구성원들을 평가할 수 있는 양질의 보고서를 작성하는 것이 협동 목적임을 강조해 주어야 한다.

④ 각각의 2인 1조에 자신들의 입장 및 그것을 위한 지지 논거와 정보를 학습하는 협동 과제를 부여한다.

⑤ 각각의 2인 1조가 상대 조에게 자신들의 입장을 표명한다. 집단은 그 주제에 대하여 토론하고, 반대 입장과 그 입장의 논거를 비판적으로 평가하며,

두 입장의 강점과 약점을 비교한다.

⑥ 이번에는 2인 1조가 입장을 바꾸어 자신들이 비판했었던 입장을 성실하고 강력하게 옹호할 수 있게 한다. 처음에 입장을 취했던 2인 1조의 학생들이 이번에는 찬성 입장을 취해 보도록 하는 것이다.

⑦ 마지막으로 집단 구성원들이 자신들이 옹호했던 입장을 포기하고 합의에 이르러 공동의 입장과 증거, 논리를 포괄하는 집단 보고서를 쓰게 한다.

개별적인 능력을 확인하기 위해서 교사는 두 입장의 내용에 대한 테스트를 실시하여 모든 구성원들이 일정 기준 이상의 점수를 받은 집단에게 보너스 점수를 준다.

2) 수정된 Pro-Con논쟁수업모형

차경수(1994)와 정문성(1997)은 이러한 절차를 우리의 교육실정에 맞게 수정하였다. 이 수업의 절차를 살펴보면 다음과 같다.

가) 목표설정

논쟁을 주제로 수업할 때는 말 그대로 논쟁으로 끝나 버릴 가능성이 많다. 그러므로 논쟁수업의 구체적 목표를 분명히 하는 것이 중요하다. 목표는 크게 두 가지 측면을 고려해야 한다. 하나는 논쟁의 내용에 관한 것으로 교육과정상의 단원목표를 달성하는 데 내용적으로 관계 깊은 논쟁문제를 선택하는 것이 중요하고, 그것과 관련되어 알아야 할 지식, 기능, 태도 목표를 세워야 한다. 다른 하나는 논쟁과정을 통해서 획득해야 할 목표이다. 여러 가지 논쟁 문제를 다루더라도 공통적으로 달성하려는 표현능력, 다른 사람의 주장을 듣는 능력, 관점채택능력 등 주로 기능적 목표나 고급사고력에 해당되는 목표들을 고려해야 한다. 물론 논쟁의 내용과 완전히 별도로 이러한 목표가 존재하지는 않으므로 논쟁내용과 잘 결합시켜서 목표를 설정해야 한다.

나) 교육과정 구성

교사는 Oliver와 Shaver(1966)가 분류한 것과 같이 주제접근법, 역사적 위기 접근법, 문제중심 접근법 중에 교육과정상의 단원에 가장 잘 부합하는 논쟁 문제를 선정하여 가능한 여러 대안들과 그 결과들에 관한 자료를 준비해 놓는다. 교사가 학생의 논쟁에 관여하는 것은 극히 제안하지만 논쟁문제에 따라 자료를 제공해 주어야 할 필요가 있을 때를 대비하고, 논쟁수업이 바람직하게 진행되도록 방향을 지어 주기 위함이다. 무엇보다도 교사는 많은 준비를 통해 논쟁을 구조화시켜 학생에게 제시하는 것이 중요하다. 학생이 논쟁 중에 개념혼란이나 불확실, 불평형 등을 경험케 하는 것이 중요한 목표이기는 하지만 덜 구조화된 논쟁으로 무의미한 혼돈을 경험하게 하여 논쟁수업이 실패하지 않도록 하기 위함이다. 그러므로 교사는 논쟁의 상황에 대해 충분히 이해된 상황에서 학생에게 수업을 실시해야 한다.

교사는 교육과정상의 단원에 가장 잘 부합하는 논쟁 문제를 선정하여 <그림 4-1>과 같은 준비를 해야 한다.

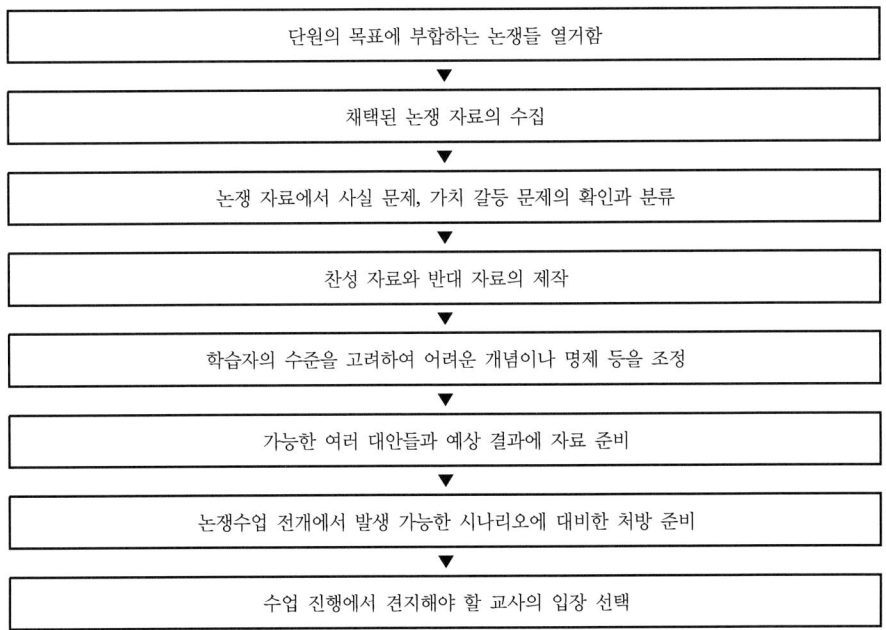

〈그림 4-1〉 교육과정 재구성을 위한 교사의 준비 절차

다) 사회적 기능 지도

협동학습구조는 학습자들이 모둠 내에서 활발한 상호작용을 통해 학습 효과를 얻는 것을 본질로 하는 구조이다. 이를 위해 협동학습구조는 사회적 기술을 매우 강조한다. 논쟁수업에서 특히 필요한 사회적 기능과 태도는 다음과 같다.

첫째, 논쟁에서 이기려는 것이 아니라 최선의 대안을 만드는 것이 모둠 목표임을 명심한다.

둘째, 반대 입장의 내용과 사람을 구별한다. 즉, 사람이 아니라 아이디어가 반대임을 잊지 않는다.

셋째, 내 생각과 다르더라도 상대의 주장에 귀를 기울인다. 설사 잘못된 주장이라 하더라도 우리 모둠의 의사결정에 큰 도움이 될 수 있기 때문이다.

넷째, 찬반 양쪽 모두에 관련된 모든 정보와 가치들을 찾아내려고 노력한다.

다섯째, 반대 의견을 잘 이해하기 위해 그 배경에 있는 관점을 이해하려고 노력한다.

여섯째, 명백한 증거와 논리가 있으면 내 입장을 바꿀 자세를 가진다.

일곱째, 분명하게 이해되지 않는 사실이나 의견은 문장으로 기록해 본다.

여덟째, 상대가 나에게 하는 것처럼 나도 상대에게 해보는 황금률을 의식한다.

라) 교수 단계

(1) 1단계

4명으로 구성된 이질적 소집단을 여러 개 만들고 모든 소집단에게 동일한 과제를 준다. 그리고 각 4명의 소집단 구성원은 주어진 논쟁에 관하여 찬성과 반대 또는 서로 다른 입장을 선택하는 2인으로 구성된 또 하나의 미니 소집단을 구성하게 한다.

(2) 2단계

미니 소집단은 다음과 같은 절차에 의해 그들이 알고 있는 정보, 자료, 경험에 근거하여 소집단 내에서 발표할 자신의 입장을 정리한다.

(가) 문제정의

논쟁문제의 내용, 그것이 제기하는 중요한 의미, 문제가 제기된 배경, 문제와 관련된 지식, 이론, 주장들을 확인한다.

(나) 사실문제와 가치문제의 확인과 분석

사실이 관련된 논쟁문제는 경험적 증거의 제시로 쉽게 해결되지만 가치의 문제와 가치의 문제를 분리해 내는 것이 중요하다. 사실의 문제는 관련된 경험적 증거를 준비하면 되고, 가치의 문제는 가치의 위계를 따져야 한다. 이때 미니 소집단은 주어진 제한된 정보나 경험으로 경험적 증거를 준비하되, 준비되지 못한 것은 목록을 작성하여 놓는다. 가치문제는 가치의 위계를 찾아 상위가치에 맞추어 자신의 주장을 뒷받침한다.

(다) 연역적, 귀납적 방법을 사용하여 이상에서 준비한 증거나 이론 등을 자신의 주장에 맞게 논리적 구조로 연결한다.

(라) 이상의 과정에서 얻게 된 정보나 논리를 이용하여 상대방의 주장을 비판할 도구로 활용할 준비도 한다.

이들은 먼저 발표할 문장을 형식화(formulating a thesis statement or claim)하는데 물론 다른 동료가 받아 주기를 원하지만 비판받을 준비도 해야 한다. 그런 다음 그들의 주장을 뒷받침할 정보, 이론 등을 보완한다. 그리고 이런 정보나 논리를 연계시켜 최종 결론을 도출한다. 자신들의 주장을 정당화하기 위해서는 3가지 조건이 필요하다. 첫째는 그들의 주장을 정당화시켜 주는 사회적, 인지적 기능(social and cognitive skills), 둘째는 자신의 주장의 정당성을 확장하는 노력(effort of expending), 셋째는 자신의 주장이 옳다는 신념인 자아 지향성(ego orientation)

과 최선의 안을 만드는 데 기여하려는 과제 지향성(task orientation)이다.

(3) 3단계

소집단 내 각 미니-소집단은 각각 자신의 주장과 근거를 소집단 내에서 각각 발표한다.

(4) 4단계

토론을 벌인다. 이때는 자신의 주장에 대한 상대의 비판을 반박하고 상대방의 주장을 분석하고 비판한다. 이는 상대방의 주장에 대해 관심을 가지게 하고, 새로운 인지적 분석을 자극하고, 새로운 대안을 창조할 수 있게 한다. 이 단계에서 각 미니-소집단은 개념 갈등과 불확실성을 체험한다. 특히 협동학습 구조에서의 이러한 지적 갈등은 그 불확실성을 해결하기 위해서 서로가 더 많은 정보를 탐색하기를 원한다. 즉, 지적 호기심이 증대된다.

(5) 5단계

두 미니-소집단은 입장을 바꾸어 상대방을 위하여 상대가 주장하지 못했던 가장 강력한 근거를 제시하여 본다. 즉, 나였으면 이런 근거를 제시하거나 이러한 예를 제시하겠다는 식으로 발표하게 하는 것이다. 이것은 협동학습구조이기에 가능하며 다른 입장에서 사고를 했던 사람들의 아이디어는 상대방이 미처 생각하지 못한 것을 지적해 줄 가능성이 많다.

(6) 6단계

두 팀은 소집단 의견을 종합하여 학급전체에 발표할 준비를 한다. 이제까지 반대되는 극단적 관점에서 증거를 모으고, 논리를 구조화하고 주장을 해왔으므로 충분히 객관적인 입장에서 정확한 정보와 충분한 경험, 가치의 분석을 통해 기존의 정보와 경험들을 재개념화하고 재조직하여 하나의 주장으로 종합하는 과정이다. 이 주장은 개연성이 강한 내용을 가질 가능성이 많고 창조적인 작업이기도 하다.

(7) 7단계

각 모둠은 전체 학급에서 자기 모둠의 의견을 발표한다.

마) 평가

평가는 목표 단계에서 설정한 대로 개별적인 평가와 소집단의 평가를 병행하되, 논쟁 내용과 논쟁 과정에서 기대하는 기능적 목표들도 함께 평가하는 것이 바람직하다. 그리고 학생들이 활발한 상호작용을 하게 하기 위해서는 협동학습구조에서 사용하는 향상점수제를 사용하는 것이 바람직하다.

위의 내용을 간단히 그림으로 나타내면 <그림 4-2>와 같다.

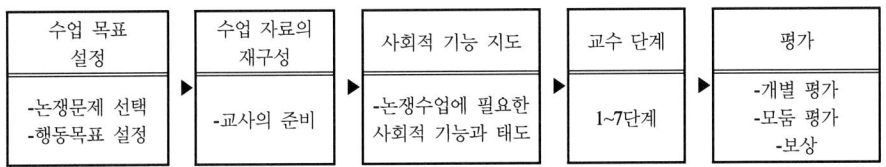

〈그림 4-2〉 Pro-Con 논쟁수업모형의 절차

3) Pro-Con 논쟁수업모형의 특징

논쟁을 협동학습구조에서 수업하게 될 때는 논쟁문제를 집단사고 학습(합의학습)으로 하거나, 디베이트 학습(토론 시합 학습)으로 하거나, 개별학습으로 할 때와는 매우 대조적인 특징을 보이게 된다(서재천, 1996).

집단사고학습에서는 구성원들의 합의를 우선으로 하므로 서로 일치를 보이는 주장이나 의견에 관해서는 어떠한 의심도 하지 않는다. 집단사고의 동기는 외부의 위협에 대처하기 위해 집단구성원이 서로 의존하고 구성원의 조화를 통해 집단을 유지하려는 데서 출발하기 때문이다. 즉, 학생은 반대되는 의견을 주장하기 꺼려 하고, 빨리 합의를 보려고 한다. 그러나 논쟁수업에서는 문제해결을 위해 구성원끼리 신중한 담론을 통해 의견을 종합하고 통일하여 새로운 해결책을 만들어내는 창조적 과정을 중시한다. 그러므로 집단사고수업에서는 긍정적인 목표상호의존성만 있으나 협동적 논쟁학습에서는 긍정적인 자료상호의존성도 동시에 존재한다. 즉, 집단사고학습에서는 의견의 일치를 보려는 목표에만 관심이 있으나 협동적 논쟁학습에서는 목표뿐만 아니라 자료나 정보들을 서로 공유하려는 자료 상호의존성이 존재한다는 점이 다르다.

디베이트 학습은 반대되는 두 집단이 제3의 집단, 즉 심판을 정하고, 서로 자신의 입장이 옳은 것으로 보이려고 노력하는 형태의 수업이다. 디베이트 수업에서는 긍정적 자료상호의존성은 있으나 부정적 목표상호의존성이 있다. 즉, 반대되는 두 팀이 서로 이기려고 노력한다는 것이다. 그러므로 정보나 자료를 공유하려하지 않는다. 그리고 개별수업은 자신에게 주어진 또는 찾은 자료를 가지고 자신에게 적합한 수준과 속도로 독립적으로 논쟁문제를 해결하려는 수업이다. 그러므로 아무런 상호의존성이나 지적인 갈등이 존재하지 않는다(정문성, 1998).

〈표 4-2〉 단계별 논쟁수업 비교

찬반 논쟁 협동학습	토론 시합 학습	합의 학습	개별 학습
입장을 발표하고, 논리적이고 경험적으로 정교화함	입장을 발표하고, 논리적이고 경험적으로 정교화함	입장을 발표함	입장을 발표하지 않음
반대 입장의 도전을 받음	반대 입장의 도전을 받음	하나의 관점으로 합의를 봄	하나의 관점을 제시함
자신의 관점에 대한 개념갈등과 불확신을 느낌	자신의 관점에 대한 개념갈등과 불확신을 느낌	자신의 관점에 대해 확신함	자신의 관점에 대해 확신함
지적 호기심과 다른 관점 채택을 경험함	지적 호기심을 느낌	지적 호기심을 못 느낌	지적 호기심을 못 느낌
재개념화와 종합	자신의 관점만 옳은 것으로 지지함	자신의 관점만 옳은 것으로 지지함	자신의 관점만 옳은 것으로 지지함

출처: 정문성(2003), 『협동학습의 이해와 실천』, 서울: 교육과학사, p. 344.

〈표 4-3〉 특성별 논쟁수업 비교

특성 \ 수업모형	찬반 논쟁 협동학습	토론 시합 학습	합의 학습	개별 학습
긍정적 목표 상호의존성	있다	없다	있다	없다
긍정적 자료 상호의존성	있다	있다	없다	없다
부정적 목표 상호의존성	없다	있다	없다	없다
갈등	있다	있다	없다	없다

출처: 정문성(2003), 『협동학습의 이해와 실천』, 서울: 교육과학사, p. 344.

2. 논쟁수업에서 교사의 역할

가. Kelly의 분류

논쟁수업에서 견지해야 할 교사의 역할은 중요하다. Kelly는 제기된 문제에 대해 교사가 자기의 입장을 어느 정도 표현하고 지도하느냐에 따라서 다음과 같은 네 가지의 유형을 제시하였다.

〈표 4-4〉 Kelly(1985)의 교사의 역할 분류

분 류	특 성
배타적 중립형	-논쟁수업 자체를 반대함
배타적 편파형	-어느 한 입장만 학습하고 다른 입장의 학습을 못하게 함
중립적 공정형	-다양한 입장을 소개하되 어느 입장도 취하지 않음
신념적 공정형	-다양한 입장을 소개하되 교육적으로 바람직하다고 생각되는 방향으로 유도함

출처: 정문성(2003), 『협동학습의 이해와 실천』, 서울: 교육과학사, p.349에서 재인용하여 편집함.

이 네 가지의 유형을 구체적으로 살펴보면 다음과 같다.

1) 배타적 중립형

Kelly가 말하는 배타적 중립성은 학교는 다양한 사회집단에게 균형을 취해야 할 묵시적인 의무를 가지고 있기 때문에 교사는 어떤 사회적 논쟁문제도 교육과정에 포함되어서는 안 된다는 입장이다. 이의 근거로 학교는 다양한 대중에게 동등하게 봉사하는 맹목적인 복종만 가져야 하며, 학습자에게 사회적으로 좋지 못한 논쟁문제를 보여 줄 필요가 없다는 것을 강조한다.

이 입장은 학교는 다양한 사회집단을 불편, 부당하게 인정해야 할 암묵적인 의무가 있으므로 수업과정에 논쟁적인 주제를 포함시켜서는 안 된다고 주장한다.

이러한 입장은 학교수업을 다음과 같이 바라본다. 학교는 공적인 장소이므로 서로 다른 신념들을 공적인 자리에서 공공연하게 토론하도록 내버려 두어서는 안 된다. 즉, 공적인 것과 사적인 것을 엄격히 구별하고, 공적인 것만 다룰 것을 주장한다.

2) 배타적 편파형

배타적 편파형은 논쟁문제를 다루기는 하되 어느 하나의 입장을 정해서 학습하고 다른 입장의 학습을 못하게 하는 것이다. 이에 따라 교사는 그 논쟁문제와 관련하여 특정의 자세를 가지며, 반대되는 관점을 무시하고 특정한 관점만이 옳다고 주장하게 된다.

이는 상충하는 시각의 제시를 막음으로써 논쟁문제에 대한 어느 한쪽만의 시각을 일방적으로 제시하여 학생이 받아들이도록 유도한다.

3) 중립적 공정형

중립적 공정성은 논쟁문제와 관련된 다양한 관점을 제시하고 학생들이 그 문제에 관련된 모든 입장에서 사고할 기회를 제공하고 적극적으로 토의에 참여하도록 유도하지만 교사는 자신의 견해를 밝히지 않고 엄정 중립을 유지하는 입장이다.

이는 학교에서 논쟁적 문제를 학생들이 자율적으로 다루도록 하지만, 교사가 자신의 입장을 명시적으로 밝히지 않는 점에서 앞의 두 가지 관점과 다르다.

4) 신념을 가진 공정형

신념을 가진 공정성은 다양한 논쟁문제를 학습할 수 있도록 환경을 조성하면서 교사가 교육적으로 바람직하다고 생각하는 방향에서 신념을 가지고 지도하는 방법이다. 교사는 논쟁학습에서 자신의 관점을 표현하는데 이때 중요한 것이 교사가 우월한 존재로 그 논의에서 자신의 입장을 밝히는 것이 아니라 학생들과 동료적 입장에서 자신의 견해를 밝히고 토의에 참여할 뿐이다(구정화, 1998).

다시 말해서 이 입장에서 교사는 능동적이며 동등한 조언자로서, 민주적 권위를 가지고 문제해결에 적극적인 역할을 수행해야 한다. 다양한 정보를 제공하고 자신의 견해를 명확히 밝히되 자신의 견해를 반복하거나 강조하는 지나친 자기노출은 피해야 한다.

나. Hawood의 분류

Hawood는 교사가 자신의 의견을 얼마나 표현하느냐에 따라 6가지 교사의 역할 모형을 제시하였다.

〈표 4-5〉 Hawood(1987)의 교사의 역할 분류

분 류	특 성
신념형	-자유롭게 자기의 의견을 내세움
객관형	-다양한 시각을 보여 주되 자신의 의견은 말하지 않음
악마 옹호형	-반대 입장만 취하면서 좌충우돌함
옹호형	-다양한 시각을 보여 주되 이를 종합해서 자신의 의견을 말함
공정한 의장형	-교사와 학습자가 함께 다양한 시각을 토론하되 교사 자신의 의견은 말하지 않음
선언적 관심형	-자신의 의견을 먼저 말하고 난 후 그 외의 다양한 의견을 소개해줌

출처: 정문성(2003), 『협동학습의 이해와 실천』, 서울: 교육과학사, p.349에서 재인용하여 편집함.

이 중에서 Hawood는 '공정한 의장형'을 가장 바람직한 것이라고 주장하였다.

다. 중립적 공정형과 신념을 가진 공정형

Hawood의 분류에서 객관형과 공정한 의장형은 Kelly의 중립적 공정형과 비슷한 개념이며 Kelly의 분류에서 신념을 가진 공정형은 고려되지 않고 있다. 현실적으로 논쟁수업에서 교사의 역할은 이 두 가지 유형이 권장되고 있다. 그러나 Hawood는 공정한 의장형을 바람직한 것으로 주장하였으나, 차경수(2000)는 우리나라의 실정에서는 Kelly의 분류에 따라 다양한 입장을 소개하되 교육적으로 바람직하다고 생각되는 방향으로 유도하는 신념적 공정형이 논쟁수업에서 가장 적절한 교사의 태도라고 주장하였다. 전자는 공평하다는 장점 대신 교육자로서 소극적이라는 비판을 받고 있으며, 후자는 불공평한 위험이 있으나 교사의 적극적 교육행위라는 지지를 받는다.

논쟁 중심 수업에서 이러한 교사의 태도 차이가 학생들의 인지적, 정의적 학습 목표에 영향을 줄 것이라는 것은 쉽게 상상할 수 있다. 중립적 공정형은 학생들에

게 논쟁수업에 적극적으로 개입하지 않도록 유도할 가능성이 많으며 신념을 가진 공정형은 적극적으로 학생들의 참여를 유도할 가능성이 크다. 학생들은 사회적으로 정답이 없는 논쟁보다 정답이 있는 듯한 논쟁에 더욱 적극적 모습을 보인다. 그러므로 이러한 학생들의 반응의 차이는 교사의 역할에 따라 학생들의 인지적, 정의적 효과에 차이를 보일 수 있다.

이 연구에서는 논쟁수업에서 교사가 신념을 가진 공정한 입장과 중립적 공정형의 태도를 취하는 것이 학생의 의사결정능력과 논쟁수업에 대한 태도에 어떤 영향을 주는지 알아보고자 한다. 이 연구에서는 연구 집단을 2개 집단으로 계획하고 실험을 실시하고자 한다. 비교집단에서는 중립형 공정성의 입장에서 논쟁수업을 실시하고 실험집단에서는 신념을 가진 공정한 유형의 입장에서 논쟁수업을 실시하고, 그 실험결과를 분석해 보고자 한다.

3. 사회과 교육과 의사결정

가. 의사결정

1) 의사결정의 개념

Kurfman(1977)에 의하면 의사결정이란 '몇 가지 대안 중에서 심사숙고한 이성적인 선택'이며 이에는 두 가지의 의미가 들어 있는데, 첫째는 '의사결정자의 가치관과 논리적으로 모순되지 않은 판단'이란 뜻과 '적절하고도 건전한 정보에 토대를 둔 선택'이란 의미가 있다고 하였다.

Banks는 의사결정을 하기 위해서는 정확한 사실 정보와 과학적 방법에 의해 도출된 예측력이 높은 수준의 개념과 일반화가 필요하다고 하였고, 합리적 의사결정을 하기 위해서는 당면하는 사회문제와 관련하여 여러 학문들 간의 종합적인 관점과 이와 관련하여 의사결정을 내릴 결정자 자신의 가치체계도 필요하다고 하였다. 왜냐하면 의사결정이란 본질적으로 가치판단이기 때문이다(박연실, 2001).

따라서 의사결정력이란 어떤 문제 상황에 직면했을 때 문제를 파악하고 그 문제를 해결하는 데 있어서 의사결정자의 가치판단에 따라 여러 가지 대안 중에서 가장 합리적이고, 비교 우위적인 선택을 내리는 고등정신 능력이라고 정의할 수 있으며, 의사결정이 합리적이고 타당하기 위해서는 대안의 실행가능성과 의사결정자의 유용성에 충족되어야 하며, 의사결정의 결과는 사회적·도덕적으로 공정하고 정의로워야 한다. 그러므로 의사결정능력은 지적인 면과 정의적인 면을 모두 포함하는 것으로 자신의 지식과 가치를 적용하여 문제를 해결하는 종합적인 능력이라고 볼 수 있으며, 또한 의사결정능력이란 가치 선택이 보편적으로 개재되는 문제에서 현명한 선택을 하고자 할 경우 필요한 사고 과정이며, 어떤 목적을 달성하기 위해서 여러 가지 문제를 내포하고 있는 상황 속에서 문제를 규정하고 찾아내어 가치나 기타 표준에 비추어 스스로의 판단, 책임하에 취할 행동의 방향을 선택하는 것이라 할 수 있다.

2) 의사결정능력

Banks(1990)는 현명한 의사결정능력의 함양이 사회과 교육에서 가장 중요한 목표가 되어야 한다는 것을 강조하고 있다. 그는 우리가 살고 있는 현대사회가 국제적으로나 국내적으로나 깊이 생각해야 할 많은 문제점을 가지고 있으며, 이러한 문제점들을 해결하기 위해서는 순간순간에 현명한 의사결정이 필요하다고 서술하고 있다.

핵무기에 의한 전쟁의 공포, 빈곤과 소외, 자원의 부족과 자원의 소유를 둘러싼 갈등 등이 세계 도처에서 전개되어 있으며, 개인적으로는 취업·진학·결혼 등 인생의 중대사에서 현명한 결정을 내려야 하는 경우가 계속된다. 사회에서의 인간관계를 주요한 내용으로 학습하는 사회과 교육은 개인이 당면하고 있는 문제를 해결하고, 지성적이고 사회적인 행동으로 지역사회와 국가의 공공정책의 형성에 적극적으로 참여할 수 있도록 의사결정능력을 기르지 않으면 안 된다고 하고 있다(Banks, 1990). 즉, 사회과 교육은 의사결정능력의 함양을 주요한 교육목표로 하지만, 그 궁극적인 목적은 지성적이고 사회적인 행동에 의해서 개인의 문제를 해결하고 사회와 국가의 발전에 참여하는 것이라고 주장하고 있다.

의사결정이란 목적의 달성을 위하여 여러 가지의 대안 중에서 특정대안을 선택하는 과정이다. 어떤 대안을 선택하는 행위는 반드시 가치판단이 포함되므로 의사결정이란 가치판단에 의한 행동방식의 선택이라고 볼 수 있겠다.

문제를 파악하고 해결책으로서의 대안을 개발하고 선택하며 결정에 따라 행동하는 능력이라고 정의될 수 있는 의사결정능력은 인간을 특징짓는 고등정신능력 중의 하나이다(Woolever, 1988: 64).

다시 말해 의사결정능력(decision-making skills)이란 문제해결능력, 비판적 사고력, 반성적 탐구능력과 같은 문제에 대한 대안이나 의사를 결정할 수 있는 고등인지능력이다.

이러한 정의들을 종합해 볼 때, 특히 집단적 문제에 대한 의사결정에서 요구되는 합리적 의사결정능력은 다음 세 가지 하위기능을 종합하는 포괄적인 능력이라고 할 수 있다.

첫째, 비판적 사고력이다. 합리적인 의사결정자가 되기 위해서는 우선, 의사결정을 내려야 하는 문제 상황에 대한 정확한 인식을 할 수 있고 지식과 정보를 종합할 수 있는 비판적 사고력이 있어야 한다.

둘째, 현명한 가치판단력이다. 서로 다른 의견과 가치가 갈등하고 대립할 때 건전하고 보편타당한 가치관에서 현명한 가치판단을 내릴 수 있는 능력을 가져야 한다.

셋째, 의사소통능력이다. 이것은 특히 민주적 집단 의사결정과정의 핵심인 공적 토론의 과정에서 이해와 합의를 이루려는 진지한 대화와 토론의 능력을 말한다. 논쟁적인 사회문제에 대해 현명하고 민주적인 의사결정을 내리기 위해서는 이해와 합의를 지향하는 의사소통 행위를 할 수 있는 능력이 가장 중요하다고 생각된다.

이렇게 볼 때 합리적 의사결정능력은 학교교육 내용의 지식적인 면과 정의적인 면을 모두 포함하는 것으로 어떤 구체적인 현실 상황에 직면하여 자신의 지식과 가치를 적용하여 문제를 해결하는 종합적인 능력이라고 볼 수 있겠다.

나. 사회과 교육과 의사결정능력

1) 사회과 교육에서 의사결정능력의 중요성

사회과 교육은 사고력을 강조하는 교과이다. 특히 Dewey 이후 사회과에서 사고력 교육은 근본적으로 중요시되어 왔으며, Engle이나 Banks 등은 사회과의 중요한 목표로서 합리적 의사결정력을 길러 주어야 함을 주장하였다. 특히 오늘날과 같은 정보사회에서는 다양한 정보를 활용하여 문제를 해결하고, 선택 결정하는 능력을 갖춘 시민의 양성이 사회과 교육의 중요한 목표로 되고 있다.

이런 의미에서 의사결정 중심의 사회과 교육은 학생들이 탐구하고 판단, 결정하는 과정 그 자체의 교육에 중점을 두는 것이다. 따라서 이러한 의사결정 중심의 사회과 교육의 기본 가정은 학생들의 지적 능력, 즉 바르게 사고하고 판단·결정하는 능력을 터득하게 하는 데 있다(한면희, 2001: 106).

의사결정에 의한 학습은 개인·사회 문제 해결이나 미래 문제의 학습 및 기타 합리적 결정을 필요로 하는 모든 학습 문제에 적용된다.

의사결정은 일반적으로 결정자의 마음을 분명히 하고 판단을 하여 결론에 도달하는 행위 또는 과정이라고 할 수 있다. 의사 결정은 동전을 던져서 결정하거나, 신에게 맡기거나, 과거에 결정하였던 관계에 따라 하기도 한다. 그런가 하면 합리적 과정의 결과일 수도 있다. 그러나 사회과 학습에서 의도하는 의사결정은 합리적 의사결정을 의미한다. 합리적 의사결정은 이상과 현실 간의 최적을 구하는 것으로서 지적 탐구의 과정과 가치 판단의 과정이 동시에 고려된 종합적 문제해결 과정이라고 할 수 있다(한면희, 2001: 390).

여러 교과 중에서도 사회과 영역은 미래의 시민들이 급격히 변동하는 국제사회 내에서 효율적으로 역할을 수행하는 능력과 의사결정능력을 계발시키는 데 책임이 있다는 것이 절대적이다. 왜냐하면 사회과는 인간관계를 다루고 있으며 다른 어떤 교과보다도 사회적, 개인적 문제에 있어서 의사결정을 1차적 목표로 해 오고 있기 때문이다.

의사결정(decision-making)이란 어떤 문제상황에 직면하였을 때 문제해결을 위하여 최종적인 판단을 내리는 과정과 그에 따른 행위를 뜻한다. 이것은 목적의 달성을 위하여 여러 가지 대안 중에서 특정 대안을 선택하는 과정이라고 할 수도 있다.

문제를 파악하고 해결책으로서 대안을 개발하고 선택하여 결정에 따라 행동하는 능력이라고 정의될 수 있는 의사결정능력은 인간을 특징짓는 고등정신능력 중의 하나이다. 즉, 의사결정능력(decision-making skill)이란 문제해결력, 비판적 사고력, 반성적 탐구능력과 같은 문제에 대한 대안이나 의사를 결정할 수 있는 고등 인지능력이다(손병노, 1995). 이것은 의사결정능력이 문제해결력, 반성적 사고력를 포함한다는 의미가 된다. 왜냐하면 반성적 사고란 여러 문제를 해결하기 위해 많은 시행착오를 겪으면서 대안을 추구하는 과정이며, 이러한 과정은 과학적으로 진행되기에 탐구과정이라 할 수 있고, 문제해결을 목표로 하기 때문에 문제해결 과정이라 할 수 있다. 그리고 문제해결과정은 의사결정을 통해서 이루어지므로 의사결정과정이라고 할 수 있기 때문이다. 따라서 의사결정능력은 사회과에서 추구하는 인간상의 상위개념에 속하며, 사회과에서 적용되는 여러 가지 수업모형과 방식의 지향점이 된다.

2) 사회과 교육에서 의사결정의 특징

사회과 교육에서 의사결정이라 함은 곧 '합리적'임을 내포하고 있는데 여기서 말하는 합리성(合理性)의 개념은 'rationality'와 'reason'을 모두 포함한다고 볼 수 있다. 즉, 이성(理性, reason)에 부합한다는 뜻이다. 이러한 개념을 사회과 교육에서 합리적 의사결정에 적용시켜 그 특징을 살펴보면 다음과 같다.

첫째, 의사결정의 토대는 '정확한 사실(exact fact)'이어야 한다. 정확한 사실이란 문제상황과 관련된 '참'인 사실정보라는 의미뿐만 아니라 사실정보가 그 상황을 전체적으로 설명함에 있어서 한쪽으로 치우치지 않도록 균형을 이루면서도 광범위한 사실을 나타내는 정보이어야 한다는 것이다. 즉, 문제상황과 관련된 지식은 타당하다고 입증된 사실이어야 하며, 한 영역으로부터의 지식이 아닌 다양한 원천으로부터 지식, 즉 다학문적·간학문적 지식이 필요하다(Banks, 1990).

둘째, 의사결정의 과정은 주술적이거나 권위적이거나 감정적이 아닌 '과학적'

이어야 한다. 이 점에서 의사결정과정은 탐구과정 또는 이성에 바탕을 둔 반성적 사고과정과 동일시 될 수 있다.

셋째, 의사결정이 합리적이고 타당하기 위해서는 대안의 발생가능성과 의사결정자의 유용성이 충족되어야 한다. 아무리 바람직한 결과를 초래할 것이라고 판단되는 대안이라 하더라도 그 실행에 어려움이 크거나, 그 결과가 만족스럽지 못할 것으로 예측된다면 그 대안에 따르는 의사결정을 할 수 없을 것이다.

넷째, 의사결정은 사회적·도덕적으로 공정(fair)해야 한다. 즉, 사회정의에 부합해야 한다. 이렇게 볼 때 합리적 의사결정능력은 학교교육 내용의 지식적인 면과 정의적인 면을 포함하는 것으로 자신의 지식과 가치를 적용하여 문제를 해결하는 종합적인 능력이라고 볼 수 있다.

4. 논쟁수업과 태도

가. 태도의 개념 및 정의

태도의 정의는 학자들에 의하여 여러 가지로 내려지고 있다. 태도에 대한 이들의 공통점은 태도를 '한 상황에서의 반응의 준비상태 또는 경향'으로 본다는 것이다.

Gagn'e는 학교에서의 태도 교육을 염두에 두고, "태도란 특정한 인물, 물건 또는 사건에 대한 개인적 행위의 선택에 영향을 미치는 학습된 내재적 상태이다"라고 정의하였다.

Gagn'e의 태도 정의에서 시사하는 바는, 태도란 그 대상을 갖고 있는 상황에 대한 개인의 반응(행위의 선택)의 일관성을 통해서 확인된다는 것이다.

태도는 생각, 감정, 행위의도라고 하는 서로 관련된 세 가지 속성을 가지고 있다. 생각은 태도의 인지적 속성, 감정은 그 정의적 속성, 그리고 행위의도는 그 행동적 속성을 의미한다.

첫째, 태도의 인지적 속성은 어떤 상황과 태도 대상 간의 관계를 나다내는 이

이디어 또는 범주를 뜻한다. 예를 들면, "자동차는 많은 휘발유를 소비한다"라는 생각은 바로 여기서 뜻하는 아이디어 또는 범주를 말한다. 이러한 범주는 여러 자극들에 대한 변별적인 반응의 일관성에서 추리될 수 있다.

둘째, 태도의 정의적 속성은 어떤 대상과 관련된 개인의 경험의 '쾌' 또는 '불쾌'에 의해 결정된다. 태도 대상에 대한 개인의 인지적 범주가 일단 형성되면, 그 범주에는 '좋다' 또는 '싫다'의 감정이 수반한다. 이렇게 어떤 대상에 대한 범주 또는 아이디어에 수반하는 개인 감정이 바로 정의적 속성이다.

셋째, 태도의 행동적 속성은 인간의 행위 그 자체를 말하는 것이 아니고, 행위를 하려는 의도 또는 준비성을 의미한다.

Gabel(1994)은 태도의 개념을 가치의 개념과 구별하여 설명하였다. 태도의 개념은 감정, 인지, 행동의 세 가지 하위 차원으로 구성되며, 흔히 태도는 사물, 사람, 장소, 사건 혹은 아이디어에 대하여 긍정적으로 혹은 부정적으로 반응하는 성향으로 정의하고 있다. 가령 태도는 교사에 대한 혹은 수학에 대한 또는 학교에 대한 태도라고 부르는 반면에, 가치는 민주주의에 대한 혹은 자유에 대한 가치라고 부른다고 하였다.

태도에 대한 정의는 무수히 많으나 공통적으로 말할 수 있는 태도의 특성은 다음과 같다.

첫째, 태도는 정신적·육체적 활동에 대한 준비 상태이다.

둘째, 태도는 그 사람의 입장, 의견 등을 말하는 것으로 생각하고 느끼고 행동하는 방식이다.

셋째, 태도는 우리가 좋아하고 싫어하는 감정이다.

넷째, 태도는 태도 대상물에 대하여 일관되게 '좋아한다', '싫어한다'의 방법으로 반응하는 학습된 경향이다.

다섯째, 태도는 반응 경향이나 준비 자세이다.

이와 같이 태도란 대상물, 사람, 그룹 또는 환경에 대하여 좋아하는 느낌이나 싫어하는 느낌이라 할 수 있다.

이상과 같은 여러 학자들의 견해와 공통점을 바탕으로 태도에 대한 정의를 다음과 같이 할 수 있겠다.

태도란 개인이 반응할 모든 대상과 또한 그것과 관련된 상황에 직접 또는 역동적으로 영향을 발휘하는 준비성의 정신적·내적 상태로 경험 또는 학습에 의하여 조직된 것이다. 또한 대상물, 사람, 그룹 또는 환경에 대하여 좋아하는 느낌이나 싫어하는 느낌이라 할 수 있다.

나. 논쟁수업에 대한 태도

논쟁수업에 대한 태도 검사는 논쟁수업을 통해 논쟁수업에 대한 인식이 어떻게 달라졌는지를 살펴보기 위한 것이다. 이를 위해서 논쟁수업에 대한 태도를 논쟁수업에 대한 관심도, 흥미도, 어려움, 중요도, 자신감, 입장 수정의 6가지 태도 항목으로 구성하였고 각 항목의 논쟁 문제마다 5점 척도를 주었으며 6가지의 논쟁문제에 대한 자신의 생각을 적도록 하였다. 논쟁문제를 포함하여 각 항목마다 점수가 높을수록 논쟁수업에 대하여 긍정적인 태도를 갖는 것으로 보았다.

첫째, 논쟁수업에 대한 관심도에서는 다양한 논쟁문제에 대한 수업을 통해 논쟁수업에 대한 관심이 얼마나 높아졌는가를 분석해 보려고 한다. 이를 위해서 '수도 이전 문제', '농산물 개방 문제', '쓰레기 매립장 문제', '댐 건설 문제', '새만금 간척 사업 문제', '경부 고속철도 문제' 등 6가지 논쟁문제에 대하여 5점 척도를 주었고, 점수가 높을수록 논쟁수업에 대한 관심도가 높은 것으로 보았다.

둘째, 논쟁수업에 대한 흥미도에서는 다양한 논쟁문제에 대한 수업을 통해 논쟁수업에 대한 흥미가 얼마나 높아졌는가를 분석해 보려고 한다. 이를 위해서 '수도 이전 문제', '농산물 개방 문제', '쓰레기 매립장 문제', '댐 건설 문제', '새만금 간척 사업 문제', '경부 고속철도 문제' 등 6가지 논쟁문제에 대하여 5점 척도를 주었고, 점수가 높을수록 논쟁수업에 대한 흥미도가 높은 것으로 보았다.

셋째, 논쟁수업에 대한 어려움에서는 다양한 논쟁문제에 대한 수업을 통해 논쟁수업에 대한 어려움이 얼마나 낮아졌는가를 분석해 보려고 한다. 이를 위해서 '수도 이전 문제', '농산물 개방 문제', '쓰레기 매립징 문제', '댐 긴설 문제', '새만금 간척 사업 문제', '경부 고속철도 문제' 등 6가지 논쟁문제에 대하여 5점 척도를 주었고, 점수가 높을수록 논쟁수업에 대한 어려움이 적은 것으로 보았다.

넷째, 논쟁수업에 대한 중요도에서는 다양한 논쟁문제에 대한 수업을 통해 논쟁수업에 대해 얼마나 중요하게 생각하는지를 분석해 보려고 한다. 이를 위해서 '수도 이전 문제', '농산물 개방 문제', '쓰레기 매립장 문제', '댐 건설 문제', '새만금 간척 사업 문제', '경부 고속철도 문제' 등 6가지 논쟁문제에 대하여 5점 척도를 주었고, 점수가 높을수록 논쟁수업에 대해 중요하게 생각하는 것으로 보았다.

다섯째, 논쟁수업에 대한 자신감에서는 다양한 논쟁문제에 대한 수업을 통해 논쟁수업에 대해 얼마나 자신감을 갖게 되었는지를 분석해 보려고 한다. 이를 위해서 '수도 이전 문제', '농산물 개방 문제', '쓰레기 매립장 문제', '댐 건설 문제', '새만금 간척 사업 문제', '경부 고속철도 문제' 등 6가지 논쟁문제에 대하여 5점 척도를 주었고, 점수가 높을수록 논쟁수업에 대한 자신감이 높은 것으로 보았다.

여섯째, 논쟁수업에 대한 입장수정에서는 다양한 논쟁문제에 대한 수업을 하고 난 후 자신의 입장이 수정되었는지를 분석해 보려고 한다. 이를 위해서 '수도 이전 문제', '농산물 개방 문제', '쓰레기 매립장 문제', '댐 건설 문제', '새만금 간척 사업 문제', '경부 고속철도 문제' 등 6가지 논쟁문제에 대하여 5점 척도를 주었고, 점수가 높을수록 입장수정이 많은 것으로 보았다.

5. 선행연구

논쟁수업을 본격적으로 연구하기 시작한 것은 1951년 미국 사회과교육협의회(National Council of Social Studies)가 연차 대회에서 이 주제를 다루고 나서부터였다. 그 이후 논쟁에 관한 관심이 증대되었고, 특히 하버드 대학교의 Oliver와 Shaver(1966)가 5년 동안 사회과에서 논쟁 문제를 추출하여 교육과정을 구성하고 실험 연구하여 발표한 법리 모형(jurisprudential approach)은 대표적인 논쟁수업 모형이 되었다. 그 후에 Newmann과 Oliver(1970)가 이를 발전시켰고, NCSS는 1975년에 다시 연차 대회에서 논쟁 문제를 주제로 다루었다(차경수, 1994). 최근에는

Social Education 1996년 60집 1호에서 논쟁 문제를 특집으로 다루기도 하였다. 또한 Johnson 등은 논쟁에 관한 많은 연구와 실험을 수행하였고, 특히 협동학습구조에서의 논쟁학습모형을 구안하는 데 주력하였다(정문성, 2002).

가. 국외 연구

1) 1960년대 연구

1966년 Oliver와 Shaver는 공동저작인 『고등학교에서의 공공문제의 교수』를 발표하여 교실에서 이 문제를 교수하는 모형을 체계화시켰다. 저자들은 1956년에서 1961년까지 5년 동안 하버드대학교 대학원 사회교육 프로그램에서 추진한 연구의 결과를 보고서로 출판하였다. 그들은 사회과의 영역에서 논쟁문제를 추출하여 교육과정을 구성하고, 이것을 세 학교에서 실험적으로 가르쳤으며, 그 결과를 평가하여 실험집단과 통제집단을 비교하였다. 그 결과, 그들의 교육과정과 교수방법이 논쟁문제에 대해 일정한 입장을 취하고, 그 입장을 정당화하는 지적 능력을 기르는 데 효과적이었다고 결론지었다.

이 교수-학습 모형은 제기된 문제에 대해 ① 개념의 명료화, ② 경험적 증거에 의한 사실의 증명, ③ 가치갈등의 해결 등 세 가지 방법에 의해 문제를 해결하려고 시도하였다. 가치갈등 해결의 기준으로서는 윤리적, 법률적 원칙과 가치를 기준으로 제시했기 때문에 윤리-법률 모형, 또는 법리모형이라고 한다. 또 하버드대학교 사회과 교육 프로그램에서 개발하였기 때문에 하버드 모형이라고도 한다. 가치 결정의 기준으로는 인간존중이라는 사회의 기본적 가치, 헌법에서 제시한 여러 가지의 민주적 원리, 가치의 위계적 차이, 가치의 보편성과 구체성 등 다양한 기준을 매우 포괄적으로 제시했다. 이 모형에서는 사회의 기본적 가치를 중요시하여 비판의 대상에서 제외하였기 때문에 보수적이라는 비판을 받고 있고, 또 오래된 모형이기는 하지만 논쟁문제 교수모형의 결정판으로 오늘날까지 그 가치가 높이 평가되고 있으며 많이 인용되고 있다.

2) 1970년대 연구

Newman과 Oliver(1970)는 하버드 모형을 교실현장에서 사용할 때의 구체적 과정을 상세히 서술한 『사회과에서의 공공적 논쟁문제의 명료화』라는 저서를 출판하여 교육현장에서의 적용을 크게 도와주었다. 1975년에 미국사회과교육협회(NCSS)는 다시 45차 연차대회 논문집으로, 「사회과에서의 논쟁문제: 현대적 전망」을 내놓았다. 이 논문집에서 Sweeney와 Sweeney는 '논쟁적 사회문제를 위한 교사의 준비와 모형'이라는 논문에서 ① 선택과 제시, ② 분석, ③ 분류와 비교, ④ 명료화, ⑤ 반성, ⑥ 응용의 6단계로 된 Sweeney-Sweeney 모형을 제시하였다. 이 모형은 Oliver와 Shaver의 모형보다 덜 포괄적이나, 가치문제를 해결하는 데 큰 도움이 되고 있다.

3) 1980년대 이후의 연구

1980년대 Banks(1990)는 의사결정을 사회과의 중요 목표로 보고, 이를 위해 사회과학적 탐구와 가치 탐구의 과정을 통해 의사결정에 도달하는 수업모형을 제시하였다. 그의 사회탐구모형은 ① 문제 제기 ② 가설 설정 ③ 개념화 ④ 자료수집 ⑤ 자료의 평가와 분석 ⑥ 가설검증: 일반화와 이론 등의 단계이며, 가치탐구모형은 ① 가치문제 제기 ② 가치관련 행동의 서술 ③ 가치의 명명과 해당행동의 확인 ④ 가치갈등의 확인 ⑤ 가치의 원천 파악 ⑥ 대안적 가치 명명 ⑦ 가치의 결과 예측 ⑧ 가치선택의 선언 ⑨ 가치선택의 이유, 원천, 결과 서술 등의 단계이다.

이 모형을 보면 교수단계가 매우 세분화된 것을 알 수 있다. 사회탐구과정은 Oliver-Shaver 모형의 경험적 사실 확인단계라고 할 수 있고, 가치탐구 과정 역시 비슷하다. 오늘날 학자들이 제시하고 있는 논쟁문제나 의사결정모형들은 대개 이 것들과 비슷하다고 할 수 있다.

그러나 이러한 논쟁학습에 대한 초등사회과에서의 실천과 연구는 미진한 편이다.

Simon(1976)은 자신의 논쟁학습모형을 6학년 학생들에게 시도한 결과로서 사회적 쟁점에 대한 무관심의 감소, 사회참여에 대한 의지 제고, 사회적 쟁점의 효과적 탐구를 보고하였다. Parker와 McDaniel 및 Valencia(1991) 역시 6학년 학생들을 대상으로 연구하였는데, 많은 학생들은 논리적 대화를 통한 추론 방법을 이미 알고 있으며 논쟁문제중심 교육과정에서 요구되는 지적 활동을 훌륭히 해낼 수 있었다고 보고하고 있다. 따라서 중요한 것은 논쟁문제중심 교육이 수행되는 것이라고 강조하였다. 최근에 자연주의적 사례연구법에 의해서 수행된 Chilcoat와 Ligon(2000)의 연구는 5, 6학년 담당 교사들과 그들의 학생들을 대상으로 Engle-Ochoa의 의사결정모형을 적용한 결과, 논쟁학습은 초등사회과에서 효과적으로 수행될 수 있었다고 보고하고 있다(노경주, 2000).

나. 국내 연구

우리나라에서는 부분적으로 논쟁문제 학습에 대한 논의가 있었으나, 이에 대한 포괄적인 논의는 아직도 활발한 편이 아니다. 그러나 중요한 몇 가지 연구 결과를 살펴보면 다음과 같다.

차경수의 「사회과 논쟁문제의 교수 모형(차경수, 1994: 136~154)」 논문에서는 사회과에서 논쟁적 수업의 의미와 선행연구들을 개관하고, 이것을 실제 우리나라의 교수-학습 현장에 적용하는 데 고려해야 할 점과 교수-학습 단계 및 요소를 제시하고 있으며, 평가 영역까지 광범위하게 다루고 있다. 이 연구는 지금까지의 국내외 논쟁적 교수-학습 모형에 관한 논의들을 목표, 내용, 방법, 평가의 전 영역에 걸쳐 일목요연하게 다루고 있다는 점이 돋보인다. 그가 제시한 교수-학습 단계는 ① 문제 제기, ② 가치문제 확인, ③ 정의와 개념의 명확화, ④ 사실 확인과 경험적 증명, ⑤ 가치갈등의 해결, ⑥ 비교분석, ⑦ 대안 모색과 결과의 예측, ⑧ 선택 및 결론이다.

정문성(1996)은 차경수 모형을 바탕으로 사회과 협동학습 구조에서의 논쟁교수모형을 제시하고 있다. 그의 교수모형을 보면 '4명의 이질적 소집단 형성 후 2인 1조로 그 문제에 대한 찬성 측과 반대 측의 미니소집단 구성 ― 미니소집단 내에서 입장 정리-토론-두 미니소집단이 입장을 바꾸어 상대가 주장하지 못한 것을 세시 ― 4명이 함께 소집단 의견 종합, 빌표'순으로 이루어져 논쟁문제에 대한 이해와 토론의 기법을 협동학습 구조로 재구성하였다.

조영달(1992)은 논문에서 '한·일 간의 기술 이전 문제'라는 매우 구체적인 논쟁문제를 어떻게 실제 교수-학습 현장에 적용할 수 있는가를 보여 주고 있다. 그는 '합리적 이익 추구의 의사결정 모형'을 내세우고 이러한 기본 사고를 바탕으로 다음과 같은 단계를 제시하고 있다. ① 문제 제기, 개념 인식, 규범 확립, ② 교사는 대안 마련, 아동은 한 대안 선택, ③ 증거 위주의 토론과 반대 토론(증거 제시, 자신이 가치의 우선순위 결정), ④ 합리적 이익 추구에 의한 대안의 평가와 결과의 예측 및 반성적 사고, ⑤ 대안 선택과정에의 참여와 결정된 대안의 결과를 따르는 행위이다.

6. 연구가설

이 연구의 목적은 논쟁수업에서 교사의 역할이 학생들의 의사결정능력과 논쟁수업에 대한 태도에 어떠한 영향을 미치는지를 실험을 통해 검증해 보는 데 있다. 이러한 목적을 달성하기 위해 연구자는 다음과 같은 연구 가설을 설정하였다.

<가설 1> 교사가 '신념을 가진 공정형'의 입장에서 논쟁수업을 실시한 집단과 '중립적 공정형'의 입장에서 논쟁수업을 실시한 집단의 의사결정능력에 차이가 있을 것이다.

<가설 2> 교사가 '신념을 가진 공정형'의 입장에서 논쟁수업을 실시한 집단과 '중립적 공정형'의 입장에서 논쟁수업을 실시한 집단의 논쟁수업에 대한 태도에 차이가 있을 것이다.

Ⅲ. 연구 방법

지금까지 살펴본 논쟁수업에서 교사의 역할에 따른 의사결정능력과 논쟁수업에 대한 태도에 대한 이론적 배경을 바탕으로, 본 연구에서는 Pro-Con 논쟁수업 모형을 적용하여 논쟁수업에서 교사의 역할이 학생의 의사결정능력과 논쟁수업에 대한 태도에 어떠한 영향을 미치는지 그 효과를 검증해 보고자 한다.

1. 연구대상

논쟁수업에서 교사의 역할이 학생의 의사결정능력과 논쟁수업에 대한 태도에 미치는 효과를 알아보기 위하여 인천 Y초등학교 5학년 두 개 반을 임의로 선정하여 실험반(35명)과 비교반(35명)으로 구성하였다.

2. 실험 절차와 설계

본 연구에서 실험 절차는 <그림 4-3>, 실험 설계는 <표 4-6>과 같다.

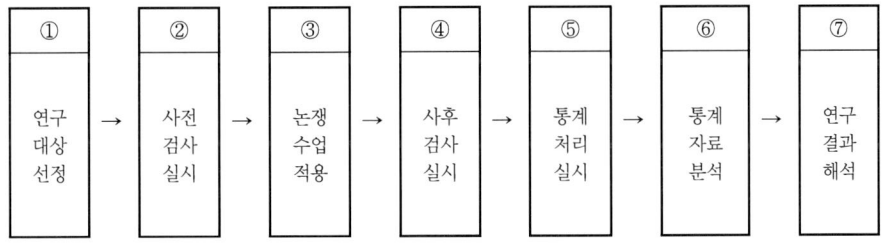

① 연구 대상 선정 → ② 사전 검사 실시 → ③ 논쟁 수업 적용 → ④ 사후 검사 실시 → ⑤ 통계 처리 실시 → ⑥ 통계 자료 분석 → ⑦ 연구 결과 해석

〈그림 4-3〉 실험 절차

<표 4-6> 실험 설계

집 단	실험 설계		
G_1	O_1	X_1	O_2
G_2	O_3	X_2	O_4

G_1: 실험집단(35명) G_2: 비교집단(35명)

O_1, O_3: 사전검사 결과

X_1: 논쟁수업(신념을 가진 공정형)

X_2: 논쟁수업(중립적 공정형)

O_2, O_4: 사후검사 결과

3. 연구 변인

가. 종속변인

이 연구의 종속변인은 의사결정능력과 논쟁수업에 대한 태도이다. 의사결정능력 평가지는 Banks(1990)의 의사결정능력 평가문항을 참고로 하여 초등학교 5학년 수준을 고려하여 제작하였다. 그 내용은, 논쟁문제 장면을 예화로 제시하고 그 속에서 대립되는 입장을 찾아보고 각각의 입장을 선택했을 때의 결과를 예측하도록 한다. 또한 자신은 어떤 입장을 취할 것이며 그 근거는 무엇인가를 서술하도록 한다. 논쟁수업에 대한 태도 평가지는 논쟁수업에 대한 학생들의 태도를 알아보기 위하여 여섯 가지 태도항목으로 나누어 제작하였다. 그 내용은, 논쟁수업에 대한 관심도, 흥미도, 중요도, 어려움, 자신감, 입장수정이다. 여기서 관심도, 흥미도, 중요도, 어려움은 사전 사후 동일하게 측정하였으며, 논쟁수업 이후 논쟁수업에 대한 태도를 좀 더 깊이 알아보기 위하여 사후검사에는 자신감과 입장수정 태도를 추가로 측정하였다(<부록 2> 참조). 사후검사에 대한 채점은 동일한 평가기준에 의거하여 연구자와 동료교사 2인이 각각 채점하고 그 평균치를 내었다(<부록 3> 참조).

나. 독립변인

이 연구의 독립변인은 논쟁수업에서 교사의 역할이며 이를 위한 수업방법은 다음과 같다.

1) 논쟁수업 교수 - 학습 내용표

초등학교 5학년 1학기 사회과 2단원 '우리가 사는 지역'에서 2차시 수업안을 작성하고, 3단원 '환경 보전과 국토 개발'에서 4차시의 수업안을 작성하여 집단별 논쟁수업을 실시하였다. 본 수업안은 이론적 배경에서 제시한 **Pro-Con** 논쟁수업모형을 적용한 교수-학습 과정안이다. 논쟁수업 교수-학습 내용은 <표 4-7>과 같다.

〈표 4-7〉 교수-학습 내용표

단원	주제	제재	차시	제재 및 주제	논쟁 문제	쪽수
2. 우리가 사는 지역	❶ 도시 지역의 생활	③ 도시의 여러 문제를 어떻게 해결할까	8/17	도시 문제의 다양한 해결 방법 탐색하기	도시 문제의 해결을 위한 수도 이전 문제	70~72
	❷ 촌락 지역의 생활	② 촌락에서 일어나는 일	12/17	촌락 생활의 문제점 파악하기	농산물 개방 문제	80~81
3. 환경 보전과 국토 개발	❷ 환경과 더불어 살아가는 길	① 환경 문제의 합리적 해결	10/17	환경 기초 시설 설치를 둘러싼 다툼 살펴보기	쓰레기 매립장 건설 문제	125~126
		② 환경을 생각하는 국토 개발	12/17	국토 개발 사업의 필요성과 목적 알아보기	댐 건설 문제	130~132
			13/17	국토 개발 사업의 필요성과 목적 알아보기	새만금 간척사업 문제	130~132
			14/17	우리나라 국토 종합 개발 사업의 주요 성과 알아보기	경부 고속철도 문제	133~134

2) 논쟁수업 교수-학습 과정안

실험에 사용한 논쟁수업 교수-학습 과정안은 6차시의 교수-학습 과정안으로 각 차시마다 신념을 가진 공정형 교사가 가르치는 논쟁수업 교수-학습 과정안과 중립적 공정형의 교사가 가르치는 논쟁수업 교수-학습 과정안을 작성하였다. 대표적인 교수-학습 과정안을 제시하면 다음과 같다.

가) 교사의 역할에 따른 논쟁문제 교수-학습 지도안(신념을 가진 공정형)

단원명	3. 환경 보전과 국토 개발 (2) 환경과 더불어 살아가는 길 ① 환경 문제의 합리적 해결		
학습 주제	쓰레기 매립장 건설에 대한 집단 간의 갈등을 살펴보고 찬반 토론하기		
학습 목표	○ 쓰레기 매립장 건설에 대한 입장을 살펴보고 토론을 통해 합리적인 해결방안을 찾을 수 있다.		
학습 자료	뉴스영상자료, 신문보도자료, PPT자료, 학습진행지 및 학습자료		
학습 모형	Pro-Con 논쟁수업모형	학습 형태	소집단 협력 학습

교수 · 학습 과정			
단계	학습의 과정	교수 · 학습 활동	학습 자료 및 지도상의 유의점
도입	토론 문제 인식	◼ **학습 동기 유발** ○쓰레기 매립장 건설을 둘러싼 찬반 입장에 대한 신문 기사 읽기 ○영상 자료 보기 -쓰레기 매립장 건설로 인한 유익과 손해를 알려줌 ◼ **학습 문제 확인하기** 쓰레기 매립장 건설에 대한 찬반 입장을 살펴보고 합리적인 해결 방법 찾기	▪ 신문기사 ▪ PPT슬라이드
전개	토론 문제 논의	◼ **학습 활동 전개** ▶ **토론 준비하기** ○쓰레기 매립장 건설 지역 소개 '쾌적한 주거 지역으로 사람들이 많이 살고 있는 이곳에……' -쓰레기 매립장 건설 계획으로 논란이 있는 지역을 소개한다. ○과제 제시하기 과제) 이 지역에 쓰레기 매립장을 건설하는 것에 찬성하는가? 아니면 반대하는가? 그 이유는 무엇인가? ○4명의 모둠 조직하기 ○미니 모둠 구성하기 -모둠에서 찬성과 반대의 2인으로 구성된 미니 모둠을 구성함 ○주어진 학습지를 공부하면서 자신의 입장 익히기	□세부적인 절차에 따라 시간과 해야 할 것을 알려준다.

		-미니 모둠 안에서 자신의 입장을 선택함	□세부적인 절차에
		○학습 진행지에 발표할 내용 정리하기	따라 시간과 해야 할
		-모둠 내 토론 준비하기	것을 알려 준다.
		▶ **토론하기**	■ 학습자료
		○교사의 진행 지시에 따라 토론 시작하기	□교사는 모둠별로
		○ **쓰레기 매립장 건설의 필요성을 설명한다.**	다니면서 활동을
		-증가하는 쓰레기의 처리, 쓰레기로 인한 환경오염의 해결 등	격려한다.
		○ **매립장 주변 지역에 대한 친환경적인 사업이 뒷받침되어야 한다는**	□교사가 바람직하
		점을 학생들에게 주지시킨다.	다고 생각되는 가
		-생태공원조성 등	치를 학생들에게
		○ **교사가 제시한 의견에 대한 결과와 장단점을 알아본다.**	설명한다.
		○찬성 입장 발표하기	
		예) 쓰레기 처리의 경비를 절약할 수 있다.	
		예) 지역 쓰레기를 손쉽게 처리할 수 있다.	
		○반대 입장 발표하기	
		예) 인근 지역의 환경오염 문제가 발생할 수 있다.	
		예) 생활이 불편해지고 건강 문제가 발생할 수 있다.	
		○입장별 토론하기	
		-미니 모둠은 자신의 주장과 근거를 모둠 내에서 순서대로 발표함	
		○입장 바꾸어 토론하기	
		-미니 모둠은 서로 '우리라면 이런 근거를 제시하겠다'는 방식으로 반	
		대편의 주장에 대해 조언을 해줌	
		○의견 종합하기	
정리	토론 문제 해결	■ 학습 내용 정리 ▶ **토론 결과 발표하기** ○모둠별로 토론 결과 발표하기 -교사는 다른 모둠의 주장을 듣고, 드러난 문제점을 학생들과 함께 정리함 ○새롭게 알게 되고 깨달은 점 발표하기	□간단히 정리해서 발표하도록 지도 한다.

나) 교사의 역할에 따른 논쟁문제 교수-학습 지도안(중립적 공정형)

단원명	3. 환경 보전과 국토 개발 (2) 환경과 더불어 살아가는 길 ① 환경 문제의 합리적 해결		
학습 주제	쓰레기 매립장 건설에 대한 집단 간의 갈등을 살펴보고 찬반 토론하기		
학습 목표	○ 쓰레기 매립장 건설에 대한 입장을 살펴보고 토론을 통해 합리적인 해결방안을 찾을 수 있다.		
학습 자료	뉴스영상자료, 신문보도자료, PPT자료, 학습진행지 및 학습자료		
학습 모형	Pro-Con 논쟁수업모형	학습 형태	소집단 협력 학습

교수 · 학습 과정			
단계	학습의 과정	교수 · 학습 활동	자료 및 지도상의 유의점
도입	토론 문제 인식	■ 학습 동기 유발 ○쓰레기 매립장 건설을 둘러싼 찬반 입장에 대한 신문 기사 읽기 ○영상 자료 보기 -쓰레기 매립장 건설로 인한 유익과 손해를 알려줌 ■ 학습 문제 확인하기 　쓰레기 매립장 건설에 대한 찬반 입장을 살펴보고 합리적인 　해결 방법 찾기	■ 신문기사 ■ PPT슬라이드
전개	토론 문제 논의	■ 학습 활동 전개 ▶ 토론 준비하기 ○쓰레기 매립장 건설 지역 소개 '쾌적한 주거 지역으로 사람들이 많이 살고 있는 이곳에…….' -쓰레기 매립장 건설 계획으로 논란이 있는 지역을 소개한다. ○과제 제시하기 과제) 이 지역에 쓰레기 매립장을 건설하는 것에 찬성하는가? 아니면 반대하는가? 그 이유는 무엇인가? ○4명의 모둠 조직하기 ○미니 모둠 구성하기 -모둠에서 찬성과 반대의 2인으로 구성된 미니 모둠을 구성함 ○주어진 학습지를 공부하면서 자신의 입장 익히기 -미니 모둠 안에서 자신의 입장을 선택함 ○학습 진행지에 발표할 내용 정리하기 -모둠 내 토론 준비하기 ▶ 토론하기 ○교사의 진행 지시에 따라 토론 시작하기 ○찬성 입장 발표하기 예) 쓰레기 처리의 경비를 절약할 수 있다. 예) 지역 쓰레기를 손쉽게 처리할 수 있다.	□세부적인 절차에 따라 시간과 해 야 할 것을 알려 준다. ■ 학습자료 □교사는 모둠별로 다니면서 활동을 격려한다.

		○반대 입장 발표하기 예) 인근 지역의 환경오염 문제가 발생할 수 있다. 예) 생활이 불편해지고 건강 문제가 발생할 수 있다. ○입장별 토론하기 -미니 모둠은 자신의 주장과 근거를 모둠 내에서 순서대로 발표함 ○입장 바꾸어 토론하기 -미니 모둠은 서로 '우리라면 이런 근거를 제시하겠다'는 방식으로 반대편의 주장에 대해 조언을 해줌 ○의견 종합하기	
정리	토론 문제 해결	■ 학습 내용 정리 ▶ 토론 결과 발표하기 ○모둠별로 토론 결과 발표하기 -교사는 다른 모둠의 주장을 듣고, 드러난 문제점을 학생들과 함께 정리함 ○새롭게 알게 되고 깨달은 점 발표하기	□간단히 정리해서 발표하도록 지도 한다.

두 지도안의 차이점을 살펴보면, '신념을 가진 공정형'의 교사는 학생들과 동등한 입장에서 논쟁수업에 참여하되 의견을 반복하거나 강조하지는 않는다. 반면 '중립적 공정형'의 교사는 논쟁 문제에 대한 자신의 생각이나 견해를 논쟁수업 내내 밝히지 않는다는 것이다.

4. 연구 절차

이 연구를 추진하기 위한 연구 절차를 제시하면 <표 4-8>과 같다.

<표 4-8> 연구 절차

단계	추진 내용
준비 및 계획 수립	·기초 자료 조사 ·연구 설계 ·선행연구 및 문헌 조사 ·평가도구 선정 및 개발
연구 추진 및 실천	·사회과 교재 분석 및 지도안 작성 ·의사결정능력 및 논쟁수업에 대한 태도 사전검사 ·논쟁수업 적용
사료 처리 및 결과 분석	·의사결정능력 및 논쟁수업에 대한 태도 사후검사 ·검사 결과 통계 처리 및 분석 ·연구 결과 해석 및 결론

5. 통계처리

통계 처리는 SPSS-WIN(10.0) 통계 프로그램을 이용하였다. 각 가설의 실험집단과 비교집단 간의 유의미한 차이가 있는지를 알아보기 위해서는 독립표본 t검증(independent samples t-test)을, 실험집단의 사전검사와 사후검사, 비교집단의 사전검사와 사후검사의 유의미한 차이가 있는지를 알아보기 위해서는 대응표본 t검증(paired samples t-test)을 실시하였다.

Ⅳ. 연구결과 분석 및 해석

이 연구는 초등사회과 논쟁수업에서 교사의 역할이 학생의 의사결정에 미치는 효과를 검증하는 데 그 목적이 있다. 이를 교사가 '신념을 가진 공정형'의 입장에서 논쟁수업을 실시한 집단과 교사가 '중립적 공정형'의 입장에서 논쟁수업을 실시한 집단으로 구성하여 실험한 결과를 분석하면 다음과 같다.

1. <가설 1>의 검증

교사가 '신념을 가진 공정형'의 입장에서 논쟁수업을 실시한 집단이 '중립적 공정형'의 입장에서 논쟁수업을 실시한 집단보다 의사결정능력이 신장될 것이라는 가설을 검증하기 위해 실험집단과 비교집단을 비교해본 결과는 다음과 같다.

<표 4-9>을 보면 실험집단과 비교집단 간의 의사결정능력 점수는 사전검사에서 통계적으로 의미 있는 차이를 보이지 않았다. 따라서 의사결정능력에 있어서 실험집단과 비교집단은 동질집단임을 알 수 있다. 그러나 실험결과 사후검사에서는 두 집단 사이에 의사결정능력 점수의 유의미한 차이가 나타났다(t=4.299, ***p<.001).

따라서 교사가 '신념을 가진 공정형'의 입장으로 논쟁수업을 실시한 실험집단이 교사가 '중립적 공정형'의 입장으로 논쟁수업을 실시한 비교집단보다 학생들의 의사결정능력 신장에 더 효과적이라는 사실을 확인할 수 있다. 그러므로 <가설 1>은 긍정되었다. <표 4-11>은 이러한 사실을 종합적으로 잘 보여 준다.

〈표 4-9〉 의사결정능력 점수 좌우 비교

구분	집단	N	M	SD	t값	유의도
사전점수	실험집단	35	31.66	11.14	.994	.324
	비교집단	35	28.91	11.93		
사후점수	실험집단	35	42.49	6.26	4.299***	.000
	비교집단	35	34.46	9.11		

〈표 4-10〉 의사결정능력 점수 전후 비교

집단	구분	N	M	SD	t값	유의도
실험집단	사전점수	35	31.66	11.14	-5.014***	.000
	사후점수	35	42.49	6.26		
비교집단	사전점수	35	28.91	11.93	-2.185*	.032
	사후점수	35	34.46	9.11		

〈표 4-11〉 의사결정능력 점수 전후 · 좌우 비교

구분	실험집단		비교집단
사전	31.66	N.S. ↔	28.91
	***↕		↕*
사후	42.49	↔ ***	34.46

N.S.: 유의미한 차이가 없음 *: p<.05 **: p<.01 ***: p<.001

2. <가설 2>의 검증

교사가 '신념을 가진 공정형'의 입장에서 논쟁수업을 실시한 집단이 '중립적 공정형'의 입장에서 논쟁수업을 실시한 집단보다 논쟁수업에 대한 태도가 긍정적으로 신장될 것이라는 가설을 검증하기 위해 실험집단과 비교집단을 비교해 본 결과는 다음과 같다.

<표 4-12>를 보면, 실험집단과 비교집단 간의 논쟁수업에 대한 사전 태도점수는 통계적으로 의미 있는 차이를 보이지 않았다. 따라서 논쟁수업에 대한 태도에 있어서 실험집단과 비교집단은 동질집단임을 알 수 있다. 그러나 실험결과 사후 검사에서는 두 집단 사이에 논쟁수업에 대한 태도 점수에 차이가 나타났다. 실험 후 실험집단과 비교집단 간의 논쟁수업에 대한 태도 점수는 논쟁수업에 대한 관심도, 흥미도, 어려움, 자신감의 네 가지 태도 항목에서 통계적으로 의미 있는 차이를 보였다.

실험 결과 분석을 통해 교사가 '신념을 가진 공정형'의 입장으로 논쟁수업을 실시한 실험집단이 교사가 '중립적 공정형'의 입장으로 논쟁수업을 실시한 비교 집단보다 논쟁수업에 대한 태도 중 관심도, 흥미도, 어려움, 자신감의 네 가지 태도항목이 긍정적으로 신장되었다는 사실을 알 수 있었다. 그러나 논쟁수업에 대한 태도 중 중요도, 입장 수정의 두 가지 태도항목에는 유의미한 차이가 나타나지 않았다. 그러므로 <가설 2>는 부분적으로 긍정되었다고 할 수 있다.

따라서 교사가 '신념을 가진 공정형'의 입장으로 논쟁수업을 실시한 실험집단이 교사가 '중립적 공정형'의 입장으로 논쟁수업을 실시한 비교집단보다 학생들의 논쟁수업에 대한 태도를 긍정적으로 신장시킨다는 사실을 확인할 수 있다. <표 4-14>, <표 4-15>, <표 4-16>, <표 4-17>, <표 4-18>, <표 4-19>는 이러한 사실을 논쟁수업에 대한 태도를 항목별로 자세하게 나타내 준다.

논쟁수업에 대한 태도를 항목별로 결과를 분석해 보면 다음과 같다.

〈표 4-12〉 논쟁수업에 대한 태도 좌우 비교

구분	태도 항목	집단	N	M	SD	t값	유의도
사전 점수	관심도	실험	35	2.4905	.6966	-1.752	.108
		비교	35	2.5714	.7243		
	흥미도	실험	35	2.5190	.7888	-1.635	.110
		비교	35	2.7381	.8076		
	어려움	실험	35	2.7095	.8492	2.035	.076
		비교	35	2.6333	.8896		
	중요도	실험	35	3.4190	.7167	-1.421	.118
		비교	35	3.5000	.7938		
사후 점수	관심도	실험	35	3.6762	.8622	2.437*	.017
		비교	35	3.2190	.6987		
	흥미도	실험	35	3.6524	.8924	2.420*	.018
		비교	35	3.1619	.8008		
	어려움	실험	35	3.2571	.9344	4.382***	.000
		비교	35	2.4190	.6383		
	중요도	실험	35	3.9667	.5966	1.456	.150
		비교	35	3.7429	.6864		
	자신감	실험	35	3.8333	.7519	3.950***	.000
		비교	35	3.1333	.7562		
	입장 수정	실험	35	3.1095	.7307	.217	.829
		비교	35	3.0667	.8876		

집단	태도 항목	구분	N	M	SD	t값	유의도
실험 집단	관심도	사전	35	2.4905	.6966	-6.329***	.000
		사후	35	3.6762	.8622		
	흥미도	사전	35	2.5190	.7888	-5.630***	.000
		사후	35	3.6524	.8924		
	어려움	사전	35	2.7095	.8492	-2.566*	.013
		사후	35	3.2571	.9344		
	중요도	사전	35	3.4190	.7167	-3.474**	.001
		사후	35	3.9667	.5966		
비교 집단	관심도	사전	35	2.5714	.7243	-1.415	.162
		사후	35	3.2190	.6987		
	흥미도	사전	35	2.7381	.8076	-.624	.535
		사후	35	3.1619	.8008		
	어려움	사전	35	2.6333	.8896	-.540	.591
		사후	35	2.4190	.6383		
	중요도	사전	35	3.5000	.7938	.372	.711
		사후	35	3.7429	.6864		

가. 논쟁수업에 대한 관심도

논쟁수업에 대한 관심도는 실험집단의 사후검사 점수가 비교집단의 사후검사 점수보다 의미 있게 높았다(t=2.437, *p<.05). 따라서 교사가 논쟁수업에서 '신념을 가진 공정형'의 입장에서 수업을 실시한 실험집단의 학생들이 논쟁수업에 대해 더 관심을 가진다는 사실을 확인할 수 있다.

〈표 4-14〉 논쟁수업에 대한 관심도의 전후 · 좌우 비교

〈표 4-14〉 논쟁수업에 대한 관심도의 전후 · 좌우 비교

구분	실험집단		비교집단
		N.S.	
사전	2.4905	↔	2.5714
	***↕		↕N.S.
사후	3.6762	↔	3.2190
		*	

N.S.: 유의미한 차이가 없음 *: p<.05 **: p<.01 ***: p<.001

나. 논쟁수업에 대한 흥미도

논쟁수업에 대한 흥미도는 실험집단의 사후검사 점수가 비교집단의 사후검사 점수보다 의미 있게 높았다(t=2.420, *p<.05). 따라서 교사가 논쟁수업에서 '신념을 가진 공정형'의 입장에서 수업을 실시한 실험집단의 학생들이 논쟁수업에 대해 더 흥미를 가진다는 사실을 확인할 수 있다.

〈표 4-15〉 논쟁수업에 대한 흥미도의 전후 · 좌우 비교

구분	실험집단		비교집단
		N.S.	
사전	2.5190	↔	2.7381
	***↕		↕N.S.
사후	3.6524	↔	3.1619
		*	

N.S.: 유의미한 차이가 없음 *: p<.05 **: p<.01 ***: p<.001

다. 논쟁수업에 대한 어려움

논쟁수업에 대한 어려움은 실험집단의 사후검사 점수가 비교집단의 사후검사 점수보다 의미 있게 높았다(t=4.382, ***p<.001). 따라서 교사가 논쟁수업에서 '신념을 가진 공정형'의 입장에서 수업을 실시한 실험집단의 학생들이 논쟁수업에 대해 덜 어렵다고 느끼는 사실을 확인할 수 있다.

<표 4-16> 논쟁수업에 대한 어려움의 전후 · 좌우 비교

구분	실험집단		비교집단
		N.S.	
사전	2.7095	↔	2.6333
	* ↕		↕ N.S.
사후	3.2571	↔	2.4190
		***	

N.S.: 유의미한 차이가 없음 *: p<.05 **: p<.01 ***: p<.001

라. 논쟁수업에 대한 중요도

논쟁수업에 대한 중요도는 실험집단의 사후검사 점수와 비교집단의 사후검사 점수 간에 의미 있는 차이가 나타나지 않았다(t=1.456). 따라서 논쟁수업에서 교사의 역할은 학생들이 논쟁수업에 대한 중요도를 인식하는 데 있어 의미 있는 영향을 미치지 않았음을 확인할 수 있다.

<표 4-17> 논쟁수업에 대한 중요도의 전후 · 좌우 비교

구분	실험집단		비교집단
		N.S.	
사전	3.4190	↔	3.5000
	** ↕		↕ N.S.
사후	3.9667	↔	3.7429
		N.S.	

N.S.: 유의미한 차이가 없음 *: p<.05 **: p<.01 ***: p<.001

마. 논쟁수업에 대한 자신감

논쟁수업에 대한 자신감은 실험집단의 사후검사 점수가 비교집단의 사후검사 점수보다 의미 있게 높았다(t=3.950, ***p<.001). 따라서 논쟁수업에서 '신념을 가진 공정형'의 입장에서 교사가 논쟁수업을 지도했을 때 학생들이 논쟁수업에 대해 더욱더 자신감을 갖는다는 사실을 확인할 수 있다.

<표 4-18> 논쟁수업에 대한 자신감의 좌우 비교

구분	실험집단		비교집단
		***	
사후	3.8333	↔	3.1333

N.S.: 유의미한 차이가 없음 *: p<.05 **: p<.01 ***: p<.001

바. 논쟁수업에 대한 입장 수정

논쟁수업에 대한 입장 수정이란 논쟁에서 자신의 주장을 수정할 수 있는 유연성을 알아보기 위해 조사한 것이다. 즉, 개방적 태도를 알아보기 위한 것이다. 논쟁수업에 대한 입장 수정은 실험집단의 사후검사 점수와 비교집단의 사후검사 점수 간에 의미 있는 차이가 나타나지 않았다(t=.217). 따라서 논쟁수업에서 교사의 역할은 학생들이 논쟁문제에 대한 자신의 입장을 수정하는 데 의미 있는 영향을 미치지 않았음을 확인할 수 있다.

<표 4-19> 논쟁수업에 대한 입장 수정의 좌우 비교

구분	실험집단		비교집단
		N.S.	
사후	3.1095	↔	3.0667

N.S.: 유의미한 차이가 없음 *: p<.05 **: p<.01 ***: p<.001

V. 요약 및 결론

1. 요약

이 연구는 논쟁수업에서 교사의 역할이 학생의 의사결정능력과 논쟁수업에 대한 태도에 미치는 효과를 실험을 통해 검증하는 데 목적을 두고 있다.

이러한 연구 목적을 달성하기 위하여 다음과 같은 연구 문제를 설정하였다.

첫째, 논쟁수업에서 교사의 역할은 학생의 의사결정능력 신장에 효과가 있는가?

둘째, 논쟁수업에서 교사의 역할은 학생의 논쟁수업에 대한 태도의 긍정적 신장에 효과가 있는가?

연구의 목적을 성취하기 위하여 다음과 같은 가설을 설정하였다.

첫째, 교사가 '신념을 가진 공정형'의 입장에서 논쟁수업을 실시한 집단과 '중립적 공정형'의 입장에서 논쟁수업을 실시한 집단의 의사결정능력의 신장 효과에 차이가 있을 것이다.

둘째, 교사가 '신념을 가진 공정형'의 입장에서 논쟁수업을 실시한 집단과 '중립적 공정형'의 입장에서 논쟁수업을 실시한 집단의 논쟁수업에 대한 태도에 차이가 있을 것이다.

설정된 연구 가설을 검증하기 위해 인천 시내에 소재한 Y초등학교 5학년 아동을 대상으로 사전검사를 실시하여 1개의 실험집단(35명)과 1개의 비교집단(35명)을 선정하였다. 실험집단에서는 교사가 '신념을 가진 공정형'의 역할로 논쟁수업을 실시하였고 비교집단에서는 교사가 '중립적 공정형'의 역할로 논쟁수업을 실시하였다. 논쟁수업모형으로는 Pro-Con 논쟁수업을 사용하였다.

Pro-Con 논쟁수업을 적용하기 위하여 관련 교육과정을 분석하고, 논쟁문제를 추출하여 논쟁수업 지도 계획을 수립하였으며, 수립된 계획에 따라 Pro-Con 논쟁수업 교수-학습 과정안을 작성하여 활용하였다.

논쟁수업은 초등학교 사회과 '우리가 사는 지역'과 '환경보전과 국토개발'의 내용을 분석하여 논쟁 문제를 추출하여 교수-학습 과정안을 작성하였다. 논쟁수업은 4주간 6차시에 걸쳐 적용하였다.

종속변인을 측정하기 위한 의사결정능력의 검사도구는 Banks(1990)의 의사결정능력 평가문항을 참고로 하여 초등학교 5학년 수준을 고려하여 연구자가 제작한 의사결정능력 검사지를 활용하였다. 그리고 논쟁수업에 대한 태도 검사는 연구자가 논쟁수업에 대한 태도를 논쟁수업에 대한 관심도, 흥미도, 어려움, 중요도, 자신감, 입장 수정의 여섯 가지 항목으로 나누어 제작한 태도 검사지를 활용하였다. 이 연구의 실험처치 효과를 분석하기 위해 실험, 비교집단에 대하여 독립표본 t검증(independent samples t-test)을, 실험집단의 사전검사와 사후검사, 비교집단의 사전검사와 사후검사에 유의미한 차이가 있는지를 알아보기 위해서는 대응표본 t검증(paired samples t-test)을 실시하였다.

이 연구의 결과를 요약하면 다음과 같다.

첫째, 논쟁수업에서 교사가 '신념을 가진 공정형'의 역할에서 수업을 실시한 집단의 의사결정능력 점수가 '중립적 공정형'의 역할에서 논쟁수업을 실시한 집단의 의사결정능력 점수보다 높게 나와 <가설 1>은 긍정되었다.

둘째, 논쟁수업에서 교사가 '신념을 가진 공정형'의 역할에서 수업을 실시한 집단의 논쟁수업에 대한 태도 점수가 '중립적 공정형'의 역할에서 논쟁수업을 실시한 집단의 태도 점수보다 네 가지 태도항목에서 높게 나와 <가설 2>는 부분적으로 긍정되었다.

2. 결론 및 제언

논쟁수업의 목적은 사회적으로 중요하면서도 서로 의견 차이가 나는 문제에 민감하게 대처할 수 있는 능력을 키우는 것으로, 이를 위해서는 다양한 의견을 포착하기 위해 필요한 지적능력뿐 아니라 서로 다른 신념을 가진 개인 혹은 집단 간에 조화를 이루기 위해 필요한 기본적 가치 태도를 학습하는 것에 있다. 교사의 역할은 이러한 논쟁수업의 목적과 연관되어 있다. 교사는 민주적 신념을 가지고 있어야 한다. 반면 학생들은 이러한 신념을 아직은 체득하고 있지 않은 미숙한 상태에 있다. 교사는 학생들로 하여금 논쟁수업을 통하여 다양한 방식으로 민주적 신념을 체득시키도록 하여야 한다. 따라서 교사는 학생들이 논쟁문제를 학습하는 과정에 있어 이에 필요한 역할을 수행하게 된다.

이 연구에서는 논쟁수업에서 교사의 역할이 학생의 의사결정에 미치는 효과를 규명하기 위하여 두 가지 가설을 설정하였다. 이러한 가설을 검증하기 위하여 집단별로 사전·사후검사를 실시하고 그 결과에 대한 집단 간의 평균의 차이를 검증하였다.

이 연구에서 설정한 가설을 중심으로 논쟁수업에서 교사의 역할이 학생의 의사결정에 미치는 효과를 연구해본 결과를 통하여 얻어진 결론은 다음과 같다.

첫째, 논쟁수업에서 교사가 '신념을 가진 공정형'의 입장에서 수업을 실시한 실험 집단이 '중립적 공정형'의 입장에서 수업을 실시한 비교집단보다 의사결정능력이 신장되었다. 이러한 결과를 통해 논쟁수업에서 교사의 역할에 따라 의사결정능력 신장에 미치는 효과가 다르다는 것을 알 수 있었다. 그러나 왜 '신념을 가진 공정형'의 입장에서 논쟁수업을 실시한 집단이 '중립적 공정형'의 입장에서 논쟁수업을 실시한 집단보다 의사결정능력이 신장되었는지를 분명하게 설명하기는 어렵다. 교사가 적극적인 태도와 열정을 가지는 것이 학생들의 학습참여에 긍정적 영향을 미친다는 기존 연구에 비추어볼 때 '중립적 공정형'보다는 '신념을 가진 공정형'이 학습자들에게 더욱 수업참여를 자극하고 토의 방향 설정에 도움을 주었기 때문으로 생각된다. 이러한 과정에 대한 보다 깊은 연구의 필요성이 느껴진다.

둘째, 논쟁수업에서 교사가 '신념을 가진 공정형'의 입장에서 수업을 실시한 실험 집단이 '중립적 공정형'의 입장에서 수업을 실시한 비교집단보다 논쟁수업에 대한 관심도, 흥미도, 어려움, 자신감의 태도 항목이 긍정적으로 신장되었다. 그러나 논쟁수업에 대한 중요도와 입장수정은 통계적으로 유의미한 차이가 없는 것으로 나타났다. 따라서 교사가 '신념을 가진 공정형'의 역할을 하는 것이 '중립적 공정형'의 입장에서 논쟁수업을 실시하는 것보다 학습자의 논쟁수업에 대한 태도에 긍정적으로 영향을 미치는 것을 알 수 있다. 이것은 앞서 논의한 바대로 교사의 적극적 태도가 효과를 준 것으로 생각된다.

이 연구의 결론을 근거로 후속연구를 위한 몇 가지 제언을 하면 다음과 같다.

첫째, 논쟁수업의 적용 기간은 4주 동안으로 그 기간이 짧았고, 적용 학년을 5학년으로 한정하였기 때문에 다른 학년을 중심으로 한 장기적인 후속 연구가 이루어져야겠다.

둘째, 논쟁수업에 대한 중요도, 입장수정에서 실험집단과 비교집단 간의 유의미한 결과가 나오지 않은 것에 대해 구체적이고 세밀한 후속 연구가 필요하다.

셋째, 학생들의 의사결정능력을 타당하고 신뢰성 있게 평가할 수 있는 표준화된 검사지가 개발되어야 한다.

넷째, 학생들의 논쟁수업에 대한 태도를 타당하고 신뢰성 있게 평가할 수 있는 표준화된 검사지가 개발되어야 한다.

다섯째, 이 연구에서는 협동학습구조로 Pro-Con 논쟁수업모형을 적용하여 학생의 의사결정능력과 논쟁수업에 대한 태도에 교사의 역할이 어떠한 영향을 미치는가에 대한 실험을 하였다. 이 외에도 다양한 논쟁수업모형을 적용하여 학생의 의사결정능력과 논쟁수업에 대한 태도에 교사의 역할이 어떠한 영향을 미치는가에 대한 후속 연구가 이루어져 초등사회과 논쟁수업에서 취해야 할 교사의 역할에 대한 일반화가 이루어져야겠다.

참고문헌

교육인적자원부(2001). 『초등학교 교사용 지도서 사회 5-1』. 서울: 대한교과서 주식회사.

구정화(1998). 『사회과 논쟁문제 수업에 관한 연구』. 시민교육연구, 제29집. pp.165~190.

_____(1999). 『사회과 학업수준별 논쟁문제 인식 및 수업에 관한 연구』. 시민교육연구, 제29집. pp.1~20.

김옥화(1992). 「사회과에서 논쟁적 문제의 교수·학습에 대한 교사의 인식과 수업방법에 관한 연구」. 서울대학교대학원 석사학위논문.

노경주 외(2001). 『논쟁문제 교육의 이론과 실제』. 서울: 원미사.

문인화(2001). 「초등사회과 논쟁학습이 의사결정능력 신장에 미치는 효과」. 광주교육대학교 대학원 석사학위논문.

박강용(2000). 「쟁점 중심 사회과에서 패널식 대의 토론 학습과 비판적 사고력의 신장」. 한국교원대학교대학원 박사학위논문.

박연실(2001). 「사회과에서 합리적 의사결정 수업 모형의 적절성 연구」. 인천교육대학교대학원 석사학위논문.

박영배 외(1998). 『수업방법 탐구』. 서울: 형설출판사.

박형준(1996). 「<수입개방 시대의 국산품 애용> 문제의 교수·학습 모형 설계와 그 효과에 대한 연구」. 서울대학교대학원 석사학위논문.

서재천(1996). 『사회과 디베이트 학습법의 활용에 대하여』. 초등사회과교육, 제8집. 한국초등사회과교육학회.

오영태(2000). 『사회과 교육론』. 서울: 형설출판사.

윤기옥 외(2002). 『수업 모형의 이론과 실제』. 서울: 학문출판사.

정문성(1994). 「사회과 학업성취에 대한 협동학습의 효과 연구」. 서울대학교 박사학위논문.

_____(1996). 『사회과 협동학습에서의 논쟁 교수 모형』. 인천교육대학교 교육논총, 제13집: pp.259~276.

_____(1996). 『협동학습에서의 의사결정력 향상 전략』. 열린교실연구, 4(1). pp.93~111.

_____(1996). 『사회과 협동학습의 유형과 실제』. 사회과교육, 제29호. 한국사회과 교육연구회.

_____(2002). 『협동학습의 이해와 실천』. 서울: 교육과학사.

조영달(1992). 『논쟁적 경제문제와 경제학습-한·일 기술이전의 교수·학습방법 탐색』. 사회과 교육, 제16집.

차경수(1994). 『사회과 논쟁문제의 교수모형』. 사회과 교육, 제19집: pp.225~240.

_____(2000). 『21세기 사회과 교육과정과 지도법』. 서울: 학문사.

_____(2001). 『현대의 사회과 교육』. 서울: 학문사.

최병모 외 공역(1995). 『사회과 교수법과 교재연구』. 서울: 교육과학사.

최화규(2000). 「초등학생의 비판적 사고력 신장을 위한 대립 토의 유형별 효과 분석」. 한국교원대학교대학원 석사학위논문.

추병완 역(2001). 『학생들과 함께 하는 협동학습』. 서울: 백의.

한면희(1998). 『사회과 교육론』. 서울: 갑을출판사.

_____(2001). 『새로운 패러다임에 기초한 사회과교육』. 서울: 교육과학사.

Banks, J. A.(1990). *Teaching Strategies for the Social Stukies: Inquiry, Valuing, and Decision-Making*. 4th ed., N.Y.: Longman.

Chilcoat, G. W., & Ligon, J. A.(2000). "Issues-centered instruction in the elementary social studies classroom". *Theory and Research in Social Education*. Vol. 24.

Hurst, J. Kinney, M., & Weiss, S(1983). "The decision making process". *Theory and research in social studies*, 11(3).

Johnson, D. W., & Johnson, R. T(1979). Conflict in the Classroom: Controversy and Learning. *Review of Educational Research* (49), 51~61.

_____(1994). Learning Together in the Social Studies Classroom. In *Cooperative Learning in Social Studies: A Handbook for Teacher*, edited by R. J. Stahl, New York: Addison-Wesley Publishing Company, 51~77.

Johnson, D. W., Johnson, R. T., & Holubec, E. J.(1994). *Cooperativ Learning in the Classroom*. VA: ASCD.

Kelly, T. E.(1986). "Discussing Controversial Issue: Four Perspectives on the Teachers Role". Theory and Research in Social Education. Vol. XIV, No. 2, 113~138.

Kurfman, D. G(1977). "Decison-making as purpose and process", Develeoping decison-making skills, *NCSS 47th Yearbook*.

Muessing, R. H.(de.)(1975). *Controversial Issue in the Social Studies: A Contemporary Perspective*. 45th Yearbook. National Council for the Social Studies.

Oliver, D. W., and J. P. Shaver(1996). Teaching Public Issues in the High School. Boston: Houghton Company.

Stahl, R. J(1994). Achieveing cooperative learning through structured individual-then-group decision making episodes. In *cooperative learning in social studies: A handbook for tearchers*, edited by R. J. Stahl, New York: Addison-wesley publishing company.

Woolever, R. & Scott, K. P.(1988). Active learning in social studies. Glenview, IL: Scott, Foresman and Co.

• 부록 •

<부록 1> 의사결정능력 사후검사지

<사회> 의사결정능력 평가지
이름:

※ 다음 글을 읽고 물음에 답하세요(1~5).

쓰레기 매립장 건설 문제

우리나라는 최근 경제와 산업이 크게 발달하면서 인구도 많이 늘어났습니다. 그에 따라 쓰레기 문제 등 각종 환경문제도 심각하게 늘어나고 있습니다. 이러한 환경문제를 해결하기 위해 더 많은 환경 기초시설의 설립이 필요하게 되었습니다. 더 많은 쓰레기 매립장, 하수처리장 등의 환경 기초시설이 필요하게 되면서 그것을 설치하기 위한 장소 선정 문제로 여러 지역에서 갈등을 겪고 있습니다.

○○시에서는 인혜네 마을에 쓰레기 매립장을 건설한다는 계획을 발표했습니다.

마을 주민들은 이 문제를 여러 사람들과 함께 의논하기로 결정하고 쓰레기 매립장 건설에 대한 회의를 가졌습니다.

사회자: 　회의를 시작하겠습니다. 이 지역에 쓰레기 매립장을 건설하는 문제에 대하여 말씀해 주시기 바랍니다.

환경운동가: 저는 쓰레기를 매립하는 것은 환경을 오염시키므로 쓰레기 매립장 건설을 반대합니다. 쓰레기를 매립하는 방법보다는 쓰레기 줄이기, 쓰레기 재활용하기, 음식물 쓰레기로 퇴비 만들기 등의 다른 방법을 생각할 수 있습니다.

　　　　　저는 지방자치단체의 쓰레기 매립장 건설 계획을 담당하고 있습니다.

담당공무원: 쓰레기 매립장 후보지를 조사한 결과, 교통이 편리하고 매립지 확보가 쉬운 이 지역이 적합한 것으로 나타났습니다. 지방자치단체에서도 이 지역에 쓰레기 매립장을 건설하기 위한 예산을 계획하고 있습니다. 이 지역에 매립장을 만드는 것이 적당하다고 생각합니다.

목장주인: 　저는 쓰레기 매립장 건설 지역 근처에 넓은 땅을 가지고 목장을 경영하고 있습니다. 쓰레기 매립장이 세워지면 손해를 보기 때문에 목장 주변에 쓰레기 매립장이 건설되는 것을 반대합니다. 만약, 건설을 해야 한다면 현재 가지고 있는 목장 가격만큼 보상을 해주어야 합니다.

이웃주민: 　저는 이웃마을 주민 대표입니다. 이 마을에 쓰레기 매립장이 세워지면 우리 마을의 쓰레기를 그곳에서 처리할 수 있기 때문에 쓰레기 처리 비용이 적게 듭니다. 또, 쓰레기 매립장과 우리 마을의 거리가 멀기 때문에 환경오염의 염려도 없다고 생각합니다.

마을대표: 　쓰레기 매립장이 설치되면 공장 및 가정에서 배출되는 쓰레기를 손쉽게 처리할 수 있습니다. 그러나 쓰레기 매립장 때문에 여러 가지 문제가 생길 것이 걱정이 됩니다. 또 쓰레기 매립장 때문에 악취, 물 오염 등의 문제가 발생해서는 안 된다고 생각한다.

---

1. 인혜네 마을의 문제는 무엇입니까?

2. 쓰레기 매립장을 건설하게 되면 마을 주민들은 어떤 피해를 입게 되나요?

3. 인혜네 마을사람들의 마을회의 장면을 보면, 생각과 주장이 서로 다르다는 것을 알 수 있습니다. 서로 맞서고 있는 사람들의 입장을 적어 보세요.

   (1) 찬성:

   (2) 반대:

4. 위의 3번에서 각각의 입장을 선택했을 때 어떤 일이 생길지 결과를 예측해 보세요.

   (1) 찬성:

   (2) 반대:

5. 자신이 인혜네 마을회의에 참여했다면 어떤 입장을 선택하겠습니까? 그리고 자신의 입장에 대한 근거는 무엇인지 자세히 적어 보세요.

   (1) 내가 선택한 입장:

   (2) 근거:

※ 다음 글을 읽고 물음에 답하세요(6~10).

온천 개발 문제

예지네 마을은 맑은 강물이 흐르는, 자연이 잘 보전된 지역이다. 이곳 사람들은 아름다운 강과 주변의 수려한 경관을 잘 보전하여 관광지로 만들었다. 이곳의 맑은 물과 경치를 보러 주말마다 많은 사람들이 찾아와 지방자치단체는 관광 수입으로 주민들을 위해 여러 가지 일을 해왔다. 어느 날, 강의 상류에 있는 마을에서 온천 개발을 시작하면서 두 마을 주민들 간에 갈등이 일어났다. 예지네 마을에서는, 이제까지 강을 잘 보전하여 관광자원으로 만들었는데, 온천이 생기면 강이 오염되어 중요한 관광자원을 잃게 된다고 반발하였다. 반면, 선욱이가 살고 있는 강 상류의 마을에서는 그동안 변변한 수입이 없었는데, 온천을 개발하면 수입이 생겨 고장이 발전할 수 있다며 좋아하였다.

두 마을은 이 문제를 해결하기 위하여 환경보전단체와 함께 토론회를 열었다.

두 마을은 아래와 같은 입장을 가지고 온천 개발 문제에 대하여 서로 주장을 하였다.

<예지네 마을 주민들의 입장>
상류 지역을 온천으로 개발하면 강이 오염되고 아름다운 경치가 훼손될 것이다.

<선욱이네 마을 주민들의 입장>
온천을 개발하면 사람들이 많이 찾아와 주민들의 소득이 높아지고, 지역경제발전에도 도움이 될 것이다.

예지와 선욱이도 이 문제에 대해 곰곰이 생각해 보았다.

6. 예지와 선욱이가 생각하고 있는 문제는 무엇인가요?

7. 예지가 살고 있는 마을에 문제가 생긴 까닭을 생각해 봅시다.

8. 이 문제에 대한 예지네 마을 주민들의 입장과 선욱이네 마을 주민들의 입장이 서로 다릅니다. 어떤 입장인지 적어 보세요.

(1) 예지네 마을 주민들의 입장:

(2) 선욱이네 마을 주민들의 입장:

9. 위의 8번에서 각각의 입장을 선택했을 때 어떤 결과가 생길지 예측해 보세요.

  (1) 예지네 마을 주민들의 입장을 선택했을 때:

  (2) 선욱이네 마을 주민들의 입장을 선택했을 때:

10. 내가 예지와 선욱이라면 어떤 입장을 선택하겠습니까? 그리고 그러한 입장을
   선택한 까닭은 무엇인지 적어 보세요.

  (1) 내가 선택한 입장:

  (2) 까닭:

<부록 2> 의사결정능력 사후검사지

<사회> 논쟁수업에 대한 태도 검사지
이름:

어린이 여러분 안녕하십니까?

선생님은 여러분이 논쟁수업에 대해 어떻게 생각하고 있는지 궁금합니다. 여러분들이 사회 공부를 더 잘할 수 있도록 도와주기 위해서 각 문제에 대한 솔직한 대답을 듣고 싶습니다. 이 문제들은 찬성, 반대로 결정하기가 어렵고, 어느 하나의 입장으로 결정되었을 때 많은 사람들에게 영향을 미치게 되는 논쟁문제입니다. 이 검사지는 시험이 아니고 각 문제에 대한 틀린 답이나 맞는 답이 없습니다. 검사지를 자세히 읽고 자신의 의견을 솔직히 답하여 주십시오. 감사합니다.

※ 다음 논쟁수업에 대한 관심도를 'O'표로 써 보세요.

논쟁수업에 대한 관심도

논쟁문제	매우 관심 있다	관심 있는 편이다	보통이다	별로 관심 없다	전혀 관심 없다
도시문제의 해결을 위한 수도 이전 문제					
농산물 개방 문제					
쓰레기 매립장 건설 문제					
댐 건설 문제					
새만금 간척사업 문제					
경부 고속철도 문제					

※ 다음 논쟁수업에 대한 흥미도를 '○'표로 써 보세요.

논쟁문제	논쟁수업에 대한 흥미도				
	매우 흥미 있다	흥미 있는 편이다	보통이다	별로 흥미 없다	전혀 흥미 없다
도시문제의 해결을 위한 수도 이전 문제					
농산물 개방 문제					
쓰레기 매립장 건설 문제					
댐 건설 문제					
새만금 간척사업 문제					
경부 고속철도 문제					

※ 다음 논쟁수업에 대한 어려움을 '○'표로 써 보세요.

논쟁문제	논쟁수업에 대한 어려움				
	매우 어렵다	어려운 편이다	보통이다	별로 어렵지 않다	전혀 어렵지 않다
도시문제의 해결을 위한 수도 이전 문제					
농산물 개방 문제					
쓰레기 매립장 건설 문제					
댐 건설 문제					
새만금 간척사업 문제					
경부 고속철도 문제					

※ 다음 논쟁수업에 대한 중요도를 '○'표로 써 보세요.

논쟁수업에 대한 중요도

논쟁문제	매우 중요하다	중요한 편이다	보통이다	별로 중요하지 않다	전혀 중요하지 않다
도시문제의 해결을 위한 수도 이전 문제					
농산물 개방 문제					
쓰레기 매립장 건설 문제					
댐 건설 문제					
새만금 간척사업 문제					
경부 고속철도 문제					

※ 다음 논쟁문제로 수업을 할 때 자신이 있습니까? '○'표로 써 보세요.

논쟁수업에 대한 자신감

논쟁문제	매우 자신있다	자신 있는 편이다	보통이다	별로 자신 없다	전혀 자신 없다
도시문제의 해결을 위한 수도 이전 문제					
농산물 개방 문제					
쓰레기 매립장 건설 문제					
댐 건설 문제					
새만금 간척사업 문제					
경부 고속철도 문제					

※ 다음 논쟁문제에 대해 이전에 가졌던 자신의 생각을 수정하시겠습니까? 'O' 표로 써 보세요.

논쟁수업에 대한 입장 수정

논쟁문제	완전 수정	약간 수정	모르겠다	별로 수정 안 함	전혀 수정 안 함
도시문제의 해결을 위한 수도 이전 문제					
농산물 개방 문제					
쓰레기 매립장 건설 문제					
댐 건설 문제					
새만금 간척사업 문제					
경부 고속철도 문제					

<부록 3> 의사결정능력검사 채점 기준표

의사결정능력검사 채점 기준표

문항 번호	채점 기준		
1	0		5
	무반응 및 틀린 반응		정답
2	0		5
	무반응 및 틀린 반응		정답
3	0	3	5
	무반응 및 틀린 반응	한 가지 입장을 정확히 적음. 두 가지 입장을 적었으나 정확하지 않음	두 가지 입장을 정확하게 적음
4	0	3	5
	무반응 및 엉뚱한 반응	한 가지 입장의 결과를 타당하게 예측함. 두 가지 입장의 결과를 예측하였으나 타당하지 않음	두 가지 입장의 결과를 타당하게 예측함
5	0	3	5
	무반응 및 엉뚱한 반응	선택한 입장에 대한 근거가 부적절하거나 부족함	선택한 입장에 대한 근거가 충분하고 타당함
6	0		5
	무반응 및 틀린 반응		정답
7	0		5
	무반응 및 틀린 반응		정답
8	0	3	5
	무반응 및 틀린 반응	한 가지 입장을 정확히 적음 두 가지 입장을 적었으나 정확하지 않음	두 가지 입장을 정확하게 적음
9	0	3	5
	무반응 및 엉뚱한 반응	한 가지 입장의 결과를 타당하게 예측함. 두 가지 입장의 결과를 예측하였으나 타당하지 않음	두 가지 입장의 결과를 타당하게 예측함
10	0	3	5
	무반응 및 엉뚱한 반응	선택한 입장에 대한 근거가 부적절하거나 부족함	선택한 입장에 대한 근거가 충분하고 타당함

<부록 4> 논쟁수업에 대한 태도 검사 채점 기준표

논쟁수업에 대한 태도검사 채점 기준표

논쟁수업에 대한 태도(관심도, 흥미도, 어려움, 중요도, 자신감, 입장 수정)					
논쟁수업	매우 ( ) 있다	( ) 편이다	보통 이다	별로 ( ) 없다	전혀 ( ) 없다
도시문제의 해결을 위한 수도 이전 문제	5	4	3	2	1
농산물 개방 문제	5	4	3	2	1
쓰레기 매립장 건설 문제	5	4	3	2	1
댐 건설 문제	5	4	3	2	1
새만금 간척사업 문제	5	4	3	2	1
경부 고속철도 문제	5	4	3	2	1

*단 어려움은 점수를 1, 2, 3, 4, 5점으로 한다.

곽재희

경인교육대학교 교육대학원 교육학 석사(사회과교육)
2007, 2009 개정 교육과정 실효성 검토
인천지역 초등사회교과연구회 통합회장
경인교육대학교 교육학 강사
현) 경인교육대학교부설초등학교 교사

김광태

경인교육대학교 교육대학원 교육학 석사(교육방법)
전국 진단평가 사회과 평가 문항 개발
KERIS 사이버가정학습 진단처방시스템 초등사회과 평가팀장
KERIS 사이버가정학습 온라인 콘텐츠 개발
현) 인천송림초등학교 교사

김현진

인천대학교 교육대학원 교육학 석사(컴퓨터교육)
교육과학기술부 창의·인성교육 사회과 수업모델 개발
KERIS 사이버가정학습 진단처방시스템 초등사회과 평가문항 개발
KERIS 에듀넷 교사지원단
현) 인천서림초등학교 교사

윤영식

경인교육대학교 교육대학원 교육학 석사(사회과교육)
초등사회교과연구회 회장
사회과(인천의 생활) 교사용지도서 집필
인천광역시교육청 초등사회과 평가문항 다수 개발
현) 인천신광초등학교 교사

초등사회과교육

창의·인성교육을 위한
전략 연구

초 판 인 쇄 | 2012년 1월 2일
초 판 발 행 | 2012년 1월 2일

지 은 이 | 곽재희 · 김광태 · 김현진 · 윤영식
펴 낸 이 | 채종준
펴 낸 곳 | 한국학술정보㈜
주   소 | 경기도 파주시 문발동 파주출판문화정보산업단지 513-5
전   화 | 031) 908-3181(대표)
팩   스 | 031) 908-3189
홈 페 이 지 | http://ebook.kstudy.com
E - m a i l | 출판사업부 publish@kstudy.com
등   록 | 제일산-115호(2000. 6. 19)

ISBN   978-89-268-2927-1 93370 (Paper Book)
        978-89-268-2928-8 98370 (e-Book)

이 책은 한국학술정보(주)와 저작자의 지적 재산으로서 무단 전재와 복제를 금합니다.
책에 대한 더 나은 생각, 끊임없는 고민, 독자를 생각하는 마음으로 보다 좋은 책을 만들어갑니다.